Ma vie et mes amours

Vol. 1

Frank Harris

Writat

Cette édition parue en 2024

ISBN : 9789359947242

Publié par
Writat
email : info@writat.com

AVANT-PROPOS

à

L'HISTOIRE DE « MA VIE ET MA AMOUR ».

« Va, âme, hôte du corps,

Lors d'une course ingrate :

Peur de ne pas toucher au meilleur,

La vérité sera ta garantie.

Monsieur Walter Raleigh.

Ici, dans la chaleur torride d'un mois d'août américain, au milieu de l'agitation de New York, je m'assois pour écrire ma dernière déclaration de foi, comme préface ou avant-propos de l'histoire de ma vie. En fin de compte, il sera lu dans l'esprit dans lequel il a été écrit et je ne demande pas de meilleure fortune. Mon journalisme pendant la guerre et après l'armistice m'a valu des poursuites judiciaires de la part du gouvernement fédéral. Les autorités de Washington m'ont accusé de sédition et bien que le troisième ministre des Postes, l'ancien gouverneur Dockery du Missouri, choisi par le ministère comme juge, ait proclamé mon innocence et m'a assuré que je ne serais plus poursuivi, mon magazine (Pearson's) a été maintes fois retenu dans le poste, et sa diffusion a ainsi été réduite à un tiers. J'ai été ruiné par la persécution illégale du président Wilson et de son assistant Burleson, et on s'est moqué de moi lorsque j'ai demandé une compensation. Il semble que le gouvernement américain soit trop pauvre pour payer ses erreurs déshonorantes.

J'enregistre ce fait honteux au profit de ces rebelles et amoureux de l'idéal qui se retrouveront sûrement dans une situation similaire dans les situations d'urgence futures. Pour ma part, je ne me plains pas. Dans l'ensemble, j'ai reçu dans la vie un meilleur traitement que l'homme moyen et plus de bonté que je ne méritais peut-être. Je ne porte aucune plainte.

Si l'Amérique ne m'avait pas réduit à la misère, je n'aurais probablement pas écrit ce livre avec autant d'audace que l'idéal l'exigeait. Lors de la dernière poussée du Destin (j'ai bien plus près de soixante-dix que soixante ans), nous sommes tous enclins à sacrifier quelque chose de la Vérité dans l'intérêt d'une reconnaissance bienveillante de la part de nos semblables et d'une fin paisible. Etant ce « méchant animal », comme disent les Français, « qui se défend quand on l'attaque », je me tourne enfin vers l'aboiement, sans aucune méchanceté, je l'espère, mais aussi sans aucune crainte susceptible de pousser au compromis. J'ai toujours combattu pour le Saint-Esprit de Vérité et j'ai été, comme Heine le disait, un brave soldat dans la guerre de libération de l'humanité : maintenant un combat de plus, le meilleur et le dernier.

Il existe deux grandes traditions de l'écriture anglaise : l'une de la liberté parfaite, celle de Chaucer et Shakespeare, tout à fait franche, avec un certain goût pour les détails lascifs et les cochonneries spirituelles, le discours d'un homme : l'autre, de plus en plus émasculée par le puritanisme et depuis le Révolution française, châtrée aux convenances les plus apprivoisées ; car ce bouleversement a amené au pouvoir la classe moyenne analphabète et assuré la domination des lectrices. Sous Victoria, la littérature en prose anglaise est devenue à moitié enfantine, comme dans les histoires de « Little Mary », ou au mieux provinciale, comme peut le constater quiconque prend la peine de comparer l'influence de Dickens, Thackeray et Reade dans le monde avec l'influence de Balzac, Flaubert. et Zola.

Des chefs-d'œuvre étrangers comme « Les Contes Drolatiques » et « L'Assommoir » furent détruits à Londres comme obscènes sur ordre d'un magistrat ; même la Bible et Shakespeare furent expurgés et tous les livres décorés selon le décorum primitif de l'école du dimanche anglaise. Et l'Amérique, avec une humilité inconvenante, a aggravé cet exemple honteux et stupide.

Toute ma vie, je me suis rebellé contre le comportement de cette vieille fille, et ma révolte s'est renforcée avec les années.

Dans l'« Avant-propos » de « The Man Shakespeare », j'ai essayé de montrer comment le puritanisme qui avait disparu de nos mœurs s'était répercuté dans la langue, affaiblissant la pensée anglaise et appauvrissant le discours anglais.

Je reviens enfin à la vieille tradition anglaise. Je suis déterminé à dire la vérité sur mon pèlerinage à travers ce monde, toute la vérité et rien que la vérité, sur moi-même et sur les autres, et j'essaierai d'être au moins aussi bienveillant envers les autres qu'envers moi-même.

Bernard Shaw m'assure que personne n'est assez bon ou assez mauvais pour dire la vérité nue sur lui-même ; mais je suis au-delà du bien et du mal à cet égard.

La littérature française est là pour donner le signal et l'inspiration : elle est la plus libre de toutes pour discuter des questions de sexe et, principalement en raison de sa préoccupation constante pour tout ce qui touche à la passion et au désir, elle est devenue la littérature mondiale pour les hommes de toutes races. .

« Les femmes et l'amour », écrit Edmond de Goncourt dans son journal, « constituent toujours le sujet de conversation partout où se réunit des intellectuels socialement réunis par le manger et le boire. Notre conversation au dîner fut d'abord cochonne (polissonne) et Tourgueneff nous écouta avec l'étonnement bouche bée (l'étonnement ONU peu méduse) d'un barbare qui ne fait l'amour que très naturellement (très naturellement).»

Quiconque lit attentivement ce passage comprendra la liberté dont j'ai l'intention d'exercer. Mais je ne serai même pas lié aux conventions françaises. Tout comme en peinture, notre connaissance de ce que les Chinois et les Japonais ont fait a modifié toute notre conception de l'art, de même les Hindous et les Birmans ont également élargi notre compréhension de l'art de l'amour. Je me souviens avoir accompagné Rodin au British Museum et avoir été surpris du temps qu'il passait devant les petites idoles et les figures des insulaires des mers du Sud : « Certaines d'entre elles sont triviales », dit-il, « mais regardez ça, et ça, et ça, de véritables chefs-d'œuvre dont tout le monde pourrait être fier, de belles choses ! »

L'art est devenu coextensif avec l'humanité, et certaines de mes expériences avec des soi-disant sauvages peuvent intéresser même les Européens les plus cultivés.

J'ai l'intention de raconter ce que la vie m'a appris, et si je commence par l'ABC de l'amour, c'est parce que j'ai été élevé en Grande-Bretagne et aux États-Unis ; Je ne m'arrêterai pas là.

Bien sûr, je sais que la publication d'un tel livre justifiera immédiatement le pire que mes ennemis ont dit de moi. Depuis quarante ans maintenant, j'ai défendu presque toutes les causes impopulaires, et je me suis ainsi fait de nombreux ennemis ; désormais ils pourront tous assouvir leur méchanceté en s'attribuant le mérite de la prévision. En soi, le livre est sûr de dégoûter « l' unco » guid » et les médiocrités de toutes sortes qui m'ont toujours été hostiles. Je ne doute pas non plus que de nombreux amateurs sincères de littérature, prêts à accepter la licence dont disposent les écrivains français ordinaires, me condamneront pour avoir dépassé cette limite. Il existe pourtant de nombreuses raisons pour lesquelles je devrais user d'une parfaite liberté dans ce dernier livre.

Tout d'abord, j'ai commis d'horribles erreurs très tôt dans ma vie et j'ai vu des erreurs encore plus graves commises par d'autres jeunes, par pure ignorance : je veux mettre en garde les jeunes et les impressionnables contre les hauts-fonds et les récifs cachés de l'océan et de la carte de la vie, pour ainsi dire, à le tout début du voyage, lorsque le danger est le plus grand, les « eaux vierges ».

D'un autre côté, j'ai manqué des plaisirs indescriptibles parce que le pouvoir de jouir et de donner du plaisir est le plus aigu tôt dans la vie, tandis que la compréhension de la manière de donner et de la manière de recevoir du plaisir vient beaucoup plus tard, lorsque les facultés sont déjà en déclin.

J'avais l'habitude d'illustrer l'absurdité de notre système actuel d'éducation des jeunes par une comparaison surannée. « Lors de mon entraînement au tir, dis-je, mon père terrestre m'a donné un petit fusil à un canon, et quand il a vu que j'avais appris le mécanisme et qu'on pouvait lui faire confiance, il m'a donné un fusil à double canon. Après quelques années, je suis entré en possession d'un pistolet à chargeur qui pouvait tirer une demi-douzaine de fois si nécessaire sans recharger, mon efficacité augmentant avec mes connaissances.

Mon Créateur, ou Père céleste, d'autre part, alors que j'étais totalement sans expérience et que je venais tout juste d'entrer dans l'adolescence, m'a donné, pour ainsi dire, un chargeur de sexe, et à peine avais-je appris à l'utiliser et à en profiter qu'il me l'a enlevé pour toujours, et m'a donné à sa place un fusil à double canon : après quelques années, il l'a enlevé et m'a donné un fusil à un seul canon avec lequel j'ai été obligé de me contenter pendant la majeure partie de ma vie. vie.

Vers la fin, le vieux canon unique commença à montrer des signes d'usure et de vieillissement : parfois il explosait trop tôt, parfois il manquait le feu et me faisait honte, je faisais ce que je voulais.

Je veux apprendre aux jeunes comment utiliser leur chargeur de sexe pour qu'il puisse durer des années, et quand ils en viennent au double canon, comment prendre soin que la bonne arme leur rende un service de seigneur jusqu'à la cinquantaine, et le mono-baril leur donnera alors du plaisir jusqu'à soixante-dix ans.

De plus, non seulement je désire ainsi augmenter la somme de bonheur dans le monde tout en diminuant les douleurs et les handicaps des hommes, mais je souhaite aussi donner l'exemple et encourager d'autres écrivains à poursuivre l'œuvre qui, j'en suis sûr, est bénéfique. , ainsi qu'agréable.

WL George dans « A Novelist on Novels » écrit : « Si un romancier devait développer ses personnages de manière uniforme, le roman de trois cents pages pourrait s'étendre à cinq cents, les deux cents pages supplémentaires seraient entièrement constituées des préoccupations sexuelles des personnages. Il y aurait autant de scènes dans la chambre à coucher que dans le salon, probablement plus, à mesure que l'on passe plus de temps dans l'appartement à dormir. Les deux cents pages supplémentaires offriraient des images du côté sexuel des personnages et les obligeraient à prendre vie : à l'heure actuelle, ils ne parviennent souvent pas à prendre vie parce qu'ils ne développent, disons, que cinq faces sur six.... Nos personnages littéraires sont déséquilibrés parce que leurs traits ordinaires sont pleinement représentés tandis que leur vie sexuelle est masquée, minimisée ou laissée de côté... Par conséquent, les personnages des romans modernes sont tous faux. Ils sont mégalocéphales et émasculés. Les Anglaises parlent beaucoup de sexe... C'est une position cruelle pour le roman anglais. Le romancier peut discuter de tout sauf de la principale préoccupation de la vie... nous sommes obligés de nous enliser dans les meurtres, les vols et les incendies criminels qui, comme chacun le sait, sont des sujets parfaitement moraux sur lesquels écrire.

La neige est pure, jusqu'à ce qu'elle soit mélangée à la boue.

Mais jamais aussi pur que le feu.

Il existe des raisons plus graves que toutes celles que j'ai données jusqu'à présent pour lesquelles la vérité devrait être dite avec audace. Le temps est venu où ceux qui sont, comme les appelait Shakespeare, les « espions de Dieu », ayant appris le mystère des choses, devraient être appelés à se conseiller, car les guides politiques ordinaires ont conduit l'humanité au désastre : des conducteurs aveugles d'aveugles !

Au-dessus du Niagara, nous avons plongé, comme Carlyle l'avait prédit, et comme tout visionnaire aurait dû le prévoir, et maintenant, comme du bois flotté, nous tournons en rond dans le tourbillon, impuissants, sans savoir où ni pourquoi.

Une chose est sûre : nous méritons la misère dans laquelle nous sommes tombés. Les lois de ce monde sont inexorables et ne trichent pas ! Où, quand, comment nous sommes-nous égarés ? Le mal est aussi vaste que la civilisation, ce qui heureusement restreint l'enquête au temps.

Depuis que notre conquête des forces naturelles a commencé, vers la fin du XVIIIe siècle, et que la richesse matérielle a augmenté à pas de géant, notre conduite s'est détériorée. Jusqu'à ce moment-là, nous avions au moins fait honneur à l'Évangile de Christ ; et avions, dans une certaine mesure, fait preuve de considération, sinon d'amour, envers nos semblables : nous ne donnions pas la dîme à la charité ; mais nous avons donné de petites allocations jusqu'à ce que soudain la science apparaisse pour renforcer notre égoïsme avec un nouveau message : le progrès passe par l'effacement de l'inapte, nous a-t-on dit, et l'affirmation de soi a été prêchée comme un devoir : l'idée du Surhomme est entrée en vigueur. la vie et la volonté de puissance et ainsi l'enseignement du Christ sur l'amour, la pitié et la douceur ont été relégués au second plan.

Immédiatement, nous, les hommes, nous sommes livrés au mal et notre iniquité a pris des formes monstrueuses.

Le credo que nous professions et le credo que nous pratiquions étaient aux antipodes. Je crois que jamais dans l'histoire du monde il n'y a eu une telle confusion dans la pensée de l'homme sur la conduite, jamais autant d'idéaux différents n'ont été proposés pour le guider. Il est impératif que nous mettions de la clarté dans cette confusion et que nous comprenions pourquoi nous nous sommes trompés et où.

Car la guerre mondiale n'est que le dernier d'une série d'actes diaboliques qui ont choqué la conscience de l'humanité. Les plus grands crimes jamais enregistrés ont été commis au cours du dernier demi-siècle, presque sans protestation de la part des nations les plus civilisées , des nations qui se disent encore chrétiennes. Quiconque a observé les affaires humaines au cours du dernier demi-siècle doit reconnaître que nos progrès se sont toujours dirigés vers l'enfer.

Les massacres et mutilations hideux de dizaines de milliers de femmes et d'enfants dans l'État indépendant du Congo, sans protestation de la part de la Grande-Bretagne qui aurait pu arrêter tout cela d'un seul mot, sont sûrement dus au même esprit qui a dirigé l'abominable blocus (suite). par l'Angleterre et l'Amérique longtemps après l'Armistice) qui a condamné à mort de faim des centaines et des milliers de femmes et d'enfants de nos parents et amis. L'indicible méchanceté et la fraude avouée de la Paix de Versailles avec ses conséquences tragiques de Vladivostok à Londres et enfin la guerre éhontée et ignoble menée par tous les Alliés et par l'Amérique contre la Russie, pour de l'argent, nous montrent que nous avons contribué au renversement de la moralité elle-même et retour à l'éthique du loup et au régime politique de la Cuisine des Voleurs.

Et nos actes publics en tant que nations sont parallèles à notre traitement envers nos semblables au sein de la communauté. Pour une petite minorité, les plaisirs de la vie ont été accrus de la manière la plus extraordinaire tandis que les douleurs et les peines de l'existence ont été grandement atténuées, mais la grande majorité, même des peuples civilisés, n'a guère été admise à participer aux bénéfices de notre étonnant matériel. progrès. Les bidonvilles de nos villes témoignent du même esprit que celui dont nous avons fait preuve dans notre traitement des races les plus faibles. Ce n'est un secret pour personne que plus de cinquante pour cent des volontaires anglais engagés dans la guerre n'avaient pas le niveau physique requis et qu'environ la moitié de nos soldats américains étaient des imbéciles dotés de l'intelligence d'enfants de moins de douze ans : « vae victis » a été notre devise avec les résultats les plus épouvantables. Il est évident que nous sommes arrivés à la fin d'une période et que nous devons réfléchir à l'avenir.

La religion qui a dirigé ou était censée diriger notre conduite pendant dix-neuf siècles a finalement été abandonnée. Même l'esprit divin de Jésus a été rejeté par Nietzsche comme on jette la hache après le coup ou, pour reprendre la meilleure comparaison allemande, l'enfant a été jeté avec l'eau du bain. La stupide moralité sexuelle de Paul a jeté le discrédit sur tout l'Évangile. Paul était impuissant, se vantait en effet de n'avoir aucun désir sexuel, souhaitait que tous les hommes soient égaux comme lui à cet égard, tout comme le renard de la fable qui avait perdu sa queue, souhaitait que tous les autres renards soient mutilés de la même manière. manière d'atteindre sa perfection.

Je dis souvent que les églises chrétiennes se sont vu offrir deux choses : l'esprit de Jésus et la moralité idiote de Paul, et elles ont toutes rejeté l'inspiration la plus élevée et ont pris à cœur l'interdiction incroyablement basse et stupide. À la suite de Paul, nous avons transformé la Déesse de l'Amour en démon et dégradé l'impulsion suprême de notre Être en un péché capital ; pourtant tout ce qui est élevé et ennoblissant dans notre nature jaillit directement de l'instinct sexuel.

Grant Allan dit à juste titre : « Son alliance est entièrement avec ce qu'il y a de plus pur et de plus beau en nous. C'est à lui que nous devons notre amour des couleurs vives , des formes gracieuses, du son mélodieux, du mouvement rythmé. C'est à elle que nous devons l'évolution de la musique, de la poésie, de la romance, des belles lettres , de peinture, de sculpture, d'art décoratif, de divertissement dramatique. C'est à elle que nous devons toute l'existence de notre sens esthétique qui est en fin de compte un attribut sexuel secondaire. De là naît l'amour de la beauté, autour duquel tournent tous les beaux arts comme centre . Son arôme subtil imprègne toute la littérature. Et c'est à elle que nous devons les relations paternelles, maternelles et conjugales, la croissance des affections, l'amour des petits crépitements et les rires des bébés.

Et cette affirmation scientifique est incomplète : non seulement l'instinct sexuel est la force inspirante de tout art et de toute littérature ; c'est aussi notre principal professeur de douceur et de tendresse, faisant de la bienveillance un idéal et luttant ainsi contre la cruauté et la dureté et contre cette mauvaise évaluation de nos semblables que nous, les hommes, appelons la justice. À mon avis, la cruauté est le seul péché diabolique qui doit être effacé de la vie et rendu impossible.

La condamnation du corps et de ses désirs par Paul est en contradiction directe avec le doux enseignement de Jésus et est en soi idiote. Je rejette le paulisme avec autant de passion que j'accepte l'évangile du Christ. En ce qui concerne le corps, je reviens aux idéaux païens, à Eros et Aphrodite et

Les justes humanités des vieilles religions.

Paul et les églises chrétiennes ont souillé le désir, dégradé les femmes, avili la procréation, vulgarisé et vilipendé le meilleur instinct en nous.

« Des prêtres en robe noire font leur ronde,

Et lier avec des ronces mes joies et mes désirs.

Et le pire dans tout cela, c'est que la fonction la plus élevée de l'homme a été dégradée par des paroles grossières, de sorte qu'il est presque impossible d'écrire l'hymne de joie du corps comme il devrait l'être. Les poètes ont été presque aussi coupables à cet égard que les prêtres : Aristophane et Rabelais sont grivois, sales : Boccace cynique tandis qu'Ovide lorgne de sang-froid et Zola comme Chaucer a du mal à adapter le langage à ses désirs. Walt Whitman est meilleur, bien que souvent simplement banal. La Bible est la meilleure de toutes ; mais pas assez franc, même dans le noble chant de Salomon qui, de temps en temps, par pure imagination, parvient à transmettre l'ineffable !

Nous commençons à rejeter le puritanisme et ses pruderies innommables et stupides ; mais le catholicisme est tout aussi mauvais. Allez à la Galerie du Vatican et dans la grande église Saint-Pierre de Rome et vous trouverez les plus belles figures de l'art antique vêtues d'étain peint, comme si les organes les plus essentiels du corps étaient dégoûtants et devaient être cachés.

Je dis que le corps est beau et doit être élevé et digne par notre révérence : j'aime le corps plus que n'importe quel païen de tous et j'aime aussi l'âme et ses aspirations ; pour moi le corps et l'âme sont également beaux, tous voués à l'Amour et à son culte.

Je n'ai pas d'allégeance partagée et ce que je prêche aujourd'hui au milieu du mépris et de la haine des hommes sera universellement accepté demain ; car dans ma vision aussi, mille ans sont comme un jour.

Nous devons unir l'âme du paganisme, l'amour de la beauté, de l'art et de la littérature avec l'âme du christianisme et sa bonté humaine dans une nouvelle synthèse qui inclura toutes les impulsions douces, douces et nobles en nous.

Ce dont nous avons tous besoin, c'est de davantage de l'esprit de Jésus : nous devons apprendre longuement avec Shakespeare : « Pardon est la parole pour tous !

Je veux présenter cet idéal païen-chrétien aux hommes comme le plus élevé et le plus humain aussi.

Maintenant, un mot à mon propre peuple et à ses défauts particuliers. La combativité dominatrice anglo-saxonne constitue aujourd'hui le plus grand danger pour l'humanité dans le monde. Les Américains sont fiers d'avoir exterminé les Indiens rouges , d'avoir volé leurs biens et d'avoir brûlé et torturé des nègres au nom sacré de l'égalité. À tout prix, nous devons nous débarrasser de nos hypocrisies et de nos mensonges et nous considérer tels que nous sommes : une race dominatrice, vengeresse et brutale, comme en témoigne Haïti ; nous devons étudier les effets inévitables de notre égoïsme sans âme et sans cervelle, comme l'a montré la guerre mondiale.

L'idéal germanique, qui est aussi l'idéal anglais et américain, du mâle conquérant qui méprise toutes les races les plus faibles et les moins intelligentes et s'empresse de les asservir ou de les anéantir, doit être mis de côté. Il y a cent ans, il n'y avait que quinze millions d'Anglais et d'Américains ; aujourd'hui, il y en a près de deux cents millions et il est clair que dans un siècle environ, ils seront la race la plus nombreuse, car ils sont déjà de loin la race la plus puissante sur terre.

Le peuple le plus nombreux jusqu'à présent, les Chinois, a donné le bon exemple en restant à l'intérieur de ses propres frontières, mais ces Anglo-Saxons conquérants et colonisateurs menacent d'envahir la terre et de détruire toutes les autres variétés de l'espèce humaine. Même maintenant, nous anéantissons le Peau-Rouge parce qu'il n'est pas soumis, tandis que nous nous contentons de dégrader le nègre qui ne menace pas notre domination.

Est-il sage de ne désirer qu'une seule fleur dans ce jardin d'un monde ? Est-il sage d'éliminer les meilleures variétés tout en préservant les inférieures ?

Et l'idéal anglo-saxon de l'individu est encore plus bas et inepte. Dans l'intention de satisfaire son propre désir de conquête, il a contraint la femelle de l'espèce à une chasteté contre nature dans ses pensées, ses actes et ses paroles. Il a ainsi fait de sa femme une humble servante ou esclave (die Hausfrau), qui n'a pratiquement aucun intérêt intellectuel et dont l'être spirituel ne trouve qu'un exutoire étroit dans ses instincts maternels. La fille qu'il s'est efforcé de dégrader en l'espèce de poule apprivoisée à deux pattes la plus étrange jamais imaginée : elle doit chercher un partenaire tout en cachant ou en niant tous ses sentiments sexuels les plus forts : en fin, elle doit avoir le sang froid comme une grenouille et aussi rusé et impitoyable qu'un Apache sur le chemin de la guerre.

L'idéal qu'il s'est fixé est confus et déroutant : en réalité, il désire être sain et fort tout en satisfaisant tous ses appétits sexuels. Mais le type le plus élevé, le gentleman anglais, a assez constamment à l'esprit l'idéal individualiste de ce qu'il appelle un « homme polyvalent », un homme dont le corps et l'esprit sont harmonieusement développés et amenés à un état d'efficacité relativement élevé.

Il n'a aucune idée de la vérité suprême selon laquelle chaque homme et chaque femme possède une petite facette de l'âme qui reflète la vie d'une manière particulière ou, pour utiliser le langage de la religion, voit Dieu comme aucune autre âme née dans le monde ne pourra jamais le voir. Lui.

C'est le premier devoir de chaque individu de développer toutes ses facultés du corps, de l'âme et de l'esprit aussi complètement et harmonieusement que possible ; mais c'est un devoir encore plus élevé pour chacun de nous de développer nos facultés spéciales jusqu'au degré le plus compatible avec la santé ; car ce n'est qu'ainsi que nous atteindrons la conscience de soi la plus élevée ou serons capables de rembourser notre dette envers l'humanité. Aucun Anglo-Saxon, à ma connaissance, n'a jamais défendu cet idéal ni songé à le considérer comme un devoir. En fait, aucun enseignant jusqu'à présent n'a même pensé à aider les hommes et les femmes à découvrir le pouvoir particulier qui constitue leur essence et leur être et justifie leur existence. Ainsi, neuf hommes et femmes sur dix traversent la vie sans se rendre compte de leur nature particulière : ils ne peuvent pas perdre leur âme car ils ne l'ont jamais retrouvée.

Pour chaque fils d'Adam, pour chaque fille d'Ève, c'est la défaite suprême, le désastre final. Pourtant, à ma connaissance, personne n'a jamais mis en garde contre le danger ni évoqué cet idéal.

C'est pourquoi j'aime ce livre malgré tous ses défauts et tous ses défauts : c'est le premier livre jamais écrit pour glorifier le corps et ses désirs passionnés et l'âme aussi et ses sympathies sacrées et grimpantes.

Donner et pardonner, je le dis toujours, est la leçon suprême de la vie.

J'aurais seulement aimé avoir commencé ce livre il y a cinq ans, avant d'être à moitié noyé dans le flot saumâtre de la vieillesse et de prendre conscience d'une mémoire défaillante ; mais malgré ce handicap, j'ai essayé d'écrire le livre que j'ai toujours voulu lire, le premier chapitre de la Bible de l'humanité. C'est pourquoi je présente cet avant-propos avec la charmante figure de la reine Vénus, et je le termine avec le visage du Christ tel que l'a vu Rubens lorsqu'il a pardonné à la femme adultère.

Écoutez les bons conseils :

« Vivez toute votre vie libre, pendant que vous êtes encore sur terre,

cadeau rapide , récompensez votre unique aubaine :

Bien que bref, chaque jour naît un soleil d'or ;

Bien que sombre, la nuit est parsemée d'étoiles et de lune.

Le Christ et la femme adultère
de Rubens.

MA VIE ET MA AMOUR
Chapitre I.

La mémoire est la Mère des Muses, le prototype de l'Artiste. En règle générale, elle sélectionne et élimine l'important, en omettant ce qui est accidentel ou insignifiant. Mais de temps en temps, elle commet des erreurs, comme tous les autres artistes. Néanmoins, je prends principalement la Mémoire comme guide.

Je suis né le 14 février 1855 et je m'appelais James Thomas, du nom des deux frères de mon père : mon père était dans la marine, lieutenant commandant un coupeur de recettes ou une canonnière, et nous, les enfants, ne le voyions qu'à de longs intervalles.

Mon plus ancien souvenir est d'avoir dansé sur le pied de James, le frère de mon père, capitaine d'un Indiaman, qui nous a rendu visite dans le sud du Kerry quand j'avais environ deux ans. Je me souviens très bien d'avoir répété un hymne par cœur pour lui, ma mère de l'autre côté de la cheminée, en incitant : puis je l'ai fait danser un peu plus, c'était tout ce que je voulais. Je me souviens de ma mère lui disant que je savais lire et de sa surprise.

Le souvenir suivant doit avoir lieu à peu près à la même époque : j'étais assis par terre en train de crier quand mon père est entré et m'a demandé : « Qu'est-ce qu'il y a ?

"Ce n'est que Maître Jim", répondit l'infirmière avec colère, "il crie juste de colère, Monsieur, regardez, il n'a pas une larme dans les yeux."

Un an environ plus tard, probablement, j'étais fier de parcourir une longue pièce pendant que ma mère posait sa main sur ma tête et m'appelait sa canne.

Plus tard encore, je me souviens être venu dans sa chambre la nuit : je lui ai murmuré puis je l'ai embrassée, mais sa joue était froide et elle n'a pas répondu, et j'ai réveillé la maison avec mes cris : elle était morte. Je n'éprouvais pas de chagrin, mais quelque chose de sombre et de terrible dans la cessation soudaine des activités ménagères habituelles.

Quelques jours plus tard, j'ai vu son cercueil transporté et lorsque l'infirmière nous a dit, à ma sœur et à moi, que nous ne reverrons plus jamais notre mère, j'ai simplement été surprise et je me suis demandé pourquoi.

Ma mère est décédée quand j'avais presque quatre ans et peu de temps après, nous avons déménagé à Kingstown, près de Dublin. Je me levais la nuit avec ma sœur Annie, de quatre ans mon aînée, et j'allais chercher du pain, de la confiture ou du sucre. Un matin, vers l'aube, je me suis glissé dans la chambre de l'infirmière et j'ai vu un homme à côté d'elle dans son lit, un homme avec une moustache rouge. J'ai attiré ma sœur et elle aussi l'a vu. Nous sommes repartis sans les réveiller. Ma seule émotion a été la surprise, mais le lendemain, l'infirmière m'a refusé du sucre sur mon pain et mon beurre et j'ai dit : « Je vais le dire » – je ne sais pas pourquoi : je n'avais alors aucune idée du journalisme moderne.

"Dire quoi?" elle a demandé.

"Il y avait un homme dans ton lit", répondis-je, "hier soir".

« Chut, chut ! » dit-elle en me donnant le sucre.

Après cela, j'ai découvert que tout ce que j'avais à faire était de dire « Je vais le dire ! » pour obtenir ce que je voulais. Ma sœur aurait même souhaité savoir un jour ce que j'avais à lui dire, mais je ne l'aurais pas dit. Je me souviens très bien de mon sentiment de supériorité sur elle car elle n'avait pas eu le sens d'exploiter la mine de sucre.

Quand j'avais entre quatre et cinq ans, j'ai été envoyé avec Annie dans un pensionnat pour filles à Kingstown tenu par une Mme Frost. J'ai été mis dans la classe des filles les plus âgées en raison de mes compétences en arithmétique, et j'ai fait de mon mieux parce que je voulais être avec elles, même si je n'avais aucune raison consciente de ma préférence. Je me souviens comment la fille la plus proche me soulevait et me mettait dans ma chaise haute et comment je me précipitais sur les sommes fixées en divisions et proportions composées longues, car dès que j'avais fini, je laissais tomber mon crayon sur le sol, puis je me suis retourné et je suis descendu de ma chaise, apparemment pour le récupérer, mais en réalité pour regarder les jambes des filles. Pourquoi? Je n'aurais pas pu le dire.

J'étais en bas de la classe et les jambes devenaient de plus en plus grosses vers le bout de la longue table, et je préférais regarder les plus grandes.

Dès que la fille à côté de moi me manquait, elle reculait sa chaise et m'appelait, et je faisais comme si je venais de trouver mon crayon d'ardoise, dont je disais qu'il était roulé, et elle me ramenait dans mon chaise haute.

Un jour, j'ai remarqué une belle paire de pieds de l'autre côté de la table, près du dessus. Il devait y avoir une fenêtre derrière la jeune fille ; car ses jambes jusqu'aux genoux étaient en pleine lumière et elles me remplissaient d'émotion me procurant un plaisir indescriptible. Ce n'étaient pas les jambes les plus épaisses, ce qui m'a surpris. Jusqu'à ce moment-là, j'avais pensé que c'était les jambes les plus épaisses que je préférais ; mais maintenant je voyais que plusieurs filles, trois en tout cas, avaient des jambes plus grandes, mais aucune comme les siennes, si galbées, avec des chevilles si fines et des lignes si effilées. J'étais captivé et en même temps un peu effrayé.

Je me suis glissé dans ma chaise avec une idée en tête : pourrais-je m'approcher de ces jolies jambes et peut-être les toucher – une attente à bout de souffle. Je savais que je pouvais frapper mon crayon-ardoise et le faire rouler entre les files de jambes. Le lendemain, j'ai fait cela et j'ai rampé jusqu'à ce que je sois près des jambes qui faisaient battre mon cœur dans ma gorge et qui pourtant me procuraient un étrange plaisir. J'ai tendu la main pour les toucher ; tout à coup, l'idée m'est venue que la fille serait simplement effrayée par mon contact et qu'elle tirerait ses jambes en arrière et que je serais découvert et... j'avais peur.

Je suis retourné à ma chaise pour réfléchir et j'ai vite trouvé la solution. Le lendemain, je m'accroupis de nouveau devant les jambes de la jeune fille, étouffant d'émotion. J'ai mis mon crayon près de ses orteils et j'ai passé la main gauche entre ses jambes comme pour l'attraper, en prenant soin de toucher son mollet. Elle a crié et a reculé ses jambes, tenant ma main fermement entre elles, et a crié : « Qu'est-ce que tu fais là !

"J'ai pris mon crayon", dis-je humblement, "il a roulé".

« Le voilà », dit-elle en lui donnant un coup de pied.

"Merci", répondis-je, ravi, car la sensation de ses jambes douces était toujours dans ma main.

« Tu es un drôle de petit garçon », dit-elle, mais je m'en fichais ; J'avais goûté pour la première fois au paradis et au fruit défendu, au paradis authentique !

Je n'ai aucun souvenir de son visage : il me paraissait agréable ; c'est tout ce dont je me souviens. Aucune des filles ne m'a fait impression mais je me souviens encore du frisson d'admiration et du plaisir que m'ont procuré ses membres galbés.

J'enregistre longuement cet incident parce qu'il reste seul dans ma mémoire et parce qu'il prouve que le sentiment sexuel peut se manifester dès la petite enfance.

Un jour, vers 1890, Meredith, Walter Pater et Oscar Wilde dînaient avec moi à Park Lane et on discuta du moment de l'éveil sexuel. Pater et Wilde en parlaient tous deux comme d'un signe de puberté ; Pater pensait que cela commençait vers 13 ou 14 heures et Wilde, à mon grand étonnement, l'avait fixé à 16 heures. Seule Meredith était encline à le mettre plus tôt.

"Cela se manifeste de manière sporadique", dit-il, "et parfois avant la puberté".

Je me souvenais du fait que Napoléon racontait qu'il était amoureux avant l'âge de cinq ans d'une camarade d'école appelée Giacominetta , mais même Meredith en riait et ne croyait pas qu'un véritable sentiment sexuel puisse se manifester si tôt. Pour le prouver, j'ai raconté mon expérience telle que je l'ai racontée ici, et j'ai amené Meredith à faire une pause : « très intéressante », pensa-t-il, « mais particulière ! »

« Dans ses anomalies, dit Goethe, la nature révèle ses secrets » ; voici une anomalie, peut-être en tant que telle, qui mérite d'être notée.

Je n'ai eu aucune autre sensation sexuelle jusqu'à près de six ans plus tard, à l'âge de onze ans, depuis lors, de telles émotions sont presque incessantes.

Mon exaltation vers la classe la plus ancienne d'arithmétique m'a causé des ennuis en me mettant en relation avec la directrice, Mme Frost, qui était très en colère et semblait penser que je devais épeler aussi correctement que les additions. Lorsqu'elle s'apercevait que je n'y parvenais pas, elle me tirait les oreilles et prenait l'habitude d'enfoncer son long ongle de pouce dans mon oreille jusqu'à ce qu'il saigne. Cela ne me dérangeait pas d'être intelligent ; en fait, j'étais ravi, car sa cruauté me valait la pitié des filles aînées qui m'essuyaient les oreilles avec leur mouchoir de poche et disaient que le vieux Frost était une bête et un chat.

Un jour, mon père m'a fait venir et j'ai accompagné un officier marinier jusqu'à son bateau dans le port : mon oreille droite saignait jusqu'au col. Dès que mon père l'a remarqué et a vu les cicatrices plus anciennes, il s'est mis en colère et m'a ramené à l'école et a dit à Mme Frost ce qu'il pensait d'elle et de ses punitions.

Immédiatement après, il me semble que j'ai été envoyé vivre avec mon frère aîné Vernon, de dix ans mon aîné, qui vivait chez des amis à Galway alors qu'il allait au Collège.

C'est là que j'ai passé les cinq années suivantes, qui se sont écoulées en laissant un vide. Je n'ai rien appris pendant ces années à part comment jouer au « tig », « à cache-cache », au « footer » et au ballon. J'étais simplement un petit animal fort et en bonne santé, sans douleur ni trace de pensée.

Puis je me souviens d'un intermède à Belfast où Vernon et moi logions chez un vieux méthodiste qui me forçait à aller à l'église avec lui et dessinait une petite calotte noire pendant le service, ce qui me remplissait de honte et me faisait le détester. Il y a une période dans la vie où tout ce qui est particulier ou individuel suscite l'aversion et est en soi une offense.

J'ai appris ici à « mitch » et à mentir simplement pour éviter l'école et pour jouer, jusqu'à ce que mon frère s'aperçoive que je toussais et, après avoir fait venir un médecin, soit informé que j'avais une congestion pulmonaire ; la vérité étant que je jouais toute la journée et que je ne rentrais jamais dîner à la maison, rarement avant sept heures, quand je savais que Vernon reviendrait. Je mentionne cet incident parce que, alors que j'étais confiné à la maison, j'ai découvert sous le lit du vieux méthodiste, un ensemble de livres de médecin avec des planches colorées de l'intérieur et des pudenda d'hommes et de femmes. J'ai dévoré tous les volumes et fragments de connaissances qui m'étaient restés pendant de nombreuses années. Mais curieusement, le fait principal sur le sexe ne m'a pas été révélé à ce moment-là ; mais en discutant un peu plus tard avec des garçons de mon âge.

Je n'ai rien appris à Belfast sauf les règles des jeux et de l'athlétisme. Mon frère Vernon allait au gymnase tous les soirs pour faire de l'exercice et de la boxe. À mon grand étonnement, il ne faisait pas partie des meilleurs ; ainsi, pendant qu'il boxait, j'ai commencé à pratiquer ceci et cela, en me redressant jusqu'à ce que mon menton soit au-dessus de la barre, et en répétant cela jusqu'à ce qu'un soir Vernon découvre que je pouvais le faire trente fois de suite : ses éloges me rendaient fier.

Vers cette époque, quand j'avais environ dix ans, nous étions tous réunis à Carrickfergus ; mes frères et sœurs sont alors d'abord devenus pour moi des êtres vivants et individuels. Vernon allait dans une banque en tant qu'employé et était absent toute la journée. Willie, de six ans mon aîné, Annie de quatre ans mon aînée et Chrissie de deux ans ma cadette, allaient à la même école de jour, même si les filles allaient à l'entrée des filles et avaient des enseignantes féminines. Willie et moi étions dans la même classe ; même s'il était devenu plus grand que Vernon, je pouvais le battre dans la plupart des leçons. Il y avait cependant une branche importante du savoir, dans laquelle il était de loin le meilleur de l'école. La première fois que je l'ai entendu réciter « La Bataille d' Ivry » de Macaulay, j'ai été emporté. Il faisait des gestes et sa voix changeait si naturellement que j'étais perdu d'admiration.

Ce soir-là, mes sœurs et moi étions ensemble et nous avons parlé du talent de Willie. Ma sœur aînée était enthousiaste, ce qui, je suppose, a suscité en moi envie et émulation, car je me suis levé et je l'ai imité, et à la grande surprise de mes sœurs, je connaissais tout le poème par cœur. "Qui t'a enseigné?" Annie voulait savoir, et quand elle a entendu que je l'avais appris rien qu'en entendant Willie le réciter une fois, elle a été étonnée et a dû le dire à notre professeur, car le lendemain après-midi, il m'a demandé de suivre Willie et m'a dit que j'étais très bon. À partir de ce moment, le cours de récitation fut ma formation principale. J'ai appris les morceaux de tous les garçons et je pouvais tous les imiter parfaitement, sauf un coquin roux qui savait réciter le « Chef africain » mieux que quiconque, mieux même que le maître. C'était du pur mélodrame ; mais Red-head était un acteur né et nous a tous séduits par le réalisme de son imitation. Je n'oublierai jamais comment le garçon a rendu les mots :

"Regarde, régale tes yeux avides d'or,

Longtemps conservé pour les besoins les plus urgents ;

Prends-le, tu demandes des sommes incalculables

Et dis que je suis libéré.

Prends-le; ma femme la longue, longue journée

Pleure près du cacaoyer,

Et mes jeunes enfants quittent leur jeu

Et demandez-moi en vain.

Je n'ai pas vu ni entendu le poème depuis une cinquantaine d'années. Cela me semble une chose ridicule maintenant ; mais les accents du garçon étaient de l'âme même de la tragédie et je me rendis clairement compte que je ne pouvais pas réciter ce poème aussi bien que lui. Il était inimitable. Chaque fois, ses accents et ses manières changeaient ; tantôt il faisait ces vers à merveille, tantôt ceux-là, pour que je ne puisse pas le imiter ; il y avait toujours une touche de nouveauté dans sa prise de conscience intense de la tragédie. Étrange de dire que c'était le seul poème qu'il récitait bien.

Un examen est arrivé et j'ai été premier à l'école en arithmétique et premier aussi en élocution ; Vernon m'a même félicité, tandis que Willie me giflait et recevait des coups de pied dans les tibias pour ses douleurs. Vernon nous a séparés et a dit à Willie qu'il devrait avoir honte d'en frapper un à moitié aussi gros que lui. Willie a immédiatement menti en disant que je lui avais donné un coup de pied en premier. Je n'aimais pas Willie; Je ne sais pas pourquoi, si ce n'est qu'il était un rival dans la vie scolaire.

Après cela, Annie a commencé à me traiter différemment et maintenant j'avais l'impression de la voir telle qu'elle était et j'étais frappé par ses drôles de manières. Elle souhaitait que Chrissie et moi l'appelions « Nita » ; c'était l'abréviation de « Anita », dit-elle, qui était la manière française élégante de prononcer Annie. Elle détestait « Annie » – c'était « commun et vulgaire » ; Je n'arrivais pas à comprendre pourquoi.

Un soir, nous étions ensemble et elle avait déshabillé Chrissie pour se coucher, quand elle a ouvert sa propre robe et nous a montré comment ses seins avaient grandi alors que ceux de Chrissie restaient encore petits, et en effet ceux de « Nita » étaient de plus en plus gros, plus jolis et ronds comme des pommes. Nita nous laissait toucher doucement et en était visiblement très fière. Elle a envoyé Chrissie se coucher dans la chambre voisine pendant que je continuais à apprendre une leçon à ses côtés. Nita a quitté la pièce pour aller chercher quelque chose, je pense, quand Chrissie m'a appelé et que je suis entrée dans la chambre en me demandant ce qu'elle voulait. Elle souhaitait que je sache que ses seins grandiraient aussi et seraient aussi jolis que ceux de Nita. "Tu ne penses pas!" » a-t-elle demandé, et en me prenant la main, je la lui ai posée et j'ai dit : « Oui », car en effet je l'aimais mieux que Nita qui était toute en airs et en grâces et pleine d'affectations.

Soudain, Nita m'a appelé et Chrissie m'a embrassé en murmurant « ne lui dis pas » et j'ai promis. J'ai toujours aimé Chrissie et Vernon. Chrissie était très intelligente et jolie, avec des boucles sombres et de grands yeux noisette, et Vernon était une sorte de héros et toujours très gentil avec moi.

Je n'ai rien appris de cet événement. Je n'ai ressenti pratiquement aucun frisson sexuel avec l'une ou l'autre de mes sœurs, en fait, rien de comparable à ce que j'avais ressenti, cinq ans auparavant, à travers les jambes de la jeune fille dans l'école de Mme Frost, et j'enregistre ici l'incident principalement pour une autre raison. Un après-midi vers 1890, Aubrey Beardsley et sa sœur Mabel, une très jolie fille, déjeunaient avec moi à Park Lane. Ensuite nous sommes allés dans le parc. Je les ai accompagnés jusqu'à Hyde Park Corner. Pour une raison ou une autre, j'ai développé le thème selon lequel les hommes de trente ou quarante ans corromptaient généralement les jeunes filles, et les femmes de trente ou quarante ans corrompaient à leur tour les jeunes filles.

« Je ne suis pas d'accord avec toi », remarque Aubrey : « C'est généralement la sœur d'un camarade qui lui donne ses premières leçons de sexe. Je sais que c'est Mabel ici, qui m'a appris la première fois.

J'ai été étonné par son franc-parler; Mabel rougit et je m'empressai d'ajouter :

« Dans l'enfance, les filles sont beaucoup plus précoces ; mais ces petites leçons arrivent généralement trop tôt pour avoir de l'importance. Il ne l'a pas voulu, mais j'ai résolument changé de sujet et Mabel m'a dit quelque temps après qu'elle m'était très reconnaissante d'avoir coupé court à la discussion : « Aubrey, dit-elle, aime tout ce qui concerne le sexe et s'en fiche. ce qu'il dit ou fait.

J'avais déjà vu que Mabel était jolie : j'ai compris , ce jour-là, lorsqu'elle se penchait sur une fleur, que sa silhouette était belle, fine et ronde. Aubrey a attiré mon attention à ce moment-là et a fait remarquer avec malveillance :

« Mabel a été mon premier modèle, n'est-ce pas, Mabs ? J'étais amoureux de sa silhouette, poursuivit-il judiciairement, ses seins étaient si hauts, si fermes et si ronds que je la prenais pour mon idéal. Elle rit, rougissant un peu, et répliqua : « Vos silhouettes, Aubrey, ne sont pas « exactement idéales ».

j'ai réalisé que la plupart des sœurs d'hommes étaient tout aussi précoces que la mienne et tout aussi susceptibles de jouer le rôle d'enseignantes en matière de sexe.

À partir de cette époque, les individualités des gens ont commencé à m'impressionner définitivement. Vernon a soudainement obtenu un rendez-vous dans une banque à Armagh et je suis allé vivre avec lui là-bas, dans un logement. La gardienne du gîte ne me plaisait pas : elle essayait toujours de me faire respecter les horaires et les règles, et j'étais aussi sauvage qu'un chien sans abri, mais Armagh était pour moi une ville merveilleuse. Vernon m'a nommé externe à la Royal School : c'était ma première grande école ; J'ai appris toutes les leçons très facilement et la plupart des garçons et tous les maîtres ont été gentils avec moi. Le grand centre commercial ou parc au centre de la ville m'a ravi ; J'avais rapidement grimpé sur presque tous les arbres, la grimpe et la récitation étant les deux sports dans lesquels j'excellais.

Quand nous étions à Carrickfergus , mon père m'avait eu à bord de son navire et m'avait égalé pour grimper au gréement contre un mousse et bien que le marin fût le premier aux traverses, je l'ai rattrapé dans la descente en sautant à un corde et je la laissai glisser entre mes mains, presque à une vitesse de chute vers le pont. J'entendis ensuite mon père dire cela avec plaisir à Vernon, ce qui plaisait démesurément à ma vanité et augmentait, si cela était possible, mon plaisir de me faire valoir.

Pour une autre raison, ma vanité avait grandi au-delà de toute mesure. A Carrickfergus, j'avais mis la main sur un livre sur l'athlétisme appartenant à Vernon et j'y avais appris que si l'on entrait dans l'eau jusqu'au cou et qu'on se jetait hardiment en avant et essayait de nager, on nagerait ; car le corps est plus léger que l'eau et flotte.

La prochaine fois que je suis descendu me baigner avec Vernon, au lieu d'aller sur la plage dans les eaux peu profondes et de patauger, je suis allé avec lui jusqu'au bout de la jetée et quand il a plongé, j'ai descendu les marches et dès que il est remonté à la surface. J'ai crié : « Regardez ! Je sais nager aussi », et je me suis hardiment jeté en avant et, après un moment de naufrage et de crépitements épouvantables, j'ai effectivement nagé. Quand j'ai voulu rentrer, j'ai eu un moment de peur épouvantable : « Puis- je me retourner ! » L'instant d'après, j'ai trouvé qu'il était assez facile de tourner et j'étais bientôt de retour en toute sécurité sur les marches.

« Quand as-tu appris à nager ? ", a demandé Vernon en sortant à côté de moi. "Cette minute", répondis-je et comme il était surpris, je lui dis que j'avais tout lu dans son livre et que j'avais décidé de m'aventurer la prochaine fois que je me baignerais. Peu de temps après, je l'ai entendu dire cela à certains de ses amis à Armagh , et ils ont tous convenu que cela démontrait un courage extraordinaire, car j'étais petit pour mon âge et paraissais toujours encore plus jeune que moi.

En regardant en arrière, je vois que de nombreuses causes se sont combinées pour renforcer en moi la vanité qui était déjà devenue démesurée et qui était destinée dans le futur à façonner ma vie et à en orienter les objectifs. Ici, à Armagh, tout conspirait pour alimenter mon péché tenace. J'ai été mis parmi les garçons de mon âge, je crois en quatrième inférieure, et le maître de classe, constatant que je ne connaissais pas le latin, m'a montré une grammaire latine et m'a dit que je devrais l'apprendre le plus vite possible, pour que La classe avait déjà commencé à lire César : il m'a montré la première déclinaison *mensa*, à titre d'exemple, et m'a demandé si je pouvais l'apprendre le lendemain. J'ai dit que je le ferais, et comme par hasard, le maître de mathématiques étant décédé à ce moment-là, le maître de forme lui a dit que j'étais en retard et que je devrais être dans une forme inférieure.

"Il est vraiment très bon en chiffres", répliqua le maître de mathématiques, "il pourrait être dans la division supérieure."

"Vraiment!" s'exclama le maître des formulaires. « Vois ce que tu peux faire, m'a-t-il dit, tu trouveras peut-être la possibilité de rattraper ton retard. Voici aussi un César, autant l'emporter avec vous. Nous n'avons fait que deux ou trois pages.

Ce soir-là, je me suis mis à la grammaire latine et, en une heure environ, j'avais appris toutes les déclinaisons et presque tous les adjectifs et pronoms. Le lendemain, je tremblais d'espoir d'être loué et si le professeur m'avait encouragé ou dit un seul mot d'éloge, j'aurais pu me distinguer dans le travail en classe et ainsi changer peut-être toute ma vie ; mais le lendemain, il avait visiblement oublié mon retard. A force d'entendre les réponses des autres garçons, j'ai acquis un peu de leçons, assez pour les terminer sans punition, et bientôt une bonne mémoire m'a amené parmi les premiers garçons, même si je ne m'intéressais pas à l'apprentissage du latin.

Un autre incident a nourri mon estime de soi et m'a ouvert le monde des livres. Vernon allait souvent chez un ecclésiastique qui avait une jolie fille, et moi aussi j'étais invité à leurs soirées. La fille a découvert que je savais réciter, et bientôt c'est devenu l'habitude de me faire réciter un poème partout où nous allions. Vernon m'acheta les poèmes de Macaulay et de Walter Scott et je les eus bientôt tous appris par cœur et je les déclamais avec un enthousiasme infini : d'abord mes gestes étaient des imitations de ceux de Willie ; mais Vernon m'a appris à être plus naturel et j'ai amélioré son enseignement. Il ne fait aucun doute que ma petite taille a contribué à cet effet et que l'amour irlandais pour la rhétorique a fait le reste ; mais tout le monde me louait et l' éclat me rendait très vaniteux et, résultat plus important, l'apprentissage de nouveaux poèmes m'a amené à la lecture de romans et de livres d'aventures. Je me suis vite perdu dans ce nouveau monde : si je jouais à l'école avec les autres garçons, le soir je n'ouvrais jamais un cahier de cours ; mais dévora Lever et Mayne Reid, Marryat et Fenimore Cooper avec un plaisir indescriptible.

J'ai eu une ou deux bagarres à l'école avec des garçons de mon âge : je détestais me battre ; mais j'étais vaniteux, combatif et fort et je me suis donc mis à des coups de poing deux ou trois fois. Chaque fois, dès qu'un aîné voyait la mêlée, il nous conseillait, après avoir assisté à un tour ou deux, de nous arrêter et de nous faire des amis. Les Irlandais sont censés aimer mieux se battre que manger ; mais mes années d'école m'assurent qu'ils sont loin d'être aussi combatifs ou peut-être devrais-je dire aussi brutaux que les Anglais.

Dans l'un de mes combats, un garçon a pris ma part et nous sommes devenus amis. Il s'appelait Howard et nous faisions de longues promenades ensemble. Un jour, je voulais qu'il rencontre Strangways, le fils du Vicaire, qui avait quatorze ans mais était idiot, pensais-je ; Howard secoua la tête : « il ne voudrait pas me connaître », dit-il, « je suis catholique romain ». Je me souviens encore du sentiment d'horreur suscité en moi par sa confession : « Un catholique romain ! Quelqu'un d'aussi gentil que Howard pourrait-il être catholique ?

J'étais abasourdi et cet étonnement m'a toujours éclairé sur les abîmes de la bigoterie protestante, mais je ne romprais pas avec Howard qui avait deux ans de plus que moi et qui m'a appris beaucoup de choses. Il m'a appris à aimer les Fenians , même si je savais à peine ce que signifiait ce mot. Un jour, je me souviens qu'il m'a montré affiché au palais de justice un avis offrant 5 000 livres sterling en récompense à quiconque révélerait où se trouvait James Stephen, le centre principal Fenian . "Il voyage dans toute l'Irlande", murmura Howard, "tout le monde le connaît", ajoutant avec enthousiasme, "mais personne ne donnerait le Head-Centre aux sales Anglais." Je me souviens avoir été fasciné par le mystère et la chevalerie de l'histoire. À partir de ce moment, Head-Centre était un symbole sacré pour moi comme pour Howard.

Un jour, nous avons rencontré Strangways et, d'une manière ou d'une autre, avons commencé à parler de sexe. Howard savait tout cela et prenait plaisir à nous éclairer tous les deux. C'est Cecil Howard qui a été le premier à initier Strangways et moi aussi à l'auto-abus. Malgré mes lectures de romans, j'étais encore à onze ans trop jeune pour tirer beaucoup de plaisir de la pratique ; mais j'étais ravi de savoir comment les enfants étaient créés et de découvrir de nombreux faits nouveaux sur le sexe. Strangways avait des poils sur ses parties intimes, tout comme Howard aussi, et quand il se frottait et que l' orgasme arrivait, un liquide laiteux et collant jaillissait de la bite de Strangway qui, selon Howard, était la semence de l'homme, qui devait aller directement dans le ventre de la femme. faire un enfant.

Une semaine plus tard, Strangways nous a tous deux étonnés en racontant comment il s'était réconcilié avec la nourrice de ses jeunes sœurs et s'était mis dans son lit la nuit. La première fois, elle ne l'a pas laissé faire, semble-t-il, mais après une nuit ou deux, il a réussi à toucher son sexe et nous a assuré qu'il était entièrement couvert de poils soyeux. Un peu plus tard, il nous raconta comment elle avait verrouillé sa porte et comment le lendemain il avait enlevé la serrure et s'était remis au lit avec elle. Au début, elle était fâchée ou faisait semblant de l'être, dit-il, mais il a continué à l'embrasser et à la supplier, et peu à peu elle a cédé, et il a touché à nouveau son sexe: «c'était une fente», dit-il. Quelques nuits plus tard, il nous a dit qu'il lui avait mis sa queue et « Oh ! par gomme, c'était merveilleux, merveilleux !

"Mais comment as-tu fait !" nous voulions savoir et il nous a raconté toute son expérience. "Les filles adorent s'embrasser", a-t-il dit, "et alors je l'ai embrassée et embrassée et j'ai posé ma jambe sur elle, et sa main sur ma bite et j'ai continué à toucher ses seins et sa chatte (c'est comme ça qu'elle l'appelle) et enfin je je l'ai mise entre ses jambes et elle a guidé ma bite dans sa chatte (Mon Dieu, c'était merveilleux !) et maintenant je l'accompagne tous les soirs et souvent aussi pendant la journée. Elle aime qu'on lui touche la chatte, mais très doucement", a-t-il ajouté, "elle m'a montré comment le faire avec un doigt comme ça" et il a adapté l'action à la parole.

Strangways devint en un instant pour nous non seulement un héros mais un homme miraculeux ; nous faisions semblant de ne pas le croire pour qu'il nous en dise davantage, mais dans notre cœur nous savions qu'il nous disait la vérité, et nous étions presque fous de désir haletant.

Je lui ai demandé de m'inviter au Presbytère et j'y ai vu Mary, la nourrice, et elle m'a semblé presque une femme et lui a parlé comme "Maître Will" et il l'a embrassée, même si elle a froncé les sourcils et a dit "Laisse tomber". » et « Comportez-vous bien », très en colère ; mais je sentais que sa colère s'exprimait pour m'empêcher de deviner la vérité.

J'étais enflammé de désir et quand je l'ai dit à Howard, lui aussi a brûlé de désir, il m'a emmené faire une promenade et m'a interrogé à nouveau et, sous une botte de foin à la campagne, nous nous sommes livrés à une baise qui, pour la première fois m'a fait vibrer de plaisir.

Tout le temps que nous jouions avec nous-mêmes, je pensais à la fente chaude de Mary, comme Strangways l'avait décrite, et enfin un véritable orgasme est venu et m'a secoué ; l'imagination avait intensifié mon plaisir.

Jusqu'à ce moment, rien dans ma vie n'était comparable en termes de joie à cette histoire de plaisir sexuel décrite et jouée pour nous par Strangways.

MON PÈRE.

Mon père arrivait : j'étais malade de peur : il était si strict et aimait punir. Sur le bateau, il m'avait frappé avec une sangle parce que j'avais avancé et écouté les matelots dire des cochonneries : je le craignais et je ne l'aimais pas depuis que je l'avais vu une fois monter à bord ivre.

C'était le soir d'une régate à Kingston. On lui avait demandé de déjeuner sur l'un des grands yachts. J'ai entendu les officiers en parler. Ils ont répondu qu'on lui avait posé la question parce qu'il en savait plus que quiconque sur les marées et les courants le long de la côte, et même plus que les pêcheurs. Les skippers voulaient lui soutirer quelques informations. Un autre a ajouté : « Il connaît l'inclinaison du vent au large de Howth Head, oui, et le temps aussi, mieux que quiconque ! » Tous s'accordaient à dire qu'il était un marin de premier ordre, « l'un des meilleurs, le meilleur s'il avait un bon caractère – le petit diable ».

" Oui ça te dérange quand il a dirigé la course dans cette course pour tous ? Gagné? Bien sûr, il a gagné, il a toujours gagné – ah ! c'est un super petit marin et il s'occupe aussi de la nourriture des hommes, mais il a un caractère de diable , et c'est la vérité.

Cet après-midi de la régate, il gravit rapidement l'échelle et trébucha en souriant en descendant sur le pont. Je ne l'avais jamais vu comme ça ; il souriait et marchait d'un pas chancelant : je le regardais avec étonnement. Un officier s'est détourné et en passant devant moi, il a dit à un autre : « Ivre comme un seigneur. » Un autre a aidé mon père à descendre dans sa cabine et est remonté cinq minutes après : « il ronfle : il va bientôt s'en remettre : c'est ce champagne qu'on lui donne, et tout ça en le louant et en le pressant de leur donner des pourboires pour ceci et cela. .»

"Non non!" s'écria un autre, ce n'est pas la boisson ; il ne s'enivre que lorsqu'il n'a pas à payer pour cela », et tous souriaient ; c'était vrai, je le sentais, et je méprisais inexprimablement cette méchanceté.

Je les détestais parce qu'ils le voyaient, et je le détestais – ivre et bavardant à gros bruit et titubant ; un objet de dérision et de pitié ! — mon « gouverneur », comme l'appelait Vernon ; Je l'ai méprisé.

Et je me souvenais d'autres chagrins que j'avais contre lui. Un seigneur de l'Amirauté était monté un jour à bord : son père était habillé de ses plus beaux atours ; J'étais très jeune : c'était juste après avoir appris à nager à Carrickfergus . Mon père me faisait me déshabiller et me faisait entrer et nager autour du bateau chaque matin après mes cours.

Ce matin-là, j'étais arrivé comme d'habitude à onze heures et un étrange monsieur et mon père discutaient ensemble près du compagnon. Alors que j'apparaissais, mon père m'a fait froncer les sourcils pour descendre mais l'étranger m'a aperçu et m'a appelé en riant. Je suis venu vers eux et l'étranger a été surpris d'apprendre que je savais nager. "Saute, Jim!" s'écria mon père, et nage.

Rien de détestable, j'ai descendu l'échelle, j'ai enlevé mes vêtements et j'ai sauté dedans. L'étranger et mon père étaient au-dessus de moi, souriant et parlant ; mon père a agité la main et j'ai fait le tour du bateau à la nage. Quand je suis revenu, j'étais sur le point de monter les marches et de monter à bord quand mon père m'a dit :

"Non, non, continuez à nager jusqu'à ce que je vous dise d'arrêter."

Je suis reparti tout fier; mais quand je me suis réveillé pour la deuxième fois, j'étais fatigué ; Je n'avais jamais nagé jusqu'à présent et je m'étais enfoncé profondément dans l'eau et un petit jet de vague était entré dans ma bouche ; J'étais très content de m'approcher des marches, mais comme je tendais la main pour les monter, mon père agita la main.—

« Allez, continuez ! » s'écria-t-il, " jusqu'à ce qu'on vous dise d'arrêter."

J'ai continué : mais maintenant j'étais très fatigué et effrayé aussi, et comme j'arrivais à la proue, les matelots se penchaient sur les pavois et l'un d'eux m'encourageait : « Vas-y doucement, Jim, tu t'en sortiras bien. J'ai vu que c'était le grand Newton, le rameur du cabriolet de mon père, mais justement à cause de sa sympathie, je haïssais encore plus mon père parce qu'il me rendait si fatigué et si effrayé.

Quand j'ai refait le tour pour la troisième fois, j'ai nagé très lentement et je me suis laissé couler très bas, et l'étranger a parlé pour moi à mon père, puis il m'a dit lui-même de « remonter ».

Je suis venu avec impatience, mais un peu effrayé par ce que mon père pourrait faire ; mais l'étranger s'est approché de moi et m'a dit : « Il est tout bleu ; cette eau est très froide, capitaine ; quelqu'un devrait lui donner une bonne serviette .

Mon père n'a rien dit d'autre que « Descendez et habillez-vous », ajoutant : « Réchauffez-vous ».

Le souvenir de ma peur me faisait voir qu'il m'en demandait toujours trop, et je détestais celui qui pouvait s'enivrer, me faire honte et me faire courir sur le gréement avec des mousses qui étaient des hommes adultes et qui pouvaient me battre. . Je ne l'aimais pas.

J'étais alors trop jeune pour savoir que c'était probablement l'habitude de commander qui l'empêchait de me féliciter, même si je savais à demi-conscient qu'il était fier de moi, car j'étais le seul de ses enfants à ne jamais avoir de compliments. mal de mer.

Un peu plus tard, il arriva à Armagh et la semaine suivante fut misérable : je devais rentrer chaque jour directement de l'école et faire une longue promenade avec le « gouverneur » et ce n'était pas un compagnon agréable.

Je ne pouvais pas me laisser aller avec lui comme avec un copain ; Je pourrais, dans le feu de la conversation, utiliser un mot ou lui dire quelque chose et me lancer dans une terrible dispute. J'ai donc marché à côté de lui en silence, prenant garde à ce que je devais dire en réponse à sa question la plus simple. Il n'y avait pas de compagnie !

Le soir, il m'envoyait me coucher tôt : même avant neuf heures, bien que Vernon me laissait toujours veiller avec lui pour lire jusqu'à onze ou douze heures. Un soir, je suis monté dans ma chambre à l'étage voisin, mais je suis revenu presque immédiatement pour prendre un livre et lire au lit, ce qui était un plaisir rare pour moi. J'avais peur d'entrer dans le salon ; mais il se glissa dans la salle à manger où se trouvaient quelques livres, mais moins intéressants que ceux du salon ; la porte entre les deux chambres était entrouverte. Soudain, j'entendis mon père dire :

"C'est un petit Fenian ."

« Fenian », répéta Vernon avec étonnement, « vraiment, gouverneur, je ne crois pas qu'il connaisse le sens de ce mot ; il n'a que onze ans, tu dois te rappeler.

«Je vous le dis», interrompit mon père, «il a parlé aujourd'hui de James Stephen, du Fenian Head-Centre, avec une folle admiration. C'est bien un Fenian , mais comment l'a-t-il attrapé ?

"Je suis sûr que je ne sais pas", répondit Vernon, "il lit beaucoup et il est très rapide : je me renseignerai."

"Non non!" dit mon père, il s'agit de le guérir : il faut qu'il aille dans une école en Angleterre, cela le guérira.

Je n'ai pas attendu d'en entendre davantage, mais j'ai pris mon livre et je suis monté à l'étage ; donc parce que j'ai adoré le Fenian Head-Centre, je dois être un Fenian .

« Comme mon père est stupide », résumais-je, mais l'Angleterre me tentait, l'Angleterre, la vie s'ouvrait.

C'est à la Royal School, au cours de l'été, après mes expériences sexuelles avec Strangways et Howard, que j'ai commencé à remarquer ma tenue vestimentaire. Un garçon de sixième année nommé Milman m'avait pris d'affection et, bien qu'il ait cinq ans de plus que moi, il nous accompagnait souvent, Howard et moi, en promenade. Il était très attaché à la tenue vestimentaire et disait que seuls les « cads » (un nom que j'ai appris de lui pour la première fois) et les gens ordinaires ne porteraient une cravate confectionnée : il m'a donné un de ses foulards et m'a montré comment faites-y un nœud d'amoureux de la course. À une autre occasion, il m'a dit que seuls les « cads » porteraient des pantalons effilochés ou réparés.

Était-ce le discours de Milman qui m'a rendu gêné ou mon éveil sexuel à travers Howard et Strangways ? Je ne saurais le dire ; mais à cette époque j'eus une expérience curieuse et prolongée. Mon frère Vernon m'entendant un jour se plaindre de ma tenue vestimentaire, m'acheta trois costumes, un en noir avec une veste Eton pour le mieux et un grand chapeau et les autres en tweed : il m'a donné aussi des chemises et des cravates, et j'ai commencé prendre grand soin de mon apparence. Lors de nos soirées, les filles et les jeunes femmes (les amies de Vernon) étaient plus gentilles avec moi que jamais et je me suis demandé si j'avais vraiment l'air « gentille » comme on disait.

J'ai commencé à me laver et à me baigner soigneusement et à me brosser les cheveux pour obtenir une douceur réglementaire (seuls les «cads» utilisaient de la pommade, a déclaré Milman) et quand on me demandait de réciter, je faisais la moue et plaidais joliment que je ne voulais pas, juste pour pouvoir le faire. être pressé.

Le sexe s'éveillait en moi à ce moment-là mais était encore indéterminé, j'imagine ; deux raisons m'ont gouverné pendant plus de six mois : je me demandais toujours à quoi je ressemblais et je regardais si les gens m'aimaient. J'essayais de parler avec l'accent utilisé par les « meilleurs » et, en entrant dans une pièce, je préparais mon entrée. Quelqu'un, je pense que c'était la chérie de Vernon, Monica, a dit que j'avais un profil énergique, donc j'ai toujours cherché à montrer mon profil. En fait, pendant environ six mois, j'étais plus une fille qu'un garçon, avec toute la gêne d'une fille et ses multiples affectations et sentimentalités : je pensais souvent que personne ne se souciait vraiment de moi et je pleurais sur ma solitude mal-aimée. .

Chaque fois que plus tard, en tant qu'écrivain, j'ai voulu représenter une jeune fille, il m'a suffi de revenir à cette période de ma conscience pour atteindre le point de vue particulier de la jeune fille.

LA VIE DANS UN
GRAMMAIRE ANGLAISE.

Chapitre II.

Si je faisais de mon mieux, il me faudrait un an pour décrire la vie dans ce lycée anglais de R.... J'avais toujours été parfaitement heureux dans toutes les écoles irlandaises et en particulier à la Royal School d' Armagh . Permettez-moi de donner une différence aussi brièvement que possible. Quand je murmurais dans une salle de classe en Irlande, le maître me regardait avec un froncement de sourcils et secouait la tête ; dix minutes plus tard, je parlais à nouveau, et il levait un doigt d'avertissement : la troisième fois, il disait probablement : « Arrête de parler, Harris, tu ne vois pas que tu déranges ton voisin ? Une demi-heure plus tard, désespéré, il criait : « Si tu parles encore, je devrai te punir. »

Dix minutes après : « Tu es incorrigible, Harris, viens ici » et je devais aller rester debout à côté de son bureau pour le reste de la matinée, et même cette punition légère n'arrivait pas plus de deux fois par semaine, et à mesure que je devenais chef de classe, cela devenait plus rare.

En Angleterre, la procédure était tout à fait différente. « Ce nouveau garçon là-bas parle ; prends 300 lignes à écrire et tais-toi.

"S'il vous plaît, Monsieur", disais-je, "Prenez 500 lignes et restez silencieux."

« Mais, Monsieur » – en guise de remontrance.

« Prends 1000 lignes et si tu réponds encore, je t'enverrai chez le docteur » – ce qui signifiait que j'aurais une bastonnade ou une longue conversation.

Les maîtres anglais sont tous gouvernés par le châtiment ; par conséquent, j'étais à l'intérieur pour écrire des lignes presque tous les jours et toutes les demi-congés pendant la première année. Puis mon père, poussé par Vernon, s'est plaint au Docteur qu'écrire des lignes ruinait mon écriture.

Après cela, j'ai été puni par des lignes à apprendre par cœur ; les lignes se transformèrent rapidement en pages, et avant la fin du premier semestre, on découvrit que je connaissais par cœur toute l'histoire scolaire d'Angleterre, à travers ces punitions. Encore une remontrance de mon père, et on me donna à apprendre des vers de Virgile. Dieu merci! cela semblait valoir la peine d'être appris et l'histoire d'Ulysse et de Didon sur « les bords sauvages de la mer » est devenue pour moi une série d'images vivantes, qui ne doivent même pas être obscurcies, aussi longtemps que je vivrai.

Cette école anglaise a été pendant un an et demi pour moi une prison brutale avec des punitions quotidiennes stupides. Au bout de ce temps, on m'a donné une place toute seule, grâce au maître de Mathématiques ; mais c'est une autre histoire.

Les deux ou trois meilleurs garçons de mon âge en Angleterre étaient bien plus avancés que moi en latin et avaient déjà parcouru la moitié de la grammaire grecque, que je n'avais pas commencée, mais j'étais meilleur en mathématiques que quiconque dans toute l'école primaire. . Parce que j'étais en retard sur le niveau anglais en matière de langues, le Form-master m'a pris pour stupide et m'a traité de « stupide », et par conséquent je n'ai jamais appris une leçon de latin ou de grec au cours de mes deux années et demie au lycée. Néanmoins, grâce à la punition de devoir apprendre par cœur Virgile et Tite-Live, j'étais aussi de loin le meilleur de mon âge en latin, avant la fin de la deuxième année.

J'avais une mémoire verbale extraordinaire. Le Docteur, je me souviens, a un jour prononcé quelques lignes du « Paradis perdu » et nous a dit à sa manière pompeuse que *Lord* Macaulay connaissait le « Paradis perdu » par cœur du début à la fin. J'ai demandé: "Est-ce difficile, Monsieur!" « Quand vous en aurez appris la moitié, répondit-il, vous comprendrez à quel point c'est dur ! *Lord* Macaulay était un génie », et il insista encore une fois sur le « *Seigneur* ».

Une semaine plus tard, lorsque le Docteur reprit l'école de littérature, je dis à la fin de l'heure : « S'il vous plaît, Monsieur, je connais le « Paradis perdu » par cœur » ; il m'a testé et je me souviens comment il m'a ensuite regardé de la tête aux pieds, comme s'il se demandait où j'avais mis tout ce que j'avais appris. Cette « impudence », comme l'appelaient les garçons plus âgés, m'a valu plusieurs coups et coups de pied de la part des garçons de la Sixième, et beaucoup de mauvaise volonté de la part de beaucoup d'autres.

Toute la vie scolaire anglaise se résumait pour moi dans le « pédé ». Il y avait du « pédé » à la Royal School d' Armagh , mais c'était gentiment. Si vous vouliez en sortir pour une longue promenade avec un copain, vous n'aviez qu'à demander à l'un des Sixième et vous obteniez la permission de vous en passer.

Mais en Angleterre la règle était Rhadamanthine ; les noms des pédés en service étaient inscrits sur un tableau noir, et si vous n'étiez pas à l'heure, oui, et servile en plus, vous en recevriez une douzaine d'un frêne sur vos fesses et non pas de manière superficielle et avec dégoût, comme le docteur l'a fait, mais avec vigueur, de sorte que j'avais des plaies douloureuses sur les fesses et que je ne pouvais pas m'asseoir pendant des jours sans une smart.

Les pédés aussi, étant jeunes et faibles, étaient très souvent brutalisés juste pour s'amuser. Le dimanche matin d'été, par exemple, nous restions au lit une heure de plus. J'étais l'un des demi-douzaine de juniors dans la grande chambre ; il y avait deux garçons plus âgés, un à chaque extrémité, probablement pour maintenir l'ordre ; mais en réalité pour enseigner la luxure et corrompre leurs jeunes favoris. Si les mères d'Angleterre savaient ce qui se passe dans les dortoirs de ces pensionnats dans toute l'Angleterre, ils seraient tous fermés, depuis Eton et Harrow en haut ou en bas, en un jour. Si les pères anglais avaient suffisamment d'intelligence pour comprendre que les feux du sexe n'ont pas besoin d'être attisés pendant l'enfance, ils protégeraient eux aussi leurs fils des abus ignobles. Mais j'y reviendrai. Maintenant, je souhaite parler de la cruauté.

Toutes les formes de cruauté étaient pratiquées sur les garçons les plus jeunes, les plus faibles et les plus nerveux. Je me souviens qu'un dimanche matin, une demi-douzaine de garçons plus âgés ont tiré un lit le long du mur et ont forcé les sept garçons plus jeunes en dessous, frappant avec des bâtons toutes les mains ou tous les pieds qui étaient visibles. Un petit bonhomme a pleuré parce qu'il ne pouvait plus respirer et aussitôt la bande de bourreaux a commencé à boucher toutes les ouvertures, disant qu'ils en feraient un « trou noir ». Il y eut bientôt des cris et des luttes sous le lit et enfin un des plus jeunes se mit à crier si bien que les bourreaux s'enfuirent de la prison, craignant qu'un maître n'entende.

Un dimanche après-midi humide, en plein hiver, une « chérie de maman » un peu nerveuse, originaire des Antilles, qui avait toujours un rhume et qui se faufilait toujours près du feu dans la grande salle de classe, fut attrapée par deux des Cinquièmes et retenue près des flammes. Deux autres brutes resserrèrent son pantalon sur ses fesses, et plus il se tortillait et suppliait qu'on le lâche, plus ils serraient le pantalon et plus il se rapprochait des flammes, jusqu'à ce que soudain le pantalon se fende et soit brûlé, et comme le Le petit bonhomme se précipita en criant, les tortionnaires se rendirent compte qu'ils étaient allés trop loin. Le petit « nègre », comme on l'appelait, ne racontait pas comment il était arrivé à être aussi brûlé mais prenait sa quinzaine à l'infirmerie pour se reposer.

Nous avons appris l'histoire d'un pédé de Shrewsbury qui fut jeté dans un bain d'eau bouillante par des garçons plus âgés parce qu'il aimait prendre son bain très chaud ; mais cette expérience tourna mal, car le petit bonhomme mourut et l'affaire ne put être étouffée, même si elle fut finalement rejetée comme un regrettable accident.

Les Anglais sont fiers de confier une grande partie de la discipline scolaire aux garçons plus âgés : ils attribuent cette innovation à Arnold de Rugby et, bien sûr, il est possible, si la surveillance est assurée par un génie, que cela peut fonctionner pour le bien et non pour le mal ; mais cela transforme généralement l'école en un lieu de forçage de cruauté et d'immoralité. Les garçons les plus âgés établissent la légende selon laquelle seuls les furtifs pourraient tout dire aux maîtres, et ils sont alors libres de laisser libre cours à leurs instincts les plus bas.

Les deux moniteurs de notre grande chambre à mon époque étaient un grand gaillard nommé Dick F…, qui fatiguait tous les petits garçons en allant dans leur lit et en les obligeant à le branler jusqu'à ce que son sperme vienne. Les petits gars détestaient tous être couverts de sa bave immonde, mais ils devaient faire semblant d'aimer faire ce qu'il leur disait, et généralement il insistait pour les branler pour s'exciter. Dick m'a repéré une ou deux fois mais j'ai réussi à attraper son sperme sur sa propre chemise de nuit, et donc après m'avoir traité de « sale petit diable », il m'a laissé tranquille.

L'autre moniteur était Jones, un garçon de Liverpool d'environ dix-sept ans, très en retard dans les leçons mais très fort, le « coq » de l'école en matière de combat. Il avait toujours l'habitude d'aller au lit d'un jeune garçon qu'il favorisait à bien des égards. Henry H... avait l'habitude de se débarrasser de toute tape et il ne laissait jamais échapper ce que Jones lui faisait faire la nuit, mais à la longue, il est devenu ami avec un autre petit gars et tout s'est révélé. Une nuit, alors que Jones était dans le lit d'Henry, il y eut un cri de douleur et on entendit Jones embrasser et caresser sa victime pendant près d'une heure après. Nous nous demandions tous si Jones l'avait eu ou ce qui s'était passé. Un jour, le copain d'Henry a laissé le chat sortir du sac. Il est apparu que Jones avait l'habitude de faire prendre au petit bonhomme son sexe dans sa bouche, de le branler et de le sucer en même temps. Mais un soir, il avait apporté du beurre, l'avait étalé sur sa queue et l'avait progressivement inséré dans l'anus d'Henry, et cela devint sa pratique habituelle. Mais cette nuit, il avait oublié le beurre et lorsqu'il rencontra une certaine résistance, il poussa violemment en avant, provoquant une douleur extrême et faisant saigner son pathétique . Henry a crié et ainsi, après un intervalle de quelques semaines ou mois, toute la procédure a été connue.

S'il n'y avait pas eu de grands garçons comme Moniteurs, il y aurait quand même eu un certain nombre de branlettes solitaires ; à partir de douze ou treize ans, la plupart des garçons et la plupart des filles aussi pratiquent l'automutilation de temps en temps sur quelque légère provocation, mais cette pratique ne devient souvent habituelle que si elle est encouragée par les aînés et pratiquée mutuellement. En Irlande, c'était sporadique ; en Angleterre, perpétuelle et dans les écoles anglaises, cela conduisait souvent à une sodomie pure et simple, comme dans ce cas.

Dans mon propre cas, il y a eu deux influences restrictives, et je souhaite m'attarder sur les deux comme un indice pour les parents. J'étais un petit athlète très enthousiaste : grâce aux instructions et aux photographies d'un livre d'athlétisme appartenant à Vernon, j'ai appris à sauter et à courir. Pour sauter haut, il fallait faire une courte course sur le côté et se redresser horizontalement en franchissant la barre. Grâce à une pratique constante, je pouvais, à treize ans, passer sous la barre et ensuite la sauter. Je m'aperçus bientôt que si je me branlais la veille, je ne pouvais pas aussi bien sauter, la conséquence étant que je me retenais, que je ne branlais que le dimanche et que je parvenais bientôt à omettre l'exercice trois dimanches sur quatre.

Depuis que j'ai compris, j'ai toujours été reconnaissant envers cet exercice pour cette leçon de retenue. D'ailleurs, l'un des garçons se branlait toujours : même à l'école, il gardait la main droite dans la poche de son pantalon et continuait l'exercice. Nous savions tous qu'il avait fait un trou dans sa poche pour pouvoir jouer avec sa queue ; mais aucun des maîtres n'a jamais rien remarqué. Le petit bonhomme pâlissait peu à peu, jusqu'à ce qu'il se mette à pleurer dans un coin, et des tremblements nerveux inexplicables le secouaient pendant un quart d'heure d'affilée. Finalement, ses parents l'emmenèrent : que devint-il par la suite, je ne le sais pas, mais je sais que jusqu'à ce qu'on lui apprenne à se maltraiter, il était l'un des garçons les plus rapides de son âge en classe et donné comme moi à beaucoup de lecture.

Cette leçon de choses sur les conséquences n'a eu que peu d'effet sur moi à l'époque ; mais plus tard, cela a été utile comme avertissement. Un tel enseignement a peut-être affecté les Spartiates puisque nous lisons dans l'histoire qu'ils enseignaient la tempérance à leurs enfants en leur montrant un ilote ivre ; mais je tiens à insister sur le fait que j'ai d'abord appris la maîtrise de soi grâce à un vif désir d'exceller en saut et en course, et dès que j'ai découvert que je ne pouvais pas courir aussi vite ni sauter aussi haut après m'être entraîné. abus, j'ai commencé à me retenir et, en retour, cela a eu un effet très puissant sur ma volonté.

J'avais plus de treize ans lorsqu'une deuxième influence restrictive, encore plus forte, se fit sentir, et, curieusement, cette influence grandit à travers mon désir même pour les filles et ma curiosité à leur égard.

L'histoire marque une époque dans ma vie. On nous a appris à chanter à l'école et lorsqu'on a découvert que j'avais une bonne voix d'alto et une très bonne oreille, j'ai été choisi pour chanter des solos, aussi bien à l'école que dans la chorale de l'église. Avant chaque fête religieuse, il y avait beaucoup de répétitions avec l'organiste et les filles des maisons voisines se joignaient à nos cours. Une fille seule chantait l'alto et elle et moi étions séparés des autres garçons et filles ; le piano droit était placé dans un coin de la pièce et nous étions tous les deux assis ou debout derrière, presque hors de vue de tous les autres chanteurs ; l'organiste, bien entendu, étant assis devant le piano. La fille E… qui chantait alto avec moi avait à peu près mon âge : elle était très jolie ou me paraissait telle, avec des cheveux dorés et des yeux bleus et je me rattrapais toujours du mieux que je pouvais, à ma manière de garçon.

Un jour, pendant que l'organiste expliquait quelque chose, E... se leva sur la chaise et se pencha sur le dossier du piano pour mieux entendre ou voir plus. Assis sur ma chaise derrière elle, j'aperçus ses jambes ; car sa robe se retroussa derrière elle alors qu'elle se penchait : aussitôt mon souffle resta coincé dans ma gorge. Ses jambes étaient ravissantes, pensais-je, et la tentation est venue de les toucher ; car personne ne pouvait voir.

Je me suis levé immédiatement et me suis tenu près de la chaise sur laquelle elle se tenait. Mine de rien, je laisse ma main tomber contre sa jambe gauche. Elle n'a pas retiré sa jambe et n'a pas semblé sentir ma main, alors je l'ai touchée avec plus d'audace. Elle n'a jamais bougé, même si maintenant je savais qu'elle avait dû sentir ma main, j'ai commencé à faire glisser ma main le long de sa jambe et soudain mes doigts ont senti la chair chaude de sa cuisse là où le bas se terminait au-dessus du genou. La sensation de sa chair chaude m'étouffait littéralement d'émotion : ma main remontait, de plus en plus chaude, quand soudain j'effleurai son sexe : il y avait du doux dessus. Le pouls du cœur battait dans ma gorge. Je n'ai pas de mots pour décrire l'intensité de mes sensations.

Dieu merci, E.... n'a pas bougé et n'a montré aucun signe de dégoût. La curiosité était en moi plus forte encore que le désir ; J'ai senti son sexe partout et aussitôt l'idée m'est venue à l'esprit qu'il ressemblait à une figue (les Italiens, je l'ai appris plus tard, l'appellent familièrement « fica ») ; il s'est ouvert à mon contact et j'ai inséré doucement mon doigt, comme Strangways m'avait dit que Mary lui avait appris à le faire ; toujours E... ne bougeait pas. Doucement, j'ai frotté la partie avant de son sexe avec mon doigt. J'aurais pu l'embrasser mille fois par gratitude passionnée.

Soudain, alors que j'avançais, je la sentis bouger, puis encore une fois ; visiblement, elle me montrait où mon contact lui faisait le plus de plaisir : j'aurais pu mourir pour elle en remerciement ; à nouveau, elle bougea et je sentis une petite motte ou un petit bouton de chair juste devant son sexe, au-dessus de la jonction des lèvres intérieures : bien sûr, c'était son clitoris. J'avais oublié jusqu'à ce moment tous les vieux livres de médecine méthodiste ; ce fragment de savoir oublié depuis longtemps me revint : je frottai doucement le clitoris et aussitôt elle appuya sur mon doigt pendant un instant ou deux. J'ai essayé d'insérer mon doigt dans le vagin ; mais elle s'éloigna aussitôt et rapidement, fermant son sexe comme si ça faisait mal, alors je me remis à caresser son chatouilleur.

Soudain, le miracle cessa. Le maudit organiste avait fini son explication du nouveau plain-chant, et tandis qu'il touchait les premières notes du piano, E… rapprocha ses jambes ; J'ai retiré ma main et elle est descendue de la chaise : « Toi, chérie, chérie », murmurai-je ; mais elle fronça les sourcils, puis me fit un sourire du coin de l'œil pour me montrer qu'elle n'était pas mécontente.

Ah ! comme elle me paraissait belle, séduisante maintenant, mille fois plus belle et plus désirable que jamais. Alors que nous nous levions pour chanter à nouveau, je lui ai murmuré : « Je t'aime, je t'aime, chérie, chérie !

Je ne pourrai jamais exprimer la passion de gratitude que j'éprouvais envers elle pour sa bonté, sa douceur à me laisser toucher son sexe. E… c'est lui qui m'a ouvert les portes du paradis et m'a fait goûter pour la première fois aux mystères cachés du plaisir sexuel. Pourtant, après plus de cinquante ans, je ressens le frémissement de la joie qu'elle m'a procurée par sa réponse, et le respect passionné de ma gratitude est toujours vivant en moi.

Cette expérience avec E… a eu les résultats les plus importants et les plus inattendus. Le simple fait que les filles puissent ressentir du plaisir sexuel « tout comme les garçons » a accru mon appréciation pour elles et a élevé l'ensemble des rapports sexuels à un niveau supérieur dans ma pensée. L'excitation et le plaisir étaient tellement plus intenses que tout ce que j'avais connu auparavant que j'ai décidé de me réserver pour cette joie supérieure. Fini l'auto-abus pour moi ; Je savais quelque chose d'infiniment mieux. Un baiser valait mieux, une touche du sexe d'une fille.

Qu'embrasser et caresser une fille puisse lui inculquer la retenue n'est pas enseigné par nos guides et maîtres spirituels ; mais c'est néanmoins vrai. Une autre expérience similaire est venue à cette époque renforcer la même leçon. J'avais tout lu Scott et son héroïne Di Vernon m'a fait une grande impression. J'ai décidé maintenant de garder toute ma passion pour du Di Vernon à l'avenir. Ainsi les premières expériences passionnelles et la lecture d'une histoire d'amour m'ont complètement guéri de la mauvaise habitude de l'auto-abus.

Naturellement, après cette première expérience divine, j'étais nerveux pendant une seconde et enthousiaste comme un faucon en quête. Je ne pouvais pas voir E... jusqu'au prochain cours de musique, une semaine à attendre ; mais même une telle semaine touche à sa fin, et une fois de plus nous sommes enfermés dans notre solitude derrière le piano ; mais bien que j'aie murmuré tous les mots doux et suppliants que je pouvais imaginer, E... n'a fait que froncer les sourcils et secouer sa jolie tête. Cela a tué pour le moment toute ma foi dans les filles : pourquoi a-t-elle agi ainsi ? J'ai cherché dans mon cerveau une réponse raisonnable et je n'en ai trouvé aucune. Cela faisait partie du foutu mystère des filles, mais sur le moment, cela me remplissait d'une colère furieuse. J'étais fou de déception.

"Tu es méchant!" Je lui ai enfin murmuré et j'en aurais dit davantage si l'organiste ne m'avait pas fait appel pour un solo que j'ai très mal chanté, si mal même qu'il m'a fait jouir de derrière le piano et a ainsi supprimé jusqu'à la possibilité de intimités futures. À maintes reprises, j'ai maudit l'organiste et la jeune fille, mais j'étais toujours à l'affût d'une expérience similaire. Comme le disent les amateurs de chiens à propos des chiens de chasse : « J'avais goûté au sang et je n'ai jamais pu en oublier l'odeur ».

Vingt-cinq ans ou plus plus tard , j'ai dîné avec Frédéric Chapman, l'éditeur de « The Fortnightly Review », que j'éditais alors ; il m'a demandé quelques semaines après si j'avais remarqué une dame et m'a décrit sa robe, ajoutant : « Elle était très curieuse à votre sujet. Dès que vous êtes entré dans la pièce, elle vous a reconnu et m'a demandé de lui dire si vous l'aviez reconnue ; as-tu?"

J'ai secoué la tête : « Je suis myope, tu sais, dis-je, et donc pour qu'on me pardonne, mais quand m'a-t-elle connu ?

Il a répondu : « En tant que garçon à l'école ; elle a dit que vous vous souviendrez d'elle sous son prénom E....

"Bien sûr que oui", m'écriai-je, "Oh ! s'il vous plaît, dites-moi son nom et où elle habite. Je vais lui rendre visite, j'ai envie (et puis la réflexion est venue suggérer la prudence) de lui poser des questions », ajoutai-je maladroitement.

"Je ne peux pas vous donner son nom ni son adresse", a-t-il répondu, "je lui ai promis de ne pas le faire, mais elle est mariée depuis longtemps, je devais vous le dire."

Je l'ai pressé mais il est resté obstiné, et à la réflexion j'ai compris que je n'avais pas le droit de m'imposer à une femme mariée qui ne voulait pas renouer avec moi, mais oh ! J'avais très envie de la voir et d'entendre de sa propre bouche l'explication de ce qui me paraissait à l'époque son changement d'attitude inexplicable et cruel.

En tant qu'homme, bien sûr, je sais qu'elle avait peut-être une très bonne raison, et son simple nom porte toujours pour moi un glamour, une fascination inoubliable.

Mon père a toujours été disposé à encourager chez moi l'autonomie : en effet, il a essayé de me faire agir comme un homme alors que j'étais encore un simple enfant. Les vacances de Noël n'ont duré que quatre semaines ; il m'était donc moins coûteux de prendre un logement dans une ville voisine plutôt que de retourner en Irlande. En conséquence, le directeur reçut une demande de me donner environ sept livres sterling pour mes dépenses et il le fit, ajoutant en outre de nombreux et excellents conseils.

J'ai passé mes premières vacances au point d'eau de Rhyl, dans le nord du Pays de Galles, parce qu'un de mes amis, Evan Morgan, est venu de là et m'a dit qu'il rendrait cela intéressant pour moi. Et en vérité, il a fait beaucoup pour que j'apprécie les gens et que j'aime cet endroit. Il m'a présenté à trois ou quatre filles, parmi lesquelles j'ai beaucoup aimé une certaine Gertrude Hanniford . Gertie avait plus de quinze ans, grande et très jolie, pensais-je, avec de longues tresses de cheveux châtains ; l'un des meilleurs compagnons possibles. Elle m'embrasserait volontiers ; mais chaque fois que j'essayais de la toucher plus intimement, elle fronçait son petit nez en disant « Ne fais pas ! » ou "Ne sois pas sale!"

Un jour, je lui ai dit avec reproche : « Tu vas me faire un couple 'sale' avec 'Gertie' si tu continues à l'utiliser aussi souvent.' Peu à peu, elle s'apprivoise, mais trop lentement pour mes désirs ; mais la chance était impatiente de m'aider.

Un soir, tard, nous étions ensemble sur une hauteur derrière la ville, quand soudain il y eut un grand éclat dans le ciel, qui dura deux ou trois minutes :

l'instant d'après nous fûmes secoués par une sorte de tremblement de terre accompagné d'un bruit sourd.

"Une explosion!" J'ai crié : « Sur le chemin de fer : allons voir ! Et c'est parti pour le chemin de fer. Sur une centaine de mètres, Gertie était aussi rapide que moi ; mais après le premier quart de mille, j'ai dû me retenir pour ne pas la quitter. Mais pour une fille, elle était très rapide et forte. Nous suivions un sentier qui longeait la voie ferrée, car nous trouvions que rouler sur les traverses de bois était très lent et dangereux. Nous avions parcouru un peu plus d'un kilomètre lorsque nous avons vu l'incendie devant nous et une foule de silhouettes se déplaçant devant l'éblouissement.

En quelques minutes, nous nous trouvâmes en face de trois ou quatre wagons en feu et d'une locomotive en ruine.

"Quelle horreur!" s'écria Gertie. "Passons la clôture", répondis-je, "et approchons-nous !" L'instant d'après, je m'étais jeté sur la palissade de bois et je l'avais à moitié sauté, à moitié escaladé. Mais les jupes de Gertie l'empêchaient de m'imiter. Alors qu'elle se tenait debout, consternée, une grande pensée m'est venue : « Marche sur la rampe basse, Gertie », m'écriai-je, « et puis sur celle du haut et je te soulèverai. Rapide!"

Aussitôt elle fit ce qu'on lui disait et tandis qu'elle se tenait debout, un pied sur chaque rail hésitant et sa main sur ma tête pour se stabiliser, je mis ma main et mon bras droits entre ses jambes et la tirai au même moment vers moi avec mon bras droit. main gauche, je l'ai soulevée en toute sécurité mais mon bras était dans son entrejambe et lorsque je l'ai retiré, ma main droite s'est arrêtée sur son sexe et a commencé à le toucher :

Il était plus grand que celui de E… et avait plus de poils et était tout aussi doux mais elle ne m'a pas laissé le temps de le laisser m'exciter aussi intensément.

"Ne le faites pas!" s'écria-t-elle avec colère : « enlève ta main ! Et lentement, à contrecœur, j'ai obéi, essayant d'abord de l'exciter ; alors qu'elle fronçait toujours les sourcils : "Viens vite !" J'ai pleuré et, en lui prenant la main, je l'ai attirée vers l'épave en feu.

Peu de temps après, nous apprîmes ce qui s'était passé : un train de marchandises chargé de barils de pétrole se trouvait au sommet de la voie d'évitement ; il a commencé à glisser sous son propre poids et a heurté l'Irish Express alors qu'il se rendait de Londres à Holyhead . Lorsque les deux hommes se rencontrèrent, les barils de pétrole furent lancés sur la locomotive du train express, prirent feu en chemin et se déversèrent en flammes sur les trois premiers wagons, les réduisant ainsi que leurs malheureux passagers en cendres en très peu de temps. Il y avait quelques personnes brûlées et roussies dans les quatrième et cinquième voitures ; mais pas beaucoup. Les yeux ouverts, nous avons regardé la bande d'ouvriers sortir des objets calcinés comme des bûches brûlées plutôt que des hommes et des femmes, et les déposer respectueusement en rangées le long des rails : une quarantaine de corps, si je me souviens bien, ont été retirés de cet holocauste.

Soudain, Gertie s'est rendu compte qu'il était tard et rapidement, main dans la main, nous sommes rentrés chez nous : « ils vont m'en vouloir », a déclaré Gertie, « d'être si en retard, il est plus de minuit ». "Quand tu leur racontes ce que tu as vu!" J'ai répondu: " Ils ne s'étonneront pas que nous ayons attendu." Alors que nous nous séparions, j'ai dit : « Gertie, chérie, je tiens à te remercier… » « Pour quoi faire ? » dit-elle brièvement. "Tu sais", dis-je astucieusement, "c'était si gentil de ta part" - elle m'a fait une grimace et a monté les marches en courant jusqu'à sa maison.

Lentement, je suis retourné à mon logement, pour me retrouver le héros de la maison lorsque j'ai raconté l'histoire le matin.

Cette expérience commune a fait de Gertie et moi de grands amis. Elle m'embrassait et disait que j'étais gentil : une fois même, elle m'a laissé voir ses seins quand je lui ai dit qu'une fille (je n'ai pas dit qui c'était) m'avait montré les siens une fois : ses seins étaient presque aussi gros que mes sœur et très jolie. Gertie m'a même laissé toucher ses jambes jusqu'au genou ; mais dès que j'essayais d'aller plus loin, elle baissait sa robe en fronçant les sourcils. Pourtant, j'allais toujours plus haut, je progressais ; la persévérance rapproche de n'importe quel objectif ; mais hélas, c'était presque la fin des vacances de Noël et bien que je sois revenu à Rhyl à Pâques, je n'ai jamais revu Gertie.

Quand j'avais un peu plus de treize ans, j'ai essayé, surtout par pitié, de susciter une révolte des pédés, et j'ai d'abord eu un succès partiel, mais certains des petits gars parlaient et, en tant que meneur, j'ai été battu. Les Moniteurs m'ont jeté à plat ventre sur un long bureau : un garçon de sixième année était assis sur ma tête et un autre sur mes pieds, et un troisième, c'était Jones, allongé avec un frêne . Je l'ai supporté sans un gémissement mais je ne pourrai jamais décrire la tempête de rage et de haine qui bouillonnait en moi. Les pères anglais croient-ils vraiment qu'un tel travail fait partie de l'éducation ? Cela m'a rendu meurtrier. Quand ils m'ont laissé monter, j'ai regardé Jones et si les regards pouvaient tuer, il n'aurait pas été à la hauteur. Il a essayé de me frapper mais j'ai esquivé le coup et je suis sorti pour planifier ma vengeance.

Jones était à la tête du club de cricket First Eleven dans lequel moi aussi j'avais une place juste pour mon bowling. Vernon, du sixième, était le lanceur en chef, mais j'étais deuxième, le seul garçon de l'école primaire à figurer dans le onze. Peu après, une équipe d'une autre école est venue nous affronter : les capitaines rivaux se sont retrouvés devant la tente, tous sur leur meilleure tenue ; pour une raison quelconque, Vernon n'étant pas prêt ou quelque chose du genre, on m'a donné le nouveau ballon. Quelques maîtres se tenaient à proximité. Jones a perdu le tirage au sort et a dit très poliment au capitaine rival : « Si vous êtes prêt. Monsieur! nous sortirons. L'autre capitaine s'inclina en souriant, ma chance était venue :

"Je ne vais pas jouer avec toi, espèce de brute!" J'ai pleuré et j'ai envoyé le ballon au visage de Jones.

Il fut très rapide et jetant la tête de côté, il échappa à toute la force du coup ; Pourtant, la couture du nouveau ballon lui effleurait la pommette et lui cassait la peau : tout le monde restait étonné : seuls ceux qui connaissent la force des conventions anglaises peuvent se rendre compte de la sensation. Jones lui-même ne savait pas quoi faire mais sortit son mouchoir pour éponger le sang, la peau étant à peine cassée. Quant à moi, je suis parti tout seul. J'avais enfreint la loi suprême de notre honneur d'écolier : ne jamais confier nos dissensions à un maître, encore moins aux garçons et aux maîtres d'une autre école ; J'avais aussi péché en public et devant tout le monde ; Je serais universellement condamné.

La vérité est que j'étais désespéré, terriblement malheureux, car depuis l'éclatement de la révolte des pédés, les garçons les plus bas s'étaient éloignés de moi et les garçons plus âgés ne me parlaient jamais s'ils pouvaient l'aider et c'était toujours comme « Pat. »

Je me sentais exclu et j'étais complètement seul et misérable comme seuls peuvent l'être les exclus méprisés. J'étais sûr aussi que je devrais être expulsé et je savais que mon père me jugerait durement ; il était toujours du côté des autorités et des maîtres. Cependant, l'avenir ne devait pas être aussi sombre que mon imagination l'imaginait.

Le maître de mathématiques était un jeune homme de Cambridge âgé d'environ vingt-six ans, nommé Stackpole : je lui avais posé un jour des questions sur un problème d'algèbre et il avait été gentil avec moi. En rentrant à l'école, ce fatal après-midi, vers six heures, je le rencontrai par hasard au bord du terrain de jeu et, par un peu de sympathie, il me raconta bientôt toute mon histoire.

«Je veux être expulsé. Je déteste l'école bestiale », était mon cri. Tout le charme des écoles irlandaises fermentait en moi : la gentillesse des garçons envers les garçons et des maîtres envers les garçons me manquait ; surtout les fantaisies imaginatives des fées et du « petit peuple » qui nous avaient été enseignées par nos infirmières et auxquelles nous n'y croyions qu'à moitié ; mais une vie enrichie et glorifiée, tout cela était perdu pour moi. Ma tête en particulier était pleine d'histoires de Banshees, de reines des fées et de héros, moitié dues à ma mémoire, moitié à ma propre formation, ce qui faisait de moi un compagnon désirable pour les garçons irlandais et ne m'attirait que la dérision des Anglais.

"J'aurais aimé savoir que tu étais pédé", a déclaré Stackpole après avoir tout entendu, "je peux facilement remédier à cela", et il m'a accompagné à la salle de classe, puis il a effacé mon nom de la liste des pédés et a écrit en mon nom dans la Première Division Mathématique.

« Voilà, dit-il en souriant, vous êtes maintenant au lycée auquel vous appartenez. Je pense, ajouta-t-il, que je ferais mieux d'aller dire au docteur ce que j'ai fait. Ne vous découragez pas, Harris, ajouta-t-il, tout ira bien.

Le lendemain, le Sixième ne fit rien, sauf rayer mon nom de la liste des Onze Premiers : on me dit que Jones allait me tabasser mais j'effrayai mon informateur en disant : « Je lui mettrai un couteau s'il me pose un coup. donnez-moi la main : vous pouvez le lui dire.

En fait, cependant, j'ai été à moitié envoyé à Coventry et ce qui m'a le plus blessé, c'est que c'étaient les garçons du Lower School qui étaient les plus froids avec moi, ceux-là mêmes pour lesquels je me battais. Cela m'a donné un avant-goût amer de ce qui allait m'arriver encore et encore tout au long de ma vie.

Mon boycott partiel ne m'a pas beaucoup affecté ; J'ai fait de longues promenades dans le magnifique parc de Sir W. W., près de l'école.

J'ai dit ici beaucoup de choses dures sur la vie scolaire anglaise ; mais pour moi, il y avait deux grands aspects rédempteurs : l'un était la bibliothèque ouverte à tous les garçons, et l'autre l'entraînement physique des terrains de jeux, les divers exercices sportifs et le gymnase. Pour moi, la bibliothèque pendant quelques mois signifiait Walter Scott. Comme George Eliot avait raison de dire qu'il « faisait la joie de nombreuses jeunes vies ». Certaines de ses scènes m'ont laissé des impressions ineffaçables, bien que malheureusement ce ne soient pas toujours ses meilleures œuvres. Le match de lutte entre le puritain Balfour de Burleigh et le soldat était l'un de mes passages préférés. Une autre page favorite a également été approuvée par mon jugement plus mûr , le suicide courageux du petit apothicaire athée dans la « Fair Maid of Perth ». Mais les plus belles œuvres de Scott, comme la peinture des personnages de vieux serviteurs écossais, m'ont laissé froid. Je n'ai jamais pu supporter Dickens, que ce soit quand j'étais enfant ou plus tard dans la vie. Son "Conte de deux villes" et "Nicholas Nickleby" me semblaient alors les meilleurs et je n'ai jamais eu envie depuis de réviser mon jugement après avoir lu "David Copperfield" pendant mes années d'étudiant et trouvé des hommes peints par un nom ou un nom. phrase ou geste, les femmes par leur pudeur et les âmes par quelque mot d'ordre idiot ; « le simple talent du caricaturiste », me disais-je, « à son meilleur, un autre Hogarth ».

Naturellement, les romans et les récits d'aventures furent tous avalés en entier ; mais peu m'ont profondément touché : « La poursuite du cheval blanc » de Mayne Reid, vit toujours avec moi à cause des scènes d'amour avec l'héroïne espagnole, et « Peter Simple » de Marryat que j'ai lu cent fois et que je pourrais relire demain. ; car il y a une meilleure peinture de personnages dans Chucks, le maître d'équipage, que dans tous les Dickens, à mon pauvre avis. Je me souviens avoir été stupéfait dix ans plus tard lorsque Carlyle parlait de Marryat avec mépris. Je savais qu'il était injuste, tout comme je le suis probablement envers Dickens : après tout, même Hogarth a un ou deux bons tableaux à son actif, et personne ne survit même à trois générations sans un certain mérite.

Au cours de mes deux années de vie, j'ai lu tous les livres de la bibliothèque et j'en apprécie encore une demi-douzaine.

J'ai profité aussi de tous les jeux et exercices. Je n'étais pas bon au cricket ; J'étais myope et j'ai reçu de vilains coups grâce à un astigmatisme insoupçonné ; mais j'avais un talent extraordinaire au bowling qui, comme je l'ai dit, m'a mis dans les onze premiers. J'aimais le football et j'y étais bon. Je prenais le plus grand plaisir à toutes les formes d'exercice : je savais sauter et courir mieux que presque tous les garçons de mon âge et, en lutte et, un peu plus tard, en boxe, j'étais parmi les meilleurs de l'école. Au gymnase aussi, je m'entraînais assidûment ; J'avais tellement envie d'exceller que le professeur me conseillait continuellement d'y aller lentement. À quatorze ans, je pouvais me relever avec ma main droite jusqu'à ce que mon menton soit au-dessus de la barre.

Dans tous les jeux, les Anglais ont un idéal élevé d'équité et de courtoisie. Personne n'a jamais profité injustement d'autrui et la courtoisie était une loi. Si une autre école envoyait une équipe pour jouer contre nous au cricket ou au football, les vainqueurs acclamaient toujours les vaincus à la fin du match, et c'était une règle pour le capitaine de remercier le capitaine des visiteurs pour sa gentillesse en étant venu et pour le bien jeu qu'il nous avait donné. Cette coutume existait également dans les écoles royales d'Irlande fondées pour la garnison anglaise, mais je ne pouvais m'empêcher de remarquer que ces courtoisies n'étaient pas pratiquées dans les écoles irlandaises ordinaires. Ce fut pendant des années la seule chose dans laquelle j'ai dû admettre la supériorité de John Bull.

L'idéal d'un gentleman n'est pas très élevé. Emerson dit quelque part que l'évolution du gentleman est le principal produit spirituel des deux ou trois derniers siècles ; mais le concept, me semble-t-il, éclipse l'idéal. Pour moi, un « gentleman » est une chose à plusieurs niveaux mais sans ampleur : il faut être un gentleman et bien plus encore : un penseur, un guide ou un artiste.

La coutume anglaise dans les jeux m'a appris la valeur et la nécessité de la courtoisie, et l'athlétisme pratiqué assidûment a beaucoup contribué à renforcer et à renforcer mon contrôle sur tous mes désirs corporels : ils ont donné à mon esprit et à ma raison la maîtrise de moi. En même temps, ils m'enseignèrent les lois de la santé et la nécessité de leur obéir.

J'ai découvert qu'en buvant peu aux repas, je pouvais perdre du poids très rapidement et je pouvais ainsi sauter plus haut que jamais ; mais à mesure que je réduisais, j'appris qu'il y avait une limite au-delà de laquelle, si je persistais, je commençais à perdre des forces : l'athlétisme m'a appris ce que les Français appellent le juste milieu, la voie médiane de la modération.

Vers quatorze ans environ, j'ai découvert que penser à l'amour avant de s'endormir, c'était en rêver pendant la nuit. Et cette expérience m'a appris autre chose ; si je répétais une leçon juste avant de m'endormir, je la savais parfaitement le lendemain matin ; l'esprit, semble-t-il, fonctionne même pendant l'inconscience. Depuis, j'ai souvent résolu pendant le sommeil des problèmes de mathématiques et d'échecs qui me laissaient perplexe pendant la journée.

JOURNÉES SCOLAIRES EN ANGLETERRE.

Chapitre III.

C'est au cours de ma treizième année que s'est déroulée l'expérience la plus importante de ma vie d'écolier. En sortant un jour avec un garçon antillais d'environ seize ans, j'ai admis que j'allais être « confirmé » dans l'Église d'Angleterre. J'étais extrêmement religieux à cette époque et je prenais tout le rite avec un sérieux épouvantable. «Crois et tu seras sauvé» résonnait à mes oreilles jour et nuit, mais je n'avais aucune conviction heureuse. Croire quoi ? «Crois en moi, Jésus.» Bien sûr, je crois ; alors je devrais être heureux, et je n'étais pas heureux.

«Ne croyez pas» et la damnation éternelle et la torture éternelle s'ensuivent. Mon âme était révoltée devant l'iniquité de cette terrible condamnation. Qu'est-il advenu des myriades qui n'avaient pas entendu parler de Jésus ? Tout cela était pour moi une horrible énigme ; mais la figure radieuse et le doux enseignement de Jésus m'ont simplement permis de croire et de me résoudre à vivre comme il avait vécu, de manière désintéressée et pure. Je n'ai jamais aimé ce mot « purement » et je le reléguais au fond le plus sombre de ma pensée. Mais j'essaierais d'être bon, j'essaierais au moins !

"Croyez-vous à tous les contes de fées de la Bible !" » a demandé mon compagnon.

"Bien sûr que oui", ai-je répondu, "C'est la Parole de Dieu, n'est-ce pas ?" "Qui est dieu?" demanda l'Antillais.

« Il a fait le monde », ai-je ajouté, « toute cette merveille » – et d'un geste j'ai inclus la terre et le ciel.

« Qui a créé Dieu ! » demanda mon compagnon.

Je me suis détourné stupéfait : en un éclair, j'ai vu que j'avais bâti sur un mot qu'on m'avait appris : « qui a créé Dieu ? Je m'éloignai seul, remontant la longue prairie près du petit ruisseau, mes pensées dans un tourbillon : les histoires les unes après les autres que j'avais acceptées étaient désormais pour moi des « contes de fées ». Jonas n'avait pas vécu trois jours dans le ventre d'une baleine. Un homme ne pouvait pas entrer dans la gorge d'une baleine. L'Évangile de Matthieu a commencé par le pedigree de Jésus, montrant qu'il était né de la postérité de David par Joseph, son père, et dans le chapitre suivant, il vous est dit que Joseph n'était pas son père ; mais le Saint-Esprit. En une heure, tout l'édifice de mes croyances spirituelles s'est effondré autour de moi : je n'en croyais rien, pas un iota, ni un simple titre : j'avais l'impression d'avoir été mis nu à cause du froid.

Soudain, une joie m'est venue : si le christianisme n'était que mensonges et contes de fées comme le mahométanisme , alors ses interdictions étaient ridicules et je pouvais embrasser et avoir n'importe quelle fille qui me cédait. Tout de suite, je me suis partiellement réconcilié avec ma nudité spirituelle : il y a eu une compensation.

La perte de mes croyances m'a été pendant longtemps très douloureuse. Un jour, j'ai parlé à Stackpole de mon infidélité et il m'a recommandé de lire « Butler's Analogy » et de garder l'esprit ouvert. Butler a terminé ce que les Antillais avaient commencé et, dans ma soif de certitude, j'ai entrepris des lectures plus approfondies. Un jour, dans les appartements de Stackpole , je suis tombé sur un livre des Essais de Huxley ; en une heure, je les avais avalés et me proclamais « agnostique » ; c'est ce que j'étais; Je ne savais sûrement rien, mais j'étais prêt à apprendre.

J'ai vieilli mentalement de dix ans au cours des six mois suivants : je cherchais toujours des livres pour me convaincre et j'ai finalement compris l'argument de Hume contre les miracles. Cela a mis fin à tous mes doutes, m'a finalement satisfait. Douze ans plus tard, alors que j'étudiais la philosophie à Goettingen , j'ai vu que le raisonnement de Hume n'était pas concluant mais pour le moment j'étais guéri. Au milieu de l'été, j'ai refusé d'être confirmé. Depuis des semaines, je lisais la Bible pour y trouver les histoires les plus incroyables et les cochonneries que je vendais le soir pour le plus grand plaisir des garçons dans la grande chambre.

Cette année, comme d'habitude, j'ai passé les vacances d'été en Irlande. Mon père avait élu domicile avec ma sœur Nita partout où Vernon était envoyé par sa banque. Cet été s'est passé à Ballybay dans le comté de Monaghan, je pense. Je me souviens de peu ou de rien du village, sauf qu'il y avait une noble série de lacs bordés de roseaux près de l'endroit qui donnaient de bons tirs aux canards et aux bécassines à Vernon en automne.

Ces vacances m'ont été mémorables par plusieurs incidents. Une conversation a commencé un jour au dîner entre ma sœur et mon frère aîné sur la façon de se réconcilier avec les filles et de les gagner. J'ai remarqué avec étonnement que mon frère Vernon était très respectueux de l'opinion de ma sœur sur la question, alors j'ai immédiatement contacté Nita après le déjeuner et lui ai demandé de m'expliquer ce qu'elle entendait par « flatterie ». « Tu as dit que toutes les filles aiment la flatterie. Que voulais-tu dire?"

«Je veux dire», dit-elle, «ils aiment tous qu'on leur dise qu'ils sont jolis, qu'ils ont de bons yeux ou de belles dents ou de bons cheveux, selon le cas, ou qu'ils sont grands et bien faits. Ils aiment tous que leurs points positifs soient remarqués et loués.

"Est-ce tout?" J'ai demandé. "Oh non !" dit-elle, ils aiment tous que l'on remarque leur robe et surtout leur chapeau ; si cela va à leur visage, si c'est très joli et ainsi de suite... Toutes les filles pensent que si vous remarquez leurs vêtements, vous les aimez vraiment, car la plupart des hommes ne le pensent pas.

« Numéro deux », me suis-je dit : « y a-t-il autre chose ?

« Bien sûr, dit-elle, tu dois dire que la fille avec qui tu es est la plus jolie fille de la chambre ou de la ville, en fait elle ne ressemble à aucune autre fille, supérieure à toutes les autres, la seule fille de la maison. le monde pour toi. Toutes les femmes aiment être la seule fille au monde pour le plus grand nombre d'hommes possible.

« Numéro trois », me suis-je dit : « Ils n'aiment pas qu'on les embrasse ? J'ai demandé.

"Ça vient après", dit ma sœur, "beaucoup d'hommes commencent par t'embrasser et te tripoter avant même qu'ils ne te plaisent. Cela vous rebute. La flatterie d'abord de l'apparence et de la tenue vestimentaire, puis la dévotion et ensuite les baisers viennent naturellement.

"Numéro quatre !" J'ai répété ces quatre choses encore et encore et j'ai commencé à les essayer même sur les filles et les femmes plus âgées autour de moi et j'ai vite découvert qu'elles avaient toutes une meilleure opinion de moi presque immédiatement.

Je me souviens d'avoir mis en pratique mes nouvelles connaissances d'abord sur la jeune Miss Raleigh que, pensais-je, Vernon appréciait. Je l'ai juste félicitée comme ma sœur me l'avait conseillé : d'abord ses yeux et ses cheveux (elle avait de très jolis yeux bleus). À mon grand étonnement, elle m'a immédiatement souri ; en conséquence, j'ai continué en disant qu'elle était la plus jolie fille de la ville et tout à coup elle m'a pris la tête dans ses mains et m'a embrassé en disant : « Tu es un cher garçon !

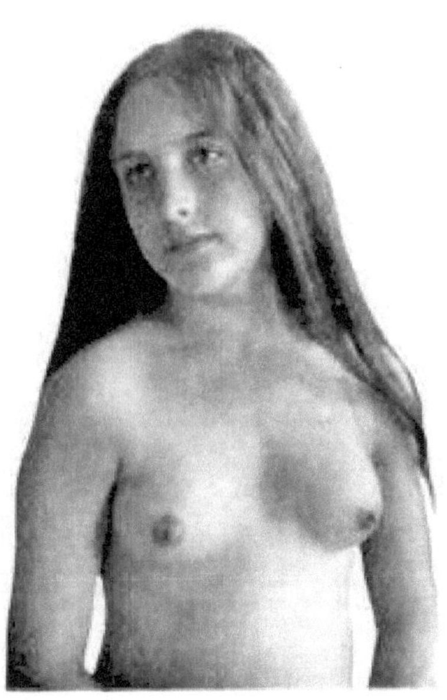

Mais ma grande expérience était encore à venir. Il y avait un très bel homme que j'ai rencontré deux ou trois fois dans des soirées ; Je pense qu'il s'appelait Tom Connolly : je n'en suis pas sûr, même si je ne dois pas l'oublier ; car je peux le voir aussi clairement que s'il était devant moi maintenant : cinq pieds dix ou onze pieds, très beau avec des yeux violets ombragés. Tout le monde racontait à son sujet une histoire qui s'était déroulée lors de sa visite au vice-roi à Dublin. Il est apparu que la Vicereine avait une très jolie femme de chambre française et Tom Connolly s'est maquillé avec la femme de chambre. Une nuit, la vice-reine tomba malade et envoya son mari monter les escaliers pour appeler la femme de chambre. Lorsque le mari frappa à la porte de la bonne, disant que sa femme la voulait, Tom Connolly répondit d'une voix forte :

"Ce n'est pas amical de votre part d'interrompre un homme à un moment pareil."

Le vice-roi, bien sûr, s'excusa immédiatement et s'enfuit en toute hâte, mais comme un imbécile, il raconta l'histoire à sa femme qui fut très indignée et le lendemain, au petit-déjeuner, elle plaça un aide de camp à sa droite et la maison de Tom Connolly tout en bas de la rue. tableau. Comme d'habitude, Connolly arriva en retard et dès qu'il vit la disposition des lieux, il comprit tout et se dirigea vers l'aide de camp.

"Maintenant, jeune homme", dit-il, "tu auras beaucoup d'occasions plus tard, alors donne-moi ma place", et aussitôt il le chassa de sa place et s'assit près de la vice-reine , même si elle lui parlait à peine.

Enfin Tom Connolly lui dit : « Je n'aurais pas pensé cela de toi, car tu es si gentille. Imaginez blâmer une pauvre jeune fille la première fois qu'elle cède à un homme !

Cette réponse fit rugir toute la table et établit la renommée de Connolly pour son impudence dans toute l'Irlande.

Tout le monde parlait de lui et je le suivais partout dans les jardins et chaque fois qu'il parlait, mes grandes oreilles étaient dressées pour entendre toute parole de sagesse qui pourrait sortir de ses lèvres. Enfin il m'aperçut et me demanda pourquoi je le suivais partout.

« Tout le monde dit que vous pouvez gagner n'importe quelle femme que vous aimez, M. Connolly » ; J'ai dit à moitié honteux : « Je veux savoir comment vous faites, ce que vous leur dites. »

« Ma foi, je ne sais pas, dit-il, mais tu es un drôle de petit bonhomme. Quel âge as-tu pour poser de telles questions ?

«J'ai quatorze ans», dis-je hardiment.

« Je ne t'aurais pas donné quatorze ans, mais même quatorze ans, c'est trop jeune ; vous devez attendre." Je me suis donc retiré tout en restant à portée de voix.

Je l'entendis rire avec mon frère aîné de ma question et je crus ainsi que j'étais pardonné, et le lendemain ou le surlendemain, me trouvant toujours aussi assidu, il me dit :

« Vous savez, votre question m'a amusé et j'ai pensé que j'essaierais d'y trouver une réponse et en voici une. Quand vous pouvez mettre un pénis raide dans sa main et pleurer abondamment pendant ce temps, vous vous rapprochez du cœur de n'importe quelle femme. Mais n'oubliez pas les larmes. J'ai trouvé ce conseil un conseil de perfection ; Je ne pouvais pas pleurer dans un pareil moment ; mais je n'ai jamais oublié les mots.

Il y avait une grande caserne de la police irlandaise à Ballybay et le sous-inspecteur était un bel homme de cinq pieds neuf ou dix nommé Walter Raleigh. Il disait qu'il était un descendant du célèbre courtisan de la reine Elizabeth et il prononçait son nom « Rolly » et nous assurait que son illustre homonyme l'avait souvent orthographié de cette façon, ce qui montrait qu'il avait dû le prononcer comme s'il était écrit avec un « o ». La raison pour laquelle je mentionne Raleigh ici est que ses sœurs et les miennes étaient de très bons amis et qu'il entrait et sortait de notre maison presque comme si c'était la sienne.

Chaque soir, lorsque Vernon et Raleigh n'avaient rien de mieux à faire, ils débarrassaient les chaises de notre arrière-salon, mettaient des gants de boxe et se préparaient. Mon père s'asseyait dans un coin et les regardait : Vernon était plus léger et plus petit ; mais plus vite ; Pourtant, je pensais que Raleigh n'avait pas déployé toutes ses forces contre lui.

L'un des premiers soirs où Vernon se plaignait que Raleigh n'était pas venu ni envoyé, mon père a dit : « Pourquoi ne pas essayer, Joe ? (mon surnom !) En un tournemain, j'ai enfilé les gants et j'ai reçu ma première leçon de Vernon qui m'a appris au moins comment frapper droit, puis comment garder et faire des pas de côté. J'étais très rapide et fort pour ma taille ; mais pendant quelque temps Vernon me frappa très légèrement. Bientôt, cependant, il lui devint difficile de me frapper et je reçus parfois un coup violent qui m'abattit. Mais avec une pratique constante, je me suis amélioré rapidement et après environ quinze jours, j'ai enfilé les gants une fois avec Raleigh. Ses coups étaient beaucoup plus violents et me faisaient chanceler même pour les garder, alors je me suis habitué à esquiver, à faire un pas de côté ou à glisser à chaque coup dirigé vers moi tout en ripostant de toutes mes forces. Un soir, alors que Vernon et Raleigh me faisaient tous les deux l'éloge, je leur ai parlé de Jones et de la façon dont il m'avait intimidé ; il m'avait vraiment rendu la vie une misère : il ne me rencontrait jamais en dehors de l'école sans me frapper ou me donner des coups de pied et son surnom préféré pour moi était « tourbière ! Son attitude affectait également toute l'école : j'avais appris à le détester autant que je le craignais.

Ils pensaient tous les deux que je pouvais le battre ; mais je l'ai décrit comme étant très fort et finalement Raleigh a décidé d'envoyer chercher deux paires de gants de quatre onces ou de gants de combat et de les utiliser avec moi pour me donner confiance. Au cours de la première demi-heure avec les nouveaux gants, Vernon ne m'a pas frappé une seule fois et j'ai dû reconnaître qu'il était même plus fort et plus rapide que Jones. À la fin des vacances, ils m'ont tous deux fait promettre de gifler Jones la première fois que je le verrais à l'école.

En rentrant à l'école, nous nous retrouvions toujours dans la grande salle de classe. Quand je suis entré dans la pièce, il y avait un silence. J'étais terriblement excité et effrayé, je ne sais pas pourquoi ; mais pleinement résolu : « il ne peut pas me tuer », me suis-je dit mille fois ; j'étais toujours dans un état d'esprit tremblant intérieurement, bien que suffisamment calme en apparence extérieure. Jones et deux autres membres du Sixième se tenaient devant la cheminée vide : je m'approchai d'eux : Jones hocha la tête : « Comment ça va, Pat !

"Assez", dis-je, "mais pourquoi prenez-vous toute la place ?" et je l'ai bousculé : il m'a immédiatement poussé très fort et je lui ai giflé comme je l'avais promis. Les aînés le retenaient, sinon le combat aurait eu lieu sur-le-champ : « veux-tu te battre ? il m'a aboyé dessus et j'ai répondu : "autant que tu veux, tyran !" Il fut convenu que le combat aurait lieu le lendemain après-midi, qui se trouvait être un mercredi et demi-jour férié. De trois à six heures, cela nous donnerait suffisamment de temps. Ce soir-là, Stackpole m'a invité dans sa chambre et m'a dit qu'il demanderait au Docteur d'arrêter le combat si je le souhaitais ; Je lui ai assuré que cela devait être le cas et j'ai préféré que ce soit réglé.

"J'ai peur qu'il soit trop vieux et trop fort pour toi", a déclaré Stackpole : j'ai seulement souri.

Le lendemain, l'anneau a été placé en haut du terrain de jeu, derrière la botte de foin, afin que nous ne puissions pas être vus de l'école. Toute la Sixième et presque toute l'école se tenaient derrière Jones ; mais Stackpole , tout en se promenant ostensiblement, était toujours proche de moi. Je lui en étais très reconnaissant : je ne sais pas pourquoi ; mais sa présence m'a éloigné de ma solitude. Au début, le combat ressemblait presque à un match de boxe. Jones a tendu sa main gauche, ma tête l'a glissée et j'ai répliqué avec ma droite devant son visage : un instant plus tard, il m'a précipité mais j'ai esquivé, j'ai fait un pas de côté et je l'ai frappé violemment au menton. Je sentais l'étonnement de l'école dans le silence de mort :

"Bien bien!" s'écria Stackpole derrière moi : "c'est comme ça." Et en effet, c'était la « manière » de combattre à chaque round sauf un. Cela faisait huit ou dix minutes que nous travaillions dur lorsque je sentis Jones s'affaiblir ou perdre le souffle : aussitôt j'attaquai de toutes mes forces ; quand soudain, par hasard, j'ai attrapé un coup droit juste sous l'oreille gauche et j'ai été projeté de plein fouet : il pouvait frapper assez fort, c'était clair. Alors que j'entrais au milieu du ring pour le tour suivant, Jones se moqua de moi :

"Tu as compris, n'est-ce pas, Pat !"

« Oui », ai-je répondu, « mais je te battrai noir et bleu pour ça » et le combat a continué. J'étais décidé, allongé par terre, à ne le frapper qu'au visage. Il était petit et fort et mes coups au corps ne semblaient pas l'impressionner ; mais si je pouvais noircir tout son visage, les maîtres et surtout le Docteur comprendraient ce qui s'est passé.

Jones balançait encore et encore, d'abord avec la main droite, puis avec la gauche, dans l'espoir de me renverser à nouveau ; mais mon entraînement avait été trop varié et trop complet et le coup renversé m'avait appris la prudence nécessaire : j'ai esquivé ses coups, ou les ai contournés et je l'ai frappé à droite et à gauche au visage jusqu'à ce que soudain son nez se mette à saigner et Stackpole s'est écrié derrière moi avec une grande excitation : « c'est comme ça, c'est comme ça ; continuez à le poivrer !

Alors que je me tournais pour lui sourire, j'ai découvert que beaucoup de pédés, d'anciens amis à moi, étaient venus dans mon coin et me souriaient tous pour m'encourager et m'exhorter audacieusement à « lui donner du mal ». J'ai alors réalisé pour la première fois qu'il me suffisait de continuer et d'être prudent et que la victoire m'appartiendrait. Une exultation froide et dure remplaçait en moi une excitation nerveuse, et quand je frappais, j'essayais de couper avec mes jointures comme Raleigh me l'avait montré un jour.

Le saignement du nez de Jones a mis du temps à s'arrêter et dès qu'il est arrivé au milieu du ring, j'ai recommencé avec un autre droitier. Après ce round, ses seconds et ses partisans l'ont gardé si longtemps dans son coin qu'à la fin, sur les conseils murmurés de Stackpole , je suis allé lui dire : « Soit tu te bats, soit tu cèdes : j'attrape froid. » Il est sorti aussitôt et s'est précipité sur moi, plein de combativité, mais son visage n'était plus qu'un bleu et son œil gauche presque fermé. Chaque fois que j'en avais l'occasion, je frappais l'œil droit jusqu'à ce que le cas soit encore pire.

Cela me paraît étrange, car je n'ai jamais eu pitié de lui et je n'ai jamais proposé d'arrêter : la vérité est qu'il m'avait si acharné et continuellement harcelé, avait si souvent blessé mon orgueil en public que même à la fin, j'étais rempli de froid. rage contre lui. J'ai tout remarqué : j'ai vu que quelques Sixièmes s'éloignaient vers l'école et revenaient ensuite avec Shaddy , le deuxième maître. Alors qu'ils contournaient la botte de foin, Jones entra sur le ring ; il a frappé sauvagement à droite et à gauche alors que j'arrivais à distance de frappe, mais je me suis glissé en dehors de sa gauche la plus faible et je l'ai frappé aussi fort que possible, d'abord à droite, puis à gauche au menton et il est tombé sur le dos.

Immédiatement, les petits gars dans mon coin ont applaudi et j'ai vu que Stackpole avait rejoint Shaddy près du coin de Jones. Soudain, Shaddy arriva au bord du ring et parla, à mon grand étonnement, avec une certaine dignité :

"Ce combat doit cesser maintenant", dit-il d'une voix forte, "si un autre coup est porté ou si un mot est prononcé, je signalerai la désobéissance au Docteur." Sans un mot, je suis allé enfiler mon manteau, mon gilet et mon col, tandis que ses amis du Sixième escortaient Jones jusqu'à l'école.

Je n'ai jamais eu dans ma vie autant d'amis et d'admirateurs qui sont venus me voir alors pour me féliciter et témoigner de leur admiration et de leur bonne volonté. Apparemment, toute l'école primaire était de mon côté, et elle l'avait été dès le début, et un ou deux élèves de sixième, Herbert en particulier, sont venus me féliciter chaleureusement : « Un grand combat », dit Herbert, « et maintenant peut-être y aura-t-il moins de harcèlement : en tout cas, ajoute-t-il avec humour, personne ne voudra vous harceler : vous êtes un professionnel de poche : où avez-vous appris à boxer ?

J'avais assez de bon sens pour sourire et garder mon propre conseil. Jones ne s'est pas présenté à l'école ce soir-là : en fait, pendant plusieurs jours après avoir été infirmé à l'étage. Les pédés et les collégiens m'ont raconté toutes sortes d'histoires. Le médecin était venu et avait dit : « Il avait peur de l'érysipèle : les bleus étaient si gros et Jones devait rester au lit et dans le noir ! et une foule d'autres détails.

Une chose était très claire ; ma position dans l'école a été radicalement modifiée : Stackpole a parlé au Docteur et j'ai trouvé une place seule dans sa salle de classe et je n'allais chez le professeur que pour des leçons spéciales : Stackpole est devenu plus que jamais mon professeur et mon ami.

Lorsque Jones est apparu pour la première fois à l'école, nous nous sommes rencontrés dans la sixième salle en attendant l'arrivée du Docteur. Je parlais avec Herbert ; Jones est entré et m'a fait un signe de tête : je suis allé vers moi et j'ai tendu la main : « Je suis content que tu vas bien à nouveau ! Il lui serra la main mais ne dit rien. Le signe de tête et le sourire d'Herbert m'ont montré que j'avais bien fait. «Le passé devrait être du passé», disait-il à la mode anglaise. J'ai écrit toute l'histoire à Vernon ce soir-là, le remerciant, vous pouvez en être sûr, ainsi que Raleigh pour la formation et les encouragements qu'ils m'avaient donnés.

Toute ma vision de la vie a été définitivement modifiée : j'étais folle et heureuse. Une nuit, j'ai pensé à E… et pour la première fois depuis des mois, j'ai pratiqué l'onanisme . Mais le lendemain, je me suis senti lourd et j'ai décidé que croire ou non, la maîtrise de soi était une bonne chose pour la santé. Pendant toutes les vacances de Noël suivantes passées à Rhyl, j'ai essayé d'avoir des relations intimes avec une fille ; mais a échoué. Dès que j'essayais de toucher ne serait-ce que leurs seins, ils s'éloignaient. J'aimais les filles bien formées et elles pensaient toutes, je suppose, que j'étais trop jeune et trop petite : si elles avaient su !

Un autre incident se produit au cours de cette treizième année et mérite peut-être d'être enregistré. Libéré de l'intimidation et de la cruauté insensée des garçons plus âgés qui, pour la plupart, toujours du côté de Jones, me laissaient gravement seul, les contraintes de la vie scolaire ont commencé à m'irriter. « Si j'étais libre », me suis-je dit, « je m'en prendrais à E… ou à une autre fille et je passerais un bon moment ; dans l'état actuel des choses, je ne peux rien faire, je n'espère rien. La vie était fade, plate et peu rentable pour moi. En outre, j'avais lu presque tous les livres que je jugeais intéressants à lire dans la bibliothèque de l'école, et le temps me pesait lourdement : je commençais à aspirer à la liberté comme un oiseau en cage.

Quelle était la sortie la plus rapide ? Je savais que mon père, en tant que capitaine dans la marine, pouvait me donner ou me faire nommer pour que je puisse devenir aspirant. Bien sûr, il faudrait que je me fasse examiner avant l'âge de quatorze ans ; mais je savais que je pouvais gagner une place élevée dans n'importe quel test.

Comme je l'ai raconté, j'ai passé les vacances d'été après mes treize ans, le 14 février, chez moi en Irlande, et de temps en temps, j'ai dérangé mon père pour qu'il m'obtienne la nomination. Il a promis qu'il le ferait et j'ai pris sa promesse au sérieux. Tout l'automne, j'étudiai attentivement les matières dans lesquelles je devais être examiné et j'écrivais de temps en temps à mon père pour lui rappeler sa promesse. Mais il ne semblait pas disposé à aborder le sujet dans ses lettres qui étaient pour la plupart remplies d' exhortations bibliques, ce qui me rendait malade de mépris pour sa crédulité stupide. Mon incrédulité me faisait me sentir infiniment supérieure à lui.

Noël est arrivé et je lui ai écrit une lettre sérieuse, insistant pour qu'il tienne sa promesse. Pour la première fois de ma vie, je le flattais en lui disant que je savais que sa parole était sacrée : mais le délai était proche et je craignais qu'un retard officiel ne me fasse dépasser la limite d'âge prescrite. Je n'ai reçu aucune réponse : j'ai écrit à Vernon qui m'a dit qu'il ferait de son mieux avec le gouverneur. Les jours passaient, le 14 février passait : j'avais quatorze ans. Cette voie d'évasion vers le vaste monde m'était fermée par mon père. Je rageais de haine contre lui.

Comment allais-je me libérer ? Où dois-je aller? Que dois-je faire? Un jour, dans un journal illustré de 68, j'ai lu la découverte des diamants au Cap, puis l'ouverture des gisements de diamants. Cette perspective m'a tenté et j'ai lu tout ce que je pouvais sur l'Afrique du Sud, mais un jour j'ai découvert que le passage le moins cher pour le Cap coûtait quinze livres et j'ai désespéré. Peu de temps après, j'ai lu qu'un passage de direction vers New York pouvait être obtenu pour cinq livres ; cette somme me paraissait possible à obtenir ; car il y avait un prix de dix livres pour les livres à donner au deuxième lors de l'examen de bourse de mathématiques qui aurait lieu cet été : je pensais que je pourrais gagner ce prix, et je me mis à étudier les mathématiques plus durement que jamais.

Le résultat fut... mais je le dirai à sa place. Pendant ce temps, j'ai commencé à lire sur l'Amérique et j'ai vite entendu parler des buffles et des Indiens des Grandes Plaines et d'une myriade d'images romantiques envoûtantes ouvertes à mon imagination d'enfant. Je voulais voir le monde et j'en étais venu à détester l'Angleterre ; son snobisme, même si j'avais attrapé la maladie, était répugnant et, pire encore, son esprit d'intérêt personnel sordide. Les garçons riches étaient favorisés par tous les Maîtres, même par Stackpole ; J'étais dégoûté de la vie anglaise telle que je la voyais. Il y avait pourtant là de bons éléments que je ne pouvais que voir et que j'essaierai d'indiquer plus tard.

Vers le milieu de ce trimestre d'hiver, il fut annoncé qu'à la Saint-Jean, outre une scène d'une pièce de Plaute qui serait donnée en latin, la scène du procès du Marchand de Venise serait également jouée - bien sûr par des garçons du quartier. Cinquième et sixième seulement, et les répétitions ont immédiatement commencé. Naturellement, j'ai sorti « Le Marchand de Venise » de la bibliothèque de l'école et, en un jour, je l'ai su par cœur. Je pouvais apprendre de la bonne poésie par une seule lecture attentive : la mauvaise poésie ou la mauvaise prose était beaucoup plus difficile.

Rien dans la pièce ne m'a séduit sauf Shylock et la première fois que j'ai entendu Fawcett du Sixième réciter le rôle, je n'ai pas pu m'empêcher de sourire : il répétait les discours les plus passionnés comme une leçon d'une voix chantante et monotone. Pendant des jours, j'ai lancé le défi de Shylock et un jour, par chance , Stackpole m'a entendu. Nous étions devenus de grands amis : j'avais fait toute l'algèbre avec lui et je dévorais maintenant la trigonométrie, résolue à faire ensuite les sections coniques, puis le calcul. Il n'y avait déjà qu'un seul garçon qui était mon supérieur et il était le capitaine du Sixième, Gordon, un grand gaillard de plus de dix-sept ans, qui avait l'intention d'aller à Cambridge avec la bourse de mathématiques de quatre-vingts livres cet été-là.

Stackpole a dit au directeur que je serais un bon Shylock : Fawcett, à mon grand étonnement, ne voulait pas jouer le Juif : il avait même du mal à apprendre le rôle, et finalement on me l'a donné. J'étais particulièrement ravi car j'étais sûr de pouvoir réussir un grand succès.

Un jour, ma sympathie pour les victimes d'intimidation m'a valu un ami. Le fils du Vicaire, Edwards, était un gentil garçon de quatorze ans qui avait grandi rapidement et n'était pas fort. Une brute de seize ans dans l'Upper Fifth lui tordait le bras et le frappait sur le muscle tordu et Edwards essayait de toutes ses forces de ne pas pleurer. "Laissez-le tranquille, Johnson", dis-je, " pourquoi intimidez-vous?" "Vous devriez y goûter", cria-t-il, laissant cependant Edwards partir.

« Ne l'essayez pas si vous êtes sage », rétorquai-je.

"Pat aimerait qu'on lui parle", ricana-t-il et se détourna. J'ai haussé les épaules.

Edwards m'a chaleureusement remercié de l'avoir secouru et je lui ai demandé de venir se promener. Il a accepté et notre amitié a commencé, une amitié mémorable pour m'avoir apporté un roman et une expérience merveilleuse.

Le Presbytère était une grande maison entourée d'un grand terrain. Edwards avait quelques sœurs mais elles étaient trop jeunes pour m'intéresser ; la gouvernante française, en revanche, Mlle. Lucille était très attirante avec ses yeux et ses cheveux noirs et son attitude rapide et vive. Elle était de taille moyenne et ne dépassait pas dix-huit ans. Je me suis immédiatement rattrapé et j'ai essayé de lui parler français dès le début. Elle a été très gentille avec moi et nous nous sommes tout de suite entendus. Elle était seule, je suppose, et j'ai bien commencé en lui disant qu'elle était la plus jolie fille de tout cet endroit et la plus gentille. Elle a traduit le plus gentil, je m'en souviens, par la plus chic.

La demi-journée de vacances suivante, Edwards entra dans la maison pour quelque chose. Je lui ai dit que je voulais un baiser, et elle a dit :

"Tu n'es qu'un garçon, mais gentil », et elle m'a embrassé. Lorsque mes lèvres se posèrent sur les siennes, elle prit ma tête dans ses mains, la repoussa et me regarda avec surprise.

"Tu es un garçon étrange", dit-elle d'un ton songeur.

Les prochaines vacances, je les ai passées au Vicaire. Je lui ai donné une petite lettre d'amour en français que j'avais copiée d'un livre de la bibliothèque de l'école et j'ai été ravi quand elle l'a lue et m'a fait un signe de tête en souriant et l'a rangée dans son corsage : « près de son cœur » ai-je dit. pour moi-même, mais je n'avais même aucune chance d'avoir un baiser car Edwards traînait toujours dans les parages. Mais en fin d'après-midi, sa mère l'a appelé pour quelque chose, et l'occasion s'est présentée.

Nous nous asseyions habituellement dans une sorte de pavillon d'été rustique dans le jardin. Cet après-midi, Lucille était assise en arrière dans un fauteuil juste devant la porte, car la journée était étouffante, et quand Edwards est parti, je me suis jeté sur le seuil à ses pieds : sa robe collait à ses formes, révélant les contours. de ses cuisses et de ses seins de manière séduisante. J'étais fou d'excitation. Soudain, j'ai remarqué que ses jambes étaient écartées ; Je pouvais voir ses chevilles fines. Des battements de pouls se réveillèrent dans mon front et dans ma gorge : je demandai un baiser et me mis à genoux pour le recevoir : elle m'en donna un ; mais comme j'insistais, elle me repoussa en disant :

« Non , non ! sois sage !

Alors que je retournais à ma place à contrecœur, la pensée m'est venue : « mets ta main sous ses vêtements » ; J'étais sûr de pouvoir atteindre son sexe. Elle était assise sur le bord de la chaise et penchée en arrière. Cette simple idée m'a secoué et effrayé : mais que peut-elle faire, pensais-je : elle ne peut que se mettre en colère. J'ai repensé à toutes les conséquences possibles : l'exemple de E… est venu m'encourager et me réconforter. Je me suis penché et je me suis agenouillé devant elle en souriant, implorant un baiser, et alors qu'elle souriait en retour, j'ai posé hardiment ma main sur ses vêtements sur son sexe. J'ai senti les poils doux et leur forme dans une extase haletante ;

mais je le retins à peine lorsqu'elle se redressa d'un bond : "Comment oses-tu !" a-t-elle pleuré en essayant de repousser ma main.

Mes sensations étaient trop puissantes pour que je puisse parler ou agir ; ma vie était entre mes doigts ; J'ai tenu sa chatte. Un instant plus tard, j'ai essayé de la toucher doucement avec mon majeur comme j'avais touché E… : c'était une erreur : je ne tenais plus son sexe et aussitôt Lucille s'est retournée et s'est libérée.

« J'ai bien envie de vous frapper », s'écria-t-elle ; "Je vais le dire à Mme Edwards", renifla-t-elle avec indignation. «Tu es un mauvais, mauvais garçon et je te trouvais gentil. Je ne serai plus jamais gentil avec toi : je te déteste ! elle était assez frappée de colère.

Je suis allé vers elle, mon tout étant une seule prière. "Ne gâchez pas tout ça", ai-je crié. "Tu as tellement mal quand tu es en colère, chérie." Elle s'est tournée vers moi avec chaleur : « Je suis vraiment en colère, en colère », haletait-elle, « et tu es un garçon grossier et haineux et je ne t'aime plus », et elle s'est détournée à nouveau en secouant sa robe. "Oh, comment pourrais-je m'en empêcher?" J'ai commencé: "Tu es si jolie, oh, tu es merveilleuse, Lucille."

« Merveilleux », répéta-t-elle en reniflant avec dédain, mais je vis qu'elle était apaisée.

"Embrasse-moi", ai-je supplié, "et ne sois pas en colère."

"Je ne t'embrasserai plus jamais", répondit-elle rapidement, "tu peux en être sûre." J'ai continué à mendier, à louer, à supplier pendant très longtemps, jusqu'à ce qu'enfin elle me prenne la tête dans ses mains en disant :

"Si tu promets de ne plus jamais faire ça, jamais, je t'embrasserai et j'essaierai de te pardonner."

«Je ne peux pas le promettre», dis-je, «c'était trop sucré; mais embrasse-moi et j'essaierai d'être gentil.

Elle m'a embrassé un rapide bisou et m'a repoussé.

"Tu n'as pas aimé ça?" J'ai murmuré : « J'ai fait un travail horrible. Je ne peux pas te dire à quel point j'ai été ravi : oh, merci, Lucille, merci, tu es la fille la plus douce du monde et je te serai toujours reconnaissante, ma chérie !

Elle m'a regardé d'un air songeur, pensif ; Je sentais que je gagnais du terrain :

"Tu es adorable là", ai-je aventuré dans un murmure, " s'il te plaît , chérie, comment tu appelles ça ? " J'ai vu « chat » une fois : c'est vrai, « chatte » ?

« N'en parle pas », s'écria-t-elle avec impatience, « je déteste penser… »

« Sois gentille, Lucille », lui ai-je supplié, « tu ne seras plus jamais la même avec moi : tu étais jolie avant, chic et provocante, mais maintenant tu es sacrée. Je ne t'aime pas, je t'adore, je te respecte, chérie ! Puis-je dire « chatte » ? »

« Tu es un garçon étrange, dit-elle enfin, mais tu ne dois plus jamais faire ça ; c'est méchant et je n'aime pas ça. JE-"

"Ne dis pas de telles choses!" M'écriai-je, feignant l'indignation, « tu ne sais pas ce que tu dis, méchant ! Regarde, je vais embrasser les doigts qui ont touché ta chatte », et j'ai adapté l'action à la parole.

"Oh, ne le fais pas!" elle a pleuré et a pris ma main dans la sienne, "ne fais pas ça!" mais d'une manière ou d'une autre, elle s'appuya contre moi en même temps et laissa ses lèvres sur les miennes. Petit à petit, ma main droite redescendit jusqu'à son sexe, cette fois à l'extérieur de sa robe, mais aussitôt elle s'arracha et ne me laissa plus l'approcher d'elle. Mon désir insensé m'avait encore fait gaffe ! Pourtant, elle avait à moitié cédé, je le savais, et cette conscience me faisait vibrer de triomphe et d'espoir, mais hélas ! à ce moment-là, nous avons entendu Edwards nous crier alors qu'il quittait la maison pour nous rejoindre.

Cette expérience a eu deux conséquences immédiates et inattendues : premièrement, je n'ai pas pu dormir cette nuit-là en pensant au sexe de Lucille ; c'était comme une grosse figue fendue au milieu et enchâssée dans un réseau de poils doux : je la sentais encore sur mes doigts et mon sexe était raide et palpitait de désir.

Quand je m'endormais, je rêvais de Lucille, je rêvais qu'elle m'avait cédé et que j'enfonçais mon sexe dans le sien ; mais il y avait un obstacle et pendant que je poussais, poussais, ma semence jaillissait dans un orgasme de plaisir - et aussitôt je me réveillai et, posant ma main, je constatai que j'arrivais toujours : le sperme collant, chaud et laiteux. Il y en avait partout sur mes cheveux et sur ma bite.

Je me suis levé, je me suis lavé et je suis retourné me coucher ; l'eau froide m'avait calmé ; mais bientôt en pensant à Lucille et à sa « chatte » douce, chaude et poilue, je suis redevenu excité et dans cet état je me suis endormi. Encore une fois, je rêvai de Lucille et encore une fois j'essayais, essayais en vain d'entrer en elle quand à nouveau le spasme du plaisir me rattrapa ; J'ai senti ma semence jaillir de chaleur et je me suis réveillé.

Mais voilà ! quand j'ai posé ma main, il n'y avait pas de graine, seulement un peu d'humidité juste à la tête de mon sexe, rien de plus. Cela signifiait-il que je ne pouvais donner des graines qu'une seule fois ? Je me testai aussitôt : en imaginant le sexe de Lucille, ses rondeurs douces et chaudes, je caressais mon sexe en bougeant ma main plus vite de haut en bas jusqu'à ce que bientôt je provoque l'orgasme de plaisir et ressentis distinctement les frissons chauds comme si ma semence était des giclées, mais rien ne sortait, à peine même l'humidité.

Le lendemain matin, je me suis testé au saut en hauteur et j'ai constaté que je ne pouvais pas franchir la barre à un pouce plus bas que d'habitude. Je ne savais que faire : pourquoi m'étais-je laissé aller si bêtement ?

Mais la nuit suivante, le rêve de Lucille revint, et de nouveau je me réveillai après un spasme aigu de plaisir, tout mouillé de ma propre semence. Que devais-je faire ? Je me suis levé, je me suis lavé et j'ai mis de l'eau froide dans une éponge sur mes testicules et mon sexe et, tout frais, j'ai rampé dans mon lit. Mais l'imagination était maîtresse. À maintes reprises, le rêve revenait et me réveillait. Le matin, je me sentais épuisé, délavé et je n'avais besoin d'aucun test pour m'assurer que j'étais physiquement en dessous de la normale.

Le même après-midi, j'ai ramassé par hasard un petit morceau de cordelette et j'ai immédiatement pensé que si j'attachais cette corde dure autour de mon pénis, dès que l'organe commençait à gonfler et à se raidir sous l'effet de l'excitation, la corde se resserrerait et se resserrerait. réveille-moi avec la douleur.

Cette nuit-là, j'ai attaché Tommy et je me suis livré à des pensées sur les parties intimes de Lucille : dès que mon sexe se redressait et se raidissait, le fouet me faisait terriblement mal et je dus immédiatement appliquer de l'eau froide pour réduire mon membre indiscipliné à des proportions ordinaires. Je me suis recouché et je me suis endormi : j'ai fait un bref et doux rêve des beautés de Lucille, mais je me suis ensuite réveillé dans l'agonie. Je me levai rapidement et m'assis sur la dalle de marbre froide du lavabo. Cela agissait plus rapidement que même l'eau froide ; pourquoi ? Je n'ai pas appris la raison pendant plusieurs années.

Le cordon était efficace, il faisait tout ce que je voulais : après cette expérience, je le portais régulièrement et en une semaine, j'étais à nouveau capable de marcher sous la barre et ensuite de sauter dessus, capable aussi de me relever d'une main jusqu'à ce que mon menton soit au-dessus de la barre. . J'avais vaincu la tentation et j'étais à nouveau capitaine de mon corps.

La deuxième expérience insoupçonnée était aussi le résultat direct, je crois, de mon éveil sexuel avec Lucille et de l'intense excitation sexuelle. En tout cas, cela s'est produit juste après les passages d'amour avec elle que j'ai décrits et le post hoc est souvent propter hoc.

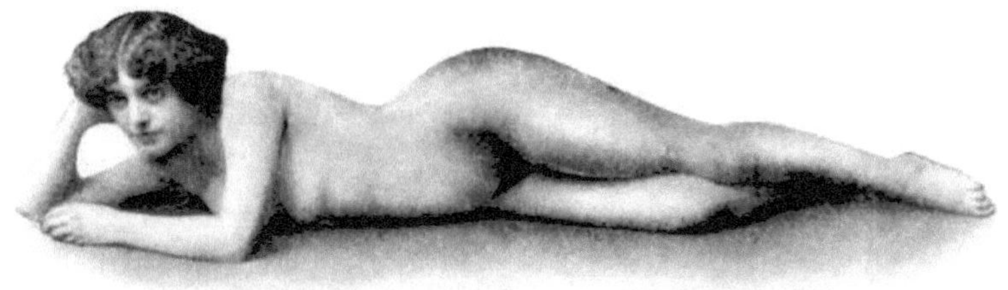

Je n'avais encore jamais remarqué les beautés de la nature ; en effet, chaque fois que je tombais sur des descriptions de paysages dans mes lectures, je les sautais toujours parce qu'elles étaient ennuyeuses. Soudain, en un instant, mes yeux se sont ouverts sur les beautés naturelles. Je me souviens de la scène et de mon émerveillement ravi comme si c'était hier. C'était un pont sur la Dee, près d'Overton, en plein soleil ; à ma droite, la rivière faisait une longue courbe, tourbillonnant profondément sous une hauteur boisée, laissant un petit banc de sable fauve à moitié nu juste en face de moi : à ma gauche les deux rives, densément boisées, se rapprochaient et contournaient une courbe à perte de vue. J'étais fasciné et sans voix - enchanté par la beauté des couleurs de la scène - l'eau ensoleillée là-bas et l'ombre ici, reflétant la magnifique tenue de la hauteur boisée. Et quand j'ai quitté les lieux et que je suis ressorti et que j'ai regardé les champs de maïs voisins, dorés sur le vert des haies et des arbres épars, les couleurs ont pris un charme que je n'avais jamais remarqué auparavant : je ne comprenais pas ce qui m'était arrivé.

C'est l'éveil de la vie sexuelle en moi, je crois, qui m'a révélé pour la première fois la beauté de la nature inanimée.

Une nuit ou deux plus tard, j'ai été ravi par une lune presque pleine qui a inondé notre terrain de jeu d'un éclat ivoire, faisant de la botte de foin dans le coin une chose d'une beauté surnaturelle.

Pourquoi n'avais-je jamais vu les merveilles du monde auparavant ? la beauté de la nature qui m'entoure ? À partir de ce moment-là, j'ai commencé à aimer les descriptions de paysages dans les livres que je lisais et j'ai commencé aussi à aimer les paysages en peinture.

Dieu merci! le miracle s'accomplit enfin, et ma vie enrichie, ennoblie, transfigurée comme par la bonté d'un Dieu ! À partir de ce jour, j'ai commencé à vivre une vie enchantée ; car aussitôt j'essayai de voir la beauté partout et à tout moment, du jour et de la nuit, des aperçus qui me ravirent de délices et transformèrent mon être en un hymne de louange et de joie.

La foi m'avait quitté et avec la foi, l'espoir au Ciel ou même dans une existence future : attristé et craintif, j'étais comme quelqu'un en prison avec une peine indéterminée ; mais maintenant, en un instant, la prison était devenue un paradis, les murs du monde réel s'étaient effondrés en cadres de tableaux envoûtants. Je pris vaguement conscience que si cette vie était sordide et mesquine, mesquine et désagréable, la faute en était à moi et à mon aveuglement. J'ai alors commencé à comprendre pour la première fois que j'étais moi-même un magicien et que je pouvais créer mon propre pays des fées, voire mon propre paradis, transformant ce monde en la salle du trône d'un dieu !

Cette joie et cette conviction que je veux transmettre aux autres plus que toute autre chose, car cela a été pour moi un nouvel Évangile de courage et de détermination et une certaine récompense, un credo d'homme enseignant qu'à mesure que vous grandissez en sagesse, en courage et en bonté, toutes les bonnes choses vous sont données par surcroît.

Je trouve que je dépasse mon histoire et que je donne ici une étape de pensée et de croyance qui n'est devenue la mienne que bien plus tard ; mais le début de ma vie d'âme individuelle fut cette expérience que j'avais été aveugle à la beauté naturelle et que je pouvais maintenant voir ; ce fut la racine et le germe, pour ainsi dire, de la foi ultérieure qui guida toute ma vie de maturité, me remplissant de courage et déversant sur une espérance et une joie ineffables.

Très vite, presque toutes les heures, le premier commandement me revenait aux lèvres : « C'est la faute de votre propre aveuglement ! blâmez-vous toujours !

DE L'ÉCOLE À L'AMÉRIQUE.

Chapitre IV.

Début janvier eut lieu une répétition générale de la scène du procès du Marchand de Venise. Le grand du quartier qui possédait le grand parc, Sir WWW, quelques députés, notamment un M. Whalley qui avait une jolie fille et vivait dans les environs, ainsi que le Vicaire et sa famille étaient invités, et d'autres que je ne connaissais pas ; mais avec le groupe du Presbytère vint Lucille.

La grande salle de classe avait été aménagée comme une sorte de théâtre et l'estrade à une extrémité, où le directeur la trône lors des occasions officielles, a été transformée en scène de fortune et drapée d'un grand rideau qui pouvait être tiré d'avant en arrière à chaque fois. volonté.

Le Portia était un très beau garçon de seize ans nommé Herbert, doux et gentil, mais racheté de sa mollesse par le fait qu'il était le sprinter le plus rapide de l'école et qu'il pouvait parcourir les cent mètres en onze secondes et demie. Le « duc » était, bien sûr, Jones et le marchand « Antonio » un grand gaillard nommé Vernon, et j'avais confié à Edwards le rôle de « Bassanio » et un joli garçon de quatrième année était pris pour « Nerissa ». En ce qui concerne l'apparence, le casting était passable ; mais le « Duc » récitait ses vers comme s'ils avaient été imparfaitement appris et ainsi la « Scène du Procès » s'ouvrait mal. Mais le rôle de « Shylock » me convenait intimement et j'avais appris à réciter. Maintenant, avant E… et Lucille, j'étais déterminé à faire mieux que mon mieux. Lorsque mon signal arriva, je m'inclinai profondément devant le « duc », puis m'inclinai de nouveau à gauche et à droite de lui en silence et formellement, comme si moi, le Juif paria, saluais toute la cour ; puis, d'une voix que j'avais d'abord simplement rendue lente, claire et dure, j'ai commencé la fameuse réponse :

« J'ai possédé à Votre Grâce ce que je projetais ;

Et par notre saint sabbat, j'ai juré

Pour avoir le droit et la perte de ma caution.

Je ne m'attends pas à ce qu'on me croie ; mais je dis néanmoins la pure vérité quand je dis qu'en me faisant passer pour « Shylock », j'ai apporté l'« affaire » même qui a rendu « Shylock » d'Henry Irving quinze ans plus tard, « à jamais mémorable », selon les journaux.

Quand à la fin, déconcerté et battu, Shylock cède :

« Je vous en prie, donnez-moi la permission de partir d'ici,

Je ne vais pas bien : envoie-moi l'acte,

Et je le signerai. »

le duc dit : « Va-t'en, mais fais-le », et Gratiano insulte le juif – la seule occasion, je pense, où Shakespeare permet aux battus d'être insultés par un gentleman.

Alors que je me dirigeais vers la porte en tant que Shylock, je m'arrêtai, courbé devant le renvoi du duc ; mais à l'insulte de Gratiano, je me retournai lentement, tout en me redressant de toute ma hauteur et en le scrutant de la tête aux pieds.

Irving revenait partout sur la scène et, croisant les bras sur sa poitrine, le regardait avec un mépris sans mesure.

Quand, quinze ans plus tard, Irving, au Garrick Club, un soir après le dîner, me demanda ce que je pensais de cette nouvelle « affaire » ; J'ai répondu que si Shylock avait fait ce qu'il avait fait, Gratiano lui aurait probablement craché au visage puis l'aurait expulsé de la scène. Shylock se plaint que les chrétiens ont craché sur sa gaberdine .

Cependant, ma lecture enfantine et romantique du rôle était essentiellement la même que celle d'Irving, et la lecture d'Irving a été saluée à Londres par l'écho parce qu'elle était une réhabilitation du Juif, et le Juif règne aujourd'hui en maître dans toutes les villes d'Europe. .

Dès mes premiers mots, je pouvais sentir les plus jeunes membres de l'auditoire regarder autour de eux comme pour voir si une récitation comme la mienne était appropriée et autorisée ; puis l'un après l'autre céda au flux et au flot de la passion. Quand j'ai eu fini, tout le monde a applaudi, Whalley et Lady W… avec enthousiasme, et pour mon plus grand plaisir, Lucille également.

Après la répétition, tout le monde se pressait autour de moi : « Où as-tu appris ? "Qui t'a enseigné?" Enfin Lucille arriva. « Je savais que tu étais quelqu'un », dit-elle à sa manière jolie, « quelqu'un », « mais c'était extraordinaire ! Tu seras un grand acteur, j'en suis sûr.

"Et pourtant tu me refuses un baiser", murmurai-je en prenant soin que personne ne l'entende.

« Je ne vous refuse rien », répondit-elle en se détournant, me laissant transpercé d'espoir et d'assurance de plaisir. « Rien », me disais-je, « rien veut dire tout » ; mille fois je me l'ai répété avec extase.

C'était ma première nuit heureuse en Angleterre. M. Whalley m'a félicité et m'a présenté à sa fille qui m'a félicité avec enthousiasme, et le meilleur de tout, le Docteur a dit : « Nous devons faire de vous un régisseur, Harris, et j'espère que vous mettrez un peu de votre feu dans les autres acteurs. »

À mon grand étonnement, mon triomphe m'a fait du mal avec les garçons. Certains ont ricané, tandis que tous étaient d'accord sur le fait que je l'avais fait pour me montrer. Jones et le Sixième recommencèrent le boycott. Cela ne me dérangeait pas beaucoup, car j'avais des déceptions plus lourdes et des espoirs plus chers.

Le pire, c'est que j'avais du mal à voir Lucille dans le mauvais temps ; en fait, je ne l'ai presque pas aperçue pendant tout l'hiver. Edwards m'invitait fréquemment au presbytère ; elle aurait pu faire une demi-douzaine de rencontres, mais elle ne l'a pas fait, et j'étais malade de déception et de regret d'un désir non réalisé. C'était en mars ou avril lorsque je me retrouvais seul avec elle dans sa salle de classe au Presbytère. J'étais trop en colère contre elle pour être plus que poli. Soudain, elle dit : « Vous me boudez ». J'ai haussé les épaules.

"Tu ne m'aimes pas", ai-je commencé, " alors à quoi sert ma sollicitude."

«Je t'aime beaucoup», dit-elle, «mais…»

"Non, non", dis-je en secouant la tête, "si tu m'aimais, tu ne m'éviterais pas et..."

"C'est peut-être parce que je t'aime trop..."

"Alors tu me rendrais heureux", interrompis-je.

"Heureuse", répéta-t-elle, "Comment puis-je?"

"En me laissant t'embrasser, et..."

« Oui, et… » répéta-t-elle d'un ton significatif.

« Quel mal cela vous fait ? » J'ai demandé.

« Quel mal, répéta-t-elle, tu ne sais pas que c'est mal ? On ne devrait faire cela qu'avec son mari ; Tu le sais."

«Je ne sais rien de tout cela», m'écriai-je, «C'est tout à fait idiot. Nous ne le croyons pas aujourd'hui.

«Je le crois», dit-elle gravement.

"Mais si tu ne le faisais pas, tu me laisserais, m'écriais-je, te dire ça, Lucille, ce serait presque aussi bien, car cela montrerait que tu m'aimes un peu."

"Tu sais que je t'aime beaucoup", répondit-elle.

"Embrasse-moi alors", dis-je, "il n'y a pas de mal à cela", et quand elle m'a embrassé, j'ai mis ma main sur ses seins ; ils m'ont ravi, ils étaient si fermes et élastiques, et en un instant ma main a glissé le long de son corps, mais elle s'est immédiatement éloignée doucement mais avec détermination.

"Non, non", dit-elle avec un demi-sourire.

"S'il te plaît!" J'ai supplié.

« Je ne peux pas », dit-elle en secouant la tête, « je ne dois pas. Parlons d'autre chose… Comment se passe la pièce ? Mais je ne pouvais pas parler de la pièce car elle se tenait là devant moi. Pour la première fois, je devinai à travers ses vêtements presque toutes les beautés de sa forme. Les courbes audacieuses de la hanche et de la poitrine m'ont séduit et son visage était expressif et provocant.

Comment se fait-il que je n'aie jamais remarqué tous les détails auparavant ? Avais-je été aveugle ? ou Lucille s'est-elle habillée pour montrer sa silhouette ? Certes, ses robes étaient arrangées pour mettre davantage en valeur les formes que les robes anglaises, mais moi aussi j'étais devenue plus curieuse, plus observatrice. La vie continuerait-elle à me montrer de nouvelles beautés que je n'avais même pas imaginées ?

Mon expérience avec E… et Lucille m'a rendu la routine de la vie scolaire presque intolérable. Je ne pouvais me forcer à étudier qu'en me rappelant la nécessité de remporter le deuxième prix de la bourse de mathématiques, ce qui me rapporterait dix livres, et dix livres m'emmèneraient en Amérique.

Peu après les vacances de Noël, j'avais franchi une étape décisive. L'examen d'hiver n'était pas aussi important que celui qui terminait le trimestre d'été, mais il avait fait date pour moi. Mes punitions m'ayant obligé à apprendre par cœur deux ou trois livres de Virgile et des chapitres entiers de César et de Tite-Live, j'étais parvenu à quelques connaissances en latin : à l'examen j'avais battu non seulement toute ma classe, mais grâce à la trigonométrie et au latin. et l'histoire, tous les deux prochains cours également. Dès que l'école fut remontée, je fus mis dans le Upper Fifth. Tous les garçons avaient de deux à trois ans de plus que moi, et ils se faisaient tous des remarques blessantes à mon sujet et évitaient de parler à « Pat ». Tout cela renforça ma résolution d'arriver en Amérique le plus tôt possible.

Pendant ce temps, je travaillais comme je n'avais jamais travaillé : en latin et en grec ainsi qu'en mathématiques ; mais surtout en grec, car là j'étais en retard : à Pâques, j'avais maîtrisé la grammaire – les verbes irréguliers et tout – et j'étais à peu près le premier de la classe. Mon esprit aussi, grâce à mes doutes et tâtonnements religieux et à la lecture des penseurs, s'était étonnamment développé : un matin, j'ai interprété un morceau de latin qui avait intrigué les meilleurs de la classe et le Docteur m'a fait un signe de tête approbateur. Puis vint l'étape que j'ai qualifiée de décisive.

Les prières du matin étaient à peine terminées par une matinée amère que le Docteur se leva et distribua les conditions de l'examen de bourse au solstice d'été ; le gagnant recevra quatre-vingts livres par an pendant trois ans à Cambridge, et le second dix livres pour acheter des livres. "Tous les garçons", a-t-il ajouté, "qui souhaitent postuler pour cette bourse se lèveront désormais et donneront leur nom". Je pensais que seul Gordon se lèverait, mais quand j'ai vu Johnson se lever, Fawcett et deux ou trois autres, je me suis levé aussi… Une sorte de grognement moqueur parcourut l'école ; mais Stackpole m'a souri et a hoché la tête comme pour dire : « ils verront », et j'ai pris courage et j'ai donné mon nom très distinctement. D'une manière ou d'une autre, j'ai senti que cette étape était décisive.

J'ai aimé Stackpole et ce trimestre il m'a encouragé à venir dans ses appartements pour discuter chaque fois que j'en avais envie, et comme j'avais décidé d'utiliser toutes les demi-congés pour étudier, cette association m'a fait beaucoup de bien et son aide était inestimable.

Un jour qu'il venait d'entrer dans sa chambre, je lui ai posé une question et il s'est arrêté, est venu vers moi et a posé son bras sur mon épaule tout en répondant. Je ne sais pas comment je l'ai su ; mais par un certain instinct, j'ai ressenti une caresse dans cette action apparemment innocente. Je n'aimais pas m'éloigner ou lui montrer que j'objectais ; mais je m'enfonçai fiévreusement dans la Trigonométrie et il s'éloigna bientôt.

Quand j'y repensai par la suite, je me rappelai que son attachement marqué pour moi avait commencé après ma dispute avec Jones. J'avais souvent été sur le point de lui avouer mes passages d'amour ; mais maintenant j'étais heureux de les avoir gardés avec ardeur pour moi, car de jour en jour je remarquais que son affection pour moi grandissait ou plutôt que ses compliments et ses flatteries augmentaient. Je ne savais pas trop quoi faire : travailler avec lui et dans sa chambre était pour moi une aubaine ; et pourtant, en même temps, je ne l'aimais pas beaucoup et ne l'admirais pas vraiment.

D'une certaine manière, il était curieusement dense ; il a parlé de la vie scolaire comme de la plus heureuse de toutes et de la plus saine ; un bon ton moral ici, disait-il, pas de mensonge, de tricherie ou de scandale, bien mieux que la vie dehors. Avant, j'avais du mal à ne pas lui rire au nez. Le ton moral en effet ! Lorsque le Docteur se mettait en colère, il était généralement admis parmi les garçons qu'il avait eu sa femme pendant la nuit et qu'il était donc un peu en dessous de la moyenne physiquement.

Bien que très bon érudit en mathématiques et professeur de premier ordre, patient et minutieux, doté d'un don d'exposé clair, Stackpole m'a semblé stupide et borné et j'ai vite découvert qu'en riant de ses compliments, je pouvais refouler son envie de me prodiguer. ses caresses importunes.

Une fois, il m'a embrassé, mais mon sourire amusé l'a fait rougir tandis qu'il marmonnait honteusement : « Tu es un drôle de garçon ! En même temps, je savais bien que si je l'encourageais, il prendrait encore plus de libertés.

Un jour, il parla de Jones et d'Henry H... Il avait évidemment entendu parler de ce qui s'était passé dans notre chambre ; mais j'ai fait semblant de ne pas comprendre ce qu'il voulait dire et quand il m'a demandé si aucun des grands garçons ne m'avait rattrapé, j'ai ignoré les excursions cochonnes du grand Fawcett et j'ai répondu « non », ajoutant que je m'intéressais aux filles et non aux sales garçons. Pour une raison ou une autre, Stackpole me paraissait plus jeune que moi et pas de douze ans de plus, et je n'eus aucune difficulté réelle à le maintenir dans les limites des convenances jusqu'à l'examen de mathématiques.

On m'a demandé un jour si je pensais que « Shaddy », comme nous appelions le maître de maison, avait déjà eu une femme. L'idée de « Shaddy » vierge nous a fait rire ; mais quand on parlait de lui comme d'un amant, c'était plus drôle encore. C'était un homme d'une quarantaine d'années, grand et assez fort : il avait un diplôme d'une université de Manchester, mais pour nous, petits snobs, il était un limiteur parce qu'il n'était allé ni à Oxford ni à Cambridge. Il était cependant assez capable.

Mais pour une raison ou une autre, il m'en voulait et j'ai commencé à le détester et je pensais toujours à la manière dont je pourrais le blesser. Ma nouvelle habitude de me forcer à tout regarder et à tout observer m'est venue en aide. Il y avait cinq ou six marches en chêne ciré qui menaient à la grande chambre où nous dormions quatorze d'entre nous. « Shaddy » nous donnait une demi-heure pour nous coucher, puis il revenait et, debout juste derrière la porte, sous la lampe à gaz, il nous demandait : « Avez-vous tous dit vos prières ? Nous répondions tous : « Oui, monsieur », puis venait son « Bonne nuit, les garçons » et notre réponse stéréotypée : « Bonne nuit, Monsieur ».

Il éteignait ensuite la lumière et descendait dans sa chambre. Les marches en chêne à l'extérieur étaient usées au milieu et j'avais remarqué qu'en descendant l'escalier, on marchait jusqu'au bord de chaque marche.

Un jour, « Shaddy » m'avait rendu fou en me donnant cent vers de Virgile à apprendre par cœur pour une bagatelle insignifiante. Ce soir-là, après m'être muni d'un gâteau de savon brun Windsor, j'ai couru à l'étage avant les autres garçons et j'ai frotté librement le savon sur le bord des deux marches supérieures, puis j'ai commencé à me déshabiller.

Lorsque « Shaddy » éteignit la lumière et descendit jusqu'à la deuxième marche, il y eut une glissade puis un grand bruit sourd alors qu'il glissait à moitié, à moitié tombait au fond. En un instant, car mon lit était le plus près de la porte, je m'étais levé, j'avais ouvert la porte et j'avais poussé des exclamations de sympathie incohérentes en l'aidant à se lever.

«Je me suis blessé à la hanche», dit-il en posant la main dessus. Il ne pouvait pas expliquer sa chute.

Souriant en revenant, j'ai essuyé le savon de la marche supérieure avec mon mouchoir et je me suis recouche, où j'ai ri du succès de mon stratagème. Il n'avait eu que ce qu'il méritait amplement, me disais-je.

Enfin, le long terme toucha à sa fin ; l'examen a eu lieu et après avoir consulté Stackpole, j'étais très sûr du deuxième prix. « Je crois, dit-il un jour, que vous préférez avoir le deuxième prix plutôt que le premier. » "En effet, je le ferais", répondis-je sans réfléchir.

"Pourquoi?" il a demandé, "pourquoi!" Je me suis juste retenu à temps, sinon je lui aurais donné la vraie raison. "Vous serez bien plus près de remporter la bourse", dit-il longuement, "qu'aucun d'entre eux ne le pense."

Après les « Ex ams », vinrent les jeux athlétiques, bien plus intéressants que les leçons bestiales. J'ai gagné deux premiers prix et Jones quatre, mais j'ai gagné quinze « secondes », un record, je crois, car selon mon âge j'étais encore au collège.

J'étais pleinement conscient du secret de mon succès et, chose étrange à dire, cela n'a pas augmenté mais plutôt diminué ma vanité. J'ai gagné, non pas grâce à des avantages naturels, mais grâce à ma volonté et à ma pratique. J'aurais dû être beaucoup plus fier si j'avais réussi grâce à des dons naturels. Par exemple, il y avait un garçon nommé Reggie Miller, qui, à seize ans, mesurait cinq pieds dix, alors que je mesurais encore moins de cinq pieds : faites ce que je voulais, il pouvait sauter plus haut que moi, même s'il ne sautait que jusqu'au menton. pendant que je pouvais sauter la barre au-dessus de ma tête. Je pensais que Reggie pourrait facilement s'entraîner et ensuite me surpasser encore plus. Je n'avais pas encore appris dans la vie que la volonté résolue de réussir était plus que n'importe quel avantage naturel. Mais cette leçon ne m'est venue que plus tard. Dès le début, je prenais le chemin de la réussite en tout en renforçant ma volonté encore plus que mon corps. Ainsi, tout handicap dû à une déficience naturelle se révèle être un avantage dans la vie pour l'âme courageuse, alors que tout don naturel est assurément un handicap. Démosthène avait des difficultés dans son discours et s'entraînait pour surmonter cela, ce qui fit de lui le plus grand des orateurs.

Le dernier jour arriva enfin et à onze heures toute l'école et une bonne compagnie d'invités et d'amis se rassemblèrent dans la salle de classe pour entendre les résultats des examens et surtout l'attribution des bourses. Même si la plupart des garçons étaient en avance devant le grand tableau où étaient affichés les chiffres officiels, je ne m'en suis même pas approché jusqu'à ce qu'un petit garçon me dise timidement : « Vous êtes le chef de votre forme et sûr de votre place.

J'ai trouvé que c'était vrai, mais je n'étais même pas ravi. Il semblerait qu'un professeur de Cambridge soit venu en personne annoncer le résultat de la bourse « Math ».

Il fit un assez long discours, nous disant que la difficulté de trancher avait été inhabituellement grande, car il y avait une égalité pratique entre deux garçons : en effet, il aurait pu attribuer la bourse au n° 9 (mon numéro) et non au n° 1, sur le simple mérite du travail, mais lorsqu'il découvrit que l'un des garçons avait moins de quinze ans tandis que l'autre avait dix-huit ans et était prêt pour l'université, il sentit qu'il était tout à fait juste de prendre l'avis du directeur et d'accorder la bourse au directeur. un garçon plus âgé, car le plus jeune était très sûr de le gagner l'année prochaine et même l'année prochaine, il serait encore trop jeune pour la vie universitaire. Il remet donc la bourse à Gordon et le deuxième prix de dix livres à Harris. Gordon s'est levé et a salué tandis que toute l'école applaudissait et applaudissait encore : puis l'examinateur m'a appelé. J'avais compris toute la situation. Je voulais m'en sortir avec tout l'argent possible et le plus tôt possible. Mon signal était de me rendre désagréable : en conséquence, je me suis levé et j'ai remercié l'examinateur, en disant que je n'avais aucun doute sur sa volonté d'être juste, "mais", ajoutai-je, "si j'avais su, la question serait déterminée par l'âge". , je n'aurais pas dû entrer. Maintenant, je peux seulement dire que je n'entrerai plus jamais », et je me suis assis.

La sensation provoquée par mon petit discours était mille fois plus grande que ce à quoi je m'attendais. Il y eut un silence haletant et une attente muette. Le professeur de Cambridge se tourna vers le directeur de l'école et lui parla très sérieusement, avec un agacement visible, en fait, puis il se releva.

« Je dois dire, commença-t-il, je dois dire, se répétant, que j'éprouve la plus grande sympathie pour Harris. Je n'ai jamais été dans une position aussi embarrassante. Moi, je dois laisser toute la responsabilité au Directeur. Je ne peux malheureusement rien faire d'autre ! et il s'assit, visiblement ennuyé.

Le Docteur se leva et fit un long discours hypocrite : C'était une de ces décisions difficiles qu'on est parfois obligé de prendre dans la vie : il était sûr que tout le monde conviendrait qu'il avait essayé d'agir équitablement, et dans la mesure où il pouvait le faire. Quant au plus jeune, il le ferait certainement : il espérait l'année prochaine lui décerner la bourse avec autant de bon cœur qu'il lui remettait maintenant son chèque ; et il l'a fait flotter dans les airs.

Les Maîtres m'ont tous appelé et je suis monté sur la plate-forme et j'ai accepté le chèque , souriant avec plaisir, et quand le professeur de Cambridge m'a serré la main et se serait encore excusé, j'ai murmuré timidement : « tout va bien, monsieur, je' Je suis heureux que vous ayez décidé comme vous l'avez fait. Il rit de plaisir, passa son bras autour de mon épaule et dit :

« Je vous suis obligé, vous êtes certainement un bon perdant, ou un bon gagnant, aurais-je peut-être dû dire, et dans l'ensemble, un garçon remarquable. As-tu vraiment moins de seize ans ? J'ai hoché la tête en souriant, et le reste de la remise des prix s'est déroulé sans autre incident, sauf que lorsque je suis apparu sur l'estrade pour recevoir le prix Form des livres, il m'a souri agréablement et a dirigé les acclamations.

J'ai décrit tout l'incident, car il illustre pour moi le désir d'être juste des Anglais : c'est en réalité une impulsion directrice en eux, sur laquelle on peut compter, et d'après mon expérience, elle est peut-être plus forte chez eux que dans n'importe quelle autre course. S'il n'y avait pas leurs hypocrisies religieuses, leurs conventions enfantines et surtout leur incroyable snobisme, leur amour du fair-play ferait à lui seul d'eux les dirigeants les plus dignes de l'humanité. Tout cela, je l'ai ressenti alors en tant que garçon aussi clairement que je le vois aujourd'hui.

Je savais que la voie de mon désir m'était ouverte. Le lendemain matin, j'ai demandé à voir le chef ; il était très aimable ; mais j'ai fait semblant d'être blessé et déçu. « Mon père, dis-je, compte, je pense, sur mon succès et j'aimerais le voir avant qu'il n'apprenne la mauvaise nouvelle de quelqu'un d'autre. Pourriez-vous s'il vous plaît me donner l'argent pour mon voyage et me laisser partir aujourd'hui ? Ce n'est pas très agréable pour moi d'être ici maintenant.

« Je suis désolé », dit le Docteur (et je pense qu'il était désolé), « bien sûr, je ferai tout ce que je peux pour alléger votre déception. C'est bien malheureux, mais ne vous découragez pas : le professeur S... dit que vos devoirs assurent votre réussite l'année prochaine, et je... eh bien, je ferai tout ce qui est en mon pouvoir pour vous aider.

Je m'inclinai : « Merci, Monsieur. Puis-je y aller aujourd'hui ? Il y a un train pour Liverpool à midi ?

"Certainement, certainement, si vous le souhaitez", dit-il, "je donnerai des ordres immédiatement" et il encaissa également le chèque de dix livres, avec seulement un mot indiquant qu'il devait théoriquement servir à acheter des livres, mais il supposait que cela n'avait pas d'importance sérieuse.

À midi, j'étais dans le train pour Liverpool avec quinze livres en poche, dont cinq pour mon billet pour l'Irlande. Je tremblais d'excitation et de plaisir ; enfin, j'allais entrer dans le monde réel et vivre comme je souhaitais vivre. Je n'avais aucun regret, aucun chagrin, j'étais rempli de vives espérances et de pressentiments heureux.

Dès mon arrivée à Liverpool, je me suis rendu à l'hôtel Adelphi et j'ai regardé les bateaux à vapeur et j'en ai bientôt trouvé un qui ne facturait que quatre livres pour un passage de direction à New York, et à ma grande joie, ce bateau à vapeur partait le lendemain vers deux heures du matin. horloge. À quatre heures, j'avais réservé mon billet et je l'avais payé. Le greffier a dit quelque chose à propos de la literie ; mais je n'y ai pas prêté attention. Car juste en entrant dans son bureau, j'avais vu une publicité pour « Les Deux Roses », un « drame romantique » qui devait être joué ce soir-là, et j'étais déterminé à m'asseoir et à le voir. Savez-vous quel courage cet acte a nécessité ? Plus qu'il n'en fallait pour me séparer de tous ceux que j'aimais et partir en Amérique. Car mon père était un puritain parmi les puritains et avait souvent parlé du théâtre comme de la « porte ouverte vers l'enfer ».

J'avais perdu toute croyance en l'Enfer ou au Paradis, mais un frisson glacial me parcourut lorsque j'achetais mon billet et à maintes reprises au cours des quatre heures suivantes, j'étais sur le point de le renoncer sans voir la pièce. Et si mon père avait raison ? Je n'ai pas pu empêcher la peur qui m'envahit comme une vapeur .

J'étais à ma place lorsque le rideau s'est levé et je suis resté assis pendant trois heures, ravi ; c'était juste une histoire d'amour romantique mais l'héroïne était charmante, affectueuse et vraie et j'étais amoureux d'elle au premier regard. La pièce finie, je sortis dans la rue, résolu à me garder pur pour une fille comme l'héroïne : aucune leçon de morale que j'ai reçue auparavant ou depuis ne peut être comparée à celle que m'a donnée cette première soirée au théâtre. L'effet a duré plusieurs mois et m'a rendu pratiquement impossible l'auto-abus par la suite. Les prédicateurs peuvent digérer ce fait à loisir.

Le lendemain matin, j'ai pris un bon petit déjeuner à l'hôtel Adelphi et, avant dix heures, j'étais à bord du bateau à vapeur, j'avais rangé ma malle et pris ma place près de mon lieu de couchage tracé à la craie sur le pont. Vers midi, le Docteur arriva, un jeune homme de bonne taille avec des manières nonchalantes, des cheveux roux, un nez romain et des manières faciles et non conventionnelles.

« À qui est cette couchette ? » a-t-il demandé en désignant le mien.

«Le mien, monsieur», répondis-je.

"Dites à votre père ou à votre mère", dit-il sèchement, "que vous devez avoir un matelas comme celui-ci", et il en désigne un, "et deux couvertures", a-t-il ajouté.

"Merci, Monsieur", dis-je en haussant les épaules face à son interférence. Une heure plus tard, il revint.

« Pourquoi n'y a-t-il ni matelas ni couverture ici ? » Il a demandé.

«Parce que je n'en ai pas besoin » , ai-je répondu.

"Il faut les avoir", aboya-t-il, "c'est la règle, tu comprends ?" et il poursuivit son inspection. Au bout d'une demi-heure, il était de retour.

"Tu n'as pas encore le matelas", gronda-t-il.

«Je ne veux pas de matelas», répondis-je.

« Où est ton père ou ta mère ? » demanda-t-il.

«Je n'en ai pas», rétorquai-je.

"Est-ce qu'ils laissent des enfants comme vous aller en Amérique", a-t-il crié, "Quel âge as-tu ?"

J'étais furieux contre lui d'avoir exposé ma jeunesse là-bas en public devant tout le monde. « En quoi cela compte-t-il pour vous ? » Ai-je demandé avec dédain. "Tu n'es pas responsable de moi, Dieu merci!"

«Je le suis cependant», dit-il, «au moins dans une certaine mesure. Allez-vous vraiment en Amérique tout seul ?

"Je le suis", répondis-je avec désinvolture et grossièrement.

"Ce qu'il faut faire?" » fut sa prochaine question.

"Tout ce que je peux obtenir", ai-je répondu.

"Hum", marmonna-t-il, "je dois y veiller."

Dix minutes plus tard, il revint. « Viens avec moi », dit-il, et je le suivis jusqu'à sa cabine – une cabine confortable avec une bonne couchette à droite de la porte en entrant, et un bon canapé en face.

"Es-tu vraiment seul?" Il a demandé.

J'acquiesçai, car j'avais un peu peur qu'il ait le pouvoir de m'interdire d'y aller et je résolus d'en dire le moins possible.

"Quel âge as-tu?" » était sa prochaine question.

"Seize", mentis-je hardiment.

"Seize! », répéta-t-il, « tu n'en as pas l'air mais tu parles comme si tu avais été bien instruit ». J'ai souris; J'avais déjà mesuré l'ignorance crasse des paysans dans l'entrepont.

"Avez-vous des amis en Amérique?" Il a demandé.

"Pourquoi veux-tu m'interroger ?" J'ai exigé : « J'ai payé mon passage et je ne fais aucun mal. »

"Je veux t'aider", dit-il, " veux -tu rester ici jusqu'à ce que nous nous retirions et que j'aie un peu de temps ?"

"Certainement", dis-je, "je préfère être ici plutôt qu'avec ces voyous et si je pouvais lire vos livres..."

J'avais remarqué qu'il y avait deux petites bibliothèques en chêne, une de chaque côté du lavabo, et des livres et des images plus petits éparpillés.

"Bien sûr que vous pouvez", répondit-il en ouvrant la porte de la bibliothèque. Il y avait un Macaulay qui me regardait.

« Je connais sa poésie », dis-je en voyant que le livre contenait ses « Essais » et était écrit en prose. "J'aimerais lire ceci."

"Vas-y", dit-il en souriant, "dans quelques heures, je serai de retour." À son retour, il m'a trouvé recroquevillé sur son canapé, perdu au pays des fées. Je venais juste d'arriver à la fin de l'essai sur Clive et j'étais essoufflé. "Vous l'aimez?" Il a demandé. "Je devrais juste penser que je l'ai fait", répondis-je, "c'est même mieux que sa poésie", et soudain j'ai fermé le livre et j'ai commencé à réciter :

« Malgré tous ses défauts, et ils n'étaient ni peu nombreux ni petits, un seul cimetière était digne de contenir sa dépouille. Dans la Grande Abbaye… »

Le Docteur m'a pris le livre là où je le tenais.

"Est-ce que tu récites de Clive?" Il a demandé.

"Oui", ai-je répondu, "mais l'essai sur Warren Hastings est tout aussi bon", et j'ai repris :

« Il avait l'air d'un grand homme, et pas d'un mauvais. Une personne petite et émaciée, mais qui tirait pourtant sa dignité d'une voiture qui, tout en témoignant de la déférence envers la Cour, indiquait également une maîtrise de soi et un respect de soi habituels. Un front haut et intellectuel ; un front pensif mais pas sombre, une bouche d'une décision inflexible, un visage sur lequel était écrit aussi lisiblement que sous le grand tableau de la salle du conseil de Calcutta, *Mens aequa in arduis* : tel était l'aspect avec lequel le grand proconsul se présentait à ses juges.

« As-tu appris tout cela par cœur ? s'écria le Docteur en riant.

"Je n'ai pas besoin d'apprendre des choses comme ça", répondis-je, " une seule lecture suffit."

Il m'a regardé.

« J'avais sûrement eu raison de vous amener ici », commença-t-il, « je voulais vous obtenir une place dans l'Intermédiaire ; mais il n'y a pas de place : si vous pouviez supporter ce canapé, je demanderais à l'intendant de vous préparer un lit dessus.

"Oh, tu veux bien !" J'ai pleuré : « Qu'est-ce que tu es gentil, et tu me laisses lire tes livres ? » « Chacun d' entre eux », a-t-il répondu, ajoutant : « J'aimerais seulement pouvoir en faire un aussi bon usage. »

Le résultat, c'est qu'en une heure, il m'avait tiré une partie de mon histoire et nous étions de grands amis. Son nom était Keogh. "Bien sûr qu'il est irlandais", me suis-je dit en m'endormant ce soir-là : "personne d'autre n'aurait été aussi gentil."

L'homme ordinaire pensera que je me vante ici de ma mémoire. Il se trompe. La mémoire de Swinburne, en particulier en matière de poésie, était bien meilleure que la mienne, et j'ai toujours regretté le fait qu'une bonne mémoire empêche souvent de penser par soi-même. Je reviendrai sur cette conviction lorsque j'expliquerai plus tard comment le manque de livres m'a donné l'originalité que je possède. Une bonne mémoire et des livres à portée de main sont deux des plus grands dangers de la jeunesse et constituent à eux seuls un terrible handicap, mais comme tous les cadeaux, une bonne mémoire est susceptible de vous faire des amis parmi les irréfléchis, surtout quand vous êtes très jeune.

En fait, le docteur Keogh se vantait de ma mémoire et de ma capacité de réciter, jusqu'à ce que certains passagers de la cabine s'intéressent à cet extraordinaire écolier. Le résultat fut qu'on me demanda de réciter un soir dans la Première Cabine et ensuite une collecte fut faite pour moi et un passage en première classe payé et une vingtaine de dollars en plus me furent donnés. D'ailleurs, un vieux monsieur m'a proposé de m'adopter et de me jouer le rôle de second père, mais je ne m'étais pas débarrassé d'un père pour en prendre un autre, alors je me suis tenu le plus loin possible de lui.

Cependant, je suis encore une fois en avance sur mon histoire. Le deuxième soir du voyage, la mer s'est un peu levée et il y a eu beaucoup de nausées. Le docteur Keogh a été appelé hors de sa cabine et pendant son absence, quelqu'un a frappé à la porte. Je l'ai ouvert et j'ai trouvé une jolie fille.

"Où est le docteur?" elle a demandé. Je lui ai dit qu'il avait été appelé auprès d'un passager de cabine.

«S'il vous plaît, dites-lui», dit-elle, « à son retour, que Jessie Kerr, la fille de l'ingénieur en chef, aimerait le voir.»

"Je vais le poursuivre maintenant si vous le souhaitez, Miss Jessie", dis-je. "Je sais où il est."

"Ce n'est pas important", a-t-elle répondu, "mais j'ai le vertige et il m'a dit qu'il pouvait guérir."

« Monter sur le pont est le meilleur remède », ai-je déclaré : « l'air frais chassera bientôt le malaise. Tu dormiras comme un top et demain matin, tout ira bien. Viendras-tu?" Elle consentit volontiers et avoua au bout de dix minutes que la légère nausée avait disparu dans la brise vive. Pendant que nous parcourions le pont faiblement éclairé, je devais de temps en temps le soutenir, car le navire roulait un peu sous le vent . Jessie m'a dit quelque chose sur elle-même ; comment elle allait à New York pour passer quelques mois avec une sœur aînée mariée et à quel point son père était strict. En échange, elle connaissait toute mon histoire et avait du mal à croire que j'avais seulement seize ans. Pourquoi elle avait plus de seize ans et qu'elle n'aurait jamais pu se lever et réciter morceau après morceau comme je l'ai fait dans la Cabane : elle trouvait cela « merveilleux ».

Avant de descendre, je lui ai dit qu'elle était la plus jolie fille du bord et elle m'a embrassé et m'a promis de remonter le lendemain soir et de faire une autre promenade. « Si vous n'avez rien de mieux à faire », dit-elle en partant, « vous pourriez vous présenter sur le petit pont promenade de la deuxième cabine et je demanderai à l'un des hommes de nous réserver une place dans l'un des bateaux. » "Bien sûr", promis-je volontiers et passai l'après-midi suivant avec Jessie dans les écoutes arrière de la grande vedette où nous étions hors de vue de tout le monde, et hors de portée également.

Nous étions là, enveloppés dans deux tapis et bercés pour ainsi dire entre mer et ciel, tandis que l'air vif qui sifflait augmentait notre sentiment de solitude. Jessie, bien qu'assez petite, était une très jolie fille avec de grands yeux noisette et un teint clair.

Je l'entourai bientôt de mon bras et continuai à l'embrasser jusqu'à ce qu'elle me dise qu'elle n'avait jamais connu un homme aussi avide de baisers que moi. C'était pour moi une délicieuse flatterie de parler de moi en tant qu'homme et en retour je m'extasyais sur ses yeux, sa bouche et sa forme ; en caressant son sein gauche, je lui ai dit que je pouvais deviner le reste et que je savais qu'elle avait un joli corps. Mais quand j'ai mis ma main sous ses vêtements, elle m'a arrêté juste au-dessus de son genou et m'a dit :

« Il faudrait que nous soyons fiancés avant que je puisse vous laisser faire ça. Est ce que tu m'aimes vraiment?"

Bien sûr, j'ai juré de le faire, mais quand elle a dit qu'elle devrait dire à son père que nous étions fiancés, des frissons froids m'ont parcouru le dos.

"Je ne peux pas encore me marier avant longtemps", ai-je dit, "je vais d'abord devoir gagner ma vie et je ne sais pas vraiment par où commencer." Mais elle avait entendu dire qu'un vieil homme souhaitait m'adopter et tout le monde disait qu'il était très riche, et même son père avouait que je serais « bien installé ».

Pendant ce temps, ma main droite était occupée : j'avais touché sa chair chaude entre les bas et les tiroirs et j'étais fou de désir ; bientôt, bouche sur bouche, j'ai touché son sexe.

Quel magnifique après-midi nous avons passé ! J'en avais suffisamment appris maintenant pour y aller lentement et obéir à ce qui semblait être ses humeurs. Doucement, doucement, j'ai caressé son sexe avec mon doigt jusqu'à ce qu'il s'ouvre et elle s'est appuyée contre moi et m'a embrassé de sa propre volonté, tandis que ses yeux se levaient et que tout son être se perdait dans des frissons d'extase. Lorsqu'elle m'a demandé de m'arrêter et de retirer ma main, j'ai immédiatement exécuté ses ordres et j'ai été récompensé en me disant que j'étais un « cher garçon » et « un gentil » et bientôt les étreintes et les caresses ont recommencé. Elle bougeait maintenant en réponse à mes attouchements lascifs et quand l'extase l'envahit, elle me serra contre moi et m'embrassa passionnément avec des lèvres chaudes et ensuite dans mes bras pleura un peu puis fit la moue qu'elle était en colère contre moi d'être si méchante. Mais ses yeux se sont livrés à moi alors même qu'elle essayait de me gronder.

La cloche du dîner a sonné et elle a dit qu'elle devrait y aller, et nous avons fixé rendez-vous pour après sur le pont supérieur ; mais alors qu'elle se relevait, elle céda de nouveau à ma main avec un petit soupir et je trouvai son sexe tout mouillé, mouillé !

Elle est descendue du bateau par le gréement principal et j'ai attendu quelques instants avant de la suivre. Au début, notre prudence semblait susceptible d'être récompensée, principalement, ai-je pensé depuis, parce que tout le monde me croyait trop jeune et trop petit pour être pris au sérieux. Mais tout est vite connu à bord, du moins par les marins.

Je suis descendu dans la cabine du Dr Keogh, une fois de plus joyeux et reconnaissant comme je l'avais été avec E... Mes doigts étaient comme des yeux gratifiant ma curiosité, et la curiosité était insatiable. Les cuisses de Jessie étaient lisses, fermes et rondes : je prenais plaisir à me souvenir de leur contact, et ses fesses étaient fermes comme du marbre chaud. Je voulais la voir nue et étudier ses beautés les unes après les autres. Son sexe aussi était merveilleux, plus plein encore que celui de Lucille et ses yeux étaient plus beaux. Oh, la vie était mille fois meilleure que l'école. Je frémissais de joie et d'espoirs passionnés – peut-être que Jessie me le permettrait, peut-être – j'étais à bout de souffle.

Notre promenade sur le pont ce soir-là n'a pas été aussi satisfaisante : le vent était tombé et il y avait beaucoup d'autres couples et les hommes semblaient tous connaître Jessie, et c'était Miss Kerr ici, et Miss Kerr là, jusqu'à ce que j'étais fâché et déçu ; Je ne pouvais pas l'avoir pour moi, sauf par moments, mais je devais ensuite admettre qu'elle était toujours aussi douce et que son accent d'Aberdeen était même pittoresque et charmant pour moi.

J'ai eu de longs baisers à des moments bizarres et juste avant de descendre je l'ai entraînée derrière un bateau dans les bossoirs et j'ai pu caresser ses petits seins et quand elle m'a tourné le dos pour partir, j'ai passé mes bras autour de ses hanches et les a attirés contre moi et a senti son sexe et elle a penché sa tête en arrière par-dessus son épaule et m'a donné sa bouche aux yeux mourants. La chérie! Jessie était compétente dans toutes les leçons de Love.

Le lendemain, le temps était nuageux et la pluie menaçait, mais nous étions bien installés dans le bateau à deux heures, aussitôt le déjeuner terminé, et nous espérions que personne ne nous avait vus. Une heure s'est écoulée en caresses et caresses , en paroles d'amour et en promesses d'amour : j'avais convaincu Jessie de toucher mon sexe et ses yeux semblaient s'approfondir à mesure qu'elle le caressait.

"Je t'aime, Jessie, tu ne le laisseras pas toucher le tien ?"

Elle secoua la tête. "Pas ici, pas à l'air libre", murmura-t-elle, puis "attends un peu que nous arrivions à New York, ma chère", et nos bouches scellèrent le pacte.

Puis je lui ai posé des questions sur New York et la maison de sa sœur, et nous discutions de l'endroit où nous devrions nous rencontrer, lorsqu'une grosse tête et une barbe sont apparues au-dessus du plat-bord du bateau et qu'une voix écossaise grave a dit : « Je te veux, Jessie, je' j'ai cherché partout pour vous.

" Très bien , père", dit-elle, "je serai là dans une minute."

"Viens vite", dit la voix alors que la tête disparaissait.

« Je vais lui dire que nous nous aimons et il ne sera pas en colère longtemps », murmura Jessie ; mais j'en doutais. Alors qu'elle se levait pour partir, ma main coquine remonta sa robe derrière et sentit ses fesses chaudes et lisses. Ah, le caractère poignant des sensations ineffables ; ses yeux me souriaient par-dessus son épaule et elle était partie – et la lumière du soleil avec elle.

Je me souviens encore de la déception malade alors que j'étais assis seul dans le bateau. La vie alors, comme l'école, avait ses chagrins, et comme les plaisirs étaient plus vifs, les rechignions et les fléaux étaient plus amers. Pour la première fois de ma vie, de vagues appréhensions m'envahissaient, un soupçon bouleversant que tout ce qui était délicieux et joyeux dans la vie devait être payé – je n'aurais pas cette peur. Si je devais payer, je paierais ; après tout, le souvenir de l'extase ne pouvait jamais être effacé tant que le chagrin était éphémère. Et cette foi, je la tiens toujours.

Le lendemain, le chef steward m'attribua une place dans une cabine avec un aspirant anglais de dix-sept ans qui partait rejoindre son navire aux Antilles. William Ponsonby n'était pas un mauvais genre, mais il ne parlait que de filles du matin au soir et insistait sur le fait que les négresses valaient mieux que les filles blanches : elles étaient bien plus passionnées, disait-il.

Il m'a montré son sexe ; s'est excité devant moi, tout en m'assurant qu'il avait l'intention d'avoir une Miss LeBreton , une gouvernante qui allait occuper un poste à Pittsburg.

« Mais supposons que vous la mettiez dans le cadre familial ? » J'ai demandé.

« Ce ne sont pas mes funérailles », fut sa réponse, et voyant que ce cynisme me choquait, il ajouta qu'il n'y avait aucun danger si l'on se retirait à temps. Ponsonby n'a jamais ouvert un livre et était incroyablement ignorant : il ne semblait pas se soucier d'apprendre quoi que ce soit qui n'avait rien à voir avec le sexe. Il m'a présenté à Miss LeBreton le soir même. Elle était plutôt grande, avec des cheveux blonds et des yeux bleus, et elle louait ma récitation. À mon grand étonnement, elle était une femme et jolie, et je pouvais voir à la façon dont elle regardait Ponsonby qu'elle était plus qu'un peu amoureuse de lui. Il était de taille moyenne, fort et de bonne humeur, et c'était tout ce que je pouvais voir en lui.

Miss Jessie est restée à l'écart toute la soirée et quand j'ai vu son père sur le « pont supérieur », il m'a lancé un regard noir et est passé sans un mot. Cette nuit-là, j'ai raconté mon histoire à Ponsonby , ou une partie de celle-ci, et il a déclaré qu'il trouverait un marin pour porter une note à Jessie le lendemain matin si je l'écrivais.

En outre, il proposait que nous occupions la cabane un après-midi sur deux ; par exemple, il le prendrait le lendemain et je ne devais pas m'en approcher, et si à un moment l'un de nous trouvait la porte verrouillée, il devait respecter l'intimité de son copain. J'ai accepté tout cela avec enthousiasme et je me suis endormi avec une fièvre d'espoir. Jessie risquerait-elle la colère de son père et viendrait-elle vers moi ? Peut-être qu'elle le ferait : en tout cas, je lui écrirais et lui demanderais et je l'ai fait. Au bout d'une heure, le même marin revint avec sa réponse. Cela disait ceci : "Cher amour, mon père est fou, nous devrons faire très attention pendant deux ou trois jours : dès que ce sera sûr, je viendrai, ta bien-aimée Jess", avec une douzaine de croix en guise de baisers.

Cet après-midi-là, sans penser à mon pacte avec Ponsonby , je me rendis à notre cabane et trouvai la porte verrouillée : aussitôt notre pacte me vint à l'esprit et je m'éloignai tranquillement. Avait-il réussi si vite ? et était-elle avec lui au lit ? Cette demi-certitude faisait battre mon cœur.

Ce soir-là, Ponsonby ne put dissimuler son succès mais il en profita en partie pour louer sa maîtresse. Je lui ai pardonné.

« Elle a la plus jolie silhouette que vous ayez jamais vue », a-t-il déclaré, « et c'est vraiment une chérie. Nous venions de terminer lorsque vous êtes venu à la porte. J'ai dit que c'était une erreur et elle m'a cru. Elle veut que je l'épouse mais je ne peux pas me marier. Si j'étais riche, je me marierais assez vite . C'est mieux que de risquer une maladie immonde », et il a continué en racontant l'histoire d'un de ses collègues, John Lawrence, qui a attrapé la vérole noire, comme il appelait la syphilis, attrapée par une négresse.

« Il ne l'a pas remarqué pendant trois mois », a poursuivi Ponsonby , « et cela est entré dans son système ; son nez s'est détérioré et il est rentré chez lui invalide, pauvre diable. Ces filles noires sont immondes », a-t-il poursuivi, « elles applaudissent tout le monde et c'est déjà assez grave, je peux vous le dire ; ce sont de sales diables. Ses tristes chagrins ne m'intéressaient pas beaucoup, car j'avais décidé de ne jamais sortir avec une prostituée.

Je suis parvenu à plusieurs résolutions aussi inhabituelles à bord de ce navire, et je peux en exposer ici la principale très brièvement. Tout d'abord, j'ai décidé que je ferais chaque travail qui me serait confié du mieux que je pourrais, afin que personne après moi ne puisse le faire mieux. J'avais découvert à l'école au cours du dernier trimestre que si l'on donnait tout son esprit et tout son cœur à quelque chose, on l'apprenait très rapidement et de manière approfondie. J'étais sûr, avant même le procès, que mon premier emploi me mènerait directement à la fortune. J'avais vu des hommes au travail et je savais qu'il serait facile de battre n'importe lequel d'entre eux. Je n'avais qu'une hâte : le procès.

Je me souviens qu'un soir j'avais attendu Jessie et elle n'est jamais venue et juste avant de me coucher, je suis monté à la proue du navire où l'on était seul avec la mer et le ciel, et je me suis juré ce grand serment, comme je l'appelais dans mon imagination romantique : quoi que j'entreprenne de faire, je le ferais au maximum en moi.

Si j'ai eu du succès dans la vie ou fait du bon travail, cela est dû en grande partie à cette résolution.

Je ne pouvais pas cacher mes pensées à Jessie ; si j'essayais de la sortir de ma tête, soit je recevais un petit mot d'elle, soit Ponsonby viendrait me supplier de lui laisser la cabine toute la journée : enfin, désespéré, je lui demandai son adresse à New York. , car j'avais peur de la perdre à jamais dans ce tourbillon. J'ajoutai que je serais toujours dans ma cabine et seul de 13h30 à 13h00 si jamais elle pouvait venir.

Ce jour-là, elle n'est pas venue, et le vieux monsieur qui m'avait dit qu'il m'adopterait, m'a contacté, m'a dit qu'il était banquier et qu'il m'enverrait à

Harvard, l'université près de Boston ; d'après ce que le Docteur avait dit de moi, il espérait que je ferais de grandes choses. Il était vraiment gentil et essayait de se montrer sympathique, mais il ne savait pas que ce que je voulais avant tout, c'était faire mes preuves, justifier ma propre haute opinion de mes pouvoirs dans le combat ouvert de la vie. Je ne voulais pas d'aide et je n'appréciais absolument pas ses airs protecteurs.

Le lendemain, dans la cabine, on a touché la porte et Jessie, toute troublée, était dans mes bras. "Je ne peux rester qu'une minute", s'écria-t-elle, "Père est affreux, dit que tu n'es qu'un enfant et que tu ne veux pas que je m'engage et il me surveille du matin au soir, je ne pouvais m'enfuir maintenant que parce qu'il le devait. descendez à la salle des machines.

Avant qu'elle ait fini, j'avais verrouillé la porte de la cabine.

« Oh, je dois y aller », s'écria-t-elle, « il le faut vraiment ; Je suis seulement venue vous donner mon adresse à New York, la voici», et elle me tendit le papier que je mis aussitôt dans ma poche. Et puis j'ai mis mes deux bras sous ses vêtements et mes mains étaient sur ses hanches chaudes, et j'étais sans voix de plaisir ; en un instant, ma main droite s'est retournée devant et alors que je touchais son sexe, nos lèvres se sont serrées et son sexe s'est ouvert d'un coup, et mon doigt a commencé à la caresser et nous nous sommes embrassés et embrassés encore. Soudain, ses lèvres sont devenues chaudes et alors que je me demandais encore pourquoi, son sexe s'est mouillé et ses yeux ont commencé à papillonner et à se lever. Un instant ou deux plus tard, elle essaya de sortir de mon étreinte.

« Vraiment, ma chérie, j'ai peur : il pourrait venir faire du bruit et je mourrais ; s'il vous plaît, laissez-moi partir maintenant : nous aurons beaucoup de temps à New York » – mais je ne pouvais pas supporter de la laisser partir. "Il ne viendrait jamais ici où il y a deux hommes", dis-je, "jamais, il se tromperait peut-être", et je l'attirai vers moi, mais voyant qu'elle n'était qu'à moitié rassurée, je dis en soulevant sa robe : "Laisse le mien toucher le tien, et je te laisse partir" et l'instant d'après mon sexe était contre le sien et presque malgré elle, elle céda à sa chaleur lancinante ; mais quand j'ai poussé, elle s'est éloignée et s'est appuyée un peu et j'ai vu dans ses yeux une inquiétude qui m'était devenue très chère.

Aussitôt je me suis arrêté, j'ai rangé mon sexe et j'ai laissé tomber ses vêtements. "Tu es si gentille, Jess", dis-je, "qui pourrait tout te refuser ; à New York alors, mais maintenant un long baiser.

Elle m'a immédiatement donné sa bouche et ses lèvres étaient chaudes. J'ai appris ce matin-là que lorsque les lèvres d'une fille deviennent chaudes, son sexe est chaud en premier et elle est prête à se donner et mûre pour l'étreinte.

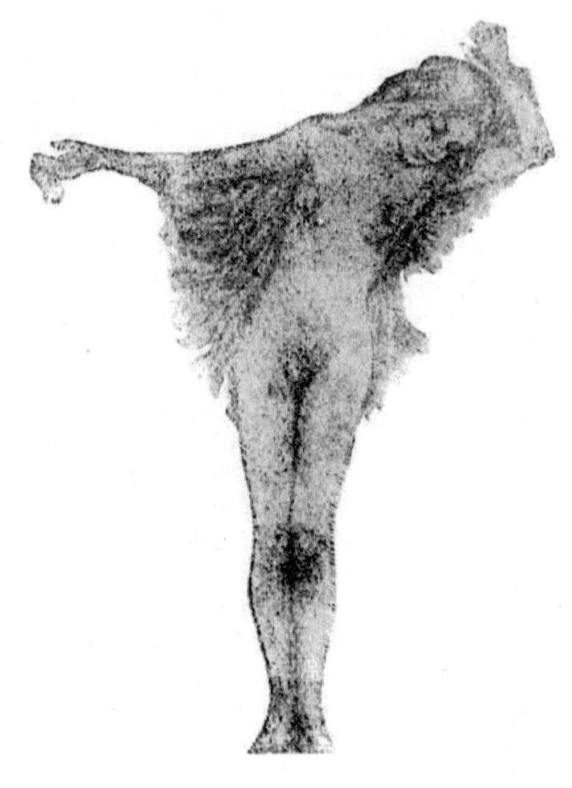

LE GRAND NOUVEAU MONDE !

Chapitre V.

Un baiser volé et une caresse éphémère alors que nous nous rencontrions sur le pont la nuit étaient tout ce que j'avais de Jessie pour le reste du voyage. Un soir, les lumières vacillantes au loin attirèrent les foules vers le pont ; le navire commença à ralentir. Les passagers de la cabine sont descendus comme d'habitude, mais des centaines d'immigrants se sont assis comme moi et ont regardé les étoiles glisser dans le ciel jusqu'à ce que l'aube soit enfin avec des lumières argentées et des révélations surprenantes.

Je me souviens encore des frissons qui m'ont submergé lorsque j'ai réalisé les grandes voies navigables de ce port enclavé et que j'ai vu le détroit de Long Island s'étendre d'un côté comme une mer et le magnifique fleuve Hudson avec ses palissades de l'autre, tandis qu'avant moi était l'East River, sur près d'un mile de largeur. Quelle entrée dans un nouveau monde ! Un port océanique magnifique et sûr qui est aussi le point de rencontre des grandes voies navigables vers le continent.

Aucun site plus beau ne pourrait être imaginé pour une capitale mondiale ; J'ai été fasciné par la grandeur spacieuse, le destin manifeste de cette Ville Reine des Eaux.

On me montra la vieille batterie, Governor's Island, la prison et l'endroit où le pont était en construction vers Brooklyn : soudain, Jessie passa par le bras de son père et me lança un regard radieux et persistant d'amour et de promesse.

Je ne me souviens de rien jusqu'à ce que nous débarquions et que le vieux banquier soit venu me dire qu'il avait fait retirer ma petite boîte des « H » à laquelle elle appartenait et l'avait mise avec ses bagages parmi les « S ».

"Nous allons", a-t-il ajouté, "au Fifth Avenue Hotel, dans le centre de Madison Square : nous y serons à l'aise", et il a souri avec suffisance. J'ai souri aussi et je l'ai remercié ; mais je n'avais pas l'intention d'aller en sa compagnie. Je suis retourné au navire et j'ai remercié le Dr Keogh de tout mon cœur pour sa grande bonté envers moi ; il m'a donné son adresse à New York et par hasard j'ai appris de lui que si je gardais la clé de ma malle, personne ne pourrait l'ouvrir ni l'enlever ; il resterait à la charge des douanes jusqu'à ce que je le demande.

Une minute plus tard, j'étais de retour dans le long hangar sur le quai et j'avais erré presque jusqu'au bout lorsque j'aperçus les escaliers : « Est-ce par là qu'on entre en ville ? J'ai demandé et un homme a répondu : « Bien sûr ». Un rapide coup d'œil autour de moi pour voir que je n'avais pas été remarqué et en un instant j'étais en bas des escaliers et dans la rue : j'ai couru droit devant moi pendant deux ou trois pâtés de maisons, puis j'ai demandé et on m'a répondu que la Cinquième Avenue était juste en face. . En remontant la Cinquième Avenue, j'ai commencé à respirer librement ; "plus de pères pour moi." Le vieux Barbe Grise qui m'avait dérangé fut voué aux oubliettes sans regret. Bien sûr, je sais maintenant qu'il méritait un meilleur traitement. Peut-être en effet aurais-je fait mieux si j'avais accepté son aide aimable et généreuse, mais j'essaie d'exposer la vérité claire et sans fard, et ici je dois dire tout de suite que l'affection des enfants est bien moindre que ce que la plupart des parents imaginent. Je n'ai jamais pensé à mon père; même mon frère Vernon, qui avait toujours été bon pour moi et nourrissait ma vanité démesurée, n'était pas regretté : la vie nouvelle m'appelait : j'étais dans un frémissement d'attente et d'espoir.

Quelque part en remontant la Cinquième Avenue, je suis arrivé sur la grande Place et j'ai vu l'Hôtel de la Cinquième Avenue, mais j'ai seulement souri et j'ai continué jusqu'à ce que j'atteigne enfin Central Park. A proximité, je ne me souviens plus exactement où, mais je crois que c'était près de l'endroit où se trouve aujourd'hui l'hôtel Plaza, il y avait une petite maison en bois avec des toilettes extérieures à l'autre bout du terrain. Pendant que je regardais, une femme est sortie avec un seau et s'est dirigée vers les latrines. Quelques instants plus tard, elle est revenue et m'a remarqué en train de regarder par-dessus la clôture.

"Voudriez-vous s'il vous plaît me donner à boire?" J'ai demandé. "Bien sûr que je le ferai", répondit-elle avec un fort accent irlandais. "Entrez" et je l'ai suivie dans sa cuisine.

"Tu es irlandaise", dis-je en lui souriant. "Je le suis", répondit-elle, " comment as-tu deviné?" « Parce que moi aussi je suis né en Irlande », ai-je rétorqué. "Vous ne étiez pas!" s'écria-t-elle avec insistance, plus par plaisir que pour contredire. "Je suis né à Galway", ai-je continué et immédiatement elle est devenue très amicale et m'a servi du lait chaud de vache, et quand elle a appris que je n'avais pas pris de petit-déjeuner et a vu que j'avais faim, elle m'a pressé de manger et Je me suis assis avec moi et j'ai vite entendu toute mon histoire, ou suffisamment pour m'émerveiller encore et encore.

À son tour, elle m'a raconté comment elle avait épousé Mike Mulligan, un débardeur qui gagnait un bon salaire et était un bon mari, mais qui en prenait trop de temps en temps, comme le fait un homme tenté par l'un de ces « saloons ». Ce sont les saloons, ai-je appris, qui ont causé la ruine de tous les meilleurs Irlandais et « c'étaient les meilleurs hommes de toute façon, et... et... » et les conversations amicales et chaleureuses se sont poursuivies, me charmant.

Une fois le petit-déjeuner terminé et les choses rangées, je me suis levé pour partir avec de nombreux remerciements, mais Mme Mulligan n'a pas voulu en entendre parler. « Tu es un enfant », dit-elle, « et tu ne connais pas New York : c'est un endroit terrible et tu dois attendre que Mike rentre à la maison et… »

"Mais je dois trouver un endroit où dormir", dis-je, "j'ai de l'argent".

« Vous dormirez ici », interrompit-elle d'un ton décisif, « et Mike vous remettra sur pied ; bien sûr, il connaît New York comme sa poche, et vous êtes aussi bienvenu que les fleurs de mai, et… »

Que pouvais-je faire sinon rester et parler et écouter toutes sortes d'histoires sur New York, et sur les « durs » qui étaient des « cas difficiles » et des « hommes armés » et « des choses qui étaient pires – mauvais scan pour eux ».

Au moment voulu, Mme Mulligan et moi avons dîné ensemble, et après le dîner, j'ai obtenu sa permission d'aller se promener dans le parc, mais "faites attention maintenant et soyez à la maison à six heures ou j'enverrai Mike après vous", a-t-elle ajouté en riant. .

J'ai marché un peu dans le parc, puis j'ai repris le centre-ville jusqu'à l'adresse que Jessie m'avait donnée près du pont de Brooklyn. C'était une rue méchante, pensais-je, mais j'ai vite trouvé la maison de la sœur de Jessie et je suis allé dans un restaurant voisin et j'ai écrit un petit mot à mon amour, qu'elle pourrait montrer si nécessaire, disant que je proposais de passer le 18, ou deux jours après que le navire sur lequel nous étions arrivés devait rentrer à Liverpool. Après ce devoir qui me permettait d'espérer toutes sortes de choses le 18, le 19 ou le 20, je me suis dirigé vers la Cinquième Avenue et j'ai remonté la ville. En tout cas, je ne dépensais rien dans mon logement actuel.

Quand je suis revenu ce soir-là, j'ai été présenté à Mike : je l'ai trouvé un grand et bel Irlandais qui pensait que sa femme était une merveille et que tout ce qu'elle faisait était parfait. « Mary, dit-il en me faisant un clin d'œil, est l'une des meilleures cuisinières du monde et si elle n'était pas en colère contre un homme quand il a une goutte en lui, elle serait la meilleure fille du monde. Terre. Dans l'état actuel des choses, je l'ai épousée et je n'ai jamais été désolé : n'est-ce pas Mary ? "Vous n'avez aucune raison, Mike Mulligan."

Mike n'avait rien de particulier à faire le lendemain matin et il m'a donc promis d'aller chercher ma petite malle à la douane. Je lui ai donné la clé. Il a insisté aussi chaleureusement que sa femme pour que je reste avec eux jusqu'à ce que je trouve du travail : je leur ai dit à quel point j'étais impatient de commencer et Mike a promis de parler à son chef et à quelques amis et de voir ce qui pouvait être fait.

Le lendemain matin, je me suis levé vers cinq heures et demie dès que j'ai entendu Mike bouger, et j'ai descendu la Septième Avenue avec lui jusqu'à ce qu'il monte dans le calèche pour le centre-ville et me quitte. Vers sept heures trente ou huit heures, un flot de gens a commencé à marcher vers leurs bureaux en direction du centre-ville. À plusieurs coins se trouvaient des cabanes en ciré de bottes. L'un d'eux avait trois clients et un seul cireur.

« Ne me laisses-tu pas t'aider à en briller une paire ou deux ? ", J'ai demandé. Le cireur m'a regardé : « Ça ne me dérange pas », a-t-il dit et j'ai saisi les pinceaux et je me suis mis au travail. J'avais fait les deux au moment même où il avait terminé le premier : il m'a chuchoté « moitiés » lorsque l'homme suivant est entré et il m'a montré comment utiliser le chiffon ou le chiffon de polissage. J'ai enlevé mon manteau et mon gilet et je suis allé travailler avec volonté ; Pendant une heure et demie, nous étions tous les deux occupés. Puis la ruée a commencé à se ralentir, mais pas avant que j'aie pris un peu plus d'un dollar et demi. Ensuite, nous avons eu une conversation et Allison, le cireur de bottes, m'a dit qu'il serait heureux de me donner du travail n'importe quel matin dans les mêmes conditions. Je lui ai assuré que je serais là et que je ferais de mon mieux jusqu'à ce que j'aie un autre travail. J'avais gagné trois shillings et j'avais découvert que je pouvais avoir une bonne pension pour trois dollars par semaine, donc en quelques heures j'avais gagné ma vie. La dernière anxiété m'a quitté.

Mike avait un jour de congé, alors il est rentré à la maison pour dîner à midi et il a eu d'excellentes nouvelles. Ils voulaient que des hommes travaillent sous l'eau dans les caissons de fer du pont de Brooklyn et ils donnaient entre cinq et dix dollars par jour.

"Cinq dollars", s'écria Mme Mulligan, "ça doit être dangereux ou malsain ou quelque chose comme ça - bien sûr, vous ne feriez jamais travailler un enfant comme ça."

Mike s'est excusé, mais le danger, s'il y en avait, m'attirait presque autant que le gros salaire : ma seule crainte était qu'ils me trouvent trop petit ou trop jeune. J'avais dit à Mme Mulligan que j'avais seize ans, car je ne voulais pas être traité comme un enfant et maintenant je lui ai montré les quatre-vingts cents que j'avais gagnés ce matin-là en cirant des bottes, et elle m'a conseillé de continuer et de ne pas aller travailler sous l'eau; mais les cinq dollars promis par jour m'ont gagné.

Le lendemain matin, Mike m'a emmené au pont de Brooklyn peu après cinq heures pour voir l'entrepreneur : il voulait engager Mike immédiatement mais a secoué la tête au-dessus de moi. "Donnez-moi un essai", ai-je plaidé, "Vous verrez, je vais m'en sortir." Après une pause, « OK », dit-il, « quatre équipes ont déjà été interrompues de manière sournoise ; vous pouvez essayer.

J'ai parlé assez longuement du travail et de ses dangers dans mon roman « La Bombe », mais je peux ici ajouter quelques détails juste pour montrer ce que le travail doit souffrir.

Dans le hangar nu où nous nous préparions, les hommes m'ont dit que personne ne pouvait faire le travail longtemps sans avoir les « virages » ; les « courbures », semblait-il, étaient une sorte de crise convulsive qui tordait le corps comme un nœud et rendait souvent invalide à vie. Ils m'ont rapidement expliqué toute la procédure. Nous travaillions, semble-t-il, dans un énorme caisson de fer en forme de cloche qui descendait au fond de la rivière et était pompé plein d'air comprimé pour empêcher l'eau d'y pénétrer par le bas : le sommet du caisson est une pièce appelée la « chambre matérielle » dans laquelle remontent et sont transportées les matières extraites de la rivière. Sur le côté du caisson se trouve une autre pièce, appelée « sas », dans laquelle nous devions entrer pour être « compressés ». Au fur et à mesure que l'air comprimé est admis, le sang continue d'absorber les gaz de l'air jusqu'à ce que la tension des gaz du sang devienne égale à celle de l'air : lorsque cet équilibre est atteint, les hommes peuvent travailler dans le caisson pendant des heures sans problème. inconfort si suffisamment d'air pur est constamment pompé. C'est l'air vicié qui a fait le mal, semble-t-il ; "S'ils pompaient de l'air pur, tout irait bien : mais cela coûterait un peu de temps et d'ennuis et la vie des hommes coûterait moins cher." J'ai vu que les hommes voulaient me prévenir, pensant que j'étais trop jeune, et j'ai donc fait semblant d'y prêter peu d'attention.

Quand nous sommes entrés dans le « sas » et qu'ils ont actionné un robinet après l'autre d'air comprimé, les hommes ont mis leurs mains sur leurs oreilles et je les ai vite imités car la douleur était très vive. En effet, les tympans sont souvent enfoncés et éclatent si l'air comprimé est introduit trop rapidement. J'ai découvert que le meilleur moyen de faire face à la pression était de continuer à avaler de l'air et de le forcer à remonter dans l'oreille moyenne où il agissait comme un coussin d'air sur la face interne du tambour et réduisait ainsi la pression de l'extérieur.

Il a fallu environ une demi-heure pour nous « compresser » et cette demi-heure m'a donné beaucoup de matière à réfléchir. Lorsque l'air fut complètement comprimé, la porte du sas s'ouvrit d'un simple contact et nous descendîmes tous travailler à la pioche et à la pelle sur le fond graveleux. Mon mal de tête est vite devenu aigu. Nous travaillions tous les six, nus jusqu'à la taille, dans une petite chambre en fer où la température était d'environ 180 degrés Fahrenheit : en cinq minutes, la sueur coulait de nous et pendant tout ce temps, nous étions debout dans une eau glacée qui n'était empêchée de monter que par le courant. une pression atmosphérique formidable. Pas étonnant que les maux de tête soient aveuglants. Les hommes ne travaillaient pas plus de dix minutes à la fois, mais je restais accroché, résolu à faire mes preuves et à obtenir un emploi constant ; un seul homme, un Suédois nommé Anderson, a travaillé aussi dur. J'étais ravi de constater qu'ensemble nous faisions plus que les quatre autres. Le montant effectué chaque semaine était estimé, m'a-t-il dit, par un inspecteur. Anderson était connu de l'entrepreneur et recevait un demi-salaire supplémentaire en tant que chef de notre équipe. Il m'a assuré que je pourrais rester aussi longtemps que je le souhaiterais, mais il m'a conseillé de partir au bout d'un mois : c'était trop malsain : je ne devais surtout pas boire et passer tout mon temps libre à l'air libre. Il était pour moi une gentillesse même, comme d'ailleurs tous les autres. Après deux heures de travail en contrebas nous sommes montés dans le sas pour nous « décompresser » progressivement, la pression de l'air dans nos veines devant être ramenée progressivement à la pression de l'air habituelle. Les hommes commencèrent à s'habiller et se passèrent une bouteille de schnaps ; mais même si j'avais bientôt froid comme un rat mouillé et me sentais déprimé et faible en plus, je ne voulais pas toucher à l'alcool. Dans le hangar au-dessus, j'ai pris une tasse de chocolat chaud avec Anderson, ce qui a arrêté les frissons et j'ai vite pu affronter l'épreuve de l'après-midi.

Je n'avais aucune idée qu'on pouvait se sentir aussi mal en étant « décompressé » dans le sas, mais j'ai suivi le conseil d'Anderson et je suis sorti dès que j'ai pu, et au moment où je suis rentré chez moi à pied le soir et me suis changé, je me suis senti encore fort, mais le mal de tête ne m'a pas complètement quitté et le mal d'oreille est revenu de temps en temps et encore aujourd'hui une légère surdité me rappelle ce travail sous l'eau.

Je suis allé dans Central Park pendant une demi-heure ; la première jolie fille que j'ai rencontrée m'a rappelé Jessie : dans une semaine, je serais libre de la voir et de lui dire que je m'en sortais bien et qu'elle tiendrait sa promesse, j'en étais sûr ; le simple espoir m'a conduit au pays des fées. Pendant ce temps, rien ne pouvait m'enlever la fière conscience qu'avec mes cinq dollars j'avais gagné deux semaines de vie par jour : un mois de travail me garantirait une année de sécurité.

À mon retour, j'ai dit aux Mulligans que je devais payer ma pension, je leur ai dit : « Je me sentirais mieux si vous me le permettiez » et finalement ils ont accepté, même si Mme Mulligan pensait que trois dollars par semaine était trop. J'étais content quand tout était réglé et je me suis couché tôt pour bien dormir. Pendant trois ou quatre jours, tout s'est plutôt bien passé pour moi, mais le cinquième ou sixième jour, nous sommes arrivés à une source d'eau ou « gusher » et étions mouillés jusqu'à la taille avant de pouvoir augmenter la pression de l'air pour y faire face. En conséquence, une douleur terrible m'a traversé les deux oreilles : j'y ai serré les mains et je suis resté assis un petit moment. Heureusement, la garde était presque terminée et Anderson m'accompagna jusqu'au char à chevaux. "Tu ferais mieux de lâcher prise", dit-il, "je les ai connus devenir sourds à cause de ça."

La douleur avait été épouvantable mais elle diminuait lentement et j'étais résolu à ne pas céder. « Pourrais-je avoir un jour de congé ? J'ai demandé à Anderson : il a hoché la tête, "bien sûr : tu es le meilleur de la garde, le meilleur que j'ai jamais vu, un super petit poney."

Mme Mulligan a immédiatement vu que quelque chose n'allait pas et m'a fait essayer son remède maison : un oignon rôti coupé en deux et serré fermement sur chaque oreille avec un bandage de flanelle. Cela a agi comme par magie : en dix minutes j'étais sans douleur : puis elle a versé un peu d'huile tiède et sucrée et en une heure je me promenais dans le parc comme d'habitude. Pourtant, la peur de la surdité était sur moi et j'ai été très heureux quand Anderson m'a dit qu'il s'était plaint au patron et que nous allions avoir mille pieds d'air pur supplémentaires. Cela ferait une grande différence, a déclaré Anderson, et il avait raison, mais l'amélioration n'était pas suffisante. [1]

> 1. En Allemagne, j'ai appris depuis que l'État exigeait qu'on fournisse dix fois plus d'air pur que nous en avions, et en conséquence les maladies graves qui chez nous s'élevaient à quatre-vingts pour cent en trois mois ont été réduites à huit. Le gouvernement paternel, semble-t-il, présente certains points positifs.

Un jour, alors que se terminait la « décompression » d'une heure et demie, un Italien nommé Manfredi tomba et se tordit, se cognant le visage contre le sol jusqu'à ce que le sang jaillisse de son nez et de sa bouche. Quand nous l'avons amené dans le hangar, ses jambes étaient tordues comme des cheveux tressés. Le chirurgien l'a fait transporter à l'hôpital. J'ai décidé qu'un mois me suffirait.

À la fin de la première semaine, j'ai reçu un mot de Jessie disant que son père monterait à bord cet après-midi et qu'elle pourrait me voir le lendemain soir. J'y suis allé et j'ai été présenté à la sœur de Jessie qui, à ma grande surprise, était grande et grande mais sans la moindre trace de la beauté de Jessie.

"Il est plus jeune que toi, Jess", éclata-t-elle de rire. Une semaine plus tôt, j'aurais été blessé à l'âme, mais j'avais fait mes preuves, alors j'ai simplement dit : « Je gagne cinq dollars par jour, Madame . Plummer, et l'argent parle. Sa bouche s'ouvrit d'étonnement. "Cinq dollars", répéta-t-elle, "je suis désolée, je—je—"

« Voilà, Maggie », interrompit Jessie, « je te l'ai dit, tu n'avais jamais vu quelqu'un comme lui ; vous serez encore de bons amis. Maintenant viens et nous allons faire une promenade », a-t-elle ajouté et nous sommes sortis.

Être avec elle même dans la rue était délicieux et j'avais beaucoup à dire, mais faire l'amour dans une rue de New York un soir d'été est difficile et j'avais faim de l'embrasser et de la caresser librement. Jessie, cependant, avait trouvé une solution : si sa sœur et son mari avaient des billets de théâtre, ils sortiraient et nous serions seuls dans l'appartement ; mais cela coûterait deux dollars, et elle pensait que c'était beaucoup. J'étais ravi : je lui ai remis les factures et je lui ai donné rendez-vous le lendemain soir avant huit heures. Jessie savait-elle ce qui allait se passer ? Même maintenant, je n'en suis pas sûr, même si je pense qu'elle l'a deviné.

La nuit suivante, j'ai attendu que la voie soit libre, puis je me suis précipité vers la porte. Dès que nous étions seuls dans le petit salon et que je l'avais embrassée, j'ai dit : « Jessie, je veux que tu te déshabilles. Je suis sûr que ta silhouette est ravissante, mais je veux le savoir.

« Pas tout de suite, hein ? elle fit la moue, "parle-moi d'abord. Je veux savoir comment tu vas ? et je l'ai attirée vers le grand fauteuil et je me suis assis avec elle dans mes bras. "Que dois-je vous dire?" Ai-je demandé, tandis que ma main remontait sa robe jusqu'à ses cuisses et son sexe chauds. Elle fronça les sourcils mais j'embrassai ses lèvres et, d'un mouvement ou deux, je l'étendis sur moi pour que je puisse utiliser mon doigt facilement. Aussitôt, ses lèvres devinrent chaudes et je continuai à m'embrasser et à me caresser jusqu'à ce que ses yeux se ferment et qu'elle s'abandonne au plaisir. Soudain, elle s'est enroulée autour de moi et m'a donné un gros baiser. «Tu ne parles pas», dit-elle.

«Je ne peux pas», m'exclamai-je en me décidant. "Viens", je l'ai levée et je l'ai emmenée dans la chambre. "Je suis fou de toi", dis-je, "enlève tes vêtements, s'il te plaît." Elle a résisté un peu mais quand j'ai commencé à desserrer sa robe, elle m'a aidée et l'a enlevée. Sa culotte, j'ai remarqué, était neuve. Ils tombèrent bientôt et elle se retrouva debout avec sa chemise et ses bas noirs. "C'est assez, n'est-ce pas ?" elle a dit : « M. Curieuse», et elle resserra la chemise autour d'elle. "Non", m'écriai-je, " la beauté doit se dévoiler, s'il vous plaît!" L'instant d'après, la chemise qui glissait s'accrocha un instant à ses hanches puis glissa autour de ses pieds.

Sa nudité m'a arrêté le cœur ; le désir m'a aveuglé : mes bras l'entourèrent, tendant vers moi sa forme douce : en un instant je l'avais soulevée sur le lit, tirant en même temps les couvertures du lit. L'expression idiote d'être au lit ensemble m'a trompé : je n'avais aucune idée qu'elle était plus en mon pouvoir simplement allongée sur le bord du lit ; en un instant, j'avais arraché mes vêtements et mes bottes et je me suis assis à côté d'elle. Nos corps chauds s'allongeaient l'un contre l'autre : mille pulsations chaudes battaient en nous : bientôt j'écartai ses jambes et, allongé sur elle, j'essayai de mettre mon sexe dans le sien, mais elle s'éloigna presque aussitôt. "O-O, ça fait mal", murmura-t-elle et chaque fois que j'essayais de pousser mon sexe, ses "O" de douleur m'arrêtaient.

Ma folle excitation me faisait frissonner ; J'aurais pu la frapper pour s'être éloignée ; mais bientôt j'ai remarqué qu'elle laissait mon sexe toucher son clitoris avec plaisir et j'ai commencé à utiliser ma bite comme doigt, en la caressant avec. Au bout d'un moment ou deux, j'ai commencé à le bouger plus rapidement et, à mesure que mon excitation atteignait son paroxysme, j'ai de nouveau essayé de le glisser dans sa chatte, et maintenant, alors que sa rosée d'amour arrivait, j'ai eu mon sexe d'une petite manière qui a donné moi un plaisir inexprimable ; mais quand je poussai pour aller plus loin, elle s'éloigna de nouveau avec un cri aigu de douleur. Au même moment, mon orgasme s'est produit pour la première fois et des graines comme du lait ont jailli de mon sexe. Le frisson de plaisir était presque insupportable : j'aurais pu crier avec la douleur ; mais Jessie a crié : "Oh, tu me mouille" et s'est éloignée avec un "Regarde, regarde !" Et là, bien sûr, sur ses cuisses rondes et blanches, il y avait des taches de sang cramoisi. "Oh! Je saigne, cria-t-elle, qu'as -tu fait ?

"Rien", répondis-je, un peu boudeur, j'en ai peur, de voir mon plaisir indescriptible interrompu, "rien" et en un instant je me levai du lit, et en prenant mon mouchoir j'effaçai bientôt les traces révélatrices.

Mais quand j'ai voulu recommencer, Jessie n'en a pas entendu parler au début :

"Non, non", dit-elle. "Tu m'as vraiment blessé, Jim, (mon prénom, je lui avais dit, était James) et j'ai peur, s'il te plaît, sois gentil." Je ne pouvais que faire sa volonté, jusqu'à ce qu'une nouvelle pensée me frappe. En tout cas, je pouvais la voir maintenant et étudier ses beautés une par une, et ainsi, toujours allongé à côté d'elle, j'ai commencé à embrasser son sein gauche et bientôt le mamelon est devenu un peu raide dans ma bouche. Pourquoi, je ne savais pas et Jessie a dit qu'elle ne le savait pas, mais elle a aimé quand je lui ai dit que ses seins étaient jolis et en effet ils l'étaient, petits et fermes tandis que les mamelons pointaient droit. Soudain, une pensée m'est venue, me surprenant : cela aurait été bien plus joli si le cercle entourant les mamelons avait été rouge rose au lieu d'un simple brun terre d'ombre. J'étais enthousiasmé par cette simple idée. Mais ses flancs et son ventre étaient ravissants ; le nombril ressemblait à un coquillage frisé, pensais-je, et le triangle de poils bruns soyeux sur le mont de Vénus me paraissait enchanteur, mais Jessie continuait à couvrir son lieu de beauté. « C'est moche », dit-elle, « s'il te plaît, mon garçon », mais j'ai continué à le caresser et bientôt j'ai essayé d'y glisser à nouveau mon sexe ; même si les « O » de douleur de Jessie ont commencé immédiatement et elle m'a supplié d'arrêter.

« Il faut se lever et s'habiller », dit-elle, « ils vont bientôt revenir », alors j'ai dû me contenter de m'allonger dans ses bras, mon sexe touchant le sien. Bientôt, elle commença à bouger contre mon sexe et à m'embrasser, puis elle me mordit les lèvres au moment où mon sexe glissait à nouveau dans le sien ; elle l'a laissé dedans un long moment puis, alors que ses lèvres devenaient chaudes : « c'est tellement gros », dit-elle, « mais tu es un chéri. L'instant d'après, elle s'écria : « Il faut se lever, mon garçon ! s'ils nous attrapaient, je mourrais de honte. Quand j'ai essayé de détourner son attention en lui embrassant les seins, elle a fait la moue : « Ça fait aussi mal. S'il te plaît, mon garçon, arrête-toi et ne regarde pas », ajouta-t-elle en essayant de se lever, couvrant son sexe avec sa main et faisant une grimace renfrognée. Même si je lui disais qu'elle se trompait et que son sexe était beau, elle persistait à le cacher, et en vérité ses seins et ses cuisses m'excitaient davantage, peut-être parce qu'ils étaient en eux-mêmes plus beaux.

J'ai posé ma main sur ses hanches ; elle a souri, "S'il te plaît, mon garçon" et alors que je m'éloignais pour lui laisser la chambre, elle s'est levée et s'est tenue près du lit, une petite silhouette parfaite aux contours roses et chaleureux. J'étais fasciné, mais ma maudite faculté critique était éveillée. En se retournant, j'ai vu qu'elle était trop large pour sa taille ; ses jambes étaient trop courtes, ses hanches trop grosses. Tout cela m'a un peu refroidi. Dois-je un jour trouver la perfection ?

Dix minutes plus tard, elle avait arrangé le lit et nous étions assis dans le salon mais, à mon grand étonnement, Jessie ne voulait pas parler de notre expérience. « Qu'est-ce qui vous a fait le plus plaisir ? » J'ai demandé. « Tout cela », dit-elle, « espèce de méchante chérie ; mais n'en parlons pas.

Je lui ai dit que j'allais travailler pendant un mois, mais je ne pouvais pas lui parler : ma main était bientôt de nouveau sur ses vêtements, jouant avec son sexe et le caressant, et nous avons dû nous séparer précipitamment lorsque nous avons entendu sa sœur crier. la porte.

Je n'ai pas eu une autre soirée seule avec Jessie depuis un certain temps. Je l'ai demandé assez souvent, mais Jessie s'est excusée et sa sœur a été très froide avec moi. J'ai vite découvert que c'était grâce à ses conseils que Jessie se gardait. Jessie a avoué que sa sœur l'accusait de me laisser « agir comme un mari : elle a dû voir une tache sur ma chemise », a ajouté Jessie, « quand tu m'as fait saigner, vilain garçon ; de toute façon, quelque chose lui a donné l'idée et maintenant tu dois être bon.

C'était la conclusion de toute l'affaire. Si j'en avais su autant à l'époque que dix ans plus tard, ni la douleur ni les avertissements de sa sœur n'auraient pu dissuader Jessie de se donner à moi. Même à l'époque, je pensais qu'un peu plus de connaissances aurait fait de moi l'arbitre.

Le désir d'avoir à nouveau Jessie complètement pour moi était l'une des raisons pour lesquelles j'ai abandonné mon travail au Bridge dès la fin du mois. J'avais plus de cent cinquante dollars en poche et j'avais remarqué que même si les douleurs dans mes oreilles avaient vite disparu, j'étais devenu un peu dur d'oreille. Le premier matin, j'avais envie de m'allonger au lit et de passer une bonne journée de farniente, mais je me suis réveillé à cinq heures comme d'habitude, et j'ai soudain pensé que je devrais redescendre et revoir Allison, la cireuse. Je l'ai trouvé plus occupé que jamais et je me suis rapidement déshabillé et mis au travail. Vers dix heures, nous n'avions rien à faire, alors je lui ai parlé de mon travail sous l'eau ; il se vantait que son « stand » lui rapportait environ quatre dollars par jour : il n'y avait pas grand-chose à faire l'après-midi, mais de six heures à sept heures, il gagnait généralement quelque chose de plus.

J'étais le bienvenu pour venir travailler avec lui n'importe quel matin sur des moitiés et j'ai pensé qu'il serait bon d'accepter son offre.

Cet après-midi même, j'ai emmené Jessie faire une promenade dans le parc, mais lorsque nous avons trouvé une place à l'ombre, elle a avoué que sa sœur pensait que nous devrions nous fiancer et que dès que j'aurais un travail stable, nous pourrions nous marier : « Un la femme veut sa propre maison », dit-elle, « et oh, mon garçon ! Je le ferais si joli ! et nous allions au théâtre et passions un bon vieux temps gay.

J'étais horrifié; marié à mon âge, non, monsieur ! Cela semblait absurde pour moi et pour Jessie. Je voyais qu'elle était jolie et intelligente, mais elle ne savait rien, n'avait jamais rien lu : je ne pouvais pas l'épouser. L'idée m'a fait rire. Mais elle était morte pour de bon, alors j'ai accepté tout ce qu'elle disait, insistant seulement sur le fait que je devais d'abord trouver un travail régulier ; J'achèterais bien la bague de fiançailles aussi : mais il faut d'abord passer une autre bonne soirée. Jessie ne savait pas si sa sœur sortirait, mais elle verrait. Pendant ce temps, nous nous sommes embrassés et embrassés et ses lèvres sont devenues chaudes et ma main s'est occupée, puis nous avons encore marché, encore et encore, et sommes finalement entrés dans le grand musée.

Ici, j'ai eu l'un des chocs de ma vie. Soudain, Jessie s'arrêta devant une photo représentant, je pense, Paris choisissant la Déesse de la Beauté, Paris étant une figure idéale de la jeunesse virile.

"Oh, n'est-il pas splendide !" s'écria Jessie, "tout comme toi", ajouta-t-elle avec un esprit féminin, faisant la moue comme pour m'embrasser. Si elle n'avait pas fait sa candidature personnelle, je n'aurais peut-être pas réalisé l'absurdité de la comparaison. Mais Paris avait des jambes longues et fines tandis que les miennes étaient courtes et grosses, et son visage était ovale et son nez droit, tandis que mon nez dépassait de larges narines parfumées.

La conviction m'est venue en un éclair : j'étais laide avec des traits irréguliers, des yeux perçants et une silhouette courte et trapue : la certitude m'a submergé : j'avais appris auparavant que j'étais trop petite pour être un grand athlète, maintenant je voyais que j'étais laide. en plus : mon cœur se serra : je ne peux pas décrire ma déception et mon dégoût.

» demanda Jessie. quel était le problème et je le lui dis enfin. Elle ne l'aurait pas voulu : « Tu as une belle peau blanche, s'écria-t-elle, et tu es rapide et fort : personne ne te traiterait de laid ! C'est une idée ! Mais le savoir était en moi indiscutable, pour ne plus jamais me quitter longtemps. Cela m'a même amené ici et là à des déductions erronées : par exemple, il me semblait clair que si j'avais été grand et beau comme Paris, Jessie se serait donnée à moi malgré sa sœur ; mais une connaissance plus approfondie des femmes me pousse à en douter : elles ont naturellement un œil attentif pour la beauté du mâle ; mais d'autres qualités, comme la force et la confiance en soi dominante, ont un attrait encore plus grand pour la majorité, en particulier pour celles qui sont richement dotées sexuellement et j'ai tendance à penser que c'étaient les avertissements de sa sœur et sa propre hésitation terre-à-terre. avant l'irrévocable qui a poussé Jessie à refuser son sexe pour éviter un abandon complet. Mais le plaisir que j'avais éprouvé avec elle me rendait plus enthousiaste que jamais et plus entreprenant. La conviction de ma laideur m'a également incité à développer mon esprit et toutes les autres facultés autant que je le pouvais.

Finalement, j'ai ramené Jessie à la maison et j'ai eu un gros câlin et un long baiser. On m'a dit qu'elle avait eu un après-midi d'intimidation et nous avons pris un autre rendez-vous.

Je travaillais chaque matin au cireur de bottes et je trouvai bientôt des clients réguliers, notamment un jeune homme bien habillé qui semblait m'apprécier. Soit Allison, soit lui-même m'a dit qu'il s'appelait Kendrick et qu'il venait de Chicago. Un matin, il était très silencieux et absorbé. Enfin j'ai dit « Fini » et « Fini », il a répété après moi : « Je pensais à autre chose », a-t-il expliqué. "Intention", dis-je en souriant. « Un accord commercial », a-t-il expliqué, « mais pourquoi dites-vous intention ? » "La phrase latine m'est venue à l'esprit", répondis-je sans réfléchir, "" Intentique ore tenebant ", dit Virgile.

"Bon dieu!" s'écria-t-il, imaginez un cireur de bottes citant Virgile. Tu es un garçon étrange, quel âge as-tu ? "Seize", répondis-je. « Vous n'en avez pas l'air », dit-il, « mais maintenant je dois me dépêcher ; un de ces jours, nous discuterons. J'ai souri : « Merci, Monsieur », et il s'est dépêché.

Le lendemain, il était encore plus pressé : « Je dois me rendre en ville », dit-il, « je suis déjà en retard ; donnez-moi juste un coup ou deux", cria-t-il avec impatience, "je dois prendre ce train" et il fouilla avec quelques billets à la main. « Tout va bien », dis-je, et j'ajoutai en souriant ; "Dépêchez-vous! Je serai là demain. Il sourit et partit sans payer, me prenant au mot.

Le lendemain, je me suis promené tôt dans le centre-ville ; car Allison avait découvert qu'un stand et un appentis devaient être vendus au coin de la 13e rue et de la septième avenue, et comme on l'appelait, il voulait que j'aille voir les affaires faites de sept heures à neuf heures. Le Dago, qui souhaitait vendre et retourner en Dalmatie, voulait trois cents dollars pour l'équipement, affirmant que le commerce rapportait quatre dollars par jour. Il n'avait pas exagéré indûment, ai-je constaté, et Allison était enthousiaste à l'idée que nous l'achetions ensemble et que nous y mettions cinquante-cinquante. « Vous gagnerez cinq ou six dollars par jour », dit-il, « si le Dago en gagne quatre. C'est l'un des bons emplacements et avec trois dollars par jour, vous aurez bientôt votre propre stand.

Pendant que nous en discutions, Kendrick est arrivé et a pris sa place habituelle. "Pourquoi étais-tu si chaud?" a-t-il demandé, et alors qu'Allison souriait, je lui ai dit. « Trois dollars par jour, ça semble bien », dit-il, « mais le noircissement des bottes n'est pas votre jeu. Aimeriez-vous venir à Chicago et avoir une place comme veilleur de nuit dans mon hôtel ? J'en ai un avec mon oncle", a-t-il ajouté, "et je pense que tu t'en sortirais."

"Je ferais de mon mieux", répondis-je, la seule pensée de Chicago et du Grand Ouest m'attirant, "Voulez-vous me laisser y réfléchir ?"

"Bien-sûr! », répondit-il, « je n'y retourne que vendredi ; cela vous donne trois jours pour décider.

Allison restait fidèle à son opinion selon laquelle un bon stand rapporterait plus d'argent ; mais quand j'en ai discuté avec les Mulligans, ils étaient tous deux en faveur de l'hôtel. J'ai vu Jessie le soir même, je lui ai parlé du «stand» et j'ai supplié pour une autre soirée, mais elle a insisté sur le fait que sa sœur était méfiante et en colère contre moi et ne nous laisserait plus seuls. En conséquence, je ne lui ai rien dit de Chicago.

J'avais déjà remarqué que le plaisir sexuel est par nature profondément égoïste. Tant que Jessie me cédait et me faisait plaisir, j'étais attiré par elle ; mais dès qu'elle me refusait, je m'ennuyais et je rêvais de beautés plus souples. J'étais plutôt content de la quitter sans même un mot ; "ça va lui apprendre!" murmura ma vanité blessée, "elle mérite de souffrir un peu de m'avoir déçu."

Mais se séparer des Mulligans était vraiment douloureux : Mme Mulligan était une femme chère et gentille qui aurait materné toute la race si elle l'avait pu ; une de ces douces Irlandaises dont les actes et les pensées altruistes sont les fleurs de notre sordide vie humaine. Son mari non plus n'était pas indigne d'elle ; très simple et droit et travailleur, sans aucune pensée mesquine en lui, une proie naturelle à la bonne camaraderie, aux chants et à la puissance.

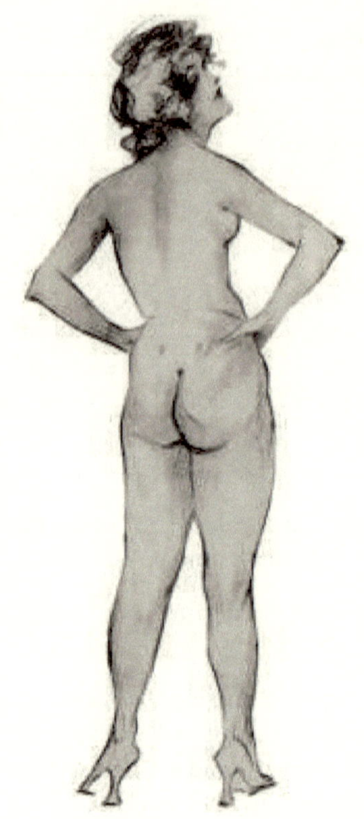

Vendredi après-midi, j'ai quitté New York pour Chicago avec M. Kendrick. Le pays me paraissait très nu, rude et inachevé, mais les grandes distances me captivaient ; c'était en effet une terre dont on pouvait être fier, chaque grand acre de celle-ci parlait de l'avenir et suggérait l'espoir.

Mon premier tour, pour ainsi dire, avec la vie américaine était terminé. Ce que j'y avais appris reste toujours en moi. Aucun peuple n'est aussi gentil avec les enfants et aucune vie n'est aussi facile pour les ouvriers ; les bûcherons et les puiseurs d'eau sont dans une meilleure situation aux États-Unis que partout ailleurs sur la planète. Pour cette classe, et c'est de loin la plus nombreuse, la démocratie américaine fait plus que tenir ses promesses. Il monte le niveau le plus bas de la manière la plus surprenante. Je croyais alors de tout mon cœur ce que tant de gens croient aujourd'hui, à savoir que, toutes déductions faites, c'était dans l'ensemble la meilleure civilisation jamais connue parmi les hommes.

Avec le temps, des connaissances plus approfondies m'ont amené à modifier cette opinion de plus en plus radicalement. Cinq ans plus tard, je devais voir Walt Whitman, le plus noble de tous les Américains, vivre dans une pauvreté totale à Camden, dépendant des admirateurs anglais pour se changer ou se nourrir suffisamment, et Poe avait souffert de la même manière.

Petit à petit, la conviction s'est imposée à moi que si la démocratie américaine fait beaucoup pour niveler les classes les plus basses, elle réussit encore mieux à niveler les classes les plus élevées et les meilleures. Aucune terre au monde n'est aussi amicale envers les pauvres travailleurs illettrés, aucune terre aussi méprisante et froide envers les penseurs et les artistes, les guides de l'humanité. Quelle aide y a-t-il ici pour les hommes de lettres et les artistes, pour les voyants et les prophètes ? De tels guides ne sont pas recherchés par les riches oisifs et sont ignorés par les masses, et après tout le bien-être de la tête est même plus important que celui du corps et des pieds.

Que deviendront ceux qui lapident le prophète ? et persécuter les enseignants ? La catastrophe est écrite en lettres flamboyantes sur chaque page de l'histoire.

LA VIE À CHICAGO !

Chapitre VI.

Le Fremont House, l'hôtel de Kendrick, se trouvait à proximité du Michigan Street Depot. A l'époque où Chicago comptait à peine 300 000 habitants, c'était un hôtel de seconde classe. M. Kendrick m'avait dit que son oncle, un certain M. Cotton, était réellement propriétaire de la Maison, mais lui avait laissé la part principale dans la gestion, ajoutant : « Ce que dit l'oncle est toujours valable. » Au fil du temps, j'ai compris la fidélité du neveu ; car M. Cotton était un homme d'affaires vraiment gentil et compétent. Mes fonctions de veilleur de nuit étaient simples ; de huit heures du soir jusqu'à six heures du matin, j'étais maître du bureau et je devais répartir les chambres aux invités entrants, payer les factures et collecter les sommes dues du public sortant. Je me mis immédiatement à connaître les bons et les mauvais côtés des centaines de chambres de la maison et les heures d'arrivée et de départ de tous les trains de nuit. Lorsque des invités entraient, je les accueillais à l'entrée, je découvrais ce qu'ils voulaient et je disais à tel ou tel porteur ou chasseur de les emmener dans leur chambre. Aussi brusques ou irritables qu'ils fussent, j'ai toujours essayé de les adoucir et j'ai vite compris que j'y parvenais. En une semaine, M. Kendrick m'a dit qu'il avait entendu des opinions dorées sur moi de la part d'une douzaine de visiteurs. « Vous avez un excellent employé de nuit », lui dit-on ; « N'épargne aucune peine… des manières agréables… sait tout… « *un* » employé ; oui Monsieur!"

Mon expérience à Chicago m'a assuré que si l'on fait de son mieux, on réussit en affaires dans un laps de temps relativement court ; si peu font tout ce qu'ils peuvent. Me couchant à six heures, je me levais tous les jours à une heure pour dîner, comme on l'appelait, et après le dîner, je prenais l'habitude d'entrer dans la salle de billard, à l'une des extrémités de laquelle se trouvait un grand bar. Vers cinq heures, la salle de billard était bondée et il n'y avait personne pour surveiller les choses, alors j'en ai parlé à M. Kendrick et j'ai pris le travail sur mes propres épaules. Je n'avais guère d'autre choix que d'inciter les nouveaux arrivants à attendre patiemment leur tour et d'apaiser les anciens clients qui s'attendaient à trouver des tables qui les attendaient. Le résultat d'un peu de courtoisie et de promesses souriantes fut si marqué qu'à la fin du tout premier mois, le comptable, un homme nommé Curtis, me dit avec un sourire que je recevrais soixante dollars par mois et non quarante dollars comme je l'avais fait. censé. Inutile de dire que le salaire supplémentaire a simplement accéléré mon désir de me rendre utile. Mais maintenant, je me trouvais l'accès barré par deux supérieurs, le comptable était l'un et le steward, un Occidental sec et taciturne nommé Payne était l'autre. Payne achetait tout et contrôlait la salle à manger et les serveurs tandis que Curtis dirigeait le bureau et les chasseurs. J'étais vraiment sous Curtis; mais le contrôle de la salle de billard me donnait une sorte de position indépendante.

Je me suis vite lié d'amitié avec Curtis ; prit l'habitude de dîner avec lui et, voyant que mon écriture était très bonne, il me donna le livret à tenir et, en quelques mois, il m'apprit la comptabilité tout en m'en confiant une grande partie. Il n'était pas paresseux ; mais la plupart des hommes de quarante ans aiment avoir un assistant compétent. À Noël cette année-là, je tenais tous les livres sauf le grand livre et je connaissais, comme je le pensais, toutes les affaires de l'hôtel.

La salle à manger, me semblait-il, était très mal tenue ; mais comme par hasard, j'ai été le premier à prendre le contrôle du bureau. Dès que Curtis a découvert qu'on pouvait me faire confiance pour faire son travail, il a commencé à sortir à l'heure du dîner et restait souvent absent toute la journée. Vers le Nouvel An, il était absent pendant cinq jours et, à son retour, il m'a confié qu'il avait été « en faillite ». Apparemment, il n'était pas content de sa femme et il buvait pour noyer son humeur. En février, il fut absent dix jours ; mais comme il m'avait donné la clé du coffre-fort, j'ai continué à tout faire. Un jour, Kendrick m'a trouvé au bureau en train de travailler et a voulu en savoir plus sur Curtis : « combien de temps était-il absent ! » "Un jour ou deux", répondis-je. Kendrick m'a regardé et m'a demandé le grand livre : "c'est écrit tout de suite !" s'est-il exclamé, " l'as -tu fait ?" Je devais dire que je l'avais fait ; mais j'envoyai aussitôt un chasseur chercher Curtis. Le garçon ne l'a pas trouvé chez lui et le lendemain j'ai été élevé devant M. Cotton. Je ne pouvais pas nier que j'avais tenu les livres et Cotton s'est vite rendu compte que je protégeais Curtis par loyauté. Quand Curtis est arrivé le lendemain, il a tout dévoilé ; il était encore à moitié ivre et, en plus, impoli. Il était malade, dit-il ; mais son travail était en ordre. Il a été « viré » sur-le-champ par M. Cotton et ce soir-là, Kendrick m'a demandé de faire avancer les choses correctement jusqu'à ce qu'il puisse persuader son oncle que j'étais digne de confiance et plus âgé que je n'en avais l'air.

Quelques jours plus tard, j'ai revu M. Cotton et M. Kendrick ensemble. "Pouvez-vous tenir les livres, être commis de nuit et vous occuper de la salle de billard ?" M. Cotton m'a demandé sèchement. "Je pense que oui", ai-je répondu, "Je ferai de mon mieux." « Hmm ! » il grogna : « quel salaire pensez-vous que vous devriez avoir ? "Je vous laisse cela, monsieur," dis-je, "je serai satisfait de tout ce que vous me donnerez." « Bon sang, vous le ferez, » dit-il d'un ton maussade, « et si je disais, continuez à votre rythme actuel ? J'ai souris; "OK Monsieur."

"Pourquoi est-ce que tu souris?" Il a demandé. "Parce que, monsieur, payez comme si l'eau avait tendance à retrouver son niveau !" « Que diable voulez-vous dire par son niveau ? « Le niveau, poursuivis-je, c'est sûrement le prix du marché ; tôt ou tard, cela montera dans ce sens et je peux attendre. Ses yeux gris perçants m'ennuyèrent soudain. « Je commence à penser que tu es beaucoup plus âgé que tu n'en as l'air, comme me le dit mon neveu ici présent », a-t-il déclaré. « Mettez-vous à cent par mois pour le moment et dans peu de temps nous trouverons peut-être le « niveau » », et il sourit. Je l'ai remercié et je suis parti à mon travail.

Il semblait que les incidents étaient destinés à encombrer ma vie... Un jour ou deux après cela, le steward taciturne, Payne, est venu et m'a demandé si je sortirais avec lui pour dîner et au théâtre ou autre ? Je n'avais pas eu un jour de congé depuis cinq ou six mois alors j'ai dit « oui ». Il m'a offert un excellent dîner dans un célèbre restaurant français (j'oublie le nom maintenant) et voulait que je bois du champagne. Mais j'avais déjà décidé de ne toucher à aucune boisson enivrante avant l'âge de vingt et un ans et je lui ai donc simplement dit que j'en avais pris l'engagement. Il tourna beaucoup autour du pot, mais finit par dire que, comme j'étais comptable à la place de Curtis, il espérait que nous nous entendrions comme lui et Curtis l'avaient fait. Je lui ai demandé exactement ce qu'il voulait dire, mais il n'a pas voulu parler clairement, ce qui a éveillé mes soupçons. Un jour ou deux après, j'entrai en conversation avec un boucher dans un autre quartier de la ville et lui demandai pourquoi il fournirait quotidiennement soixante-dix livres de bœuf et cinquante livres de mouton pour un hôtel ; il m'a donné un prix tellement inférieur à celui que Payne payait que mes soupçons se sont confirmés. J'étais extrêmement excité. À mon tour, j'ai invité Payne à dîner et j'ai abordé le sujet. Il dit aussitôt : « bien sûr, il y a une « commission » et si vous restez fidèle à moi, je vous en donnerai un tiers comme j'ai donné à Curtis. Les « commissions » ne font de mal à personne », a-t-il poursuivi, « car j'achète en dessous du prix du marché ». Bien sûr, j'étais tout ouïe et très intéressé lorsqu'il a admis que la « commission » concernait tout ce qu'il achetait et s'élevait à environ 20 pour cent. du coût. Grâce à cela, il a changé son salaire de deux cents dollars par mois à environ deux cents dollars par semaine.

Dès que j'ai eu tous les faits clairs, j'ai demandé au neveu de dîner avec moi et je lui ai exposé la situation. Je n'avais qu'une seule loyauté : envers mes employeurs et le bien du navire. À mon grand étonnement, il parut d'abord mécontent ; « Encore des ennuis », commença-t-il, « pourquoi ne peux-tu pas t'en tenir à ton propre travail et laisser les autres tranquilles ? Après tout, qu'est-ce qu'une commission ? Lorsqu'il comprit quel était le montant de la commission et qu'il pouvait lui-même effectuer l'achat en une demi-heure par jour, il changea de ton. « Que va dire mon oncle maintenant ? il a pleuré et est parti raconter son histoire au propriétaire. Il y a eu une énorme dispute deux jours plus tard, car M. Cotton était un homme d'affaires et il s'est rendu chez le boucher avec qui nous avions affaire et a constaté par lui-même l'importance réelle du « rake-off ». Quand j'ai été appelé dans la chambre de l'oncle, Payne a essayé de me frapper ; mais il trouvait qu'il était plus facile de recevoir que de donner des coups de poing et que « ce foutu gamin » n'avait pas du tout peur de lui.

Curieusement, je me suis vite aperçu que le « rake-off » avait eu pour résultat secondaire de nous donner une viande de qualité inférieure ; Chaque fois que le boucher se retrouvait avec un rôti qu'il ne pouvait pas vendre, il nous l'envoyait avec la certitude que Payne ne s'en plaindrait pas. Le cuisinier nègre déclara que la viande était désormais bien meilleure ; tout ce qu'on pouvait désirer en fait, et nos clients eux aussi n'ont pas tardé à montrer leur appréciation.

Un autre changement apporté par la libération de Payne ; cela m'a rendu maître de la salle à manger. J'ai rapidement choisi un serveur intelligent et je l'ai nommé chef des autres et, ensemble, nous avons rapidement amélioré l'attente et la discipline parmi les serveurs, sans comparaison possible. Pendant plus d'un an, j'ai travaillé dix-huit heures sur vingt-quatre et après les six premiers mois environ, j'ai gagné cent cinquante dollars par mois et j'ai pratiquement économisé tout cela.

L'expérience de ce long hiver glacial à Chicago a élargi ma connaissance de la vie américaine et en particulier de la vie au niveau le plus bas. J'étais à l'hôtel depuis environ trois mois quand je sortis un soir pour une promenade rapide, comme je le faisais habituellement, vers sept heures. Il faisait un froid glacial, un vent d'ouest balayait les rues de ses dents glacées, le thermomètre était à dix degrés au-dessous de zéro. Je n'avais jamais imaginé quelque chose comme le froid. Soudain, j'ai été abordé par un inconnu, un petit homme à moustache rouge et à la barbe mal rasée :

"Dis, mon pote, peux-tu aider un homme à manger ?" Cet individu était visiblement un vagabond : ses vêtements sales et défraîchis, ses manières serviles avec un fond de truculence. J'ai été gentil et pas critique. Sans réfléchir, j'ai sorti mon rouleau de billets de ma poche. Je voulais retirer un billet d'un dollar. Alors que l'argent arrivait, le clochard l'attrapa d'un bond, mais il m'attrapa aussi la main. Instinctivement, je m'accrochais à mon rouleau comme la Mort sinistre, mais alors que j'étais encore sous le choc de la surprise, le clochard m'a frappé violemment au visage et a de nouveau arraché les billets. Je m'accrochai encore plus fort et, en colère, je frappai l'homme au visage avec mon poing gauche. L'instant d'après, nous nous étions crispés et tombions. Par chance et par jeunesse, je suis tombé dessus. Aussitôt, j'ai déployé toutes mes forces, j'ai frappé violemment le type au visage et en même temps j'ai arraché mes billets. L'instant suivant, j'étais debout avec mon rouleau au fond de ma poche et les deux poings prêts pour le prochain assaut. À mon grand étonnement, le clochard se releva et dit avec confiance :

"J'ai faim, je suis faible, sinon tu ne m'aurais pas abattu si facilement." Et puis il a continué avec ce qui m'a semblé une impudence incroyable :

"Tu devrais me retirer au moins un dollar pour m'avoir frappé comme ça", et il se caressa la mâchoire comme pour soulager la douleur.

« J'ai bien envie de vous confier la responsabilité », dis-je, réalisant soudain que j'avais la loi de mon côté.

"Si vous n'encaissez pas", a aboyé le clochard, "j'appellerai les flics et je dirai que vous avez récupéré ma liasse."

«Appelez», m'écriai-je: «nous verrons qui sera cru.»

Mais le clochard connaissait une meilleure astuce. D'une voix câline et familière, il reprit :

« Venez, jeune homme, vous ne manquerez jamais un dollar et je vous expliquerai bien des choses ici à Chicago. Vous n'aviez pas à sortir une telle liasse, dans un endroit isolé, pour tenter un homme affamé… »

«J'allais t'aider», dis-je avec hésitation. "Je sais", a répondu mon étrange connaissance, "mais je préfère m'aider moi-même", et il a souri. « Emmène-moi dans un haschich : j'ai faim et je te ferai connaître beaucoup de choses ; tu es un pied tendre et montre-le.

De toute évidence, le clochard était le maître de la situation et, d'une manière ou d'une autre, son attitude attise ma curiosité.

« Où allons-nous ! " J'ai demandé. "Je ne connais aucun restaurant près d'ici, à l'exception du Fremont House."

« Bon sang », s'écria le clochard, « seuls les millionnaires et les imbéciles vont dans les hôtels. Je suis mon nez pour chercher de la nourriture », et il tourna les talons et ouvrit la voie sans un mot dans une rue secondaire et dans un restaurant allemand aménagé avec des tables en bois nues et un sol sablé.

Ici, il a commandé du hasch et moi, du café chaud et quand je suis venu payer, j'ai été agréablement surpris de constater que la facture n'était que de quarante cents et que nous pouvions parler dans notre coin tranquillement aussi longtemps que nous le souhaitions.

En dix minutes de conversation, le clochard avait bouleversé toutes mes idées préconçues et m'avait donné une foule de pensées nouvelles et intéressantes. C'était un homme un peu lettré sinon instruit et la violence de son langage m'attirait presque autant que la nouveauté de son point de vue.

Tous les hommes riches étaient des voleurs, tous les ouvriers, des moutons et des imbéciles, tel était son credo. Les ouvriers faisaient le travail, créaient la richesse, et les patrons leur volaient les neuf dixièmes du produit de leur travail et devenaient ainsi riches. Tout semblait simple. Le clochard n'a jamais eu l'intention de travailler ; il vivait de mendicité et allait où il voulait.

« Mais comment faites-vous ? » J'ai pleuré.

"Ici, dans le Moyen-Ouest", répondit-il, "je vole dans des wagons de marchandises, des wagons couverts et sur des wagons à charbon, mais dans le vrai ouest et le sud, je monte dans les wagons et je roule, et quand le conducteur me retourne je pars, j'attends le prochain train. La vie est pleine d'événements, certains d'entre eux sont douloureux », ajouta-t-il en se frottant à nouveau la mâchoire d'un air pensif.

Il apparaissait comme un petit homme coriace dont le seul objectif dans la vie était d'éviter le travail et qui, malgré lui, travaillait dur pour ne rien faire.

L'expérience a eu sur moi un effet d'avertissement et d'accélération. J'ai décidé de sauver tout ce que je pouvais.

Quand je me suis levé pour partir, le clochard a souri amicalement :

"Je suppose que j'ai gagné ce dollar?" Je n'ai pas pu m'empêcher de rire. "Je suppose que c'est le cas", répondis-je, mais pris soin de me détourner pendant que je retirais la facture.

"Au revoir", a dit le clochard alors que nous nous séparions à la porte et ce fut tout le remerciement que j'ai jamais reçu.

Une autre expérience de cette époque raconte une histoire plus triste. Un soir, une fille m'a parlé ; elle était assez bien habillée et, comme nous sommes passés sous un bec de gaz, j'ai vu qu'elle était belle avec une teinte d'anxiété nerveuse sur le visage.

"Je n'achète pas l'amour", je l'ai prévenue : "mais combien gagne-t-on en général ?" « De un à cinq dollars », répondit-elle ; "Mais ce soir, je veux tout ce que je peux."

«Je vais vous en donner cinq», répondis-je; "mais tu dois me dire tout ce que je veux savoir."

« Très bien, dit-elle avec empressement, je dirai tout ce que je sais : ce n'est pas grand-chose, ajouta-t-elle avec amertume ; « Je n'ai pas encore vingt ans ; mais tu m'aurais pris pour plus, n'est-ce pas ? « Non, répondis-je, tu as l'air d'avoir dix-huit ans : en quelques minutes, nous montions les escaliers d'un immeuble. La chambre de la jeune fille était mal meublée et étroite, une chambre dans un couloir faisant juste la largeur du couloir, peut-être six pieds sur huit. Dès qu'elle eut ôté son épais manteau et son chapeau, elle se précipita hors de la pièce en disant qu'elle serait de retour dans une minute. Dans le silence, j'ai cru l'entendre courir dans les escaliers ; un bébé quelque part à proximité a pleuré ; puis le silence reprit, jusqu'à ce qu'elle ouvre la porte, attire ma tête vers elle et m'embrasse :

"Je t'aime bien", dit-elle, "même si tu es drôle."

"Pourquoi drôle?" J'ai demandé.

« C'est un cri, dit-elle, de donner cinq dollars à une fille et de ne jamais la toucher : mais je suis heureuse car j'étais fatiguée et anxieuse ce soir. »

"Pourquoi inquiet?" J'ai demandé : « et pourquoi es-tu sorti si tu étais fatigué ? » "Je dois le faire", répondit-elle les lèvres étroitement fermées. "Ça ne te dérange pas si je te quitte encore un instant?" » a-t-elle ajouté et avant que je puisse répondre, elle était de nouveau hors de la pièce. Lorsqu'elle revint au bout de cinq minutes, j'étais devenu impatient et j'avais enfilé mon pardessus et mon chapeau.

" Va dans ?" elle a demandé avec surprise :

"Oui", répondis-je, "Je n'aime pas cette cage vide pendant que tu pars chez quelqu'un d'autre."

"Quelqu'un d'autre" répéta-t-elle puis comme désespérée : "c'est mon bébé si tu veux savoir : une amie s'occupe d'elle quand je sors ou que je travaille."

« Oh, ma pauvre, m'écriai-je, j'ai envie d'avoir un bébé dans cette vie !

«Je voulais un bébé», crie-t-elle avec défi. « Je ne serais sans elle pour rien au monde ! J'ai toujours voulu un bébé : il y a beaucoup de filles comme ça.

"Vraiment?" J'ai pleuré stupéfait.

"Connaissez-vous son père?" J'ai continué.

"Bien sûr que oui", rétorqua-t-elle. « Il travaille dans les parcs à bestiaux ; mais il est dur et ne restera pas sobre.

"Je suppose que tu l'épouserais s'il voulait aller directement?" J'ai demandé.

« N'importe quelle fille épouserait un homme honnête ! » elle répondit.

"Tu es jolie," dis-je.

« Vous le pensez ? » » demanda-t-elle avec impatience en repoussant ses cheveux sur les côtés de sa tête. "Je l'étais auparavant, mais maintenant... dans cette vie..." et elle haussa les épaules de manière expressive.

"Tu n'aimes pas ça?" J'ai demandé.

«Non», cria-t-elle; « Mais quand on trouve un gentil garçon, ce n'est pas si mal ; mais ils sont rares, poursuivit-elle avec amertume, et généralement quand ils sont gentils, ils n'ont pas d'argent. Les gentils gars sont tous pauvres ou vieux », ajouta-t-elle pensivement.

J'avais bénéficié de la meilleure partie de sa sagesse, alors j'ai retiré un billet de cinq dollars et je le lui ai donné. « Merci, » dit-elle, « tu es un chéri et si tu veux venir me voir à tout moment, viens et j'essaierai de te faire passer un bon moment. » — Je suis parti. J'avais eu ma première conversation avec une prostituée et dans sa chambre ! L'idée qu'une fille puisse vouloir un bébé était tout à fait nouvelle pour moi : ses tentations étaient très différentes de celles d'un garçon, très !

Pendant la plus grande partie de ma première année à Chicago, je n'ai eu aucun goût de l'amour : j'ai souvent été tenté par telle ou telle femme de chambre ; mais je savais que je perdrais mon prestige si je cédais et j'ai simplement tout mis hors de ma tête avec détermination, car j'avais renoncé à boire. Mais vers le début de l'été, la tentation m'est venue sous une nouvelle forme. Une famille espagnole, nommée Vidal, s'est arrêtée à Fremont House.

Señor Vidal ressemblait à un officier français, de taille moyenne, de silhouette élancée, très sombre avec une moustache grise ondulée aux extrémités. Sa femme, maternelle mais corpulente, avec de grands yeux noirs et des traits petits ; un cousin, un homme d'une trentaine d'années, plutôt grand, avec une petite moustache noire, comme une brosse à dents, pensais-je, et des manières acérées et impérieuses. Au début, je n'ai pas remarqué la jeune fille qui parlait à sa servante indienne. J'ai tout de suite compris que les Vidal étaient riches et je leur ai donné les meilleures chambres : "toutes communicantes, sauf la vôtre", ajoutai-je en me tournant vers le jeune homme : "elle est de l'autre côté du couloir, mais grande et tranquille." Un haussement d'épaules et un signe de tête méprisant furent tout ce que j'ai reçu de Señor pour mes douleurs. Arriga . Alors que je remettais les clés au chasseur, la jeune fille rejeta sa mantille noire.

« Des lettres pour nous ? » » demanda-t-elle doucement. Pendant une minute, je suis resté abasourdi, captivé, puis « Je vais voir », ai-je marmonné et je me suis dirigé vers le présentoir, mais seulement pour me donner une contenance – je savais qu'il n'y en avait pas.

"Aucun, je suis désolé de le dire," souris-je en regardant la fille alors qu'elle s'éloignait.

"Quel est le problème avec moi?" me dis-je avec colère. « Elle n'a rien de merveilleux, cette Miss Vidal ; jolie, oui, et brune avec de beaux yeux noirs, mais rien d'extraordinaire. Mais cela ne suffirait pas ; J'ai été secoué d'une manière nouvelle et je ne voulais même pas l'admettre. En fait, le choc fut si grand que ma tête prit aussitôt parti contre le cœur et le tempérament, comme si elle était alarmée. « Tous les Espagnols sont superbes », me disais-je en essayant de dévaloriser la jeune fille et ainsi de reprendre le contrôle de moi-même ; "En plus, son nez est un peu pointu." Mais il n'y avait aucune conviction dans ma critique. Dès que je me rappelai la grâce fière de son port et la magie de son regard, la crise de fièvre me secoua de nouveau : pour la première fois mon cœur était touché.

Le lendemain, j'ai découvert que les Vidal étaient venus d'Espagne et se rendaient à leur hacienda près de Chihuahua, dans le nord du Mexique. Ils avaient l'intention de se reposer à Chicago pendant trois ou quatre jours parce que Mme Vidal souffrait de problèmes cardiaques et ne supportait pas beaucoup de fatigue. J'ai découvert en plus que Señor Arriga courtisait sa cousine ou était fiancé à elle et j'ai immédiatement cherché à me rendre agréable à cet homme. Monsieur Arriga était un bon joueur de billard et j'ai pris la voie la plus proche de son cœur en lui réservant la meilleure table, en lui trouvant un adversaire loyal et en le complimentant pour son talent. Le lendemain, Arriga m'a ouvert son cœur : « Qu'y a-t-il à faire dans ce trou ennuyeux ? Est-ce que je connaissais un divertissement ? Des jolies femmes ?

Je ne pouvais rien faire d'autre que faire semblant de sympathiser et de le faire sortir et j'y parvins facilement, car Señor Arriga aimait se vanter de son nom, de sa position au Mexique et de ses conquêtes. « Ah, tu aurais dû la voir pendant que je la conduisais dans la baile (danse) – un ange ! et il lui baisa galamment les doigts.

"Aussi jolie que ta cousine?" Je me suis aventuré. Monsieur Arriga me lança un regard aigu et méfiant, mais apparemment rassuré par ma franchise, il poursuivit :

« Au Mexique, nous ne parlons jamais des membres de notre famille », prévient-il : « La Senorita est jolie, bien sûr, mais très jeune ; elle n'a pas le charme de l'expérience, la caresse de… Je connais si peu l'Américain que j'ai du mal à l'expliquer.

Mais j'étais satisfait. « Il ne l'aime pas », me suis-je dit ; "n'aime personne sauf lui-même."

De mille petites manières, j'ai profité de l'occasion pour me recommander aux Vidal . Chaque après-midi, ils partaient en voiture et je veillais à ce qu'ils aient le meilleur buggy et le meilleur chauffeur et j'avais du mal à découvrir de nouveaux et jolis trajets, même si Dieu sait que le choix était limité. La beauté de cette jeune fille grandissait en moi d'une manière extraordinaire : pourtant c'était la fierté et la réserve de son visage qui me fascinaient encore plus que ses grands yeux noirs, ses traits fins ou son teint splendide. Sa silhouette et sa démarche étaient merveilleuses ; J'ai pensé : je n'ai jamais osé chercher des épithètes pour ses yeux, sa bouche ou son cou. Sa première apparition en tenue de soirée fut pour moi une révélation : elle était mon idole, enskiée et sacrée.

Il faut supposer que la jeune fille a vu comment j'étais et qu'elle en a été satisfaite. Elle ne faisait aucun signe, ne se trahissait en aucune façon, mais sa mère remarquait qu'elle avait toujours hâte de descendre au salon et ne manquait aucune occasion de faire quelque demande au bureau.

« Je veux pratiquer mon anglais », dit un jour la jeune fille et la mère sourit : « Los ojos , tu veux dire tes yeux, ma chère », et elle ajouta pour elle-même : « Mais pourquoi pas ? Jeunesse... » et soupira pour sa propre jeunesse désormais perdue et les pétales déjà tombés.

Une petite conversation que j'ai eue avec ma déesse : elle est venue au bureau pour demander comment réserver un salon Pullman pour El Paso. Je me mis tout de suite à m'occuper de tout, et quand la délicate petite dame ajouta avec son drôle d'accent : « Nous avons tant de bagages, vingt-six morceaux » ; J'ai dit avec autant de sérieux que si ma vie en dépendait :

"S'il te plaît, fais moi confiance. Je veillerai à tout. Je souhaite seulement," ai-je ajouté, "je pourrais faire plus pour vous."

«C'est gentil», dit la coquette: «très gentil», me regardant de plein fouet. Enhardi par le désespoir face à son prochain départ, j'ajoutai : « Je suis vraiment désolé que vous partiez. Je ne t'oublierai jamais, jamais.

Surpris par ma franchise, la jeune fille a ri d'un air impertinent : " Cela ne veut *jamais* dire une semaine, je suppose. "

« Vous verrez », continuai-je précipitamment, comme poussé, comme je l'étais d'ailleurs. "Si je pensais que je ne te reverrais plus et bientôt, je ne souhaiterais pas vivre."

"Une déclaration", rit-elle joyeusement, me regardant toujours en face.

«Pas d'indépendance», m'écriai-je, «mais de...» Alors que j'hésitais entre «affection» et «amour», la jeune fille posa son doigt sur ses lèvres.

« Chut, chut, dit-elle gravement, tu es trop jeune pour prononcer des vœux et je ne dois pas t'écouter », mais voyant mon visage se baisser, elle ajouta : « Tu as été très gentil. Je me souviendrai avec plaisir de mon séjour à Chicago », et elle tendit la main. Je l'ai pris et je l'ai tenu en chérissant chaque contact.

Son regard et la chaleur de ses doigts que j'ai accumulés dans mon cœur comme un trésor le plus pur.

Dès qu'elle fut partie et le rayonnement avec elle, je me creusai la cervelle pour trouver un prétexte à une autre conversation. "Elle y va demain", martelait mon cerveau et mon chagrin m'étouffait, m'empêchait presque de réfléchir. Soudain, l'idée des fleurs m'est venue. J'en achèterais beaucoup. Non; tout le monde les remarquerait et parlerait. Quelques-uns seraient mieux. Combien? J'ai pensé et pensé.

Quand ils sont arrivés dans le salon le lendemain, prêts à commencer, j'attendais mon opportunité, mais la fille m'en a donné une meilleure que celle que j'aurais pu choisir. Elle attendit que son père et Arriga quittent le couloir puis se dirigea vers le bureau.

« Vous avez trois chèques ? » elle a demandé.

« Tout vous sera remis au train, dis-je, mais j'ai ça pour vous. S'il vous plaît, acceptez-les ! et je lui tendis trois splendides boutons de roses rouges, joliment attachés avec des cheveux de fougère.

"Comme c'est gentil!" s'exclama-t-elle en rougissant, "et comme c'est joli", ajouta-t-elle en regardant les roses. « Juste trois ? »

« Un pour tes cheveux, dis-je avec la ruse de l'amour, un pour tes yeux et un pour ton cœur, tu t'en souviendras ? J'ai ajouté intensément à voix basse.

Elle hocha la tête puis leva les yeux pétillants : « Tant que dureront les fleurs », dit-elle en riant, et elle revint auprès de sa mère.

Je les ai vus dans l'omnibus et j'ai reçu des mots gentils de la part de tout le groupe, même de Señor. Arriga , mais elle chérissait surtout son regard et ses paroles alors qu'elle sortait de la porte.

En le lui tenant ouvert, je murmurai à son passage, car les autres étaient à portée de voix : « Je viendrai bientôt.

La jeune fille s'arrêta aussitôt, faisant semblant de regarder l'étiquette sur une malle que portait le porteur. « El Paso est loin, soupira-t-elle, et l'hacienda dix lieues plus loin. Quand arriverons-nous ? Quand ? » ajouta-t-elle en me regardant.

"Quand?" a été le mot significatif pour moi pendant plusieurs mois ; ses yeux l'avaient rempli de sens.

J'ai longuement raconté cette rencontre avec Miss Vidal, car elle a marqué une époque dans ma vie ; c'était la première fois que l'amour jetait sur moi son glamour, rendant la beauté superlative, enivrante. La passion m'a permis de résister plus facilement à la tentation ordinaire, car elle m'a appris qu'il y avait tout un monde magnifique dans le Royaume de l'Amour que je n'avais jamais imaginé, et encore moins exploré. Je n'avais pratiquement aucune pensée obscène à l'égard de Gloria. Ce n'est que lorsque j'ai vu ses épaules nues en robe de soirée que je l'ai déshabillée en imagination et que je suis devenue presque folle de désir incontrôlable. M'embrasserait-elle un jour ? Comment était-elle déshabillée ? Mon imagination était encore sauvage : je me figurais mieux ses seins que son sexe et je me décidai à examiner la prochaine fille que j'aurais la chance de voir nue, beaucoup plus précisément.

Au fond de mon esprit se trouvait la détermination ferme d'aller à Chihuahua d'une manière ou d'une autre dans un avenir proche et de rencontrer à nouveau mon charmeur et cette résolution, en temps voulu, a façonné ma vie à nouveau.

Début juin de la même année, trois étrangers sont venus à l'hôtel, tous des éleveurs, m'a-t-on dit, mais d'un genre nouveau : Reece, Dell et Ford, le « Boss », comme on l'appelait. Reece était un grand Anglais brun, ou plutôt Gallois, toujours vêtu de bottes d'équitation en cuir marron, d'une culotte Bedford Cord et d'un manteau coupé en tweed foncé : il avait l'air d'un gentleman farmer prospère ; Dell était presque une copie de lui dans ses vêtements, de taille moyenne et plus robuste – en fait, un Anglais ordinaire. Le Boss mesurait un mètre vingt, soit plus grand que Reece, avec un visage bronzé fin comme une hache et un profil d'aigle – de toute évidence un éleveur occidental de la tête aux pieds. Le maître d'hôtel m'en a parlé et dès que je les ai vus, je les ai fait transférer sur une table ombragée et fraîche et j'ai vu qu'ils étaient bien servis.

Un jour ou deux plus tard, nous nous étions liés d'amitié et un peu plus tard, Reece m'avait fait mesurer deux paires de culottes en velours et avait promis de m'apprendre à monter à cheval. C'étaient des cow-punchers, dit-il, avec son fort accent anglais et ils descendaient au Rio Grande pour acheter du bétail et les ramener au marché ici ou à Kansas City. Le bétail, semblait-il, pouvait être acheté dans le sud du Texas pour un dollar par tête ou moins et se vendait entre quinze et vingt dollars pièce à Chicago.

« Bien sûr, nous ne nous en sortons pas toujours indemnes », a fait remarquer Reece. « Les Indiens des plaines – Cherokees, Pieds-Noirs et Sioux – s'en occupent ; mais un troupeau sur deux s'en sort et ça rapporte gros.

J'ai découvert qu'ils avaient élevé un millier de têtes de bétail de leur ranch près d'Eureka, au Kansas, et quelques centaines de chevaux.

Pour faire court, Reece m'a fasciné : il m'a dit que Chihuahua était la province mexicaine juste en face du Rio Grande par rapport au Texas et j'ai tout de suite décidé de partir sur la Piste avec ces cow-punchers s'ils m'emmenaient. En deux ou trois jours, Reece m'a dit que j'étais mieux en forme que quiconque qu'il avait jamais vu, cependant, il a ajouté "quand j'ai vu tes jambes courtes et épaisses, j'ai pensé que tu n'y mettrais jamais beaucoup la main." Mais j'étais fort et j'avais grandi de près de six pouces au cours de mon année aux États-Unis et je me suis retourné sur les orteils sous les instructions de Reece et je me suis accroché à la selle anglaise par la poignée de mes genoux jusqu'à ce que j'étais à la fois fatigué et endolori. En quinze jours, Reece m'a obligé à mettre des pièces de cinq cents entre mes genoux et la selle et à les y garder au galop ou au trot.

Cette pratique a rapidement fait de moi un cavalier en ce qui concerne le siège et j'avais déjà appris que Reece était passé maître dans les mystères les plus profonds de l'art car il m'a dit qu'il montait des poulains dans les champs de chasse en Angleterre et « C'est comme ça qu'on apprend à connaître les chevaux », ajouta-t-il d'un ton significatif.

Un jour, j'ai découvert que Dell connaissait un peu de poésie, de littérature aussi et d'économie et cela m'a complètement conquis ; Quand je leur ai demandé s'ils m'emmèneraient avec eux comme cow-boy, ils m'ont répondu que je devrais demander au patron, mais il n'y avait aucun doute qu'il consentirait, et il a consenti après un regard aigu.

Puis vint ma tâche la plus difficile : je devais dire à Kendrick et à M. Cotton que je devais partir. Ils ont été plus que surpris : au début, ils ont pris cela pour une petite ruse pour extorquer une augmentation de salaire : quand ils ont vu que c'était une pure soif d'aventure de garçon, ils ont discuté avec moi mais ont finalement cédé. J'ai promis de revenir vers eux dès que possible. alors que je rentrais à Chicago ou que j'en avais marre du cowpunching . J'avais économisé près de dix-huit cents dollars que, sur les conseils de M. Cotton, j'ai transférés dans une banque de Kansas City qu'il connaissait bien.

LA VIE SUR LE SENTIER.

Le 10 juin, nous avons pris le train pour Kansas City, la porte à l'époque du « Far West ». À Kansas City, j'ai remarqué la présence de trois autres hommes appartenant au groupe : Bent, Charlie et Bob, le Mexicain. Charlie, pour commencer par le moins important, était un beau jeune Américain, aux yeux bleus et blond, mesurant plus de six pieds, très fort, insouciant, léger : je l'ai toujours considéré comme un grand et gentil Terre-Neuve. chien, plutôt maladroit mais toujours bien intentionné. Bent avait dix ans de plus, c'était un vétéran de la guerre, sombre, maussade, déterminé ; Il mesurait cinq pieds neuf ou dix, avec des muscles de fouet et une mentalité curieusement difficile à comprendre. Bob, l'homme le plus singulier et le plus original que j'aie jamais rencontré jusqu'alors, était un Mexicain un peu sec, mesurant à peine cinq pieds trois pouces, moitié Espagnol, moitié Indien, je crois, qui pouvait avoir trente ou cinquante ans et qui ouvrait rarement ses portes. sa bouche sauf pour maudire tous les Américains en espagnol. Même Reece a admis que Bob pouvait monter « un peu plus haut » et en savait plus sur le bétail que quiconque dans son monde. L'admiration de Reece dirigea ma curiosité vers le petit homme et je profitai de chaque occasion pour lui parler et lui offrir des cigares – une courtoisie si inhabituelle qu'au début il fut à moitié enclin à lui en vouloir.

Il est apparu que ces trois hommes avaient été laissés à Kansas City pour se débarrasser d'un autre troupeau de bovins et acheter les provisions nécessaires au ranch. Ils étaient tous prêts, alors le lendemain nous quittâmes Kansas City vers quatre heures du matin ; notre route à peu près sud-ouest. Tout était nouveau et merveilleux pour moi. En trois jours, nous en avions fini avec les routes et les fermes et nous étions en pleine prairie ; en deux ou trois jours encore, la prairie devint de grandes plaines qui s'étendaient sur quatre ou cinq mille milles du nord au sud sur une largeur d'environ sept cents. Les plaines portaient de l'herbe à buffle et de l'armoise comme vêtement, et rien d'autre, sauf au fond des rivières, des arbres comme le peuplier ; partout les lapins, les poulets des prairies, les cerfs et les buffles abondaient.

Nous parcourions environ trente milles par jour : Bob était assis dans le chariot et conduisait les quatre mules, tandis que Bent et Charlie nous préparaient du café et des biscuits le matin et nous préparaient du ventre de truie et tout le gibier que nous pourrions apporter pour le dîner et le souper. Il y avait un petit fût de whisky de seigle sur le chariot ; mais nous l'avons gardé en cas de morsure de serpent ou en cas d'urgence.

Je suis devenu le chasseur de l'équipe, car on a vite découvert que, grâce à un sixième sens, je pouvais toujours retrouver le chemin du chariot en ligne droite, et seul Bob de tout le groupe possédait le même instinct. Bob l'a expliqué en marmonnant "No Americano!" L'instinct lui-même qui m'a été d'une grande utilité plus de fois que je ne peux le compter, est par essence inexplicable : je sens la direction ; mais ce sentiment vague est renforcé par l'observation de la trajectoire du soleil et de la façon dont les brins d'herbe s'inclinent et où les buissons poussent. Mais cela a fait de moi un membre précieux du groupe au lieu d'un simple parasite à mi-chemin entre le maître et l'homme, et ce fut le premier pas au goût de Bob qui m'a appris plus que tous les autres événements de ma jeunesse. J'avais acheté un fusil de chasse, un fusil et un revolver Winchester à Kansas City et Reece m'avait appris comment me procurer des armes qui me conviendraient et ce fait m'a aidé à tirer presque immédiatement. Mais bientôt, à mon grand chagrin, je compris que je ne serais jamais un grand tireur ; car Bob, Charlie et même Dell pouvaient voir des choses bien au-delà de mon champ de vision. J'étais en fait myope à cause de l'astigmatisme et même les lunettes que j'ai découvertes plus tard ne parvenaient pas à éclaircir ma vue floue.

C'était la deuxième ou la troisième déception de ma vie, les autres étant la conviction de ma laideur personnelle et le fait que je devrais toujours être trop petit et trop petit pour être un grand combattant ou un grand athlète.

Au fur et à mesure que j'avançais dans la vie, j'ai découvert des handicaps plus graves, mais ils n'ont fait que renforcer ma détermination profonde à tirer le meilleur parti de toutes les qualités que je pouvais posséder et, pendant ce temps, la vie était divinement nouvelle, étrange et agréable .

Après le petit-déjeuner, vers cinq heures du matin, je m'éloignais du chariot jusqu'à ce qu'il soit hors de vue, puis je m'abandonnais à la joie de la solitude, sans frontière entre plaine et ciel. L'air était vif et sec, aussi exaltant que le champagne et même lorsque le soleil atteignait son zénith et devenait brûlant, l'air restait léger et vivifiant. Le centre du Kansas se trouve à 2 000 pieds au-dessus du niveau de la mer et l'air est si sec qu'un animal, lorsqu'il est tué, sèche sans puer et, en quelques mois, sa peau se remplit de simple poussière. Le gibier était abondant, il ne s'écoulait qu'une heure avant que j'obtienne une demi-douzaine de gélinottes huppées ou un chevreuil, puis je ramenais mon poney au camp de midi avec peut-être une nouvelle fleur sauvage à la main dont je souhaitais apprendre le nom.

Après le repas de midi, je rejoignais Bob dans le chariot et j'apprenais de lui quelques mots ou phrases en espagnol ou je l'interrogeais sur ses connaissances en matière de bétail. Au cours de la première semaine, nous sommes devenus de grands amis : j'ai découvert avec amusement que Bob était aussi volubile en espagnol que muet en anglais, et sa maîtrise des serments, des objurgations et des indécences en espagnol était stupéfiante. Bob méprisait tout ce qui était américain avec une férocité inimaginable et cela m'intéressait par son apparente déraison.

Une ou deux fois en descendant, nous avons fait une course ; mais Reece sur un gros pur-sang du Kentucky appelé « Shiloh » a gagné facilement. Il m'a cependant dit qu'il y avait au ranch une jeune jument appelée « Blue Devil » qui était aussi rapide que Shiloh et d'une endurance et d'une endurance rares : « Vous pouvez l'avoir, si vous pouvez la monter », a-t-il lancé négligemment et J'ai décidé de vaincre le « Diable » si je le pouvais.

Au bout d'une dizaine de jours, nous atteignîmes le ranch près d'Eureka ; il était situé dans cinq mille acres de prairie, une grande habitation à charpente pouvant contenir vingt hommes ; mais elle était loin d'être aussi bien construite que la grande écurie en brique, la fierté de l'œil de Reece, qui pouvait abriter quarante chevaux et en fournir une demi-douzaine avec de bons box en vrac, en outre, dans le meilleur style anglais.

La maison et l'écurie étaient situées sur une longue colline vallonnée, à environ trois cents mètres d'un ruisseau de bonne taille que j'ai bientôt baptisé Snake-Creek pour les serpents de toutes sortes et de toutes tailles qui pullulaient simplement dans les broussailles et les bois des berges. Le grand salon du ranch était décoré de revolvers et de fusils d'une douzaine de sortes différentes et d'images, curieusement, découpées dans des papiers illustrés :

le sol était couvert de tapis de buffles et d'ours et des peaux plus rares de vison et de castor étaient suspendues. ici et là sur les murs en bois. Nous sommes arrivés au ranch tard dans la nuit et j'ai dormi dans une chambre avec Dell, il prenait le lit pendant que je m'enroulais dans un tapis sur le canapé. Mais j'ai dormi comme un top et le lendemain matin, j'étais dehors avant le lever du soleil pour faire le point, pour ainsi dire. Un garçon indien m'a montré l'écurie et, par hasard, Blue Devil dans une boîte en vrac, toute seule et très inquiète.

"Quel est le problème avec elle?" J'ai demandé, et l'Indienne m'a dit qu'elle s'était frotté l'oreille à vif là où elle rejoint la tête et que les mouches s'y étaient accrochées et l'avaient tourmentée : je suis allé à la maison et j'ai demandé à Peggy, la cuisinière mulâtre de remplir un seau d'eau tiède et avec ce seau et une éponge, je suis entré dans la boîte en vrac : Blue Devil est venu me chercher et m'a mordu l'épaule mais dès que j'ai appliqué l'éponge avec de l'eau tiède sur son oreille, elle a arrêté de mordre et nous sommes vite devenus amis. Le même après-midi, je l'ai conduite devant le ranch, sellée et bridée, je l'ai monté sur elle et je l'ai emmenée aussi silencieusement qu'un agneau. "Elle est à toi!" » dit Reece ; "Mais si jamais elle met ton pied dans sa bouche, tu sauras ce qu'est la douleur !"

Il semblait que c'était un petit truc qu'elle avait, tirer et tirer sur les rênes jusqu'à ce que le cavalier les lâche, puis immédiatement elle tournait la tête, mettait les orteils du cavalier dans sa bouche et mordait comme un démon. Personne qu'elle n'aimait pas ne pouvait la monter ; car elle se battait comme un homme avec ses pieds de devant ; mais je n'ai jamais eu de difficulté avec elle et elle m'a sauvé la vie plus d'une fois. Comme la plupart des créatures féminines, elle répondait immédiatement à la gentillesse et était fidèle à l'affection.

Je suis obligé de remarquer que si je raconte aussi longuement les autres événements de cette année mouvementée que j'ai raconté les incidents de la quinzaine qui m'a amené de Chicago au ranch d'Eureka, je devrais consacrer au moins un volume pour eux, donc je préfère assurer mes lecteurs qu'un de ces jours, si je vis, je publierai mon roman « A la Trace » qui raconte toute l'histoire avec beaucoup de détails. Maintenant, je me contenterai de dire que deux jours après avoir atteint le ranch, nous sommes partis, forts de dix hommes et deux chariots remplis de nos vêtements et de notre nourriture et traînés par quatre mules chacun, pour parcourir les douze cents milles jusqu'au sud du Texas ou au Nouveau-Mexique où nous espérions acheter 5 000 ou 6 000 têtes de bétail à un dollar la tête et les conduire à Kansas City, la gare ferroviaire la plus proche.

Lorsque nous empruntâmes le Grand Sentier à une centaine de kilomètres de Fort Dodge, les journées passèrent dans une monotonie absolue. Après le coucher du soleil, une légère brise se levait généralement pour rendre la nuit agréablement fraîche et nous nous asseyions et discutions autour du feu de camp pendant une heure ou deux. Il est étrange de constater que les discussions tournaient généralement autour de la débauche, de la religion ou des relations entre le capital et le travail. Il était curieux de voir avec quelle ardeur ces rudes éleveurs discutaient souvent des mystères de ce monde inintelligible, et en tant que militant sceptique, je me suis vite fait une réputation parmi eux ; car Dell me soutenait habituellement et sa connaissance des livres et des penseurs nous paraissait extraordinaire.

Ces discussions incessantes du soir, ces disputes perpétuelles ont eu sur moi un effet inimaginable. Je n'avais pas de livres avec moi et j'étais souvent amené à affronter deux ou trois théories différentes en une nuit : je devais réfléchir aux problèmes par moi-même et généralement je les réfléchissais lorsque je chassais seul pendant la journée. C'est en tant que cow-puncher que j'ai appris à penser : — un art rare parmi les hommes et rarement pratiqué . Quelle que soit mon originalité, elle vient du fait que dans ma jeunesse, alors que mon esprit était en voie de croissance, j'ai été confronté à d'importants problèmes modernes et obligé de les réfléchir par moi-même et de trouver une réponse raisonnable aux questions d'une demi-douzaine d'esprits différents. .

Par exemple, Bent a demandé un soir quel devrait être le salaire approprié d'un ouvrier ordinaire ? Je ne pouvais que répondre que le salaire de l'ouvrier devait augmenter au moins dans la mesure où la productivité du travail augmentait ; mais je ne voyais pas alors comment aborder ce règlement idéal. Lorsque j'ai lu Herbert Spencer dix ans plus tard en Allemagne, j'ai été ravi de constater que j'avais deviné le meilleur de sa sociologie et que j'y avais apporté des ajouts matériels. Je savais que son idée selon laquelle le degré de liberté individuelle dans un pays dépend de « la pression extérieure » n'était qu'à moitié vraie. La pression extérieure est un facteur, mais pas même le plus important : la force centripète au sein de la société elle-même est souvent bien plus puissante : comment expliquer autrement que pendant la guerre mondiale, la liberté ait presque disparu dans ces États en dépit des le premier amendement à la Constitution. De tout temps, en effet, on se soucie beaucoup moins de la liberté qu'en Angleterre ou même en Allemagne ou en France : il suffit de penser à l'interdit pour l'admettre. L'attraction vers le centre dans chaque pays est directement proportionnelle à la masse et, par conséquent, le sentiment grégaire en Amérique est déraisonnablement fort.

Si nous ne nous disputions pas ou ne racontions pas d'histoires cochonnes, Bent ne manquerait pas de sortir des cartes et l'instinct de jeu occuperait les garçons jusqu'à ce que les étoiles pâlissent dans le ciel de l'Est.

Je dois raconter ici un incident, car il rompit curieusement la monotonie de la routine.

La nuit, notre feu était composé de « chips » de buffle, comme on appelait les excréments séchés, et Peggy m'avait demandé, dès que je me levais le plus tôt, de toujours ravitailler le feu avant de partir. Un matin, j'ai ramassé une puce avec ma main gauche et, par hasard, j'ai dérangé un petit serpent à sonnettes des prairies qui avait probablement été attiré par la chaleur du feu de camp. Alors que je soulevais la puce, le serpent m'a frappé sur le dos du pouce, puis s'est enroulé en un éclair et a commencé à trembler. En colère, j'ai posé mon pied droit sur lui et je l'ai tué, et au même moment j'ai mordu l'endroit de mon pouce où j'avais été piqué, puis, toujours insatisfait, j'ai frotté mon pouce dans les braises rouges, surtout au-dessus de la plaie. Je n'y accordai guère plus d'attention ; il me semblait que le serpent était trop petit pour être très venimeux ; mais en revenant au chariot pour réveiller Peggy, il a crié et a appelé le patron, Reece et Dell et était manifestement très perturbé et même anxieux. Reece était également d'accord avec lui sur le fait que la morsure du petit serpent à sonnettes des prairies était tout aussi venimeuse que celle de son grand frère des bois.

Le Patron m'a sorti un verre de whisky et m'a dit de le boire : je ne voulais pas le prendre ; mais il a insisté et je l'ai bu. "Est-ce que ça a brûlé?" il a demandé : « Non, c'était comme de l'eau ! » J'ai répondu et j'ai remarqué que le Boss et Reece échangeaient un regard significatif.

Aussitôt le patron déclara que je devais marcher de long en large et, chacun prenant un bras, ils me promenèrent solennellement en rond pendant une demi-heure. Au bout de ce temps, j'étais à moitié endormi ; le Patron s'est arrêté et m'a donné un autre jorum de whisky : cela m'a réveillé un instant, puis j'ai commencé à redevenir engourdi et sourd. Encore une fois, ils m'ont donné du whisky : je me suis réveillé mais au bout de cinq minutes je me suis affaissé et je les ai suppliés de me laisser dormir.

"Dors soit d-d!" s'écria le patron, vous ne vous réveilleriez jamais. Ressaisissez-vous », et encore une fois on m'a donné du whisky. Puis, vaguement, j'ai commencé à réaliser que je devais utiliser ma volonté et j'ai donc commencé à sauter et à me débarrasser de cette somnolence accablante. Deux ou trois verres de whisky supplémentaires et beaucoup de folies ont occupé les deux heures suivantes, quand soudain j'ai pris conscience d'une douleur vive et intense dans mon pouce gauche.

« Maintenant, vous pouvez dormir », dit le patron, « si vous le souhaitez ; Je suppose que le whisky a anéanti le hochet !

La douleur dans mon pouce brûlé était aiguë : j'ai également constaté que j'avais mal à la tête pour la première fois de ma vie. Mais Peggy m'a donné de l'eau chaude à boire et le mal de tête a vite disparu. En un jour ou deux, j'étais aussi bien que jamais, grâce au régime vigoureux du patron ; au cours d'une seule année, nous avons perdu deux jeunes hommes rien qu'à cause des petits serpents des prairies qui semblaient si insignifiants.

Les jours passèrent rapidement jusqu'à ce que nous approchions des premières villes du sud du Texas : alors chacun réclamait ses arriérés de salaire auprès du patron et commençait à se raser et à se maquiller dans la plus folle excitation. Charlie était comme un fou. Une demi-heure après avoir atteint le principal salon de la ville, tous , à l'exception de Bent, étaient complètement ivres et déterminés à trouver une fille avec qui passer la nuit. Je ne suis même pas allé au saloon avec eux et j'ai supplié Charlie en vain de ne pas faire l'imbécile. « C'est pour cela que je vis », a-t-il crié avant de s'enfuir.

J'avais l'habitude de passer tout mon temps libre avec Reece, Dell, Bob ou le Boss, et de chacun d'eux j'ai beaucoup appris. En peu de temps, j'avais épuisé le Boss et Reece ; mais Dell et Bob, chacun à sa manière, étaient richement équipés, et tandis que Dell m'initiait à la littérature et à l'économie, Bob m'enseignait certains des mystères du cowpunching et la morale particulière du bétail texan. Chaque petit troupeau de ces animaux à moitié sauvages avait son propre chef, celui-ci apparaissait et le suivait fanatiquement. Lorsque nous rassemblions quelques groupes différents dans notre corral, la confusion était encore pire jusqu'à ce qu'après de nombreux accrochages et quelques combats, un nouveau chef soit choisi à qui tous obéiraient. Mais parfois nous perdions cinq ou six animaux dans le mellai . J'ai découvert que Bob pouvait monter son poney parmi les brutes à moitié sauvages et leur choisir le futur chef. En effet, lors des grands sports organisés près de Taos, il se rendait à pied là où de nombreux troupeaux avaient été rassemblés et faisait sortir le leader sous les acclamations triomphales de ses compatriotes qui mettaient les Américains au défi d'imiter cet exploit. Les connaissances de Bob sur le bétail étaient étranges et tout ce que je sais, je l'ai appris de lui.

Pendant environ la première semaine, Reece et le patron sont restés dehors toute la journée à acheter du bétail ; Reece emmenait généralement Charlie et Jack Freeman, de jeunes Américains, ramener ses achats chez lui jusqu'au grand corral ; tandis que le Patron appelait indifféremment l'un puis l'autre pour l'aider. Charlie fut le premier à licencier : il avait attrapé une maladie vénérienne dès la première nuit et avait dû mentir pendant plus d'un mois. Les uns après les autres, tous les jeunes hommes tombèrent sous le même fléau. Je suis allé dans la ville la plus proche, j'ai consulté des médecins et j'ai fait ce que je pouvais pour eux ; mais la guérison était souvent lente car ils buvaient de temps en temps pour noyer les soins et plusieurs rendaient ainsi la maladie chronique. Je n'ai jamais pu comprendre la tentation ; se saouler était déjà assez pénible ; mais dans cet état, aller avec une sale femme Greaser ou une prostituée métisse m'était incompréhensible.

Naturellement, je me suis renseigné sur les Vidal ; mais personne ne semblait en avoir entendu parler et, malgré mes efforts, les semaines passèrent sans que j'en retrouve la trace. J'écrivis cependant à l'adresse que Gloria m'avait donnée avant de quitter Chicago, afin de pouvoir transmettre mes lettres ; mais j'avais quitté le Texas avant d'avoir de ses nouvelles : en effet, sa lettre m'est parvenue à Fremont House à mon retour à Chicago. Elle m'a simplement dit qu'ils avaient traversé le Rio Grande et s'étaient installés dans leur hacienda de l'autre côté, où peut-être, ajouta-t-elle pudiquement, je leur rendrais visite un jour . Je lui ai écrit pour la remercier et lui assurer que sa mémoire transfigurait le monde pour moi — ce qui était la pure vérité : j'ai pris un soin infini à mettre cette lettre dans un bon espagnol, même si je crains qu'en dépit de l'aide de Bob elle ait une douzaine de défauts. Mais je dépasse mon histoire.

Rapidement, le troupeau s'est rassemblé. Au début de juillet, nous avons commencé vers le nord en conduisant devant nous quelque 6 000 têtes de bétail qui n'avaient certainement pas coûté cinq mille dollars. Cette première année, tout s'est bien passé pour nous ; nous n'avons vu que de petites bandes d'Indiens des Plaines et nous étions trop forts pour eux. Le Patron m'avait permis d'amener 500 têtes de bétail pour mon propre compte : il voulait me récompenser, disait-il, de mon travail incessant ; mais j'étais sûr que c'était Reece et Dell qui lui avaient mis l'idée en tête.

Le fait qu'une partie du bétail appartenait à moi faisait de moi un berger très vigilant et infatigable. Plus d'une fois, ma vigilance, aiguisée par l'instinct de Bob, a fait une différence dans notre fortune. Lorsque nous avons commencé à contourner le territoire indien, Bob m'a prévenu qu'une petite bande, voire un seul Indien, pourrait tenter une nuit de bousculer le troupeau. Environ une semaine plus tard, j'ai remarqué que le bétail était inquiet : « Indiens ! » a dit Bob quand je lui ai expliqué les signes, « des bêtes rusées ! Cette nuit-là, j'étais en congé, mais j'étais à cheval, tournant en rond comme d'habitude, quand vers minuit, j'ai vu une silhouette blanche sauter du sol avec un cri surnaturel. Le bétail a commencé à courir ensemble, alors j'ai levé mon fusil et j'ai tiré sur l'Indien et, même si je ne l'ai pas touché, il a pensé qu'il valait mieux laisser tomber le drap et décamper. En cinq minutes, nous avions à nouveau apaisé le bétail et rien de malheureux ne s'est produit cette nuit-là ni même jusqu'à ce que nous atteignions Wichita qui était alors l'avant-poste de la civilisation. Dix jours plus tard, nous étions en train à Kansas City, bien que nous y vendions un quart de notre bétail à environ quinze dollars la tête. Nous sommes arrivés à Chicago vers le premier octobre et avons mis le bétail dans les cours autour du Michigan St. Depot. Le lendemain, nous avons vendu plus de la moitié du troupeau et j'ai eu la chance de trouver un acheteur à quinze dollars par tête pour trois cents de mes bêtes. S'il n'y avait pas eu le patron qui m'a offert trois cents la livre, j'aurais vendu tout ce que j'avais. En fait, je suis sorti avec plus de cinq mille dollars en banque et je me suis senti un autre Crésus. Mais ma joie fut de courte durée.

Bien sûr, je suis resté au Fremont et j'ai été parfaitement reçu. La direction avait beaucoup reculé, pensais-je, mais j'étais heureux de ne plus être responsable et de pouvoir me reposer dans mon auberge. Mais mes six mois sur le Sentier avaient marqué mon être même. Cela a fait de moi un ouvrier et surtout, cela m'a appris que la résolution tendue, la volonté étaient le facteur le plus important de réussite dans la vie. J'ai décidé d'entraîner ma volonté par l'exercice comme j'entraînerais un muscle et chaque jour je me proposais une nouvelle épreuve. Par exemple, j'aimais les pommes de terre alors j'ai décidé de ne pas en manger pendant une semaine, ou encore j'ai renoncé pendant un mois au café que j'adorais, et j'ai pris soin de rester fidèle à ma détermination. J'avais remarqué un dicton français qui intensifiait ma décision, celui qui veut , celui-là peut :—'celui qui veut, peut.' Mon esprit devrait me gouverner, pas mes appétits, ai-je décidé.

LE GRAND INCENDIE DE CHICAGO.

Chapitre VII.

J'aurais aimé pouvoir me persuader que j'étais capable d'imaginer les événements de la semaine après notre arrivée à Chicago.

Nous sommes arrivés, si je me souviens bien, un mercredi et avons déposé notre bétail et nos chevaux dans les parcs à bestiaux près du dépôt de Michigan Street. Comme je l'ai raconté, nous avons vendu jeudi et vendredi environ les trois cinquièmes du bétail. Je voulais tout vendre, mais j'ai suivi le jugement du patron et j'ai vendu trois cents têtes et mis un peu plus de cinq mille dollars sur mon compte bancaire.

Samedi soir, la sonnette d'alarme a commencé à sonner et m'a réveillé. J'ai enfilé ma culotte, ma chemise et mes bottes et une curiosité juvénile m'excitant, j'ai couru en bas, j'ai récupéré Blue Devil de l'écurie et je suis allé vers le feu. J'ai été infiniment impressionné par la rapidité avec laquelle les pompiers ont agi et par la merveilleuse efficacité du service. Alors qu'en Angleterre il y avait peut-être une demi-douzaine de camions de pompiers, les Américains en envoyèrent cinquante, mais ils trouvèrent tous du travail et le firent magnifiquement. À une heure, le feu était éteint et je suis rentré à l'hôtel en empruntant deux ou trois milles de rues intactes. Bien sûr, j'en ai parlé à Reece et Ford le lendemain. À mon grand étonnement, personne ne semblait y prêter beaucoup d'attention ; les incendies étaient si fréquents dans les cabanes en bois à la périphérie des villes américaines que personne ne se souciait d'écouter mon épopée.

Le lendemain soir, dimanche, la sonnette d'alarme retentit vers onze heures : j'étais encore dans mes plus belles tenues. J'ai enfilé mes vêtements de travail, je ne sais pourquoi, j'ai mis ma ceinture avec un revolver dedans, j'ai de nouveau sorti la jument et je suis allé au feu. Alors qu'il était encore à 400 mètres, je me rendis compte que cet incendie était bien plus grave que celui de la nuit précédente : tout d'abord, un coup de vent soufflait en plein sur la ville. Puis, alors que je me demandais pourquoi il y avait si peu de camions de pompiers, on m'a répondu qu'il y avait deux autres incendies et l'homme avec qui j'ai parlé n'a pas hésité à les attribuer à un complot et à une volonté d'incendier la ville ! « Ces maudits anarchistes étrangers sont au fond du problème », dit-il, « trois incendies ne se déclarent pas aux portes même de la ville avec un coup de vent, sans raison. »

Et effectivement, il semblait qu'il avait raison. Malgré tout ce que les pompiers ont pu faire, le feu s'est propagé avec une rapidité incroyable. Au bout d'une demi-heure, j'ai vu qu'ils n'allaient pas le maîtriser rapidement ou facilement et je suis retourné chercher Reece, qui m'avait dit qu'il serait venu avec moi la nuit précédente s'il avait su où se trouvait le feu. Quand je suis rentré à l'hôtel, Reece était sorti seul, tout comme Dell et le patron. Je suis retourné au feu. Cela s'était répandu de la manière la plus extraordinaire. Les rues en bois étaient désormais toutes flamboyantes ; le feu engloutissait bloc après bloc et la chaleur était si intense que les véhicules de pompiers ne pouvaient pas s'approcher à moins de deux cents mètres de l'incendie. Le rugissement du feu était surnaturel.

Une autre chose que j'ai remarquée presque immédiatement : la chaleur était si terrible que l'eau se décomposait en ses éléments et que l'oxygène gazeux contenu dans l'eau brûlait violemment de lui-même. L'eau, en fait, a alimenté les flammes. Dès que je m'en suis assuré, j'ai vu que la ville était condamnée et j'ai fait reculer mon poney d'un pâté de maisons ou deux pour éviter les étincelles.

Cela devait être vers trois ou quatre heures du matin. J'avais reculé d'environ trois pâtés de maisons lorsque je suis tombé sur un homme qui parlait à un groupe d'hommes au coin d'une rue. C'est le seul homme perspicace et sensé que j'ai rencontré ce soir-là. Il me semblait être un Yankee typique du sud-est : il parlait certainement comme tel. L'essentiel de son discours était le suivant :

« Je veux que vous m'accompagniez tout de suite chez le maire et lui disiez de donner l'ordre de faire sauter au moins deux pâtés de maisons de ce côté de la ville ; alors, si on inonde les maisons de l'autre côté, les flammes seront arrêtées : il n'y a pas d'autre moyen.

«C'est logique», m'écriai-je, «c'est ce qu'il faut faire immédiatement. Il n'y a pas d'autre moyen de salut ; car la chaleur désintègre l'eau et l'oxygène contenu dans l'eau brûle violemment, ajoutant du carburant aux flammes.

« Eh bien ! c'est ce que je prêche depuis une heure », a-t-il crié.

Un peu plus tard, cinquante ou soixante citoyens se rendirent chez le maire, mais celui-ci protesta qu'il n'avait pas le pouvoir de faire sauter des maisons et, visiblement, il se dérobait lui aussi à sa responsabilité. Il décida cependant de faire appel à certains conseillers municipaux et de voir ce qui pouvait être fait. Pendant ce temps, je suis parti et j'ai erré vers le pont de Randolph Street et j'y ai vu une scène qui m'a consterné.

Certains hommes avaient attrapé un voleur, disaient-ils, en train de piller une des maisons et ils avaient ensuite attaché le pauvre malheureux à un lampadaire.

En vain j'ai plaidé pour sa vie, déclaré qu'il fallait le juger, qu'il valait mieux laisser tomber dix coupables que pendre un innocent, mais mon accent étranger enlevait, je crois, à mon appel tout poids et devant mes yeux. l'homme a été pendu. Cela m'a rempli de rage; cela me paraissait une chose épouvantable à avoir fait : la cruauté des bourreaux, leur dur dessein, m'éloignaient de mes parents. Plus tard, je devais voir ces hommes sous un meilleur angle.

Au petit matin, l'incendie avait détruit la ville sur plus d'un kilomètre de profondeur et faisait rage avec une fureur inimaginable. Je suis descendu au bord du lac juste avant le lever du jour. La scène était d'une magnificence indescriptible : il y avait probablement cent cinquante mille hommes, femmes et enfants sans abri regroupés le long des rives du lac. Derrière nous rugissait le feu ; il s'étendait comme un drap rouge jusqu'au zénith au-dessus de nos têtes, et de là était porté vers le ciel devant nous par de longues banderoles de feu comme des fusées : les navires à quatre cents mètres dans la baie brûlaient violemment, et nous étaient, pour ainsi dire, couverts et murés par le feu. Le danger et le tumulte étaient effectivement terrifiants et la chaleur, même en cette nuit d'octobre, presque insupportable.

J'ai erré le long des rives du lac, notant la manière bienveillante avec laquelle les hommes prenaient soin des femmes et des enfants. Presque tous les hommes étaient capables de construire une sorte d'abri pour leur femme et leurs bébés, et chacun était prêt à aider son prochain. Alors que je travaillais dans un refuge pendant un petit moment, j'ai dit à l'homme que j'aurais aimé pouvoir prendre un verre.

« Vous pouvez en obtenir un », a-t-il dit, « juste là », et il a désigné une sorte de cabane de fortune sur la plage. J'y suis allé et j'ai découvert qu'un publicain avait réussi à déposer quatre barils sur la plage et avait dressé une sorte de tente basse au-dessus d'eux ; sur l'un des tonneaux, il avait cloué ses bardeaux et peint dessus les mots : « Que pensez-vous de notre enfer ? Pas de boissons à moins d'un dollar ! L'humour sauvage de la chose m'a amusé infiniment et l'homme a certainement fait un commerce rugissant.

Un peu plus tard, j'ai pensé que notre bétail risquait de brûler, alors je suis sorti et me suis dépêché de retourner aux parcs à bestiaux de Michigan Street. Un vieil Irlandais était responsable de la cour, mais bien qu'il me connaisse parfaitement, il refusa que je prenne un bœuf. Le bétail se déplaçait sauvagement, visiblement dans un état d'excitation intense. J'ai supplié l'homme et je l'ai supplié, et j'ai finalement attaché ma jument au lampadaire au coin et je suis retourné et suis entré dans le parc à bestiaux quand il ne regardait pas. J'ai abaissé deux ou trois barres et l'instant d'après j'ai fait passer le bétail par l'ouverture. Ils sont devenus fous et ont étouffé la porte. En cinq minutes, il y avait dix ou douze bovins morts dans l'entrée et le reste dut les passer dessus. Soudain, au moment où je franchissais la brèche, les bêtes folles se précipitèrent et emportèrent les rails des deux côtés de la porte.

L'instant d'après, j'ai été renversé et j'ai eu juste le temps de me traîner à travers la clôture et d'éviter ainsi leurs innombrables talons piétinants.

Quelques minutes plus tard, j'étais à bord du Blue Devil, essayant de faire sortir le bétail de la ville vers la prairie. Le troupeau s'est dispersé à presque chaque coin de rue, mais j'ai réussi à faire sortir environ six cents têtes dans la campagne.

Je les ai conduits pendant quelques kilomètres. À ce moment-là, le jour se levait et, à la deuxième ou troisième ferme où je suis arrivé, j'ai trouvé un fermier disposé à accueillir le bétail. J'ai négocié un peu avec lui et je lui ai finalement dit que je lui donnerais un dollar par tête s'il les gardait pendant environ une semaine, nous souhaiterions peut-être les lui laisser. En deux minutes, il fit sortir son fils et un assistant irlandais et ramena le bétail dans son pâturage. Il y en avait six cent soixante-seize, autant que j'ai pu compter, sur pratiquement deux mille têtes.

Le temps que j'aie terminé mes affaires et que je sois rentré à l'hôtel, il était presque midi et comme je ne pouvais rien trouver à manger, je suis ressorti pour voir la progression de l'incendie. Déjà, je constatais que des trains de secours arrivaient avec de la nourriture en provenance de toutes les villes voisines et ce fut l'événement de la semaine suivante dans un Chicago affamé.

Curieusement, à cette époque, l'idée était généralement admise qu'un homme ou une femme ne pouvait vivre que trois jours sans nourriture. Il a fallu des années avant que le Dr Tanner ne montre au monde qu'un homme pouvait jeûner pendant quarante jours ou plus. Tous ceux que j'ai rencontrés se comportaient comme s'ils croyaient que s'il restait trois jours sans nourriture, il mourrait incontinent. Je ris de cette idée qui me paraissait absurde, mais l'opinion universelle et l'influence du sentiment grégaire étaient si fortes que le troisième jour, je me sentais moi aussi particulièrement vide et pensai que je ferais mieux de prendre ma place dans la file d'attente pour le pain. Il y en avait peut-être cinq mille devant moi et bientôt cinquante ou soixante mille derrière moi. Nous étions cinq à nous diriger vers le dépôt où les trains de pain débarquaient les uns après les autres. Quand je me suis approché des wagons de nourriture, j'ai remarqué que l'approvisionnement en nourriture touchait à sa fin, et l'instant d'après j'ai remarqué autre chose.

Encore et encore, des femmes et des filles venaient dans notre file d'attente pour le pain et traversaient les files d'hommes qui attendaient, qui, remarquez, croyaient vraiment qu'ils allaient mourir cette nuit-là s'ils ne pouvaient pas obtenir de nourriture, mais au lieu d'objecter, ils ont tous fait chemin pour les femmes et les jeunes filles et les encourageait : « Allez-y, Madame, prenez tout ce que vous voulez : » « Par ici, Missée , vous ne pourrez pas emporter grand-chose, j'ai peur » ; preuve sur preuve, il me semblait que c'était du courage, de la bonne humeur et une grande abnégation. Je suis entré dans cette file d'attente pour le pain en tant que garçon irlandais et j'en suis ressorti fier d'être Américain, mais je n'ai pas eu de pain ce soir-là ni le lendemain. En fait, mon premier repas a été préparé lorsque j'ai croisé Reece le vendredi ou le samedi suivant : Reece, comme d'habitude, était tombé sur ses pieds et avait trouvé un hôtel où ils avaient des provisions, mais à des prix de famine.

Il a insisté pour que je vienne avec lui et m'a rapidement offert mon premier repas. En retour, je lui ai parlé, ainsi qu'à Ford, du bétail que j'avais sauvé. Ils étaient bien sûr ravis et déterminés à venir les récupérer le lendemain. "Une chose est sûre", a déclaré Ford, "six cents têtes de bétail valent aujourd'hui à Chicago autant que quinze cents têtes avant l'incendie, nous n'avons donc pas perdu grand-chose."

Le lendemain, j'ai conduit Reece et le patron directement chez le fermier, mais à ma grande surprise, il m'a dit que j'avais accepté de lui donner deux dollars par tête, alors que j'avais négocié avec lui pour un seul dollar. Son fils a confirmé la déclaration du fermier et l'aide irlandais a déclaré qu'il était désolé de ne pas être d'accord avec moi, mais je me suis trompé ; c'était deux dollars, avais-je dit. Ils ne savaient pas à quel genre d'hommes ils avaient affaire. « Où est le bétail ? Ford a demandé et nous sommes descendus au pâturage où ils étaient parqués. « Comptez-les, Harris », a déclaré Ford, et j'ai compté six cent vingt têtes. Une cinquantaine avait disparu, mais le fermier voulait me persuader que j'avais mal compté.

Ford fit le tour et trouva bientôt une écurie rudimentaire en appentis où se trouvaient trente autres têtes de bétail texan. Ceux-ci furent conduits et disparurent bientôt dans le troupeau ; Reece et moi avons commencé à déplacer le troupeau vers l'entrée. Le fermier a déclaré qu'il ne nous laisserait pas partir, mais Ford l'a regardé un moment puis a dit très doucement : « Vous avez volé suffisamment de bétail pour vous payer. Si tu nous déranges, je ferai de toi de la viande, tu vois, de la viande froide », et le fermier s'écarta et resta silencieux.

Cette nuit-là, nous avons eu un grand festin et le lendemain, Ford a annoncé qu'il avait vendu tout le bétail à deux propriétaires d'hôtel et qu'il avait gagné presque autant d'argent que si nous n'avions pas perdu un sabot.

Mes cinq mille dollars sont devenus six mille cinq cents.

Le courage dont ont fait preuve les gens ordinaires dans l'incendie, l'humour sauvage couplé à la considération pour les femmes, avaient conquis mon cœur. C'est le plus grand peuple du monde, me disais-je, et j'étais fier de ne faire qu'un avec eux.

SUR LA PISTE!

Chapitre VIII.

À l'instigation de Dell, avant de quitter Chicago, j'ai acheté quelques livres pour les soirées d'hiver, notamment « Political Economy » de Mill ; « Héros et culte des héros » et « Pamphlets des derniers jours » de Carlyle ; Les « Poèmes dialectaux » du Colonel Hay ainsi que trois livres de médecine, et je les ai emportés avec moi au ranch. Nous avons eu six semaines de beau temps, durant lesquelles j'ai dressé les chevaux sous la surveillance de Reece, et j'ai découvert que la douceur et surtout les carottes et les morceaux de sucre étaient le chemin direct vers le cœur du cheval ; Il découvrit également que le mauvais caractère et l'obstination d'un cheval étaient presque toujours dus à la peur. Une remarque de Dell selon laquelle l'œil d'un cheval avait un pouvoir grossissant et que les pauvres et timides créatures voyaient les hommes comme des arbres marchant, m'a donné l'indice et bientôt j'ai été satisfait par Reece disant que je pouvais « adoucir » les chevaux aussi bien que n'importe qui sur le terrain. ranch, sauf Bob.

Alors que l'hiver touchait à sa fin et que le gel glacial arrivait, les travaux extérieurs cessèrent presque. J'ai lu du matin au soir et non seulement j'ai dévoré Mill, mais j'ai également compris l'erreur de sa théorie du Fonds des salaires. Je savais par ma propre expérience que les salaires dépendaient principalement de la productivité du travail. J'aimais Mill pour ses sympathies humanitaires envers les pauvres ; mais je me rendais clairement compte qu'il était d'une intelligence de second ordre, tout comme j'étais presque sûr que Carlyle faisait partie des Immortels. J'ai pris Carlyle à petites doses, car je voulais penser par moi-même. Après les premiers chapitres, j'ai essayé de noter d'abord, chapitre par chapitre, ce que je pensais ou savais sur le sujet traité, et je suis encore enclin à croire que c'est une bonne façon de lire pour apprécier ce que l'auteur vous a appris.

Carlyle a été la première influence dominante de ma vie et l'une des plus importantes : j'ai reçu plus de lui que de n'importe quel autre écrivain. Ses deux ou trois livres appris presque par cœur m'apprirent que les connaissances de Dell étaient maigres et superficielles et je fus bientôt Sir Oracle parmi les hommes sur tous les sujets profonds. Car les livres de médecine se sont également révélés excellents et m'ont donné les connaissances les plus récentes sur toutes les questions sexuelles. J'étais ravi de mettre toutes mes connaissances à la disposition des garçons, ou plutôt de leur montrer tout ce que je savais.

Cette chute m'a causé du chagrin : au début d'octobre, j'ai été pris de fièvre ; « des frissons et de la fièvre », comme on l'appelait. J'ai souffert de misères et bien que Reece m'ait quand même incité à rouler et à passer la majeure partie de la journée à l'air libre, j'ai perdu du poids jusqu'à ce que j'apprenne que l'arsenic était même un meilleur spécifique que la quinine. Ensuite, j'ai commencé à guérir, mais, de temps en temps, chaque automne et chaque printemps, tant que je restais en Amérique, je devais prendre de la quinine et de l'arsenic pour parer aux crises débilitantes.

J'étais en effet très bas lorsque nous avons commencé à parcourir le Sentier ; le Patron étant déterminé, comme il le disait, à élever deux troupeaux cet été-là. Au début du mois de mai, il partit vers le nord depuis près de St. Anton avec environ cinq mille têtes, laissant Reece, Dell, Bob, Peggy la cuisinière, Bent, Charlie et moi-même rassembler un autre troupeau. Je n'ai jamais revu le Boss ; Cependant, d'après les jurons de Reece, il comprit qu'il s'en était sorti sain et sauf, avait vendu le bétail à un bon prix et s'était enfui avec tous les bénéfices, même s'il devait plus de la moitié à Reece et Dell.

L'aventure amoureuse de Charlie qui s'est si mal terminée ne l'a pas calmé longtemps. Dans notre recherche de bétail bon marché, nous étions descendus presque jusqu'au Rio Grande et là, dans une petite ville à moitié mexicaine, Charlie a rencontré son destin.

En fait, j'étais allé au saloon avec lui sur sa promesse qu'il ne boirait qu'un verre, et même si le verre serait rempli de quarante bâtons de whisky, je savais que cela n'aurait qu'un effet passager sur la superbe force de Charlie. . Mais cela l'excitait suffisamment pour qu'il convoque toutes les filles pour boire un verre : elles affluèrent toutes en riant vers le bar, toutes sauf une. Naturellement, Charlie la poursuivit et trouva une très jolie fille blonde, qui avait, disait-on, une souche de sang indien en elle. Au début, elle n'a pas cédé à l'invitation de Charlie, alors il s'est détourné avec colère en disant :

"Vous ne voulez pas boire probablement parce que vous voulez vous soigner ou parce que vous êtes laide là où les femmes sont habituellement belles." Répondant au défi, la jeune fille se leva d'un bond, arracha sa veste et, en un instant, se retrouva nue jusqu'à ses bottes et ses bas.

"Je suis moche?" s'écria-t-elle en gonflant ses seins, "ou est-ce que j'ai l'air malade, imbécile !" et s'est retourné pour nous donner la vue arrière !

Elle avait certainement une belle silhouette avec des seins clairs et juvéniles et des fesses particulièrement pleines et avait l'air d'une bonne santé. Les joues pleines de son derrière m'excitaient intensément, je ne savais pas pourquoi : donc, cela ne m'a pas surpris lorsque Charlie, avec un cri d'admiration à moitié articulé, l'a prise corporellement dans ses bras et l'a portée hors du champ de bataille. chambre.

Lorsque je lui ai fait des remontrances par la suite, il m'a dit qu'il avait un moyen sûr de savoir si la fille, Sue, était malade ou non.

Je l'ai contredit et j'ai découvert que c'était son test infaillible : dès qu'il était seul avec une fille, il sortait dix ou vingt dollars, selon le cas, et lui disait de garder l'argent. « De toute façon, je ne t'en donnerai pas plus », ajoutait-il : « maintenant, dis-moi, ma chérie, si tu es malade et nous prendrons un dernier verre et ensuite j'irai. Si elle est malade, elle vous le dira sûrement… voyez ! et il rit triomphalement.

« Et si elle ne sait pas qu'elle est malade ? J'ai demandé : mais il a répondu : « ils le savent toujours et ils diront la vérité quand leur cupidité n'est pas contre vous. »

Pendant un certain temps, il sembla que Charlie avait profité de sa beauté sans aucune conséquence néfaste, mais environ un mois plus tard, il remarqua une grosseur à l'aine droite et peu de temps après, une plaie syphilitique apparut juste sous la tête de son pénis. Nous avions déjà commencé vers le nord, mais je devais dire la pure vérité à Charlie.

« Alors c'est sérieux », s'est-il étonné, et j'ai répondu.

"J'en ai bien peur, mais pas si vous le prenez à temps et suivez un régime rigoureux."

Charlie faisait tout ce qu'on lui disait de faire et se vantait toujours que la gonorrhée était bien pire, car elle est certainement plus douloureuse, que la syphilis ; mais avec le temps la maladie eut sa revanche.

Au fur et à mesure qu'il commençait à aller mieux sur le Trail, grâce au bon air, à l'exercice régulier et à l'absence de boisson, il devenait de temps en temps tapageur et j'oubliais en tout cas son mal.

La défection du Boss a fait pour nous une sérieuse différence ; Reece et Dell avec trois ou quatre Mexicains et Peggy continuèrent lentement à acheter du bétail ; mais Bob et Bent m'ont mis un nouveau plan en tête. Bent prêchait toujours que la défection du patron avait ruiné Reece et que si j'investissais, disons cinq mille dollars, je pourrais être le partenaire de Reece et faire fortune avec lui. Bob aussi était très enthousiaste à ce sujet et m'a dit incidemment qu'il pouvait obtenir gratuitement du bétail auprès des Mexicains. J'ai eu une conversation avec Reece qui m'a dit qu'il devrait se contenter d'acheter 3 000 têtes de bétail dont le prix avait doublé et que l'escroquerie du patron l'avait paralysé. Si je payais le salaire de Bent, Charlie et Bob, il serait ravi, dit-il, de s'associer à moi : sur les conseils de Bob, j'ai accepté et avec son aide, j'ai réussi à obtenir trois mille têtes pour un peu plus de trois mille. dollars. Et c'est ainsi que nous y sommes parvenus.

Pour une raison ou une autre, peut-être parce que j'avais appris quelques mots d'espagnol, Bob s'était pris d'affection pour moi et était toujours prêt à m'aider, sauf lorsqu'il était fou de boisson. Il m'a maintenant assuré que si je descendais avec lui le Rio Grande sur une centaine de kilomètres, il m'offrirait mille têtes de bétail pour rien. J'ai accepté, car Bent et Charlie étaient également du côté de Bob.

Le lendemain matin, avant le lever du soleil, nous sommes partis et avons roulé régulièrement vers le sud-est. Nous avions emporté suffisamment de nourriture pour deux ou trois jours. Bob y veillait sans aucun doute, mais en général il nous conduisait vers huit heures près d'une maison ou d'une autre où nous pouvions trouver de la nourriture et un abri. Sa connaissance de toute la frontière était aussi étrange que sa connaissance du bétail.

Le quatrième ou cinquième jour, vers neuf heures du matin, il nous arrêta près d'une petite hauteur boisée dominant une gorge de la rivière. A gauche, la rivière s'étendait presque jusqu'à un lac peu profond, et il n'était pas nécessaire de savoir qu'un peu plus bas il devait y avoir un ou plusieurs gués où le bétail pouvait passer presque sans se mouiller.

Bob descendit de cheval dans un bosquet de peupliers qui, selon lui, était un bon endroit pour camper sans être vu. Je lui ai demandé où se trouvait le bétail et il m'a répondu « de l'autre côté de la rivière ». À moins de deux ou trois milles, semblait-il, il y avait une célèbre hacienda avec de grands troupeaux. Dès la nuit tombée, il se proposa de traverser pour s'informer et nous apporter des nouvelles. Nous devions faire attention à ne pas être vus et il espérait que nous ne ferions même pas de feu mais que nous resterions près de lui jusqu'à son retour.

Nous étions plus que disposés, et quand nous en avions assez de parler, Bent nous sortait un vieux jeu de cartes et nous jouions au draw poker, à l'euchre ou au casino pendant deux ou trois heures. La première nuit passa assez vite. Nous étions en selle dix heures par jour depuis quatre ou cinq jours et dormions d'un sommeil sans rêves. Bob n'est revenu ni ce jour-là ni le lendemain et le troisième jour, Bent a commencé à le maudire, mais j'étais sûr qu'il avait de bonnes raisons pour ce retard et j'ai donc attendu avec la patience que je pouvais rassembler. La troisième nuit, il se retrouva soudain parmi nous, comme s'il était sorti de terre.

«Bienvenue», ai-je crié. "Tout va bien?"

« Tout », dit-il : « Cela ne servait à rien de venir plus tôt ; ils ont amené du bétail à moins de quatre milles de la rivière ; l'ordre est de les éloigner de sept ou huit milles, afin qu'ils ne puissent pas être traversés sans réveiller tout le pays ; mais Don José est très riche et insouciant et il y a un troupeau de mille cinq cents personnes qui nous conviendra à pas trois milles de la rivière dans un repli de la prairie gardé seulement par deux hommes que je ferai tellement enivrer qu'ils entendront rien jusqu'au lendemain matin. Quelques bouteilles d'aguardiente feront l'affaire , et je reviendrai vous chercher demain soir vers huit ou neuf heures.

Tout s'est déroulé comme Bob l'avait arrangé. La nuit suivante, il est venu nous voir dès qu'il faisait noir. Nous avons parcouru environ trois kilomètres le long de la rivière jusqu'à un gué, avons pataugé dans les ruisseaux d'eau et sommes sortis du côté mexicain. En file indienne et dans un silence complet, nous avons suivi Bob au galop pendant peut-être vingt minutes lorsqu'il a levé la main et nous nous sommes mis au pas. Là, au-dessous de nous, entre deux vagues de prairie, se trouvaient le bétail.

En quelques mots, Bob expliqua à Bent et Charlie ce qu'ils devaient faire. Bent devait rester derrière et tirer au cas où nous serions suivis – peu probable mais toujours possible. Charlie et moi devions déplacer le bétail vers le gué, tranquillement jusqu'au bout si nous le pouvions, mais si nous étions poursuivis, nous pourrions les conduire aussi fort que possible.

Pendant la première demi-heure, tout s'est déroulé conformément au programme. Charlie et moi avons déplacé le bétail ensemble et l'avons conduit à travers les vagues de la prairie en direction de la rivière ; tout semblait aussi simple que manger et nous avions commencé à pousser le bétail au pas rapide quand soudain il y eut un coup de feu devant nous et une sorte de bousculade !

Aussitôt, Charlie tirait sur la gauche tandis que je tirais sur la droite et, à l'aide de nos fouets, nous remettions rapidement le troupeau en mouvement, les rangs arrière forçant ceux de devant ; le bétail fut bientôt poussé au trot traînant et la difficulté parut surmontée. Juste à ce moment-là, j'ai vu deux ou trois flammes brillantes à 800 mètres de l'autre côté de Charlie et tout à coup j'ai entendu le bruit d'une balle passer devant ma tête et, me retournant, j'ai vu assez clairement un homme chevauchant à cinquante mètres de moi. J'ai visé très soigneusement son cheval et j'ai tiré. J'ai été ravi de voir le cheval et l'homme descendre et disparaître. Je ne lui prêtai plus attention et continuai à forcer le pas du bétail. Mais Charlie fut très occupé pendant deux ou trois minutes car la fusillade se poursuivit par derrière jusqu'à ce qu'il soit rejoint par Bent et peu après par Bob. Nous poussions tous maintenant le bétail aussi fort que possible, droit vers le gué. Les coups de feu derrière nous continuèrent et devinrent même plus fréquents, mais nous ne fûmes plus inquiétés que trois quarts d'heure plus tard, nous atteignîmes le Rio Grande et commençâmes à pousser le bétail à traverser le gué. Là, les progrès étaient forcément lents. Nous aurions à peine pu passer la traversée si, vers le milieu, Bob n'était pas arrivé et avait fait de son fouet et de sa voix une terreur parfaite pour les bêtes à l'arrière.

Quand nous les avons sortis de l'autre côté, j'ai commencé à les tourner vers l'ouest en direction de notre butte boisée, mais l'instant d'après, Bob était à côté de moi en criant : « Tout droit, tout droit ; ils nous suivent et nous devrons nous battre. Continuez avec le troupeau toujours tout droit vers le nord et je ramènerai Charlie sur la rive pour les retenir .

Comme un garçon , j'ai dit que je préférerais aller me battre, mais il a dit : « Continuez. Si Charlie a tué, peu importe. Je te veux." Et j'ai dû faire ce que le petit diable m'ordonnait.

Lorsque les bovins texans ont été élevés ensemble, le plus grand troupeau peut être conduit comme un petit groupe. Ils ont leur chef et ils le suivent religieusement et ainsi un seul homme peut enfoncer mille têtes avec très peu de problèmes.

Pendant deux ou trois milles, je les ai maintenus au trot, puis je les ai laissés progressivement se mettre au pas. Je ne voulais plus en perdre ; quelques grosses vaches étaient déjà mortes dans leur élan à force d'être conduites si vite.

Vers deux heures du matin, je suis passé devant une maison en rondins et bientôt un Américain est arrivé à côté de moi et a voulu savoir qui j'étais, d'où j'avais amené le bétail et où j'allais ! Je lui ai dit que le propriétaire était derrière moi et que les garçons et moi les conduisions tout droit parce que des graisseurs nous gênaient.

« C'est la fusillade que j'ai entendue », a-t-il déclaré. « Vous les avez conduits à travers la rivière, n'est-ce pas ?

«Je les ai chassés de la rivière», répondis-je; "Certains d'entre eux prenaient un verre."

Je pouvais le sentir sourire même si je ne le regardais pas.

« Je suppose que je reverrai vos amis très bientôt », dit-il, « mais ce raid n'est pas une bonne affaire. Ces graisseurs vont venir me causer des ennuis. Nous, les frontaliers, ne voulons pas de tout ça, concocté par vous, les étrangers !

Je l'ai apaisé du mieux que j'ai pu ; mais sans succès au début. Il n'a pas dit grand-chose mais il avait évidemment l'intention de m'accompagner jusqu'au bout car partout où je chevauchais, je le trouvais juste derrière le troupeau à mon retour.

Le jour était levé lorsque je laissai le bétail s'arrêter pour la première fois. Je pensais avoir parcouru douze milles du gué et les bêtes avaient mal aux pieds et étaient très fatiguées ; ils sont de plus en plus nombreux à avoir besoin du fouet pour tenir ne serait-ce qu'une promenade. Je les ai regroupés et suis revenu vers ma connaissance saturnienne.

"Vous êtes jeune pour jouer à ce jeu", a-t-il déclaré. "Qui est ton patron?"

«Je ne garde pas de patron», répondis-je en l'accueillant avec un regard hostile. C'était un homme d'une quarantaine d'années, grand et mince, avec une énorme chique de tabac sur la joue gauche : un Texan typique.

Son bronco m'intéressait ; au lieu d'être un poney indien d'environ treize mains, il en avait peut-être quinze et demi et semblait être élevé aux trois quarts.

« Vous avez là un bon cheval », dis-je.

"Le meilleur du pays des coques", répondit-il, "facile".

"Ce n'est que votre vanité", rétorquai-je. "La jument sur laquelle je suis en ce moment peut lui faire parcourir cent mètres en un mile."

"Vous ne voulez pas risquer de l'argent là-dessus, n'est-ce pas ?" remarqua-t-il.

"Oh, oui", j'ai souri.

"Eh bien, nous pouvons l'essayer un de ces jours, mais voici votre foule", et en effet, même si je ne m'y attendais pas, en cinq minutes, Bent, Bob et Charlie sont arrivés.

« Faites avancer le bétail », cria Bob en arrivant à portée de voix. « Il faut continuer. Les Mexicains sont repartis mais ils reviendront immédiatement après nous. Qui est-ce?" ajouta-t-il en se plaçant à côté du Texan.

« Je m'appelle Locker », a déclaré ma connaissance ; « et je suppose que vos raids feront bouillir toute la frontière. Ne pouvez-vous pas acheter du bétail décemment, comme nous sommes tous obligés de le faire ?

« Comment savez-vous à quel point nous les avons payés décemment ? s'écria Bent en avançant son visage brun comme celui d'une belette, montrant ses dents de chien.

«Je suppose que M. Locker va bien», ai-je pleuré en riant; « Je propose qu'il nous aide et prenne deux ou trois cents têtes en guise de paiement, ou la valeur de celles-ci… »

«Maintenant, c'est vous qui parlez», dit Locker. «J'appelle cela du sens. Il y a un de mes troupeaux à environ un kilomètre plus loin ; si deux ou trois cents de vos bœufs José s'y joignent, je ne peux pas les gêner ; mais je préfère avoir des dollars ; l'argent est rare !

« Sont-ils parqués ? demanda Bob.

"Bien sûr", a répondu Locker. "Je suis trop près de la rivière pour laisser du bétail en liberté, même si personne ne m'a gêné au cours des dix dernières années."

Bob et moi avons commencé à déplacer le bétail en quittant Bent avec Locker pour conclure les négociations. En une heure, nous avions trouvé le troupeau de Locker qui devait compter au moins six mille têtes et était gardé par trois bergers.

Locker et Bent étaient rapidement parvenus à un accord de travail. Il s'est avéré que Locker possédait un autre troupeau à une certaine distance à l'est d'où il pouvait recruter trois ou quatre bergers. Il avait aussi quelques garçons, ses fils, qu'il pouvait envoyer réveiller quelques fermiers voisins si le besoin était urgent. Il s'est avéré que nous avions bien fait d'être généreux envers lui car il connaissait tout le pays comme un livre et était un bon ami dans nos besoins.

Tard dans l'après-midi, Locker fut informé par l'un de ses fils, un jeune d'environ seize ans, que vingt Mexicains avaient traversé la rivière et seraient à notre hauteur dans peu de temps. Locker l'a envoyé après le plus jeune garçon pour rassembler autant de Texans que possible, mais avant qu'ils puissent être récupérés, un groupe de graisseurs, au nombre d'une vingtaine, est arrivé et a exigé le retour du bétail. Bent et Locker les ont rebutés et comme par hasard, pendant qu'ils se disputaient, trois ou quatre Texans sont arrivés, et l'un d'eux, un homme d'une quarantaine d'années nommé Rossiter , a pris le contrôle de toute la dispute. Il a déclaré au dirigeant mexicain, qui a déclaré être Don Luis, un fils de Don José, que s'il restait plus longtemps, il serait probablement arrêté et mis en prison pour avoir attaqué le territoire américain et menacé des personnes.

Le Mexicain semblait avoir beaucoup de courage et déclara qu'il ne se contenterait pas de menacer, mais qu'il mettrait sa menace à exécution. Rossiter lui a dit d'entrer directement. Les discussions bruyantes ont repris, et quelques Texans supplémentaires sont arrivés et le leader mexicain, réalisant que s'il n'agissait pas immédiatement, il serait trop tard, a commencé à tourner autour du bétail, pensant sans doute que s'il faisait quelque chose, sa supériorité numérique nous ferait peur.

En cinq minutes, le combat avait commencé. En dix autres, tout était fini. Rien ne pouvait résister aux tirs meurtriers des Occidentaux. En cinq minutes, un ou deux Mexicains furent tués et plusieurs blessés ; une demi-douzaine de chevaux étaient tombés ; il était parfaitement évident que nous étions huit ou dix, plus que de taille face aux vingt Mexicains, car, à l'exception de Don Luis, aucun d'entre eux ne semblait avoir le courage de faire ce travail, et Luis reçut une balle dans le bras au cours des cinq premières minutes. minutes. Finalement, ils se sont retirés en menaçant et en criant et nous ne les avons plus vus.

Après la bataille, nous nous sommes tous rendus au Locker's et avons pris un grand verre. Personne n'a pris le combat au sérieux : fouetter les Greasers n'avait pas de quoi se vanter ; mais Rossiter pensait qu'une plainte devait être déposée contre le gouvernement mexicain pour avoir attaqué le territoire des États-Unis : il a déclaré qu'il allait rédiger les papiers et les envoyer au procureur de l'État à Austin. La proposition a été accueillie avec des applaudissements et des acclamations. L'idée de punir les Mexicains pour s'être fait tirer dessus alors qu'ils tentaient de récupérer leur propre bétail nous a séduit, nous, Américains, comme quelque chose d'intensement humoristique. Tous les Texans se nommèrent solennellement comme témoins, et Rossiter jura qu'il rédigerait le document. Des années plus tard, Bent, que j'ai rencontré par hasard, m'a dit que Rossiter avait obtenu quarante mille dollars sur cette créance.

Trois jours plus tard, nous avons commencé à déplacer notre bétail vers l'est pour rejoindre Reece et Dell. J'ai donné cent dollars en récompense aux deux garçons de Locker qui nous avaient aidés du début à la fin avec beaucoup d'enthousiasme.

Environ une semaine plus tard, nous sommes rentrés au camp principal. Reece et Dell avaient leur troupeau prêt et gras, et après une discussion, nous avons décidé d'y aller chacun de notre côté et de nous rejoindre ensuite pour l'automne et l'hiver au ranch, si cela nous plaisait. Nous avons mis trois semaines pour mettre notre troupeau en condition et avons donc commencé notre route vers le nord en juillet. J'ai passé toutes les nuits en selle et la majeure partie de la journée, même si la fièvre maudite me secouait.

Tout s'est bien passé pour nous au début : j'ai promis à mes trois lieutenants un tiers des bénéfices et un petit salaire en plus : ils étaient vifs comme la moutarde et faisaient tout ce qu'on pouvait faire. Dès que nous atteignîmes la latitude du territoire indien , nos ennuis commencèrent. Une nuit sauvage, des Indiens, qui portaient des draps et s'étaient enduits les mains de phosphore, ont bousculé le bétail et, bien que les garçons aient fait des merveilles, nous avons perdu près d'un millier de têtes et une centaine de chevaux, tous dressés avec soin.

C'était une perte grave mais pas irréparable. Les Indiens des Plaines, cependant, étaient aussi persistants cet été-là que les moustiques. Je ne suis jamais sorti après le match mais ils ont essayé de me couper la parole et une fois au moins, rien d'autre que la vitesse et l'endurance de Blue Devil ne m'a sauvé. J'ai dû renoncer au tir sérieux et compter sur la chance pour nous rapprocher du match. Peu à peu, les Indiens qui nous suivaient devinrent plus nombreux et plus audacieux. Nous avons été attaqués à la tombée de la nuit et au lever du jour trois ou quatre jours de suite et le bétail à moitié sauvage a commencé à devenir très effrayant.

Bob ne cachait pas son inquiétude. «Mauvais Indiens! des Indiens très méchants… ! » Un après-midi, ils nous suivirent ouvertement ; il y en avait à un moment donné plus d'une centaine en vue ; de toute évidence, ils se préparaient à une attaque sérieuse. Le génie de Bob nous a offert un répit. Tandis que Charlie conseillait une bataille rangée, Bob se souvint soudain qu'il y avait une forêt de chênes à environ huit kilomètres sur notre droite qui nous servirait de refuge. Charlie et Bent, les meilleurs tireurs, se sont couchés et ont commencé à tirer et ont rapidement mis les Indiens hors de vue. En trois heures, nous atteignîmes le bois de chênes broussailleux et la baie ou anse où Bob avait dit que le bétail serait en sécurité ; car rien ne pouvait passer à travers les chênes broussailleux et dès que nous avions conduit le bétail au fond de la baie et amené notre chariot au centre , sur l'arc de la baie, pour ainsi dire, aucun Indien ne pouvait se précipiter sur le bétail sans nous effacer. d'abord. Pour le moment, nous étions en sécurité et, par hasard, l'eau d'un petit ruisseau à proximité était potable. Nous étions néanmoins assiégés par plus d'une centaine d'Indiens et les chances étaient lourdes, comme même Bob l'a admis.

Les jours passèrent et le siège continua : les Indiens voulaient manifestement nous fatiguer et récupérer le troupeau, et notre humeur ne s'améliora pas sous l'oisiveté et la vigilance forcées. Un soir, Charlie était affalé près du feu et en prenait plus que sa part, lorsque Bent, qui s'occupait du bétail, entra. « Relève tes jambes, Charlie, » dit-il brutalement, « tu ne veux pas que feu tout entier.» Charlie n'entendit pas ou n'y prêta aucune attention : l'instant d'après, Bent s'était jeté sur les longs membres de Charlie. Avec un juron, Charlie le repoussa : l'instant d'après, Bent s'était jeté sur Charlie et avait enfoncé sa tête dans le feu. Après une courte lutte, Charlie s'est libéré et, malgré tout ce que j'ai pu faire, il a frappé Bent.

Bent chercha immédiatement son arme à tâtons ; mais Charlie le frappait et le balançait comme un homme sauvage et Bent dut faire face à l'attaque.

Jusqu'au procès, tout le monde aurait dit que Charlie était de loin le meilleur homme, plus jeune aussi et étonnamment puissant. Mais Bent n'était évidemment pas un novice dans ce jeu. Il a évité la course de Charlie et a frappé droit et fort et Charlie est tombé ; mais il se releva comme un éclair et se lança à la poursuite de son homme dans une course folle : bientôt il redescendit et tout le monde comprit que tôt ou tard Bent devait gagner. Le combat, cependant, comporte une grande part de hasard et comme par hasard, juste au moment où Bent semblait le plus certain de gagner, l'un des coups sauvages de Charlie l'a attrapé sur la pointe de la mâchoire et, à notre grand étonnement, il est tombé comme un log et n'a pas pu être rétabli pendant une dizaine de minutes. C'était la première fois que je voyais ce coup et naturellement nous en avons tous exagéré la force, ne sachant pas qu'un léger coup contre le menton secoue la moelle épinière et rend tout homme insensible. En fait, dans de nombreux cas, un tel coup se produit. dans une paralysie partielle et une faiblesse permanente .

Charlie était enclin à se vanter de sa victoire, mais Bob lui a dit la vérité et, après réflexion, le but et la puissance de combat de Bent nous ont tous fait une impression plus profonde et il a lui-même pris la peine le lendemain d'avertir Charlie :

«Ne me gêne plus», lui dit-il sèchement, «ou je ferai de toi de la viande.»

La terrible menace dans son visage dur était convaincante. "Oh, bon sang", répondit Charlie, "qui veut se mettre en travers de ton chemin !"

La réflexion m'apprend que tous les pires durs à la frontière de mon époque étaient d'anciens soldats : c'était la guerre civile qui avait engendré ces hommes à la violence et à l'usage du revolver ; c'est la guerre civile qui a donné naissance aux « Wild Bills » et aux Bents qui ont forcé les Occidentaux de bonne humeur à vivre à bon marché et à utiliser leurs fusils au lieu de leurs poings.

Un soir, nous remarquâmes une forte augmentation des forces indiennes qui nous assiégeaient : un chef également sur une mustang pie semblait demander une attaque immédiate et bientôt nous trouvâmes quelques-uns des « braves » qui descendaient le ruisseau pour nous déborder, tandis qu'une centaine d'Indiens nous assiégeaient. d'autres passaient devant nous à quatre cents mètres de distance, tirant sauvagement. Bob et moi sommes allés sous les berges du ruisseau pour arrêter les flancs tandis que Bent, Charlie et Jo abattaient plus d'un cheval et un homme et enseignaient à la bande d'Indiens qu'une attaque directe leur coûterait sûrement de nombreuses vies.

Pourtant, nous n'étions que cinq et une balle ou deux par hasard pourraient rendre nos chances désespérées.

En en discutant, nous sommes arrivés à la conclusion qu'un homme devrait se rendre à Fort Dodge pour obtenir de l'aide et j'ai été choisi comme étant le plus léger, sauf Bob, et en tout, le pire tireur, en plus d'être le seul homme qui trouverait certainement son chemin. En conséquence, j'évoquai immédiatement Blue Devil, emportai avec moi quelques kilos de bœuf séché et une outre d'eau de chèvre que j'avais achetée à Taos ; une sangle et des étriers ont rapidement transformé une couverture en une selle légère et de fortune et j'étais prêt.

C'est l'étrange connaissance de Bob du Sentier et des coutumes indiennes qui m'a donné ma chance. Tous les autres m'ont conseillé de sortir de notre baie vers le nord et de partir ensuite à cheval. Il me conseilla d'aller vers le sud, là où s'était stationné un grand nombre d'Indiens. « Ils ne vous chercheront pas là-bas », a-t-il dit et « vous pourriez passer inaperçu ; Une demi-heure de plus à cheval vous suffira pour les contourner ; alors vous avez cent cinquante milles au nord sur la piste — vous pouvez ramasser un troupeau — et puis cent vingt milles tout droit vers l'ouest. Vous devriez être à Dodge dans cinq jours et revenir ici dans cinq jours ; vous nous trouverez», a-t-il ajouté d'un ton significatif. Le petit homme a rembourré les sabots du Diable Bleu avec de vieux vêtements qu'il a découpés et a insisté pour l'emmener autour de la baie et loin vers le sud, et je crois en vérité au-delà du camp indien.

Là, il ôta les coussinets de la jument, tandis que je resserrais les sangles et commençais à marcher en gardant la jument entre moi et les Indiens et mes oreilles tendues au moindre bruit. Mais je n'ai rien entendu ni rien vu et en une heure, j'avais fait le tour et j'étais sur la piste vers le nord, déterminé dans mon esprit à parcourir les deux ou trois cents milles en quatre jours au maximum.... Le quatrième jour J'ai fait venir vingt soldats du fort avec le lieutenant Winder et je les conduisais en ligne droite jusqu'à notre refuge. Nous y sommes arrivés en six jours ; mais pendant ce temps les Indiens étaient occupés.

Ils se sont frayé un chemin à travers les broussailles de chênes que nous considérions comme infranchissables et ont précipité le bétail un matin juste à l'aube et nos hommes n'ont pu rassembler qu'environ six ou sept cents têtes et les protéger dans le coin extrême nord du virage. . Les Indiens s'étaient tous retirés la veille de mon arrivée avec les soldats de cavalerie américains... Le lendemain matin, nous avons commencé la marche vers le nord et je n'ai eu aucune difficulté à persuader le lieutenant Winder de nous donner son escorte pour les quatre ou cinq jours suivants. ..

Une semaine plus tard, nous sommes arrivés à Wichita où nous avons décidé de nous reposer quelques jours et là nous avons rencontré une autre malchance. Depuis qu'il avait attrapé la syphilis, Charlie semblait avoir perdu son caractère gai : il devenait sombre et morose et nous ne pouvions rien faire pour lui remonter le moral. Dès la première nuit, il a dû être couché au salon de jeu de Wichita où il s'était ivre sans voix. Et le lendemain, il fut convaincu que son argent lui avait été volé par celui qui tenait la banque et il jurait qu'il se vengerait de lui à tout prix. Le soir venu, il avait infecté Bent et Jo avec sa détermination insensée et finalement j'ai continué en espérant le sauver, si je le pouvais, d'un désastre.

J'avais déjà demandé à Bob de trouver un autre berger et de conduire régulièrement le bétail vers Kansas City : il a accepté et pendant des heures avant que nous allions au saloon, Bob faisait une randonnée vers le nord. J'avais l'intention de le rejoindre quelques cinq ou six milles plus loin et de rouler lentement pour le reste de la nuit. D'une manière ou d'une autre, j'avais l'impression que le quartier n'était pas sain pour nous.

La salle de jeu était éclairée par trois puissantes lampes à huile : deux au-dessus de la table faro et une au-dessus du bar. Jo s'est posté au bar pendant que Bent et Charlie se mettaient à table : je me promenais dans la pièce en essayant de jouer l'indifférent parmi la vingtaine ou la trentaine d'hommes éparpillés. Soudain, vers 10 heures, Charlie commença à se disputer avec le banquier : ils se levèrent tous les deux, le banquier sortant un gros revolver du tiroir de la table devant lui. Au même moment, Charlie a allumé la lampe au-dessus de lui et je l'ai vu sortir son arme au moment où toutes les lumières s'éteignaient, nous laissant dans l'obscurité totale.

J'ai couru jusqu'à la porte et j'ai été emporté à travers celle-ci dans une sorte de bousculade folle. Une minute plus tard, Bent m'a rejoint, puis Charlie est arrivé à toute vitesse avec Jo derrière lui. En un instant, nous arrivâmes au coin de la rue où nous avions laissé nos poneys et partîmes : un ou deux coups de feu suivirent ; Je pensais que nous nous en étions tirés indemnes ; mais je me suis trompé.

Nous avions chevauché l'enfer pour le cuir, pendant environ une heure, lorsque Charlie, sans raison apparente, s'est arrêté et est tombé de sa selle en chancelant : son poney s'est arrêté net et nous nous sommes tous rassemblés autour du blessé :

« J'ai fini », dit Charlie d'une voix faible, « mais j'ai récupéré mon argent et je veux que tu l'envoies à ma mère à Pleasant Hill, Missouri. C'est environ mille dollars, je suppose.

« Es-tu gravement blessé ? » J'ai demandé.

"Il m'a d'abord percé l'estomac", a déclaré Charlie en pointant du doigt, "et je suppose que je l'ai eu au moins deux fois de plus dans les poumons: j'ai fini."

"Quel dommage, Charlie!" J'ai pleuré : « Vous obtiendrez plus de mille dollars de votre part du bétail : j'ai dit à Bob que j'ai l'intention de partager également avec vous tous : cet argent doit repartir ; mais les mille seront envoyés à ta mère, je te le promets : »—

« Pas sur ta vie ! » s'écria le mourant en se soulevant sur un coude : « C'est mon argent : il ne reviendra pas à ce sale voleur sournois » : l'effort l'avait épuisé ; même dans la pénombre, on pouvait voir que son visage était tiré et gris : il a dû le comprendre lui-même car j'entendais à peine ses derniers mots : « Au revoir, les garçons ! sa tête tomba en arrière, sa bouche s'ouvrit : l'esprit courageux de l'enfant avait disparu.

Je n'ai pas pu retenir mes larmes : la phrase m'est venue : « J'aurais mieux pu perdre un homme meilleur », car Charlie était au fond un bon garçon !

J'ai laissé Bent ramener l'argent et organiser l'enterrement de Charlie, laissant Jo garder le corps : en une heure, j'étais de nouveau avec Bob et je lui avais tout raconté. Dix jours plus tard, nous étions à Kansas City où j'ai été surpris par une nouvelle inattendue.

Mon deuxième frère Willie, de six ans mon aîné, était venu en Amérique et, ayant entendu parler de moi au Kansas, il s'était localisé à Lawrence en tant qu'agent immobilier ; il m'a écrit pour me demander de le rejoindre. Cela a renforcé ma détermination à ne plus rien avoir à faire avec le cow-punching . Le prix du bétail aussi, nous l'avons constaté, avait baissé et nous avons eu la chance d'obtenir une dizaine de dollars par tête pour notre troupeau, ce qui ne faisait pas bonne figure du fait que les Indiens avaient tout gagné. Il y avait environ six mille dollars à partager : Jo reçut cinq cents dollars et Bent, Bob, la mère de Charlie et moi-même partagâmes le reste. Bob m'a dit que j'étais un imbécile : je devrais tout garder et redescendre dans le sud : mais qu'avais-je gagné de mes deux années de cow-punching ? J'avais perdu de l'argent et attrapé la fièvre du paludisme ; J'avais acquis une certaine connaissance des hommes ordinaires et de leur mode de vie et j'avais acquis bien plus qu'un minimum de connaissances en économie et en médecine, mais j'étais rempli d'un dégoût infini pour une vie purement physique. Que devais-je faire maintenant ? Je verrais Willie et je me déciderais.

VIE ET AMOUR ÉTUDIANT.

Chapitre IX.

Ce voyage en train jusqu'à Lawrence, au Kansas, me revient aussi clairement que s'il avait eu lieu hier, alors que tout s'est passé il y a plus de cinquante ans. C'était une journée très chaude et sur le siège en face de moi se trouvait un vieil homme aux cheveux gris qui semblait très gêné par la chaleur : il se déplaçait avec agitation, s'épongeait le front, ôtait son gilet et finissait par sortir probablement vers le plate-forme d'observation ouverte, laissant quelques livres sur son siège. J'en ai pris un sans y prêter attention : c'était « La vie et la mort de Jason », de William Morris. J'ai lu une page ou deux, j'ai été surpris par la fluidité du vers ; mais je n'ai pas saisi, alors j'ai pris l'autre volume : — " Laus Veneris : Poèmes et ballades » par Algernon Charles Swinburne. Il a ouvert ses portes à l' Anactoria et en un instant, j'ai été transporté comme aucune poésie avant ou depuis ne m'a jamais fasciné. Vénus, elle-même, a parlé dans ces lignes :

"Hélas! que ni la pluie, ni la neige, ni la rosée

Et toutes les choses froides ne peuvent pas non plus me purger complètement,

Apaisez-moi, ne m'apaisez pas, ne m'apaisez pas,

Jusqu'à ce qu'un sommeil suprême m'apporte une aisance sans effusion de sang,

Jusqu'à ce que le temps s'évanouisse dans toutes ses règles,

Jusqu'à ce que le destin défait l'esclavage des dieux

Pour m'allonger, m'apaiser et me rassasier tout au long,

Lotus et Léthé sur mes lèvres comme la rosée,

Et versé autour, au-dessus et en dessous de moi

L'obscurité épaisse et la mer insurmontable.

Je n'ai pas revu le poème depuis et il peut y avoir des inexactitudes verbales dans ma version ; mais la musique et la passion des vers m'ont captivé et quand je suis arrivé au "Lépreux", les dernières strophes m'ont fait monter les larmes aux yeux et dans le "Jardin de Proserpine", j'ai entendu ma propre âme parler avec une assurance divine quoique désespérée. Y a-t-il déjà eu une telle poésie ? Même les vers les plus légers étaient charmants :

« La mémoire peut retrouver

Et le temps ramène au temps

Le nom de ton premier amant,

La sonnerie de ma première rime :

Mais les feuilles de roses de décembre,

Les tempêtes de juin s'agiteront ;

Le jour dont tu te souviens,

Le jour que j'oublie.

Et puis le défi gay :

Aux dents du joyeux temps salé,

Dans la face humide et soufflée de la mer ;

Pendant que trois hommes tiennent ensemble,

Leurs royaumes sont en moins de trois.

Et les chants divins à Hugo et à Whitman et le superbe « Dedication » : le
dernier couplet en est un miracle :

Bien que les nombreuses lumières se réduisent à une seule lumière,

Il y a de l'aide si les Cieux en ont une ;

Bien que les étoiles soient privées de la lumière du soleil ;

Et la terre dépossédée du Soleil :

Ils ont le clair de lune et dorment en échange de remboursement ;

Lorsqu'elle est rafraîchie comme une épouse et libérée ;

Avec des étoiles et des vents marins dans ses vêtements

La nuit coule sur la mer. »

Mon âme était prise : je n'avais pas besoin de les lire deux fois : je ne les ai
jamais revus depuis : je ne les oublierai pas tant que durera cette machine. Ils
ont inondé mes yeux de larmes, mon cœur d'admiration passionnée. Dans
cet état, les vieux messieurs sont revenus et m'ont trouvé, un cow-boy selon
toute apparence, perdu, noyé dans les larmes à Swinburne.

« Je pense que c'est mon livre », a-t-il dit, me rappelant la triste réalité.
"Sûrement", répondis-je en m'inclinant; "mais quelle poésie magnifique et je

n'ai jamais entendu parler de Swinburne auparavant." "C'est son premier livre je crois", dit le vieux monsieur, "mais je suis heureux que vous aimiez ses vers." "Comme", m'écriai-je, "qui pourrait s'empêcher de les adorer!" et je me laisse aller à réciter la Proserpine :

"Par trop d'amour de vivre,

Libéré de l'espoir et de la peur,

Nous remercions avec un bref remerciement

Quels que soient les dieux

Qu'aucune vie ne dure éternellement,

Que les morts ne se relèvent jamais,

Que même la rivière la plus fatiguée

Il y a du vent dans un endroit sûr vers la mer. »

« Pourquoi tu l'as appris par cœur ! », s'écria le vieillard étonné ; « J'ai appris », répétai-je, « je connais la moitié du livre par cœur : si tu étais resté loin encore une demi-heure, j'aurais tout su » et j'ai continué à réciter pendant les dix minutes suivantes.

« Je n'ai jamais entendu parler d'une chose pareille de ma vie », s'écria-t-il : « Imaginez un cow-boy qui apprend Swinburne simplement en le lisant. C'est stupéfiant ! Où vas-tu?" "À Lawrence," répondis-je. « Nous y sommes presque », a-t-il ajouté, puis : « J'aimerais que vous me laissiez vous donner le livre. Je peux facilement en obtenir un autre exemplaire et je pense que ce devrait être le vôtre.

Je l'ai remercié de tout mon cœur et, quelques minutes plus tard, je suis descendu à la gare de Lawrence, alors qu'elle était maintenant aussi loin de la petite ville, serrant mon Swinburne dans ma main.

J'enregistre cette histoire pour ne pas me vanter de ma mémoire, car tous les cadeaux sont des handicaps dans la vie ; mais pour montrer à quel point les Américains occidentaux étaient gentils envers les jeunes et parce que l'attrait irrésistible et unique de Swinburne sur la jeunesse n'a jamais été exposé auparavant, à ma connaissance.

Dans une chambre confortable d'Eldridge House, dans la rue principale de Lawrence, j'ai rencontré mon frère : Willie semblait terriblement surpris par mon apparence : « Tu es jaune comme une guinée ; mais comme tu as grandi », a-t-il pleuré. « Vous êtes peut-être déjà grand, mais vous avez l'air malade, très malade ! »

Il était l'image d'une bonne santé et encore plus beau que dans mes souvenirs : un homme d'environ un mètre cinquante avec une belle silhouette et un très beau visage sombre : cheveux, petite moustache et barbiche d'un noir de jais, nez droit et fin et superbe longueur. yeux noisette avec cils noirs : il aurait pu représenter le modèle d'un dieu grec si son front n'était pas étroit et ses yeux fermés.

En trois mois, il était devenu américain avec enthousiasme : « L'Amérique est le plus grand pays du monde », m'a-t-il assuré avec une ignorance abyssale ; « N'importe quel jeune homme qui travaille peut gagner de l'argent ici ; si j'avais un petit capital, je serais un homme riche en très peu d'années ; c'est du capital dont j'ai besoin, rien de plus. Après m'avoir raconté mon histoire, surtout lors de la dernière phase de ma séparation avec les garçons, il a déclaré que je devais être fou. « Avec cinq mille dollars, s'écria-t-il, je pourrais être riche en trois ans, millionnaire en dix. Vous devez être fou ; ne sais-tu pas que chacun est pour soi dans ce monde : mon Dieu ! Je n'ai jamais entendu parler d'une telle folie : si j'avais su !

Pendant quelques jours, je l'ai observé de près et j'en suis venu à croire qu'il était parfaitement adapté à son environnement, éminemment apte à y réussir. C'était un chrétien sincère, ai-je découvert, qui avait été converti et baptisé dans l'Église baptiste ; il avait une jolie voix de ténor et dirigeait le chœur ; il a avalé toutes les idioties de cet incroyable credo ; mais en tira de précieuses sanctions morales ; il était abstinent et ne fumait pas ; un Nazaréen, lui aussi, déterminé à rester chaste, comme il l'appelait, un état d'abstinence envers les femmes et une indulgence hebdomadaire à l'auto-abus qu'il essayait de justifier comme étant inévitable.

L'enseignement de Jésus lui-même n'a eu que peu ou pas d'effet pratique sur lui ; il considérait tout cela comme des conseils d'une perfection impossible et, comme la grande majorité des Américains, acceptait une moralité puérile paulinienne-allemande tout en méprisant le devoir de pardon et en méprisant l'Évangile de l'amour.

Quelques jours après notre première rencontre, Willie m'a proposé de lui prêter mille dollars et il me donnerait vingt-cinq pour cent pour l'utilisation de cet argent. Quand je m'écriai contre le taux usuraire, douze pour cent étant la limite de l'État, il me dit qu'il pourrait prêter un million de dollars s'il l'avait, à raison de trois à cinq pour cent par mois, avec une parfaite sécurité. « Vous voyez donc, conclut-il, que je peux facilement vous donner deux cent cinquante dollars par an pour l'usage de vos mille dollars : on peut acheter un bien immobilier ici pour payer cinquante pour cent par an ; le pays commence tout juste à se développer », et ainsi de suite, et ainsi de suite, dans un optimisme fou : au final, il a eu mes mille dollars, me laissant avec à peine cinq cents, mais comme je pourrais vivre dans une bonne pension pendant quatre dollars par semaine, je pensais qu'au pire j'avais devant moi une année d'insouciance et que si Willie tenait sa promesse, je serais libre de faire ce que je voulais pendant des années à venir.

Il était écrit que je devais vivre une autre expérience à Lawrence, bien plus importante que tout ce qui concernait mon frère. « Les événements à venir projettent leur ombre avant », est un proverbe poétique singulièrement inepte : les grands événements arrivent sans être annoncés, mais étaient plus vrais.

Un soir, je suis allé à une réunion politique au Liberty Hall, près de mon hôtel. Le sénateur Ingalls allait parler ainsi qu'un membre du Congrès sur le mouvement Granger, la première tentative des agriculteurs occidentaux de réagir politiquement contre l'exploitation de Wall Street. La salle était bondée : juste derrière moi était assis un homme entre deux jolies filles aux yeux gris. Le visage de cet homme m'a attiré dès le premier regard : je devrais pouvoir l'imaginer car au moment même où j'écris, son visage apparaît devant moi avec autant d'éclat que si les nombreuses longues années qui nous séparent n'étaient que la fermeture momentanée de mes yeux.

A la fin de ce chapitre, je reproduis de lui un portrait parfait et il suffit d'y ajouter la coloration et l'expression : les grands yeux étaient noisette et très écartés sous le front blanc et pendant ; les cheveux et les moustaches étaient châtains teintés d'auburn ; mais ce sont les yeux qui m'ont attiré et fasciné car ils étaient lumineux comme aucun autre œil que j'ai jamais vu ; franche aussi, et gentille, gentille toujours.

Mais sa robe, une redingote noire, avec un col montant blanc et une étroite cravate en soie noire, excitait mon mépris snob anglais. Les deux filles, des sœurs évidemment, se rattrapaient pour tout ce qu'elles valaient, du moins c'est ce qu'il semblait à mes yeux jaunis et envieux.

Le sénateur Ingalls a prononcé le genre de discours habituel : les agriculteurs ont eu raison de se regrouper; mais les seigneurs de l'argent étaient puissants et, après tout, les agriculteurs et les banquiers étaient des Américains : les Américains en premier et en dernier, et tout le temps ! (grands acclamations !) Le membre du Congrès a suivi avec le même type de plaisanterie patriotique, puis des cris ont surgi de toutes les parties de la salle pour le professeur Smith ! J'ai entendu des chuchotements enthousiastes derrière moi et, me retournant à demi, j'ai deviné que le beau jeune homme était le professeur Smith car ses deux admiratrices le persuadaient de monter sur l'estrade et de fasciner le public.

Peu de temps après, il monta au milieu de grands applaudissements ; une bonne silhouette d'homme, plutôt grand, environ cinq pieds dix, mince avec de larges épaules. Il commença à parler d'une voix rauque : « il y avait un conflit d'intérêts manifeste », dit-il, « entre les États manufacturiers de l'Est qui exigeaient des droits de douane élevés sur toutes les importations et l'Occident agricole qui voulait des produits bon marché et des tarifs de transport bon marché. .

« Au fond, il s'agit d'une simple question d'arithmétique, d'un problème mathématique qui exige un compromis ; car chaque pays devrait créer ses propres industries manufacturières et être autonome. La réforme évidente était indiquée ; le gouvernement fédéral devrait reprendre les chemins de fer et les exploiter pour les agriculteurs, tandis que la concurrence entre les fabricants américains finirait par faire baisser les prix.

Personne dans la salle ne semblait comprendre cette « réforme évidente » ; mais le discours a provoqué un ouragan d'acclamations et j'ai conclu qu'il y avait dans l'auditoire un grand nombre d'étudiants de l'Université d'État.

Je ne sais pas ce qui m'a pris, mais quand Smith est revenu à sa place derrière moi entre les deux filles et qu'elles l'ont porté aux nues, je me suis levé et j'ai marché jusqu'à la plate-forme. J'ai été accueilli par une tempête de rire et j'ai dû faire une figure ridicule. J'étais en tenue de cow-boy modifiée par Reece et Dell : je portais une culotte ample en velours côtelé Bedford, des bottes marron jusqu'aux genoux et une sorte de chemise et de veste en peau de daim combinées qui rentraient dans ma culotte. Mais la pluie et le soleil avaient exercé leur influence sur la peau de daim qui avait rétréci le long de mon cou et le long de mes bras.

Encouragé par les rires, je montai les quatre marches jusqu'à l'estrade et me dirigeai vers le maire qui en était le président :

"Puis-je parler?" J'ai demandé:

"Bien sûr", a-t-il répondu, "votre nom ?"

"Je m'appelle Harris", répondis-je et le maire, me considérant manifestement comme une grande plaisanterie, annonça qu'un certain M. Harris souhaitait prendre la parole à l'assemblée et qu'il espérait que l'audience lui accorderait une audience équitable, même si ses doctrines se révélaient particulières. Alors que je leur faisais face, les spectateurs éclataient de rire : la maison était assez secouée. J'ai attendu une bonne minute, puis j'ai commencé : « Comme les Américains et les démocrates, dis-je, jugent un homme d'après les vêtements qu'il porte et la quantité de cheveux qu'il a sur le visage ou les dollars dans ses jeans. »

Il y eut un silence instantané, le silence de surprise au moins, et je continuai en montrant ce que j'avais appris de Mill : la compétition ouverte était la loi de la vie, un autre nom pour la lutte pour l'existence ; que chaque pays devrait concentrer ses énergies sur la production des choses pour lesquelles il est le mieux placé et les échanger contre les produits d'autres nations ; c'était la grande loi économique, la loi de la division territoriale du travail.

« Les Américains devraient produire du maïs, du blé et de la viande pour le monde entier », dis-je, et échanger ces produits contre les produits en laine anglais les moins chers, ainsi que contre les soieries françaises et le lin irlandais. Cela enrichirait l'agriculteur américain, valoriserait toutes les terres américaines incultes et serait mille fois mieux pour l'ensemble du pays que de taxer tous les consommateurs avec des droits d'importation élevés pour enrichir quelques fabricants de l'Est trop inefficaces pour faire face à la concurrence ouverte de l'Europe. « Les agriculteurs américains, poursuivis-je, devraient s'organiser avec les ouvriers, car leurs intérêts sont identiques et combattre le fabricant oriental qui n'est qu'un parasite vivant sur le cerveau et le travail des hommes meilleurs. »

Et puis, j'ai conclu : « ce programme de bon sens ne plaira pas à vos sénateurs, ni à vos membres du Congrès qui préfèrent les conneries bon marché à la pensée, ni à vos professeurs super raffinés qui croient que la guerre des classes est « un simple problème arithmétique » (et j'ai imité le (voix maigre du professeur), mais il peut néanmoins être accepté par l'agriculteur américain fatigué d'être traite par le fabricant yankee et il devrait constituer le premier chapitre du nouvel évangile de Granger.

Je me suis incliné devant le maire et je me suis détourné, mais le public s'est mis à applaudir et le sénateur Ingalls est venu et m'a serré la main en disant qu'il espérait mieux me connaître et les acclamations ont continué jusqu'à ce que je revienne à ma place et reprenne ma place. Quelques minutes plus tard, j'ai été touché dans le dos par le professeur Smith. Alors que je me retournais, il me dit en souriant : « tu m'as donné une bonne leçon : je ne deviendrai jamais un orateur public et ce que j'ai dit semblait sans doute inconséquent et absurde ; mais si vous vouliez me parler, je pense que je pourrais vous convaincre que ma théorie tiendra la route.

« Je n'en doute pas, » interrompis-je, profondément honteux de m'être moqué d'un homme que je ne connaissais pas ; "Je n'ai pas compris ce que tu voulais dire mais je serais heureux d'avoir une conversation avec toi."

"Êtes-vous libre ce soir?" il poursuivit : J'acquiesçai : « Alors viens avec moi dans ma chambre. Ces dames vivent en dehors de la ville et nous les mettrons dans leur buggy et nous serons ensuite libres. Voici Mme... ajouta-t-il en me présentant à la dame la plus grosse et à sa sœur, Miss Stevens. Je me suis incliné et nous sommes partis, je me suis résolument tenu à l'écart jusqu'à ce que les sœurs soient parties : puis nous sommes partis ensemble vers les appartements du professeur Smith pour notre conversation.

Si je pouvais donner un compte rendu complet de ce discours, cette pauvre page rayonnerait d'émerveillement et d'admiration mêlés de révérence amoureuse. Nous avons parlé, ou plutôt Smith a parlé, car j'ai vite découvert qu'il en savait infiniment plus que moi et j'ai pu qualifier mon credo de celui de Mill, « un économiste anglais bourgeois », il l'appelait avec un dédain souriant.

Toujours mémorable pour moi, sacré en effet, cette première conversation avec l'homme qui était destiné à remodeler ma vie et à lui inspirer certains de ses propres objectifs. Il m'a fait découvrir le communisme de Marx et d'Engels et m'a facilement convaincu que la terre et ses produits, le charbon et le pétrole, devaient appartenir à l'ensemble de la communauté, qui devait également gérer toutes les industries pour le bien public.

Mon souffle a été coupé par sa simple déclaration de l'affaire et j'ai été ravi par la passion de sa voix et de ses manières même si, même à ce moment-là, je n'étais pas entièrement convaincu. Quel que soit le sujet que nous abordions, il nous éclairait ; il me semblait tout savoir, l'allemand et le français, et il parlait le latin et le grec classique aussi couramment que l'anglais. Je n'avais jamais imaginé une telle érudition et lorsque je récitais quelques vers de Swinburne pour exprimer mon credo, il les connaissait aussi, ainsi que son Hymne panthéistique à Hertha . Et il portait sa connaissance avec légèreté comme le simple vêtement de son esprit brillant ! Et comme il était beau, comme un dieu Soleil ! Je n'avais jamais vu quelqu'un qui puisse se comparer à lui.

Le jour s'était levé avant que nous ayons fini de parler : il m'a alors dit qu'il était professeur de grec à l'Université d'État et qu'il espérait que je viendrais étudier avec lui lors de la réouverture des écoles en octobre. « Vous considérer comme un cow-boy, dit-il, est impossible. Imaginez un cow-boy connaissant par cœur les livres de Virgile et les poèmes de Swinburne ; c'est absurde : il faut donner une chance à son cerveau et étudier.

« J'ai trop peu d'argent », dis-je, commençant à regretter mon prêt à mon frère.

« Je vous ai dit que j'étais socialiste », rétorqua Smith en souriant : « J'ai trois ou quatre mille dollars à la banque, prends-en la moitié et viens étudier » et ses yeux lumineux me tenaient : alors c'était vrai, après tout ; mon cœur se gonflait, jubilait, il y avait des âmes nobles dans ce monde qui ne pensaient pas à l'argent et vivaient pour de meilleures choses que l'or.

« Je ne prendrai pas votre argent », ai-je dit, les larmes aux yeux : « chaque hareng devrait pendre par la tête en ces jours démocratiques ; mais si vous pensez suffisamment à moi pour offrir une telle aide, je vous promets de venir même si je crains que vous ne soyez déçu lorsque vous découvrirez à quel point je sais peu de choses ; combien je suis ignorant. Je ne suis pas allé à l'école depuis l'âge de quatorze ans.

« Venez, nous allons bientôt rattraper le temps perdu » dit-il. "Au revoir, où restes-tu?" «La maison Eldridge», répondis-je.

Il m'a amené à la porte et nous nous sommes séparés ; en me tournant pour partir, j'ai vu la grande silhouette légère et les yeux radieux et je suis parti dans un nouveau monde qui était l'ancien, avec l'impression de marcher dans l'air.

Une fois de plus, mes yeux s'étaient ouverts, comme à Overton Bridge, sur les beautés de la nature ; mais maintenant à la splendeur d' un esprit unique. Quelle chance! J'ai pleuré en rencontrant un tel homme ! Il me semblait vraiment qu'un Dieu me suivait avec des dons divins !

Et puis la pensée m'est venue : Cet homme vous a choisis et vous a appelés tout comme Jésus appelait ses disciples : — *Venez, et je ferai de vous des pêcheurs d'hommes !* Déjà, je me consacrais corps et âme au nouvel Évangile.

Mais même cette rencontre avec Smith, au cours de laquelle j'ai atteint le sommet des heures d'or, a été déclenchée, pour ainsi dire, par un autre événement de cette semaine merveilleuse. À la table voisine de moi, dans la salle à manger, j'avais déjà remarqué une ou deux fois un petit homme d'âge moyen, à l'air fatigué, qui commençait souvent son petit-déjeuner avec un verre d'eau bouillante et le faisait suivre d'une pomme au four noyée dans une riche eau. crème. Il mangeait aussi de la cervelle ou des ris de veau au dîner, et du riz, pas des pommes de terre : quand j'ai eu l'air surpris, il m'a dit qu'il était resté éveillé toute la nuit et qu'il avait une digestion faible, Mayhew, a-t-il dit, était son nom et il m'a expliqué que si je J'avais toujours envie d'une partie de faro, d'euchre ou même de n'importe quoi d'autre, il m'obligerait. J'ai souri; Je pourrais monter et tirer, répondis-je ; mais je n'étais pas bon aux cartes.

Le lendemain de ma conversation avec Smith, Mayhew et moi étions tous les deux en retard pour le dîner : je suis resté assis longtemps autour d'un bon repas et alors qu'il se levait, il m'a demandé si je traverserais la rue et verrais son « plan ! J'y suis allé assez volontiers, n'ayant rien à faire. Le salon de jeu se trouvait au premier étage d'un immeuble presque en face d'Eldridge House : l'endroit était bien entretenu et soigné, grâce à un barman et un serveur de couleur et un nègre de tous les travaux. La longue pièce elle aussi était confortablement meublée et très éclairée, ce qui en faisait un endroit attrayant.

Par hasard, pendant qu'il me faisait visiter, une dame entra ; Mayhew, après un mot ou deux, me la présenta comme sa femme : Mme Mayhew était alors une femme âgée peut-être de vingt-huit ou trente ans, avec une silhouette grande et légère et un visage intéressant plutôt que joli : ses traits étaient tous beaux, ses yeux même étaient grandes et bleu-gris : elle aurait été ravissante si sa coloration avait été plus prononcée : donnez-lui des cheveux dorés ou rouges ou noirs et elle aurait été une beauté : elle était toujours habillée avec goût et avait des manières attrayantes et invitantes. J'ai vite découvert qu'elle aimait les livres et la lecture et comme Mayhew disait qu'il allait être occupé, j'ai demandé si je pouvais la raccompagner à la maison. Elle a consenti en souriant et nous sommes partis. Elle vivait dans une jolie maison à colombages isolée dans une rue parallèle à Massachusetts Street, presque en face d'une grande et laide église.

Alors qu'elle montait les marches jusqu'à la porte, j'ai remarqué qu'elle avait des chevilles fines et soignées et j'ai deviné des membres galbés. Pendant qu'elle ôtait son léger manteau et son chapeau, le soulèvement de ses bras étirait son corsage et montrait de petits seins ronds : déjà mon sang était de lave et ma bouche desséchée de désir.

"Tu me regardes étrangement !" » dit-elle en se tournant vers le long miroir avec un défi sur ses lèvres entrouvertes. J'ai fait une remarque stupide : je ne pouvais pas me faire confiance pour parler franchement ; mais une sympathie naturelle nous rapprochait. Je lui ai dit que j'allais être étudiant et elle voulait savoir si je savais danser : je lui ai dit que je ne pouvais pas et elle a promis de m'apprendre : « Lily Robins, la fille d'un voisin, jouera pour nous n'importe quel après-midi. Connaissez-vous les étapes ? » elle a continué et quand j'ai dit « Non » : elle s'est levée du canapé, a relevé sa robe et m'a montré les trois pas de polka qui, selon elle, étaient aussi les pas de valse, exécutés uniquement en plané. « Quelles jolies chevilles ! vous l'avez fait", risquai-je; mais elle parut ne pas m'entendre. Nous nous sommes assis encore et encore et j'ai appris qu'elle était très seule : M. Mayhew absent toutes les nuits et presque toute la journée et rien à faire dans ce petit endroit mort et vivant. « Me laisserez-vous venir discuter de temps en temps ? J'ai demandé : « Quand tu veux », fut sa réponse. Alors que je me levais pour partir et que nous nous trouvions face à face près de la porte, je dis : « Vous savez, Mme Mayhew, en Europe, lorsqu'un homme ramène une jolie femme à la maison, elle le récompense par un baiser... »

"Vraiment?" se moqua-t-elle en souriant, "Ce n'est pas une coutume ici."

« Êtes-vous moins généreux qu'eux ? J'ai demandé et l'instant d'après, j'avais pris son visage dans mes mains et je l'avais embrassée sur les lèvres. Elle a posé ses mains sur mes épaules et a posé ses yeux sur les miens : « Nous allons devenir amis », a-t-elle dit, « je l'ai senti quand je t'ai vu : ne reste pas loin trop longtemps !

« Me verras-tu demain après-midi ? J'ai demandé : « Je veux ce cours de danse ! » "Sûrement" répondit-elle, "je le dirai à Lily demain matin." Et une fois de plus nos mains se rencontrèrent : j'essayai de l'attirer vers moi pour un autre baiser ; mais elle se retint en souriant : « Demain après-midi ! "Dites-moi votre nom", ai-je supplié, "pour que j'y réfléchisse." "Lorna" répondit-elle, "tu es un drôle de garçon!" et j'ai continué mon chemin le pouls battant, le sang enflammé et l'espoir dans le cœur.

Le lendemain matin, je rendis visite à Smith ; mais la jolie servante « Rose », dit-elle, m'a dit qu'il était presque toujours dehors chez le juge Stevens « à cinq ou six milles », pensait-elle ; "Ils viennent toujours le chercher en buggy", a-t-elle ajouté. Alors j'ai dit que j'allais lui écrire et prendre rendez-vous et je lui ai écrit et lui ai demandé de me laisser le voir le lendemain matin.

Le matin même, Willie me recommanda une pension gardée par une Mme Gregory, une Anglaise, épouse d'un vieux pasteur baptiste, qui prendrait bien soin de moi pour quatre dollars par semaine. Immédiatement, je suis allé la voir avec lui et j'ai été ravi de constater qu'elle habitait à seulement une centaine de mètres de Mme Mayhew, de l'autre côté de la rue. Mme Gregory était une grande femme maternelle, de toute évidence une dame, qui avait fondé cette pension pour subvenir aux besoins d'un mari plutôt irréfléchi et de deux enfants, une grande et jolie fille, Kate et un garçon de quelques années plus jeune. Mme Gregory fut ravie de mon accent anglais, je crois, et me montra immédiatement une faveur particulière en me donnant une grande pièce extérieure avec sa propre entrée et des marches donnant sur le jardin.

En une heure, j'avais payé ma note à Eldridge House et j'avais emménagé : j'ai fait preuve d'une once de prudence en faisant promettre à Willie à Mme Gregory qu'il viendrait chaque samedi avec les cinq dollars pour ma pension ; le dollar supplémentaire était pour la grande chambre.

Je raconterai en temps voulu comment il a tenu sa promesse et s'est acquitté de sa dette envers moi. Pour le moment, tout s'arrangeait facilement, joyeusement. Je suis sorti et j'ai commandé un costume décent en tweeds ordinaires et je me suis habillé de mon plus beau costume bleu pour rendre visite à Mme Mayhew après le déjeuner. L'horloge marchait au ralenti mais sur le coup de trois heures, j'étais à sa porte : une femme de chambre de couleur m'a admis.

"Mme. Mayhew, dit-elle de sa jolie voix chantante, sera bientôt là : je vais appeler Miss Lily.

Au bout de cinq minutes, Miss Lily apparut, une jeune fille brune aux cheveux noirs brillants, à la large bouche rieuse, aux lèvres rouges épaisses et capricieuses et aux yeux gris bordés de cils noirs : elle eut à peine le temps de me parler que Mme Mayhew entra : « J'espère que vous serez de bons amis, dit-elle joliment ; "Vous avez tous les deux à peu près le même âge", a-t-elle ajouté.

Quelques minutes plus tard, Miss Lily jouait une valse sur le Steinway et, avec mon bras autour de la taille légère et flexible de mon inamorata, j'essayais de valser. Mais hélas! au bout d' un tour ou deux, j'ai eu le vertige et, malgré toute ma résolution, j'ai dû admettre que je ne serais jamais capable de danser.

"Vous êtes devenue très pâle", dit Mme Mayhew, " vous devez vous asseoir sur le canapé un petit moment." Lentement, le vertige m'a quitté : avant que je sois complètement rétabli, Miss Lily avec de gentilles paroles de sympathie était rentrée chez elle et Mme Mayhew m'a apporté une tasse d'excellent café : je l'ai bu et j'ai été guéri immédiatement.

"Vous devriez entrer et vous allonger", dit Mme Mayhew toujours pleine de pitié, "vous voyez" et elle ouvrit une porte, "voilà la chambre d'amis toute prête." J'ai vu ma chance et je me suis approché d'elle : « si tu venais aussi », murmurai-je, puis « le café m'a bien fait : ne veux-tu pas, Lorna, m'embrasser ? Tu ne sais pas combien de fois j'ai prononcé ton nom hier soir, ma chérie ! » et en un instant j'avais de nouveau pris son visage et posé mes lèvres sur les siennes. Cette fois, elle m'a donné ses lèvres et mon baiser est devenu une caresse ; mais peu de temps après, elle s'éloigna et dit : « Asseyons-nous et parlons, je veux savoir tout ce que vous faites. Alors je me suis assis à côté d'elle sur le canapé et je lui ai raconté toutes mes nouvelles. Elle pensait que je serais à l'aise avec les Gregory . "Mme. Grégory est une bonne femme, ajouta-t-elle, et j'ai entendu dire que la jeune fille est fiancée à un cousin : la trouvez-vous jolie ?

"Je ne trouve personne d'autre que toi, Lorna", dis-je et j'ai appuyé sa tête sur le bras du canapé et je l'ai embrassée. Ses lèvres devinrent brûlantes : j'en étais certain. Aussitôt je posai la main sur son sexe ; elle s'est un peu débattue au début, ce dont j'ai pris soin pour rapprocher nos corps et quand elle a cessé de se débattre, j'ai mis mes mains sous sa robe et j'ai commencé à caresser son sexe : il était chaud et humide, comme je le savais, et s'est ouvert facilement. .

Mais un instant plus tard, elle prit les devants : « Quelqu'un pourrait nous trouver ici, murmura-t-elle, j'ai laissé partir la bonne : monte dans ma chambre » et elle m'emmena à l'étage. Je la suppliai de se déshabiller : je voulais voir sa silhouette ; mais elle a seulement dit : « Je n'ai pas de corset, je n'en porte pas souvent à la maison. Es-tu sûre que tu m'aimes, chérie ? "Tu sais que je le fais!" fut ma réponse. L'instant d'après, je l'ai soulevée sur le lit, j'ai remonté ses vêtements, j'ai ouvert ses jambes et j'étais en elle. Il n'y a eu aucune difficulté et au bout d'un moment ou deux, je suis arrivé ; mais il continua à fouiller passionnément ; en quelques minutes, son souffle allait et venait rapidement et ses yeux papillonnaient et elle rencontrait mes poussées avec des soupirs et des morsures de son sexe. Mon deuxième orgasme a pris un certain temps et pendant ce temps, Lorna est devenue de plus en plus réactive, jusqu'à ce que soudain elle pose ses mains sur mes fesses et m'attire de force vers elle pendant qu'elle bougeait maladroitement son sexe de haut en bas pour répondre à mes poussées avec une passion que j'avais. à peine imaginé. Je venais encore et encore et plus la pièce durait longtemps, plus son excitation et son plaisir étaient fous. Elle m'a embrassé chaleureusement en fouillant et en enfonçant sa langue dans ma bouche. Finalement, elle a remonté sa chemise pour m'enfoncer plus profondément en elle et finalement, avec de petits sanglots, elle est soudainement devenue hystérique et haletante sauvagement, a éclaté en larmes.

Cela m'a arrêté : j'ai retiré mon sexe, je l'ai prise dans mes bras et je l'ai embrassée ; Au début, elle s'accrochait à moi avec des soupirs étouffés et des yeux ruisselants, mais dès qu'elle eut repris un peu le contrôle, je suis allé aux toilettes, je lui ai apporté une éponge d'eau froide, je lui ai lavé le visage et lui ai donné de l'eau à boire. cela l'a calmée. Mais elle ne me laissait pas la quitter, même pour arranger mes vêtements.

"Oh, tu es géniale, forte, ma chérie", s'écria-t-elle en m'enlaçant dans ses bras, "oh, qui aurait cru possible un plaisir aussi intense : je n'ai jamais rien ressenti de pareil auparavant : comment as-tu pu continuer si longtemps ! Oh, comme je t'aime, tu te demandes et tu t'enchantes !

« Je suis tout à toi, ajouta-t-elle gravement, tu feras de moi ce que tu voudras : je suis ta maîtresse, ton esclave, ton jouet et tu es mon Dieu et mon amour ! Oh chérie! Oh !"

Il y eut une pause pendant que je souriais à ses éloges extravagants, puis soudain elle se redressa et sortit du lit : « Tu voulais voir ma silhouette », s'exclama-t-elle, « voilà, je ne peux rien te refuser ; J'espère seulement que cela vous plaira" et au bout d'un instant ou deux, elle se montra nue de la tête aux bas.

Comme je l'avais deviné, sa silhouette était légère et souple , avec des hanches étroites mais elle avait une grande touffe de cheveux sur son Mont de Vénus et ses seins n'étaient pas aussi ronds et fermes que ceux de Jessie : elle était néanmoins très jolie et bien formée avec les *amendes s'attachent* (poignets et chevilles fines) que les Français ont si tendance à surestimer. Ils pensent que les petits os indiquent un petit sexe ; mais j'ai trouvé que les exceptions sont très nombreuses, même s'il existe une telle règle.

Après avoir embrassé ses seins et son nombril et loué sa silhouette, elle a disparu dans la salle de bain mais s'est vite retrouvée avec moi sur le canapé que nous avions laissé environ une heure auparavant.

« Savez-vous, commença-t-elle, que mon mari m'a assuré que seul le jeune homme le plus fort pouvait sortir deux fois avec une femme en une journée

? Je l'ai cru; ne sommes-nous pas des femmes idiotes ? Vous avez dû venir une douzaine de fois ?

"Pas la moitié de ce chiffre", répondis-je en souriant.

"Tu n'es pas fatigué?" » fut sa question suivante, « même moi j'ai un petit mal de tête » elle ajouta : « Je n'ai jamais été aussi énervée : à la fin c'était trop intense : mais tu dois être fatiguée. » "Non," répondis-je, "je ne ressens aucune fatigue, en fait, je me sens mieux grâce à notre balade dans la joie!"

"Mais tu es sûrement une exception ?" elle a continué; "La plupart des hommes finissent dans un court spasme et laissent la femme complètement insatisfaite, juste excitée et rien de plus."

«La jeunesse», ai-je dit, « c'est là , je crois, la principale différence.»

"Y a-t-il un danger pour un enfant?" elle reprit : « Je devrais dire espoir », ajouta-t-elle amèrement, « car j'aimerais avoir un enfant, ton enfant » et elle m'embrassa.

« Quand avez-vous été malade pour la dernière fois ? J'ai demandé.

"Il y a environ quinze jours", répondit-elle, "j'ai souvent pensé que ça avait quelque chose à voir avec ça."

"Pourquoi?" J'ai demandé : « dis la vérité ! Je l'ai prévenue et elle a commencé : « Je te dirai n'importe quoi ; Je pensais que le temps avait quelque chose à voir avec cela car peu de temps après, je vais bien, chaque mois, ma « chatte », c'est comme ça qu'on l'appelle, brûle et démange souvent de manière intolérable ; mais après environ une semaine, je ne suis plus dérangé jusqu'à la prochaine fois. Pourquoi donc?" elle a ajouté.

« Deux choses que je dois t'expliquer » dis-je, « ta semence est descendue dans ton ventre par le sang menstruel : elle y vit une semaine ou dix jours puis meurt et avec sa mort tes désirs diminuent et les chances de fécondation diminuent. . Mais à l'approche des règles mensuelles suivantes, disons dans les trois jours, il y a à nouveau un double danger ; car l'excitation peut faire descendre votre semence avant l'heure habituelle et de toute façon, ma semence vivra dans votre ventre environ trois jours, donc si vous souhaitez éviter une grossesse, attendez dix jours après la fin de votre flux mensuel et arrêtez disons quatre Quelques jours avant que vous vous y attendiez à nouveau, le danger d'avoir un enfant est alors très faible.

"Oh, espèce de garçon sage!" " Elle a ri, " ne vois-tu pas que tu sautes le moment où je te désire le plus, et ce n'est gentil avec aucun de nous ; n'est-ce pas ?

« Il y a encore une autre façon de m'évader, dis-je, faites-moi de me retirer avant de venir la première fois, ou de vous lever immédiatement et de vous

injecter abondamment de l'eau : l'eau tue ma semence dès qu'elle la touche…
»

« Mais en quoi cela vous aidera-t-il si vous continuez une demi-douzaine de fois ? » elle a demandé.

« Les médecins disent, répondis-je, que ce qui vient de moi après n'est pas assez viril pour féconder une femme : je t'expliquerai le procédé si tu veux ; mais vous pouvez le prendre, le fait est tel que je le dis.

« Quand as-tu appris tout cela ? elle a demandé.

"Cela a été mon étude la plus captivante", ai-je ri, "et de loin la plus agréable !"

"Toi, chérie, chérie," cria-t-elle, "je dois t'embrasser pour ça."

"Sais-tu que tu embrasses à merveille ?" continua-t-elle d'un ton réfléchi , « avec un effleurement prolongé de l'intérieur des lèvres puis un coup de langue : c'est ce qui m'a tant excité la première fois » et elle soupira comme ravie de ce souvenir.

"Tu n'avais pas l'air excité," dis-je avec un demi-reproche, "car quand j'ai voulu un autre baiser, tu t'es éloigné et tu as dit 'demain' ! Pourquoi les femmes sont-elles si coquettes, si perverses ? J'ai ajouté en me souvenant de Lucille et de Jessie.

« Je crois que c'est qu'on veut être sûr d'être désirée, répondit-elle, et un peu aussi qu'on veut en prolonger la joie, le délice d'être désiré, vraiment désiré ! Il est si facile pour nous de donner et si exquis de sentir le désir d'un homme nous poursuivre ! Ah comme c'est rare, soupira-t-elle avec passion, et comme c'est vite perdu ! Tu vas bientôt te lasser de ta maîtresse", ajouta-t-elle, "maintenant que je suis toute à toi et que je ne vibre que pour toi" et elle me prit la tête entre ses mains et m'embrassa passionnément, à regret.

« Tu embrasses mieux que moi, Lorna ! Où avez-vous acquis cet art, Madame ? J'ai demandé : "Je crains que tu n'aies été une vilaine, vilaine fille !"

« Si seulement vous saviez la vérité, s'exclama-t-elle, si vous saviez à quel point les filles aspirent à un amant, brûlent et démangent en vain et se demandent pourquoi les hommes sont si stupides, si froids et ennuyeux qu'ils ne voient pas notre désir.

« N'essayons-nous pas toutes sortes de trucs ? Ne sommes-nous pas hautains et renfermés à un moment, affectueux, tendres, aimants à un autre ? Ne cachons-nous pas l'hameçon avec toutes sortes d'appâts uniquement pour regarder le poisson le renifler et se détourner . Ah, si tu savais — je me sens traître à mon sexe même en te le disant — si tu devinais comme nous nous tournons vers toi et comme nous sommes intelligents, comme nous sommes pleins de ruses ! Il y a une expression que j'ai entendu un jour mon mari utiliser et qui décrit exactement nous les femmes, soit neuf sur dix. Je voulais savoir comment il gardait le bureau au chaud toute la nuit : il a dit, on humidifie les fourneaux et il explique le processus : ça y est, me suis-je crié, je suis un four atténué : c'est sûrement pour ça que je garde au chaud alors long! Imaginez-vous, demanda-t-elle en détournant à moitié son visage de fleur pâle de passion, que j'ai ôté mon chapeau le premier jour devant le verre et que je me suis retourné lentement en le tenant au-dessus de ma tête, par hasard ? Espèce d'innocent! Je savais que le mouvement montrerait mes seins et mes hanches fines et je l'ai fait délibérément en espérant que cela vous exciterait et à quel point j'étais ravi quand je l'ai vu.

"Pourquoi t'ai-je montré le lit dans cette chambre ?" ajouta-t-elle, "et j'ai laissé la porte entrouverte quand je suis revenue ici vers le canapé, mais pour te tenter et comme j'étais heureuse de sentir ton désir dans ton baiser. Je me donnais avant que tu ne repousses ma tête sur le bras du canapé et que tu ne me démêles tous les cheveux ! » » ajouta-t-elle en faisant la moue et en le tapotant avec ses mains pour s'assurer qu'il était en ordre.

« Vous avez été étonnamment magistral et rapide, poursuivit-elle : comment saviez-vous que je souhaitais que vous me touchiez alors ! La plupart des hommes auraient continué à s'embrasser et à s'amuser, craignant d'agir de manière décisive. Vous devez avoir beaucoup d'expérience ? Espèce de vilain garçon ! »

« Dois-je vous dire la vérité ! » J'ai répondu : « Je le ferai, juste pour vous encourager à être franc avec moi. Tu es la première femme avec qui j'ai dépensé ma semence ou avec qui j'ai eu correctement... »

« Appelez cela improprement, pour l'amour de Dieu, s'écria-t-elle en riant de joie, espèce de vierge chérie, vous ! Oh! comme j'aurais aimé avoir à nouveau seize ans et que tu sois mon premier amant. Tu m'aurais fait croire en Dieu. Pourtant tu es mon premier amant, ajouta-t-elle vivement, je n'ai appris que le délice et l'extase de l'amour dans tes bras...

Notre conversation d'amour a duré des heures jusqu'à ce que soudain j'ai deviné qu'il était tard et j'ai regardé ma montre ; il était près de sept heures et demie : j'étais en retard pour le dîner qui commençait à six heures et demie !

«Je dois y aller», m'écriai-je, «sinon je n'aurai rien à manger.»

« Je pourrais te donner à souper, ajouta-t-elle, mes lèvres aussi, qui te désirent et... et... mais tu sais, ajouta-t-elle avec regret, il pourrait entrer et je veux d'abord mieux te connaître avant de te voir ensemble : un jeune Dieu et un homme ! — et l'homme à l'image de Dieu, mais une si mauvaise imitation !

« Ne fais pas ça, dis-je, tu vas te compliquer la vie... »

"Plus fort" répéta-t-elle avec un reniflement de mépris, "Embrasse-moi, mon amour et pars s'il le faut. Dois-je te voir demain ? Là!" s'écria-t-elle comme avec un juron, « Je me suis trahie : je n'y peux rien, oh comme je te veux toujours : comme je te désirerai et compterai les heures ennuyeuses et mornes ! Vas-y, vas-y ou je ne te laisserai jamais » – et elle m'embrassa et s'accrocha à moi jusqu'à la porte.

"Doux, demain", dis-je en m'arrachant.

Bien sûr, il est évident que ma liaison avec Mme Mayhew n'avait que peu ou rien à voir avec l'amour. C'était une pulsion sexuelle juvénile démoniaque en moi et à peu près la même faim en elle et dès que le désir était satisfait, mon jugement à son égard était aussi impartial, aussi froid que si elle m'avait toujours été indifférente. Mais je pense qu'il y avait chez elle un certain attachement et une grande tendresse. Dans les relations intimes entre les sexes, il est rare en effet que l'homme se donne autant à l'amour que la femme.

Professeur Byron. C. Smith : 1872.

QUELQUES ÉTUDES, PLUS D'AMOUR.

Chapitre X.

Le dîner chez Gregory était presque terminé lorsque j'entrai dans la salle à manger : Kate, ses parents et le garçon Tommy étaient assis au bout de la table, prenant leur repas : la douzaine de convives avaient tous fini et disparu. Mme Gregory s'empressa de se lever et Kate se leva pour suivre sa mère dans la cuisine voisine .

"S'il vous plaît, ne vous levez pas!" J'ai crié à la jeune fille : « Je ne me pardonnerai jamais de vous interrompre : je m'attendrai à moi-même ou à vous », ajoutai-je en souriant, « si vous voulez quelque chose... »

Elle me regarda avec des yeux durs et indifférents et renifla avec mépris : « Si tu veux bien t'asseoir là », dit-elle en désignant l'autre bout de la table, « je t'apporterai à dîner : prends-tu du café ou du thé ?

« Un café, s'il vous plaît », répondis-je et pris le siège indiqué, me décidant aussitôt à être froid avec elle tout en gagnant les autres. Bientôt, le garçon commença à me demander si j'avais déjà vu des Indiens – « en peinture de guerre et armés, je veux dire », ajouta-t-il avec empressement.

"Oui et je leur ai tiré dessus aussi", répondis-je en souriant. Les yeux de Tommy brillaient : "Oh, dis-nous !" il haletait et je savais que je pouvais toujours compter sur un bon auditeur !

« J'ai beaucoup de choses à raconter, Tommy, dis-je, mais maintenant je dois dîner au tarif express, sinon ta sœur sera en colère... » ai-je ajouté alors que Kate arrivait avec de la nourriture fumante : elle fit la grimace et haussa les épaules avec mépris.

« Où prêchez-vous ? J'ai demandé au père aux cheveux gris : « Mon frère dit que tu es vraiment éloquent... »

«Jamais éloquent», répondit-il avec dépréciation, «mais parfois très sérieux peut-être, surtout quand quelque événement de la journée vient souligner le récit évangélique...» Il parlait comme un homme de bonne éducation et je voyais qu'il était heureux d'être attiré par le devant.

Ensuite, Kate m'a apporté du café frais et Mme Gregory est entrée et a continué son repas et la conférence est devenue intéressante, grâce à M. Gregory qui ne pouvait s'empêcher de dire comment l'incendie de Chicago avait stimulé le christianisme chez ses auditeurs et lui avait donné un excellent texte. . J'ai mentionné avec désinvolture que j'avais été dans l'incendie et j'ai parlé du pont de Randolph Street, de la pendaison et de tout ce que j'avais vu là-bas et au bord du lac ce lundi matin inoubliable.

Au début, Kate entrait et sortait de la pièce en retirant la vaisselle comme si elle n'était pas concernée par l'histoire, mais quand je lui racontai les femmes et les filles à moitié nues au bord du lac tandis que les flammes derrière nous atteignaient le zénith dans un drap rouge, cela Elle continuait à lancer des flèches enflammées devant nous et faisait brûler les bateaux sur l'eau devant nous, elle aussi s'arrêtait pour écouter.

J'ai immédiatement compris que j'étais aimé et admiré par tous les autres ; mais indifférent, froid avec elle. Alors je me suis levé comme si sa position fascinée m'avait interrompu et j'ai dit :

"Je suis désolé de vous garder : j'ai trop parlé, pardonne-moi !" et je me rendis dans ma chambre malgré les protestations et les prières pour continuer tout le reste. Kate vient de rougir ; mais je n'ai rien dit.

Elle m'attirait beaucoup : elle était infiniment désirable, très belle et très jeune (seulement seize ans, dira plus tard sa mère) et ses grands yeux noisette étaient presque aussi excitants que sa jolie bouche ou ses larges hanches et sa bonne taille. Elle me plaisait intimement, mais je résolus de la conquérir entièrement et sentais que j'avais bien commencé : en tout cas, elle penserait à moi et à ma froideur.

J'ai passé la soirée à sortir ma demi-douzaine de livres, sans oublier mes traités de médecine, puis je me suis endormi, du sommeil profond de la récupération sexuelle.

Le lendemain matin, j'ai de nouveau rendu visite à Smith où il vivait avec le révérend M. Kellogg, qui était professeur d'histoire anglaise à l'université, a déclaré Smith. Kellogg était un homme d'une quarantaine d'années, robuste et bien entretenu, avec une épouse fanée du même âge. Rose, la jolie servante, m'a fait entrer : j'ai eu un sourire et un mot chaleureux de remerciement pour elle : elle était étonnamment jolie, la plus jolie fille que j'aie vue à Lawrence : de taille et de silhouette moyennes avec un visage assez joli et une feuille de rose exquise. peau! Elle m'a souri; évidemment mon admiration lui plaisait.

Smith, j'ai découvert, avait acheté des livres pour moi, des dictionnaires latin et grec-anglais, un Tacite également et des Souvenirs de Xénophon avec une grammaire grecque : j'ai insisté pour les payer tous, puis il a commencé à parler. Il vient de louer Tacite pour ses superbes phrases et le grand portrait de Tibère – « peut-être le plus grand portrait historique jamais peint avec des mots ». J'avais une sorte d'image du roi Édouard IV dans ma tête romantique, mais je n'ai pas osé la raconter. Mais bientôt Smith passa à Xénophon et à son portrait de Socrate comparé à celui de Platon. J'ai écouté toutes les oreilles pendant qu'il lisait un passage de Xénophon, peignant Socrate avec de petites touches humaines : je lui ai fait traduire chaque mot littéralement et j'ai eu une grande leçon, résolu en rentrant chez moi d'apprendre toute la page par cœur. Smith a été plus que gentil avec moi : il m'a dit que je pourrais entrer dans la classe junior et que je n'aurais donc que deux ans pour obtenir mon diplôme. Si Willie me rendait ne serait-ce que cinq cents dollars, je pourrais m'en sortir sans soucis ni travail.

Puis Smith m'a raconté comment il était allé en Allemagne après son université américaine : comment il y avait étudié puis travaillé à Athènes en grec ancien pendant encore un an jusqu'à ce qu'il puisse parler le grec classique aussi facilement que l'allemand. « Il y avait quelques dizaines de professeurs et d'étudiants, dit-il, qui se réunissaient régulièrement et ne parlaient que le grec classique : ils essayaient toujours de rendre la langue moderne semblable à l'ancienne. » Il m'a donné une traduction du « Capital » de Marx et m'a inspiré et incité de cinquante manières à renouveler mes efforts.

Je suis revenu dîner chez les Gregory et j'ai discuté dans mon esprit si je devais aller chez Mme Mayhew comme je l'avais promis ou travailler chez Greek : j'ai décidé de travailler et j'ai alors fait le vœu de toujours préférer le travail, un vœu plus honoré dans la violation, je le crains, que dans l'observance. Mais au moins j'ai écrit à Mme Mayhew pour m'excuser et lui promettre le lendemain après-midi. Puis je me suis mis à apprendre par cœur les deux pages des « Souvenirs ».

Ce soir-là, je m'assis au bout de la table ; la tête en a été prise par le professeur universitaire de physique, un pédant ennuyeux !

Chaque fois que Kate s'approchait de moi, j'étais cérémonieusement poli : « Merci beaucoup ! C'est très gentil de ta part!" et pas un mot de plus. Dès que j'ai pu, je suis allé dans ma chambre pour travailler.

Le lendemain, à trois heures, j'ai frappé chez Mme Mayhew : elle a ouvert la porte elle-même : j'ai crié « comme vous êtes gentil » et une fois dans la pièce, je l'ai attirée vers moi et je l'ai embrassée encore et encore : elle semblait froide et engourdi.

Pendant quelques instants, elle ne parla pas, puis : « J'ai l'impression d'avoir eu la fièvre », dit-elle en passant ses mains dans ses cheveux, les soulevant dans un geste que je connaîtrai bien dans les jours à venir : « Ne promets plus jamais si tu ne viens pas : j'ai cru que je deviendrais folle : attendre est un horrible supplice ! Qui t'a gardé ? Une fille ? et ses yeux cherchèrent les miens.

Je me suis excusé ; mais son intensité m'a glacé. Au risque de m'aliéner mes lectrices, je dois avouer que c'est là l'effet que sa passion a eu sur moi. Quand je l'ai embrassée, ses lèvres étaient froides. Mais le temps que nous remontions, elle avait dégelé : elle ferma gravement la porte derrière nous et commença : « Voyez comme je suis prête pour vous ! et en un instant elle avait rejeté sa robe et se tenait nue devant moi : elle jeta le vêtement sur une chaise ; il est tombé par terre : elle s'est penchée pour le ramasser avec ses fesses vers moi : j'ai embrassé ses fesses molles et je l'ai rattrapée par celles-ci avec ma main sur son sexe. Elle tourna la tête par-dessus son épaule :

« Je me suis lavé et parfumé pour vous, Monsieur : que pensez-vous du parfum ? et que trouves-tu cette touffe de cheveux ? et elle toucha sa Monture avec une grimace ; « J'en avais tellement honte quand j'étais petite : je le rasais : c'est ce qui le faisait devenir si épais, je crois : un jour, ma mère l'a vu et m'a fait arrêter de me raser ; oh, comme j'en avais honte : c'est animal, laid : — tu ne détestes pas ça ? Oh! dire la vérité!" s'écria-t-elle, ou plutôt, ne le fais pas ; dis-moi que tu l'aimes.

"Je l'adore", m'exclamai-je, "parce que c'est à toi !" "Oh, cher amant," sourit-elle, "tu trouves toujours le mot juste, le baume flatteur pour la plaie!"

"Êtes-vous prêt pour moi?" J'ai demandé : "C'est prêt ou dois-je d'abord t'embrasser et caresser la chatte ?"

« Quoi que vous fassiez, ce sera bien », dit-elle, « vous savez que je suis toujours pourrie, douce et mouillée pour vous !

Tout cela pendant que je me déshabillais : maintenant, moi aussi, j'étais nue.

«Je veux que vous vous agenouilliez», dis-je: «Je veux voir le Saint des Saints, le sanctuaire de mon idolâtrie.»

Elle a immédiatement fait ce que je lui avais demandé. Ses jambes et ses fesses étaient bien formées sans être sculpturales ; mais son clitoris était bien plus grand qu'un bouton moyen : il dépassait d'un demi-pouce et les lèvres intérieures de sa vulve pendaient un peu en dessous des lèvres extérieures. Je savais que je devrais voir des chattes plus jolies. Celles de Kate étaient mieux formées, j'en étais sûr, et ses lèvres lourdes et d'un brun plus garance me rebutaient un peu.

L'instant d'après, j'ai commencé à caresser son clitoris rouge avec mon organe chaud et raide : Lorna a soupiré profondément une ou deux fois et ses yeux se sont levés ; lentement, j'ai enfoncé ma bite à fond et je l'ai tirée à nouveau jusqu'aux lèvres, puis à nouveau et j'ai senti son chaud jus d'amour jaillir alors qu'elle remontait encore plus ses genoux pour me laisser entrer plus profondément : "Oh, c'est divin" , soupira-t-elle, "mieux encore que la première fois", et quand mes poussées devinrent rapides et dures alors que l'orgasme me secouait, elle se tordit sur ma queue alors que je me retirais, comme si elle voulait la retenir, et que ma semence jaillissait dans elle, elle m'a mordu l'épaule et a serré ses jambes comme pour garder mon sexe en elle. Nous restons quelques instants baignés de bonheur. Puis, comme je recommençais à bouger pour aiguiser la sensation, elle se leva à moitié sur son bras : « Tu sais, dit-elle, j'ai rêvé hier de m'en prendre à toi et de te le faire : ça te dérange si j'essaye... " "Non en effet!" J'ai crié : « vas-y : je suis ta proie ! Elle s'est levée en souriant et s'est agenouillée sur moi et a mis ma bite dans sa chatte et s'est effondrée sur moi avec un profond soupir. Elle a essayé de monter et descendre sur mon organe et est immédiatement montée trop haut et a dû utiliser sa main pour remettre mon Tommy à l'intérieur ; puis elle s'y affaissa le plus possible : « Je peux bien m'enfoncer », s'écria-t-elle en souriant du double sens, « mais je ne peux pas si bien me relever ! Comme nous sommes des imbéciles, nous les femmes, nous ne pouvons même pas maîtriser l'acte d'amour ; nous sommes tellement gênés !

"Cependant, votre maladresse m'excite", dis-je.

"Est-ce que c'est vrai?" elle s'écria : « alors je ferai de mon mieux », et pendant quelque temps elle se leva et s'abaissa en rythme ; mais à mesure que son excitation grandissait, elle s'est simplement laissée allonger sur moi et a remué ses fesses jusqu'à ce que nous arrivions tous les deux. Elle était rouge et chaude et je n'ai pas pu m'empêcher de lui poser une question :

« Votre excitation se transforme-t-elle en un spasme de plaisir ? J'ai demandé : « ou continuez-vous à être de plus en plus excité ? »

"Je suis de plus en plus excitée", dit-elle, "jusqu'à l'autre jour, avec toi pour la première fois de ma vie, le plaisir est devenu insupportablement intense et j'étais hystérique, espèce d'amoureux des merveilles !"

Depuis, j'ai lu des livres lascifs dans une demi-douzaine de langues et ils représentent tous des femmes arrivant à l'orgasme en flagrant délit, comme le font les hommes, suivi d'une période de contenu : ce qui montre seulement que les livres sont tous écrits par des hommes et ignorants, des hommes insensibles en plus. La vérité est qu'il est rare qu'une femme mariée sur mille soit amenée au plus haut niveau de ses sentiments : généralement, juste au moment où elle commence à ressentir, son mari s'endort. Si la majorité des maris satisfaisaient occasionnellement leurs femmes, la Révolte des Femmes s'orienterait bientôt vers un autre objectif : les femmes veulent avant tout un amant qui aime les exciter au maximum. En règle générale, les hommes, en raison des conditions économiques, se marient si tard qu'ils ont déjà à moitié épuisé leur puissance virile avant de se marier. Et lorsqu'ils se marient jeunes, ils sont si ignorants et si égocentriques qu'ils s'imaginent que leurs femmes doivent être satisfaites quand elles le sont. Mme Mayhew m'a dit que son mari ne l'avait jamais vraiment excitée. Elle nia avoir jamais éprouvé un quelconque plaisir aigu dans ses étreintes.

« Dois-je te rendre à nouveau hystérique ? » J'ai demandé, par vanité enfantine, "Je peux, tu sais!"

« Il ne faut pas se fatiguer ! » prévint-elle, "mon mari m'a appris il y a longtemps que lorsqu'une femme fatigue un homme, il a du dégoût pour elle et je veux ton amour, ton désir, ma chérie, mille fois plus même que le plaisir que tu me donnes..."

« N'aie pas peur, interrompis-je, tu es gentil, tu ne pourrais pas me fatiguer : tourne-toi de côté et lève ta jambe gauche, et je laisserai juste mon sexe caresser doucement ton clitoris d'avant en arrière ; de temps en temps, je le laisse entrer jusqu'à ce que nos cheveux se rejoignent. J'ai continué ce jeu peut-être une demi-heure jusqu'à ce qu'elle soupire et soupire d'abord, puis fasse des mouvements maladroits avec sa chatte que je cherchais à deviner et à rencontrer comme elle le souhaitait quand soudain elle a crié :

"Oh! Oh! fais-moi mal , s'il te plaît ! fais-moi mal , ou je te mords ! Oh mon Dieu, oh, oh » – haletant, essoufflé jusqu'à ce que les larmes coulent à nouveau !

"Toi chéri!" sanglotait-elle, « comme on peut aimer ! Pourrais-tu continuer éternellement ?

Pour réponse, je pose sa main sur mon sexe : « Toujours aussi coquine », s'exclame-t-elle, « et je m'étouffe, essoufflée, épuisée ! Oh, je suis désolée, poursuivit-elle, mais nous devrions nous lever, car je ne veux pas que mon aide sache ou devine : les nègres parlent… »

Je me suis levé et je suis allé aux fenêtres ; l'une donnait sur le porche mais l'autre directement sur le jardin. "Qu'est ce que tu regardes?" elle a demandé en venant vers moi. "Je cherchais juste le meilleur moyen de sortir si jamais nous étions surpris", dis-je , " si nous laissons cette fenêtre ouverte, je pourrai toujours me rendre dans le jardin et m'enfuir rapidement."

«Tu te ferais du mal», criait-elle.

"Pas du tout", répondis-je, "Je pourrais encore descendre la moitié de la distance sans me blesser, la seule chose est que je dois porter des bottes et un pantalon, sinon tes épines me donneraient du gip !". … « Toi, mon garçon », s'est-elle exclamée en riant : « Je pense qu'après ta force et ta passion, c'est ton côté enfantin que j'aime le plus » - et elle m'a embrassé encore et encore.

"Je dois travailler", je l'ai prévenue, " Smith m'a donné beaucoup à faire." "Oh, ma chérie", dit-elle, les yeux remplis de larmes, "ça veut dire que tu ne viendras pas demain ou", ajouta-t-elle précipitamment, "même après-demain ?"

« Ce n'est pas possible », ai-je déclaré, « j'ai une bonne semaine de travail devant moi ; mais tu sais que je viendrai le premier après-midi où je pourrai me libérer et je te le ferai savoir la veille, ma chérie ! Elle m'a regardé avec des yeux pleins de larmes et des lèvres tremblantes : « l'amour est son propre tourment ! elle a soupiré pendant que je m'habillais et je suis partie rapidement.

La vérité, c'est que j'étais déjà rassasié : sa passion n'avait rien de nouveau : elle m'avait appris tout ce qu'elle pouvait et n'avait plus rien en elle, pensais-je ; tandis que Kate était plus jolie, beaucoup plus jeune et vierge. Pourquoi ne devrais-je pas l'avouer ? C'était la virginité de Kate qui m'attirait irrésistiblement : j'imaginais ses jambes, ses hanches, ses cuisses et son sexe : elle n'aurait pas une touffe de poils rêches ; je sentais déjà la douceur soyeuse de son triangle : serait-il brun ou aurait-il des mèches dorées comme ses cheveux ?

Les jours suivants se passèrent à lire le livre que Smith m'avait prêté, en particulier « Das Kapital », dont le deuxième livre, avec sa franche exposition du système industriel anglais, était tout simplement passionnant : j'ai lu aussi un peu de Tacite et de Xénophon. avec un berceau et j'apprenais chaque jour par cœur une page de grec, et chaque fois que je me sentais fatigué du travail, j'assiégeais Kate. C'est-à-dire que j'ai continué mon plan de campagne : un jour j'ai appelé son frère dans ma chambre et je lui ai raconté des histoires vraies de chasse au bison et de combats avec les Indiens ; un autre jour, je parlais de théologie avec le père ou j'invitais la chère mère à lui raconter ses années d'enfance à Cornwall : « Je n'aurais jamais pensé que je me mettrais à travailler ainsi dans ma vieillesse ; mais alors les enfants prennent tout et donnent peu ; Je n'étais pas meilleure en tant que fille ; Je me souviens » – et j'ai eu une scène de sa brève cour !

J'avais conquis toute la maison bien avant de dire un mot à Kate au-delà de la plus simple courtoisie. Une semaine environ s'est écoulée ainsi jusqu'au jour où je les ai tous tenus après le dîner pendant que je racontais l'histoire de notre raid au Mexique. J'ai bien sûr veillé à ce que Kate soit hors de la pièce. Vers la fin de mon récit, Kate entra : aussitôt je me précipitai vers la fin et après m'être excusé, je me dirigeai vers le jardin.

Une demi-heure plus tard, j'ai vu qu'elle était dans ma chambre en train de ranger ; J'ai réfléchi puis j'ai gravi les marches extérieures. Dès que je l'ai vue, j'ai fait semblant d'être surpris : « Je vous demande pardon », lui ai-je dit, « je vais juste prendre un livre et partir tout de suite ; s'il te plaît, ne me laisse pas te déranger ! » et j'ai fait semblant de chercher le livre.

Elle se tourna brusquement et me regarda fixement : « Pourquoi me traites-tu ainsi ? » éclata-t-elle, tremblante d'indignation.

"Comme quoi?" Répétai-je en feignant la surprise. « Vous le savez bien, reprit-elle avec colère, précipitamment : au début j'ai cru que c'était un hasard, involontaire ; maintenant je sais que tu le penses. Chaque fois que vous parlez ou racontez une histoire, dès que j'entre dans la pièce, vous vous arrêtez et vous vous dépêchez comme si vous me détestiez. Pourquoi? Pourquoi?" s'écria-t-elle avec des lèvres tremblantes, "Qu'ai-je fait pour que tu me détestes autant ?" et les larmes se sont accumulées dans ses jolis yeux.

J'ai senti que le moment était venu : j'ai posé mes mains sur ses épaules et j'ai regardé de toute mon âme dans ses yeux : « N'as-tu jamais deviné, Kate, que ce pouvait être de l'amour, pas de la haine ? J'ai demandé.

"Non non!" s'écria-t-elle, les larmes coulant, "l'amour n'agit pas comme ça !"

"La peur de manquer l'amour oui, je peux t'assurer", m'écriai-je, "je pensais au début que tu ne m'aimais pas et déjà j'avais commencé à prendre soin de toi", (mes bras entourèrent sa taille et je l'attirai vers moi) « t'aimer et te vouloir. Embrasse-moi, chérie" et aussitôt elle me tendit ses lèvres pendant que ma main s'affairait sur ses seins puis descendait d'elle-même jusqu'à son sexe. Soudain, elle me regarda gaiement, vivement tout en poussant un grand soupir de soulagement. "Je suis content, content!" dit-elle, « si vous saviez à quel point j'étais blessée et comment je me suis torturée ; un moment j'étais en colère, puis j'étais triste. Hier, j'ai décidé de parler, mais aujourd'hui, je me suis dit : je serai juste obstinée et froide comme lui et maintenant » - et d'elle-même, elle passa ses bras autour de mon cou et m'embrassa : « tu es un cher, un cher! Peu importe je t'aime!"

« Il ne faut pas me donner ces piqûres d'oiseaux ! M'exclamai-je, "ce ne sont pas des baisers : je veux que tes lèvres s'ouvrent et s'accrochent aux miennes" et je l'embrassai pendant que ma langue s'enfonçait dans sa bouche et je caressais doucement son sexe. Elle rougit, mais ne comprit pas au début, puis soudain elle rougit d'un rouge rosé tandis que ses lèvres devenaient chaudes et elle s'enfuit de la pièce.

J'exultais : je savais que j'avais gagné : je devais être très calme et réservé et l'oiseau viendrait à l'appât ; J'en étais absolument certain !

Pendant ce temps, je passais presque toutes les matinées avec Smith : des heures en or ! Toujours, toujours avant de nous séparer, il me montrait une nouvelle beauté ou me révélait une nouvelle vérité : il me semblait la créature la plus merveilleuse de ce monde étrange et ensoleillé. J'avais l'habitude de m'accrocher en transe à ses lèvres éloquentes ! (Étrange ! J'avais soixante-cinq ans avant de trouver un adorateur de héros comme celui de Smith, qui n'avait alors que vingt-quatre ou vingt-cinq !) Il m'a fait connaître tous les dramaturges grecs : Eschyle, Sophocle et Euripide et les a mis pour moi, sous un jour plus vrai que celui que les érudits anglais ou allemands ont encore présenté. Il savait que Sophocle était le plus grand et de ses lèvres j'ai appris tous les refrains de l'Œdipe Roi et de Colonos avant de maîtriser complètement la grammaire grecque ; en fait, c'est la beauté suprême de la littérature qui m'a obligé à apprendre la langue. En m'apprenant les refrains, il a pris soin de souligner qu'il était possible de garder la mesure tout en marquant aussi l'accent : en fait, il a fait du grec classique une langue vivante pour moi, au même titre que l'anglais. Et il ne me laissa pas négliger le latin : dès la première année avec lui, je connaissais par cœur les poèmes de Catulle, presque aussi bien que je connaissais Swinburne. Grâce au professeur Smith, je n'ai eu aucune difficulté à entrer dans la classe junior de l'université ; en fait, après mes trois ou quatre premiers mois de travail, j'étais facilement le premier de la classe, qui comprenait Ned Stevens, le frère de l'amoureuse de Smith. J'ai vite découvert que Smith était complètement amoureux de Kate Stevens, touché au cœur comme dirait Mercutio, avec les yeux bleus d'une fille blonde !

Et ce n'est pas étonnant, car Kate était adorable ; un peu au-dessus de la taille moyenne avec une silhouette légère et arrondie et un visage des plus attrayants : l'ovale, une pensée longue plutôt que ronde, avec des traits délicats et parfaits, éclairés par une paire d'yeux gris-bleu superlatifs, des yeux tour à tour délicieux et réfléchis et séduisant qui reflétait une intelligence vraiment extraordinaire. Elle était dans la classe supérieure et a ensuite occupé pendant des années le poste de professeur de grec à l'université. J'aurai quelque chose à dire d'elle dans un prochain volume de cette histoire, car je l'ai retrouvée à New York près de cinquante ans plus tard. Mais en 1872 ou 1873, son frère Ned, un beau garçon de dix-huit ans qui était dans ma classe, m'intéressait davantage. Le seul autre membre de la classe senior de cette époque était un brave garçon, Ned Bancroft, qui est venu plus tard en France avec moi pour étudier.

A cette époque, curieusement, Kate Stevens était sur le point d'être fiancée à Ned Bancroft ; mais il était déjà évident qu'elle était amoureuse de Smith et mon admiration franche pour Smith l'a aidée, je l'espère, comme elle l'a aidé, j'en suis sûr, à une meilleure compréhension mutuelle. Bancroft a accepté la situation avec un abnégation extraordinaire, ne perdant ni l'amitié de Smith ni celle de Kate : J'ai rarement vu une abnégation plus noble : en effet, sa noblesse d'esprit dans cette crise a été ce qui a d'abord gagné mon admiration et m'a montré ses autres belles qualités.

Presque au début, j'éprouvais de sérieuses inquiétudes : de temps en temps, Smith tombait malade et devait rester alité pendant un jour ou deux. Il n'y avait aucune explication à cette maladie qui me laissait perplexe et me causait une certaine anxiété.

Un jour, au milieu de l'hiver, un nouveau développement s'est produit. Smith ne savait pas comment agir et s'est confié à moi. Il avait trouvé le professeur Kellogg, chez qui il habitait, en train d'essayer d'embrasser la jolie aide, Rose, tout à fait contre sa volonté : Smith était catégorique sur ce point, la jeune fille luttait avec colère pour se libérer, quand par hasard il les interrompit.

J'ai un peu soulagé la gravité solennelle de Smith en éclatant de rire : l'idée d'un vieux professeur et d'un ecclésiastique essayant de gagner une jeune fille par la force m'a rempli d'amusement : « Quel imbécile cet homme doit être ! était mon jugement anglais ; Smith a d'abord adopté le ton moral élevé des Américains.

"Pensez à sa déloyauté envers sa femme dans la même maison", s'écria-t-il, "et puis au scandale si la fille parlait et qu'elle est sûre de parler !"

« Il ne faut surtout pas parler », corrigeai-je, « les filles ont peur de l'effet de telles révélations ; en plus, un mot de votre part lui demandant de protéger Mme Kellogg garantira son silence.

« Oh, je ne peux pas lui conseiller », s'écria Smith, « je ne me mêlerai pas de cela : j'ai dit à Kellogg à l'époque, je dois quitter la maison, et pourtant je ne sais pas où aller ! C'est trop honteux de sa part ! Sa femme est vraiment une femme chère !

Pour la première fois, je pris conscience d'une différence profondément enracinée entre Smith et moi : sa haute condamnation morale sur la base de données très insuffisantes me paraissait puérile ; mais sans doute beaucoup de mes lecteurs considéreront ma tolérance comme une preuve de mon libertinage éhonté ! Cependant, j'ai sauté sur l'occasion de parler à Rose d'un sujet aussi scabreux et j'ai en même temps résolu les difficultés de Smith en lui proposant de venir prendre chambre et pension chez les Gregory - un grand coup de diplomatie pratique de ma part, du moins. cela m'est apparu ; car ainsi j'ai rendu aux Gregory , à Smith et à moi-même un service immense et incalculable. Smith a sauté sur l'idée, m'a demandé de m'en occuper immédiatement et de le lui faire savoir, puis a appelé Rose.

Elle est venue à moitié effrayée, à moitié en colère, sur la défensive, je pouvais le voir ; alors j'ai parlé le premier en souriant : « Oh Rose », j'ai dit : « Le professeur Smith m'a parlé de votre problème : mais vous ne devriez pas être en colère : car vous êtes si jolie qu'il n'est pas étonnant qu'un homme veuille vous embrasser : vous Je dois blâmer vos jolis yeux et votre belle bouche »—

Rose éclata de rire : elle était venue s'attendre à un reproche et trouva une douce flatterie.

« Il n'y a qu'une chose, Rose », poursuivis-je : « l'histoire ferait du mal à Mme Kellogg si elle était révélée et elle n'est pas très forte, alors vous ne devez rien en dire, pour elle : c'est ce que le professeur Smith voulait dire. à vous », ai-je ajouté. "Je ne le saurai probablement pas", s'écria Rose: "Je vais bientôt tout oublier: mais je suppose que je ferais mieux de trouver un autre travail: il risque de réessayer, même si je lui ai donné une bonne gifle", et elle a ri joyeusement.

"Je suis si heureux pour le bien de Mme Kellogg", dit gravement Smith, "et si je peux vous aider à trouver un autre logement, s'il vous plaît, faites appel à moi."

"Je suppose que je n'aurai aucune difficulté", dit Rose avec désinvolture, avec une nuance d'aversion pour la solennité du professeur : "Mme. Kellogg me donnera un bon caractère » et la jeune minx en bonne santé sourit ; "En plus, je ne suis pas sûr mais je vais rester à la maison un moment : j'en ai marre de travailler et j'aimerais prendre des vacances, et maman veut que je..."

"Où habites-tu, Rose?" J'ai demandé avec un œil attentif sur les opportunités futures ; « De l'autre côté de la rivière », répondit-elle, « à côté de chez frère Conklin, là où votre frère embarque... » ajouta-t-elle en souriant.

Quand Rose est partie, j'ai supplié Smith de faire ses cartons car je lui trouverais la meilleure chambre chez les Gregory et je lui ai assuré qu'elle était vraiment grande et confortable et qu'elle pourrait contenir tous ses livres, etc., et je suis parti faire ma promesse. bien. En chemin, je me suis mis à réfléchir à la manière dont je pourrais transformer la gentillesse que je faisais aux Gregory au profit de mon amour. J'ai décidé de faire de Kate une partenaire de la bonne action, ou du moins une annonciatrice de la bonne nouvelle. Alors, quand je suis rentré à la maison, j'ai sonné dans ma chambre et comme je l'avais espéré, Kate a répondu. Quand j'ai entendu ses pas, je tremblais, chaud de désir et maintenant je souhaite décrire un sentiment que j'ai alors commencé à remarquer en moi-même. J'avais envie de prendre possession de la jeune fille, pour ainsi dire, brusquement, de la violer en fait, ou du moins de passer les deux mains à la fois sous sa robe et de palper en même temps ses fesses et son sexe ; mais j'en savais déjà assez pour comprendre avec certitude que les filles préfèrent les approches douces et courtoises : pourquoi ? Du fait, j'en suis sûr. Alors j'ai dit : « Entrez, Kate ! gravement; "Je veux vous demander si la meilleure chambre est encore libre et si vous aimeriez que le professeur Smith l'ait, si je pouvais le faire venir ici ?"

« Je suis sûre que maman serait ravie », s'est-elle exclamée.

"Tu vois", poursuivis-je, "j'essaie de te servir autant que je peux, et pourtant tu ne m'embrasses même pas de ton propre gré" : elle a souri et je l'ai donc attirée vers le lit et je l'ai soulevée. : J'ai vu son regard et je lui ai répondu : « La porte est fermée, ma chérie », et à moitié allongé sur elle j'ai commencé à l'embrasser passionnément pendant que ma main remontait ses vêtements jusqu'à son sexe. À ma grande joie, elle ne portait pas de slip, mais au début elle gardait les jambes serrées, fronçant les sourcils : « l'amour ne nie rien, Kate », dis-je gravement ; lentement, elle écarta les jambes, moitié boudeuse, moitié souriante, et me laissa caresser son sexe. Quand son jus d'amour est venu, je l'ai embrassée et je me suis arrêté : « C'est dangereux ici, lui ai-je dit, cette porte par laquelle tu es entrée est ouverte ; mais il faut que je voie vos jolis membres » et j'ai retroussé sa robe. Je n'avais pas exagéré ; elle avait des membres comme une statue grecque et son triangle de cheveux bruns reposait en petites boucles soyeuses sur son ventre et puis — le con le plus doux du monde : je me suis baissé et je l'ai embrassé.

En un instant, Kate se leva et lissa sa robe : « Quel garçon tu es », s'exclama-t-elle, « mais c'est en partie pour ça que je t'aime ; oh, j'espère que tu m'aimeras à moitié autant. Dites que vous le ferez, Monsieur, et je ferai tout ce que vous voudrez ! »

"Je le ferai", répondis-je, "mais oh, je suis content que tu veuilles de l'amour : peux-tu venir me voir ce soir ? Je veux passer quelques heures avec toi sans interruption. « Cet après-midi, dit-elle, je dirai que je vais me promener et je viendrai vers toi, ma chérie ! Ils se reposent tous alors ou dehors et je ne manquerai pas.

Je ne pouvais qu'attendre et réfléchir. Une chose était fixée en moi : je devais l'avoir, la faire mienne avant l'arrivée de Smith : il était tout à fait trop fascinant, pensais-je, pour qu'on lui confie une si jolie fille ; mais j'avais peur qu'elle saigne et je ne voulais pas lui faire de mal cette première fois, alors je suis sorti et j'ai acheté une seringue et un pot de cold cream que j'ai posé à côté de mon lit.

Oh, comme ce dîner a pris du retard ! Mme Gregory m'a remercié chaleureusement pour ma gentillesse envers eux tous (ce qui m'a semblé agréablement ironique !) et M. Gregory a suivi son exemple ; mais enfin tout le monde eut fini et je retournai dans ma chambre pour me préparer. J'ai d'abord verrouillé la porte extérieure et baissé les stores : puis j'ai étudié le lit, je l'ai retourné et j'ai disposé une serviette le long du bord : heureusement, le lit était à peu près à la bonne hauteur ! Puis j'ai desserré mon pantalon , déboutonné le devant et remonté ma chemise : un peu plus tard, Kate a mis son joli visage devant la porte et s'est glissée à l'intérieur. J'ai tiré le verrou et j'ai commencé à l'embrasser : les filles sont d'étranges mortelles : elle avait ôté ses corsets au moment où j'avais mis une serviette à portée de main. J'ai soulevé ses vêtements et touché son sexe, le caressant doucement tout en l'embrassant ; en un instant ou deux, son lait d'amour arriva.

Je l'ai soulevée sur le lit, j'ai baissé mon pantalon , j'ai oint ma bite avec de la crème, puis j'ai écarté ses jambes et lui ai fait relever les genoux, j'ai tiré ses fesses jusqu'au bord du lit : elle a froncé les sourcils mais je expliqua rapidement : « Cela peut vous faire un peu mal, au début, ma chère ; et je veux te donner le moins possible" et j'ai glissé doucement, lentement la tête de ma bite en elle. Même graissée, sa chatte était très serrée et dès l'entrée, j'ai senti l'obstacle, sa virginité sur le chemin : je me suis allongé sur elle et je l'ai embrassée et je l'ai laissée ou Mère Nature m'aider.

Dès que Kate a compris que je lui laissais le soin, elle a poussé hardiment en avant et l'obstacle a cédé : « O-O » a-t-elle crié puis a poussé à nouveau brutalement et mon organe est entré en elle jusqu'à la garde et son clitoris a dû sentir mon ventre. Résolument, je me suis abstenu de pousser ou de me retirer pendant une minute ou deux, puis j'ai attiré lentement vers ses lèvres et alors que je poussais doucement Tommy à nouveau, elle se pencha et m'embrassa passionnément. Lentement, avec le plus grand soin, je me suis gouverné et j'ai poussé vers l'intérieur et vers l'extérieur avec des poussées longues et lentes, même si j'avais envie, envie de l'enfoncer fort et d'accélérer les coups autant que possible ; mais je savais par Mme Mayhew que les poussées longues et douces et les retraits lents étaient les plus aptes à exciter la passion d'une femme et j'étais déterminé à gagner Kate.

En deux ou trois minutes, elle avait de nouveau laissé couler un flot de jus d'amour, du moins c'est ce que je croyais, et j'ai continué le jeu de l'amour, sachant que la première expérience n'est jamais oubliée par une fille et j'ai décidé de continuer à dîner. du temps si nécessaire pour rendre sa première joute amoureuse mémorable pour elle. Kate a duré plus longtemps que Mme Mayhew : je suis venue de très nombreuses fois, passant de plus en plus lentement d'un orgasme à l'autre avant qu'elle ne commence à bouger vers moi ; mais finalement, son souffle a commencé à devenir de plus en plus court et elle m'a tenu violemment contre elle, bougeant sa chatte de haut en bas durement contre ma racine . Soudain, elle se détendit et retomba : il n'y avait pas d'hystérie ; mais je pouvais clairement sentir la bouche de son ventre se fixer sur ma bite comme pour la sucer. Cela m'a excité férocement et pour la première fois, je me suis livré à des poussées rapides et dures jusqu'à ce qu'un spasme de plaisir le plus intense me secoue et que ma semence jaillisse ou semble jaillir pour la sixième ou septième fois.

Quand j'ai fini d'embrasser et de féliciter ma charmante partenaire et que je me suis éloigné, j'ai été horrifié : le lit était une couche de sang et un peu de sang était tombé sur mon pantalon : les cuisses et les jambes de Kate étaient même toutes incarnées, rendant le joli blanc ivoire de sa peau. , un rouge. Vous imaginez peut-être avec quelle douceur j'ai utilisé la serviette sur ses jambes et son sexe avant de lui montrer les résultats de notre passage d'amour. À mon grand étonnement, elle n'a pas été affectée : « Vous devez enlever le drap et le brûler », dit-elle, « ou le jeter dans la rivière : je suppose que ce ne sera pas la première fois. »

«Est-ce que ça fait très mal», ai-je demandé.

« Au début, c'était beaucoup », répondit-elle, « mais bientôt le plaisir a pris le dessus sur l'intelligent et je n'ai même pas voulu oublier la douleur : je t'aime tellement : je n'ai même pas peur des conséquences avec toi : je te fais absolument confiance et j'aime te faites-vous confiance et courez tous les risques que vous souhaitez.

"Toi chéri!" J'ai pleuré : « Je ne crois pas qu'il y aura de conséquences ; mais je veux que tu ailles à la bassine et que tu utilises cette seringue : je te dirai pourquoi après. Aussitôt elle se dirigea vers le bassin : « Je me sens bizarrement, faible, dit-elle, comme si j'étais – je ne peux pas le décrire – tremblante sur mes jambes. Je suis contente de ne plus porter de caleçons en été : ils seraient mouillés. Ses ablutions terminées et le drap retiré et recouvert de papier, j'ai tiré le verrou et nous avons commencé notre conversation. Je la trouvai intelligente et gentille, mais ignorante et mal instruite ; Pourtant, elle n'avait aucun préjugé et était désireuse de tout savoir sur les bébés et comment ils étaient fabriqués. Je lui ai raconté ce que j'avais dit à Mme Mayhew et quelque chose de plus : comment ma semence était composée de dizaines de milliers d' animalcules infinitésimaux en forme de têtard . Déjà dans son vagin et son ventre, ces infinies petites choses faisaient une course : elles pouvaient bouger de près d'un pouce. en une heure, la plus forte et la plus rapide s'est levée la première là où son œuf l'attendait au milieu de son ventre. Mon petit têtard, arrivé le premier, enfonça la tête dans son œuf et, ayant ainsi accompli son œuvre de fécondation, périt , l'amour et la mort étant jumeaux.

Ce qui était curieux, c'était que ce têtard d'une taille indescriptible pouvait transmettre toutes les qualités de tous ses géniteurs dans certaines proportions ; aucun enseignant religieux n'a jamais imaginé un tel miracle. Plus curieux encore, le fœtus vivant dans l'utérus subit en neuf mois tous les principaux changements que la race humaine a traversés au cours d'innombrables éons dans son progrès depuis le têtard jusqu'à l'homme. Jusqu'au cinquième mois, le fœtus est pratiquement un animal à quatre pattes.

Je lui ai dit qu'il était admis aujourd'hui que les semaines passées dans le ventre de toute métamorphose correspondaient exactement aux âges qu'elle occupait en réalité. Il fut ainsi debout, animal à deux pattes, singe puis homme dans le sein maternel pendant les trois derniers mois et cela correspondait à près d'un tiers de toute l'existence de l'homme sur cette terre. Kate écoutait avec fascination, pensai-je, jusqu'à ce qu'elle me demande soudain :

« Mais qu'est-ce qui fait qu'un enfant est un garçon et un autre une fille ?

« Ce qui nous rapproche le plus d'une loi en la matière, dis-je, est contenu dans ce qu'on appelle la loi des contraires : c'est-à-dire que si l'homme est plus fort que la femme, les enfants seront pour la plupart des filles ; si la femme est beaucoup plus jeune ou plus forte, la progéniture sera principalement composée de garçons. Cela confirme le vieux proverbe anglais : « N'importe quel faible peut faire un garçon, il faut un homme pour faire une fille. »

Kate rit et à ce moment-là, on frappa à la porte. "Entrez!" J'ai pleuré et la femme de chambre de couleur est entrée avec un mot : « une dame vient d'arriver et est partie », a déclaré Jenny. J'ai vu qu'il provenait de Mme Mayhew, alors je l'ai mis dans ma poche en disant à regret : « Je dois y répondre bientôt. » Kate s'est excusée et après un long, long baiser, elle est allée préparer le dîner pendant que je lisais le message de Mme Mayhew, qui était court sinon tout à fait doux.

« Huit jours et pas de Frank, et pas de nouvelles ; tu ne peux pas vouloir me tuer : viens aujourd'hui si possible. Lorna.

J'ai répondu immédiatement en disant que je viendrais demain, que j'installais Smith dans ma pension et que j'étais tellement occupé que je ne savais pas vers qui me tourner, mais que je serais certainement avec elle le lendemain et j'ai signé « Votre Frank. »

Cet après-midi-là, à cinq heures, Smith est venu et je l'ai aidé à ranger ses livres et à le mettre à l'aise.

MA PREMIÈRE VÉNUS.

Vénus toute entière à sa proie attachée .

Chapitre XI.

Je ne voulais écrire que la vérité dans ces pages ; mais maintenant je me rends compte que ma mémoire m'a joué un tour : c'est un artiste dans ce que les peintres appellent le raccourci : les événements, c'est-à-dire qui ont mis des mois à se produire, s'écrasent en jours, passant pour ainsi dire de de montagne en montagne de sentiment, et ainsi l'effet de la passion est renforcé par l'élimination partielle du temps. Je ne peux rien faire d'autre que d'avertir mes lecteurs qu'en réalité certains des passages d'amour que je vais décrire étaient séparés par des semaines et parfois des mois, que les pépites d'or étaient des « trouvailles » occasionnelles dans un désert.

Après tout, cela n'a pas d'importance pour mes « gentils lecteurs », et mes bons lecteurs auront déjà deviné le fait que lorsque vous divisez dix-huit années en neuf chapitres, vous devez laisser de côté toutes sortes d'événements mineurs et enregistrer principalement les plus importants - heureusement ceux-ci. porter le message.

C'était avec mes connaissances comme avec mes passions : jour après jour je travaillais fébrilement : chaque fois que je rencontrais un passage comme la construction du pont de César, je refusais d'encombrer ma mémoire avec des dizaines de mots nouveaux parce que je pensais, et pourtant pensez que le latin est relativement sans importance : le plus proche d'un grand homme que les Latins aient jamais produit est Tacite ou Lucrèce. Aucune personne sensée ne prendrait la peine de maîtriser une langue pour faire connaissance avec des gens de second ordre. Mais les nouveaux mots en grec m'étaient précieux comme les nouveaux mots en anglais et je mémorisais chaque passage qui en était constellé, à l'exception des refrains comme celui des oiseaux d'Aristophane, où il nomme des oiseaux qui ne m'étaient pas familiers dans la vie.

Smith, ai-je découvert, connaissait tous ces mots dans les deux langues. Je lui ai posé la question un jour et il m'a avoué qu'il avait tout lu en grec ancien, à l'instar d'Hermann, le célèbre érudit allemand, et qu'il croyait connaître presque tous les mots.

Je ne désirais pas une perfection aussi pédante. Je n'ai aucune prétention à l'érudition d'aucune sorte et, en effet, l'apprentissage, quel qu'il soit, me laisse indifférent à moins qu'il ne conduise à une compréhension plus complète de la beauté ou à cet élargissement de l'esprit par sympathie qui est un autre nom de la sagesse. Mais ce que je voudrais souligner ici, c'est que pendant la première année avec Smith, j'ai appris par cœur des dizaines de chœurs de dramaturges grecs et l'ensemble de l'« Apologie » et du « Criton » de Platon, ayant alors deviné et croyant toujours que le « Criton » est une nouvelle modèle, plus importante que toutes les spéculations de Platon. Platon et Sophocle ! cela valait la peine de consacrer cinq années de dur labeur pour entrer dans leur intimité et en faire les sœurs de son âme. Sophocle ne m'a-t-il pas donné Anti gone, le prototype de la femme nouvelle pour toujours, dans sa rébellion sacrée contre les lois entravantes et les conventions contrariantes, le modèle éternel de cette affirmation intrépide de l'amour qui est au-delà et au-dessus du sexe, le cœur même de l'amour. le Divin !

Et le Socrate de Platon m'a conduit à ce haut lieu où l'homme devient Dieu, ayant appris l'obéissance à la loi et l'acceptation joyeuse de la mort ; mais même là, j'avais au moins autant besoin d'Antigone, la sœur jumelle de Bazaroff , sachant intuitivement que l'œuvre de ma vie aussi serait principalement une révolte et que le châtiment subi par Socrate et qu'Antigone avait osé serait presque certainement le mien ; car j'étais destiné à rencontrer de pires adversaires ; après tout, Créon n'était que stupide alors que Sir Thomas Horridge était malveillant en plus et Woodrow Wilson innommable !

Encore une fois, je dépasse mon histoire d'un demi-siècle !

Mais dans ce que j'ai écrit de Sophocle et de Platon, le lecteur devinera, je l'espère, mon amour et mon admiration intenses pour Smith qui m'a conduit, comme Virgile a conduit Dante, dans le monde idéal qui entoure notre terre comme d'espaces illimités de ciel pourpre. balayé par le vent et semé d'étoiles !

Si je pouvais dire ce que la compagnie quotidienne de Smith a fait pour moi, je n'aurais guère besoin d'écrire ce livre ; car, comme tout ce que j'ai écrit, quelques-uns des meilleurs lui appartiennent autant qu'à moi. En sa présence pendant la première année et demie, je n'étais qu'une éponge, absorbant tantôt telle vérité, tantôt telle, à peine consciente d'une impulsion originelle. Et pourtant, comme on le verra, à tout moment, je le conseillais et l'aidais grâce à ma connaissance de la vie. Notre relation ressemblait en réalité plutôt à celle d'un petit mari pratique avec une Aspasia sage et infiniment instruite ! Je veux dire ici, au mépris de toute vraisemblance, que durant toutes nos années d'intimité, vivant ensemble pendant plus de trois ans côte à côte, je n'ai jamais trouvé chez lui un défaut de caractère ou de sympathie, sauf celui qui l'a entraîné à sa mort.

Maintenant, je dois le quitter pour le moment et me tourner à nouveau vers Mme Mayhew. Bien sûr, je suis allé la voir le lendemain après-midi, même avant trois heures. Elle m'a rencontré sans un mot, si gravement que je ne l'ai même pas embrassée : mais elle a commencé à m'expliquer ce que Smith était pour moi et combien je ne pouvais pas en faire assez pour lui qui était tout pour moi comme elle l'était (Dieu m'aide !) pour mon cœur et corps, et j'ai embrassé ses lèvres froides pendant qu'elle secouait la tête à moitié tristement.

« Nous avons un sixième sens, nous les femmes, quand nous sommes amoureux », commença-t-elle : « Je sens en vous une influence nouvelle ; Je sens le danger dans l'air que vous apportez : ne me demandez pas de vous expliquer : je ne peux pas ; mais mon cœur est lourd et froid comme la mort.... Si tu me quittes, ce sera une catastrophe : la chute de si haut du bonheur doit être fatale.... Si tu peux ressentir du plaisir loin de moi, tu ne m'aime plus. Je n'en ressens aucun, sauf en t'ayant, en te voyant, en pensant à toi – aucun. Oh! pourquoi ne peux-tu pas aimer comme une femme aime, Non ! comme j'aime : ce serait le paradis ; car vous et vous seul satisfiez les insatiables ; tu me laisses baigné de bonheur, soupirant de satisfaction, heureuse comme la Reine du Ciel !

«J'ai beaucoup de choses à vous dire, des choses nouvelles à vous dire», commençai-je précipitamment.

"Monte," m'interrompis-je en m'interrompant "Je te veux tel que tu es maintenant, avec la couleur de tes joues, la lumière dans tes yeux, la vibration de ta voix, viens!"

Et elle est venue comme une triste sybil . « Qui vous a donné le tact ? » commença-t-elle pendant que nous nous déshabillions, "le tact de toujours louer ?" Je la saisis et me plaçai nue corps à corps : « Qu'as-tu de nouveau à me dire ? Ai-je demandé en la soulevant dans le lit et en m'installant à côté d'elle, me blottissant contre son corps plus chaud.

"Il y a toujours quelque chose de nouveau dans mon amour", cria-t-elle en prenant mon visage entre ses mains fines et en prenant mes lèvres avec les siennes.

"Oh, comme je t'ai désiré hier , car j'ai moi-même apporté la lettre chez toi et je t'ai entendu parler dans ta chambre peut-être avec Smith", a-t-elle ajouté en sondant mes yeux avec les siens; « J'ai hâte d'y croire ; mais quand j'entendais ta voix, ou imaginais que je l'entendais, je sentais les lèvres de mon sexe s'ouvrir et se fermer, puis cela commençait à brûler et à démanger intolérablement. J'étais sur le point d'entrer chez vous ; mais au lieu de cela, je me suis retourné et je suis parti précipitamment, furieux contre vous et contre moi-même... »

"Je ne te laisserai même pas parler d'une telle trahison", criai-je, séparant ses douces cuisses pendant que je parlais et me glissant entre elles. En un instant, mon sexe était en elle et nous ne formions qu'un seul corps, tandis que je le retirais lentement puis le repoussais, son corps nu se tendant contre le mien.

"Oh", s'écria-t-elle, "pendant que tu sors, mon cœur suit ton sexe de peur de le perdre et lorsque tu rentres, il s'ouvre grand en extase et te veut tous, tous..." et elle m'a embrassé avec des lèvres chaudes.

« Voici quelque chose de nouveau, s'écria-t-elle, de la nourriture pour votre vanité de la part de mon amour ! Aussi fou que tu me rendes avec tes élans d'amour, car tantôt je suis chaud et sec de désir, tantôt mouillé de passion, baigné d'amour, je pourrais vivre avec toi toute ma vie sans t'avoir, si tu le voulais, ou si ça te ferait du bien. Est-ce que tu me crois?"

"Oui", répondis-je en poursuivant le jeu d'amour; mais se retirant de temps en temps pour frotter son clitoris avec mon sexe, puis l'enfouissant lentement dans sa chatte jusqu'à la garde.

« Nous, les femmes, n'avons d'autre âme que l'amour », dit-elle faiblement, ses yeux mourant tandis qu'elle parlait :

" Je me torture pour penser à un nouveau plaisir pour toi, et pourtant tu me quitteras, j'ai l'impression que tu le feras, pour une fille idiote qui ne peut pas ressentir la dîme de ce que je ressens ou te donner ce que je donne..." Elle commença ici à respirer rapidement : « J'ai réfléchi à comment te donner plus de plaisir ; Laisse-moi essayer. Ta semence, chérie, m'est chère : je n'en veux pas dans mon sexe ; Je veux te sentir frémir et donc je veux ton sexe dans ma bouche, je veux boire ton essence et je le ferai…" et adaptant l'action au mot, elle se glissa dans le lit et prit mon sexe dans sa bouche et commença à frotter. de haut en bas jusqu'à ce que ma graine jaillisse en longs jets, remplissant sa bouche pendant qu'elle l'avalait goulûment.

"Maintenant, je vous aime, monsieur!" s'exclama-t-elle en se rapprochant de moi et en se blottissant contre moi : "attends qu'une fille te fasse ça et tu sauras qu'elle t'aime jusqu'à la distraction ou mieux encore jusqu'à l'autodestruction."

«Pourquoi parles-tu d'une autre fille! » Je l'ai réprimandée : « Je n'imagine pas que tu partes avec un autre homme, pourquoi devrais-tu te tourmenter tout aussi sans raison ?

Elle secoua la tête : « Mes craintes sont prophétiques », soupira-t-elle. « Mais je suis prête à croire que cela n'est pas encore arrivé – Ah mon Dieu, cette pensée torturante ! la simple peur que tu partes avec un autre me rend fou ; Je pourrais la tuer, la garce : pourquoi n'a-t-elle pas son propre homme ? Comment ose-t-elle te regarder ? et elle m'a serré fort contre elle. Rien de répugnant, j'ai poussé à nouveau mon sexe vers elle et j'ai commencé le mouvement lent qui l'excitait si vite et moi si progressivement car même en utilisant toutes mes compétences pour lui donner le plus grand plaisir, je ne pouvais m'empêcher de comparer et j'ai sûrement réalisé que celui de Kate la chatte était plus petite et plus ferme et me procurait infiniment plus de plaisir

; mais j'ai continué pour son plus grand plaisir. Et maintenant, elle a recommencé à haleter et à s'étouffer et alors que je continuais à labourer son corps et à toucher son ventre à chaque poussée lente, elle a commencé à pleurer de manière inarticulée avec de petits cris courts devenant de plus en plus intenses jusqu'à ce que soudain elle crie comme un lapin abattu, puis hurle de rire. , s'effondrant dans une tempête de soupirs, de sanglots et de flots de larmes.

Comme d'habitude, son intensité m'a un peu refroidi ; car son paroxysme n'éveillait en moi aucune chaleur correspondante, tendant même à freiner mon plaisir par les mouvements drôles et irréguliers qu'elle faisait !

Soudain, j'entendis des pas s'éloigner de la porte, des pas légers et furtifs : qui cela peut-il être ! Le serviteur? ou -?

Lorna les avait entendus aussi, et bien que toujours haletante et déglutissante convulsivement, elle écoutait attentivement tandis que ses grands yeux erraient dans ses pensées. Je savais que je pouvais lui laisser l'énigme : c'était à moi de la rassurer et de la caresser.

Je me suis levé et je me suis approché de la fenêtre ouverte pour prendre une bouffée d'air et tout à coup j'ai vu Lily courir rapidement dans l'herbe et disparaître dans la maison voisine : c'était donc elle qui écoutait ! Quand je me suis souvenu des cris haletants de Lorna, j'ai souri intérieurement. Si Lily essayait de se les expliquer, elle passerait une heure difficile, je suppose.

Quand Lorna s'est habillée, et elle s'est habillée rapidement, et est descendue en toute hâte pour se convaincre, je pense, que son sombre ne l'avait pas espionnée, j'ai attendu dans le salon : je dois avertir Lorna que mes « études » ne permettraient que de moi de consacrer un jour par semaine à nos plaisirs.

"Oh!" a-t-elle crié, pâlissant pendant que j'expliquais, "je ne le savais pas !"

"Mais Lorna," plaidai-je, "n'as-tu pas dit que tu pouvais te passer complètement de moi si c'était pour mon bien !"

"Non non Non! mille fois non ! s'écria-t-elle, « J'ai dit que si tu étais toujours avec moi, je pourrais me passer de passion ; mais ce tarif de famine une fois par semaine ! Aller aller!" s'écria-t-elle, « ou je dirai quelque chose que je regretterai. Aller!" et elle m'a poussé dehors et pensant que c'était mieux en vue de l'avenir, j'y suis allé.

La vérité est que j'étais content de m'en sortir : la nouveauté est l'âme de la passion. Il y a un vieux proverbe anglais : « fraiche chatte, nouveau courage ». En rentrant chez moi, je pensais plus souvent à la silhouette mince et sombre de Lily qu'à la femme dont chaque colline et chaque vallée du corps m'était désormais familière, tandis que Lily, avec ses hanches étroites et ses flancs droits, devait avoir un sexe minuscule, pensais-je ; "D...n Lily" et je me suis précipité vers Smith.

Nous sommes descendus dîner ensemble et j'ai présenté Smith à Kate : ils étaient juste polis ; mais lorsqu'elle se tourna vers moi, elle me scruta avec curiosité, ses sourcils se soulevant dans un geste de « Je sais ce que je sais » qui allait me devenir familier dans la suite.

Après le dîner, j'eus une longue conversation avec Smith dans sa chambre, une conversation à cœur ouvert qui modifia nos relations.

J'ai déjà mentionné que Smith tombait malade tous les quinze jours environ. Je n'avais aucune idée de la cause, aucune idée de l'ampleur de la maladie. Ce soir, il m'a rappelé et m'a tout raconté.

Il s'était cru très fort, semble-t-il, jusqu'à ce qu'il parte étudier à Athènes. Là, il travailla prodigieusement et, presque au début de son séjour, fit la connaissance d'une jeune fille grecque de bonne classe qui parla grec avec lui et finit par se donner à lui avec passion. Plein d'une vigueur juvénile toujours vivifiée par des imaginations vives, il m'a dit qu'il jouissait généralement la première fois presque aussitôt qu'il entrait et que pour donner du plaisir à son partenaire, il devait jouir deux ou trois fois et cela était épuisé et épuisé. lui. Il avoua qu'il s'était livré à ce jeu d'amour féroce, jour après jour, à contretemps et à contretemps. À son retour aux États-Unis, il a essayé de se sortir de la tête sa fille grecque ; mais malgré tout ce qu'il pouvait faire, il faisait des rêves d'amour qui aboutissaient à l'orgasme et se terminaient par des émissions de semence environ une fois tous les quinze jours. Et après environ un an, ces émissions bimensuelles lui causèrent d'intenses douleurs dans le bas du dos qui durèrent environ vingt-quatre heures, évidemment jusqu'à ce qu'un peu plus de semence ait été sécrétée. Je ne pouvais pas imaginer comment une émission bimensuelle pouvait affaiblir et affliger un jeune homme de la vigueur et de la santé de Smith ; mais aussitôt que j'eus été témoin de ses souffrances, je mis mon esprit au travail et lui racontai le stratagème par lequel j'avais mis fin à mes rêves humides à l'école anglaise.

Smith consentit aussitôt à essayer mon remède et, comme la quinzaine touchait à sa fin, je partis immédiatement à la recherche d'une cordelette et lui attachai son membre indiscipliné nuit après nuit. Pendant quelques jours, le remède a fonctionné, puis il est sorti et a passé l'après-midi et la nuit chez le juge Stevens et il était de nouveau malade. Bien sûr, il n'y avait eu aucun lien : en effet, à mon avis, cela aurait été bien mieux pour Smith s'il y en avait eu, mais la proximité de la fille qu'il aimait et, bien sûr, les baisers qui sont toujours autorisés aux fiancés selon la coutume américaine, s'est déroulé sans contrôle et lorsqu'il s'est endormi, son rêve s'est terminé par un orgasme. Le pire, c'est que mon remède ayant empêché son rêve d'atteindre son paroxysme pendant dix-huit ou vingt jours, il rêva une seconde fois et fit un deuxième rêve humide, qui le conduisit à la misère et à une douleur encore plus intense que d'habitude.

J'ai combattu le mal avec tout l'esprit que je possédais. J'ai demandé à Ned Stevens de prêter un cheval au professeur ; J'avais Blue Devil dehors et nous allions rouler deux ou trois fois par semaine. J'ai aussi reçu des gants de boxe et bientôt, soit Ned, soit moi, nous avons eu un combat avec Smith tous les jours : peu à peu, ces exercices ont amélioré son état de santé général ; et quand j'ai pu attacher le fouet tous les soirs pendant un mois ou deux, il a pris du poids et a gagné en force de manière surprenante.

Le pire, c'est que cette amélioration de la santé entraînait toujours un jour ou deux passés avec sa fiancée, ce qui annulait tout le bien. Je lui ai conseillé de se marier et de se contrôler ensuite rigoureusement ; mais il voulait d'abord se rétablir et redevenir lui-même vigoureux. J'ai fait tout ce que je pouvais pour l'aider, mais pendant longtemps, je n'ai pas soupçonné qu'un rêve humide occasionnel pouvait avoir de graves conséquences. Nous nous moquions d'eux quand nous étions écoliers : comment pourrais-je l'imaginer ? Mais comme ce sont les natures les plus fines et les plus tendues qui sont les plus susceptibles de souffrir ainsi, je vais raconter ce qui s'est passé étape par étape : il suffit de le dire ici. qu'il était en meilleure santé lorsqu'il séjournait avec moi chez Gregory qu'il ne l'avait été auparavant et que j'espérais continuellement une amélioration permanente.

Après notre conversation de ce premier soir chez Gregory, je suis descendu dans la salle à manger, espérant trouver Kate seule : j'ai eu de la chance : elle avait persuadé sa mère, qui était fatiguée, de se coucher et était en train de finir de ranger.

« Je te veux tellement, Kate », dis-je en essayant de l'embrasser : elle écarta la tête : « C'est pour ça que tu es restée à l'écart tout l'après-midi » je suppose ; et elle m'a regardé avec un regard en coin. Une inspiration m'est venue : "Kate", m'écriais-je, "il fallait que je sois ajustée pour mes nouveaux vêtements !" « Pardonnez-moi », s'écria-t-elle aussitôt, cette excuse étant valable : « Je pensais, je craignais... oh je me méfie sans raison, je sais, je suis jalouse sans cause, là ! J'avoue!" et les grands yeux noisette se sont tournés vers moi pleins d'amour.

J'ai joué avec ses seins en murmurant : « Quand dois-je te voir nue, Kate ? Je veux; quand?" "Vous avez vu la plupart de moi!" et elle a ri joyeusement !

« Très bien, » dis-je en me détournant, « si vous êtes résolu à vous moquer de moi et à être méchant avec moi… »

"Signifie pour vous!" " Cria-t-elle en m'attrapant et en me faisant pivoter. " Je pourrais plus facilement être méchante avec moi-même. Je suis contente que tu veuilles me voir, heureuse et fière, et ce soir, si tu laisses ta porte ouverte, je viendrai à toi : méchant, oh...' et elle donna son âme dans un baiser.

"N'est-ce pas risqué?" J'ai demandé.

« J'ai essayé les escaliers cet après-midi, rayonna-t-elle, ils ne grincent pas : personne n'entendra, alors ne dors pas ou je te surprendrai » - Pour sceller le pacte, j'ai mis ma main vers elle. vêtements et caressé son sexe; il faisait chaud et s'ouvrit bientôt à moi.

"Voilà maintenant, monsieur, partez!" elle a souri, "ou tu vas me rendre très méchant et j'ai beaucoup à faire!"

"Comment veux-tu dire 'méchant'," dis-je, "dis-moi ce que tu ressens ? s'il te plaît !"

« Je sens mon cœur battre, dit-elle, et, et… oh ! attends ce soir et j'essaierai de te le dire, chérie ! » et elle m'a poussé hors de la porte.

Pour la première fois de ma vie, je remarque ici que l'art de l'écrivain n'est pas seulement inférieur à la réalité par l'acuité des sensations et des émotions

; mais aussi plus pareil, monotone même, parce qu'incapable de montrer les différences infimes, mais ineffables, d'un même sentiment qu'entraîne la différence de personnalité. Il me semble que je me répète en décrivant l'amour de Kate après celui de Mme Mayhew, faisant des sentiments de la jeune fille une réplique plus faible de ceux de la femme. En réalité, les deux étaient complètement différents. Les sentiments longtemps refoulés de Mme Mayhew s'enflammaient dans la chaleur d'un après-midi de juillet ou d'août ; tandis que dans celui de Kate, on ressentait la fraîcheur d'un matin d'été, traversé par la suggestion de la chaleur à venir. Et cette comparaison est même inepte car elle laisse de côté l'effet de la beauté de Kate, les grands yeux noisette, la peau rosée , la silhouette superbe. En outre, il y avait un côté glamour chez Kate : Lorna Mayhew ne me donnerait jamais un nouveau message qui ne viendrait pas de la passion ; chez Kate, j'ai ressenti une personnalité spirituelle et le frisson des possibilités non développées. Et toujours en faisant preuve de toutes mes compétences, je n'ai pas montré à mon lecteur l'énorme supériorité de la jeune fille et son amour plus altruiste. Mais je n'ai pas encore fini.

Smith m'avait donné à lire « The Mill on the Floss » ; Je n'avais jamais essayé George Eliot auparavant et j'ai trouvé que ce livre méritait presque les éloges de Smith. J'avais lu jusqu'à environ une heure lorsque mon cœur l'entendit ; ou était-ce un frisson d'attente ? L'instant d'après, ma porte s'est ouverte et elle est entrée avec la crinière de cheveux sur les épaules et une longue robe de chambre atteignant ses pieds en bas. Je me suis levé comme un éclair ; mais elle avait déjà fermé la porte et verrouillé le verrou ; Je l'ai attirée vers le lit et je l'ai empêchée d'enlever la robe de chambre : "laisse-moi d'abord enlever tes bas", j'ai murmuré, "Je veux que tu sois tous imprimés sur moi !"

L'instant d'après, elle se tenait là, nue, la flamme vacillante de la bougie projetant d'étranges arabesques de lumière et d'ombre sur son beau corps d'ivoire : j'ai regardé et regardé : du nombril jusqu'au nombril, elle était parfaite ; Je l'ai retournée et le dos aussi, le fond même était impeccable quoique grand ; mais hélas! les seins étaient bien trop gros pour être beaux, trop mous pour exciter ! Je ne devais penser qu'à la courbe audacieuse de ses hanches, pensais-je, à la splendeur de ses cuisses fermes, dont la chair avait le contour dur du marbre et à son... sexe ? Je l'ai mise sur le lit et j'ai ouvert ses cuisses : sa chatte était idéalement parfaite.

Tout de suite, j'ai eu envie d'entrer en elle ; mais elle supplia : « s'il te plaît, ma chérie, viens au lit : j'ai froid et j'ai envie de toi. Alors je suis entré et j'ai commencé à l'embrasser.

Bientôt, elle s'est réchauffée et j'ai retiré ma chemise de nuit et mon majeur caressait son sexe qui s'ouvrait rapidement : "E—E !" dit-elle en reprenant rapidement son souffle : "ça fait encore mal." J'ai posé doucement mon sexe contre le sien, le déplaçant lentement de haut en bas jusqu'à ce qu'elle relève ses genoux pour me laisser entrer ; mais dès que la tête entra, son visage se plissa un peu de douleur et comme j'avais eu un long après-midi, j'étais d'autant plus enclin à m'abstenir et en conséquence je m'éloignai et pris place à côté d'elle :

"Je ne peux pas supporter de te faire du mal", dis-je, "le plaisir de l'amour doit être réciproque."

"Tu es mignon!" elle murmura : « Je suis heureuse que tu aies arrêté ; car cela montre que vous tenez vraiment à moi et pas seulement pour le plaisir ! » et elle m'a embrassé avec amour.

"Kate, récompense-moi", dis-je, " en me disant exactement ce que tu as ressenti quand je t'ai eu pour la première fois" et j'ai posé sa main sur mon sexe chaud et raide pour l'encourager.

« C'est impossible, dit-elle en rougissant un peu, il y avait une telle foule de sentiments nouveaux ; pourquoi, ce soir, attendant au lit que le temps passe et pensant à toi, j'ai ressenti une étrange sensation de picotement à l'intérieur de mes cuisses que je n'avais jamais ressentie auparavant et maintenant » - et elle cacha son visage lumineux contre mon cou, « Je ressens-le à nouveau !

"L'amour est drôle, n'est-ce pas?" murmura-t-elle l'instant d'après : « maintenant la sensation de picotement a disparu et la partie antérieure de mon sexe brûle et démange, Oh ! Je dois le toucher !

"Laisse-moi", criai-je, et en un instant j'étais sur elle, faisant monter et descendre mon organe sur son clitoris, le porche, pour ainsi dire, du temple de l'Amour. Un peu plus tard, elle a elle-même aspiré la tête dans sa chatte chaude et sèche puis a fermé ses jambes comme si elle avait mal pour m'empêcher d'aller plus loin ; mais j'ai commencé à frotter mon sexe de haut en bas sur son chatouilleur, le laissant glisser de temps en temps, jusqu'à ce qu'elle haletait et que son jus d'amour vienne et que mon arme se glisse naturellement en elle. J'ai rapidement commencé les mouvements de va-et-vient très lents et doux qui ont augmenté régulièrement son excitation tout en lui donnant de plus en plus de plaisir, jusqu'à ce que je vienne et immédiatement elle a soulevé ma poitrine de ses seins avec les deux mains et m'a montré son visage éclatant. « Arrête, mon garçon », haleta-t-elle, « s'il te plaît : mon cœur palpite tellement ! Je suis venue aussi, tu sais, juste avec toi » et en effet je la sentais trembler convulsivement de partout.

Je me suis retiré et, par sécurité, je lui ai fait utiliser la seringue, lui ayant déjà expliqué son efficacité ; elle était adorablement maladroite et quand elle eut fini, je la recouche et la serrai contre moi en l'embrassant. "Alors tu m'aimes vraiment, Kate!"

"Vraiment," dit-elle, "tu ne sais pas à quel point !"

« J'essaierai de ne plus jamais soupçonner quoi que ce soit ni être jalouse, poursuivit-elle, c'est un sentiment haineux, n'est-ce pas ? Mais je veux voir ta classe : m'emmènerais-tu une fois à l'Université ?

« Eh bien, bien sûr, m'écriai-je, je n'en serais que trop heureux ; Je t'emmènerai demain après-midi, ou mieux encore, ajoutai-je, monte la colline à quatre heures et je te retrouverai à l'entrée.

Et ainsi tout fut réglé et Kate retourna dans sa chambre aussi silencieusement qu'elle était venue.

Le lendemain après-midi, je la trouvai attendant dans la salle universitaire dix minutes avant l'heure ; car nos cours commençant à l'heure s'arrêtaient toujours au bout de quarante-cinq minutes pour nous donner le temps d'être ponctuels dans n'importe quelle autre salle de classe. Après lui avoir montré tout ce qui était intéressant, nous rentrâmes ensemble en riant et en causant, quand, à cent mètres de chez Mme Mayhew, nous rencontrâmes cette dame face à face. Je ne sais pas à quoi j'avais l'air, car étant un peu myope, je ne l'avais reconnue qu'à dix mètres de moi ; mais son regard m'a transpercé. Elle s'inclina avec un regard qui nous entraîna tous les deux, j'ai levé mon chapeau et nous sommes partis.

"Qui c'est?" s'exclama Kate, quel regard étrange elle nous a lancé !

«C'est la femme d'un joueur», répondis-je aussi indifféremment que possible, «il me donne du travail de temps en temps», continuai-je en prévoyant étrangement l'avenir. Kate m'a regardé en profondeur, puis : « Cela ne me dérange pas ; mais je suis content qu'elle soit assez vieille !

"Aussi vieux que nous deux réunis !" J'ai ajouté traîtreusement, et nous avons continué.

Ces passages d'amour avec Mme Mayhew et Kate, ainsi que mes leçons et mes entretiens avec Smith, représentent fidèlement les événements de ma vie pendant toute cette année de dix-sept à dix-huit, avec cette seule nuance que mes après-midi avec Lorna me devenaient de moins en moins agréables. . Mais maintenant je dois raconter des événements qui ont encore une fois affecté ma vie.

Je n'étais pas chez les Gregory depuis quatre mois lorsque Kate m'a dit que mon frère Willie avait cessé de payer ma pension depuis plus de quinze jours ; elle ajouta gentiment :

"Ça n'a pas d'importance, chérie, mais je pensais que tu devrais le savoir et que je détesterais que quiconque te fasse du mal, alors j'ai pris sur moi de te le dire." Je l'ai embrassée, j'ai dit que c'était gentil de sa part et je suis allé trouver Willie ; il a fait des excuses volumineuses mais peu convaincantes et a fini par me remettre un chèque en me priant de dire à Mme Gregory que lui aussi viendrait embarquer avec elle.

L'incident m'a fait réfléchir. J'ai fait promettre à Kate de me dire s'il échouait à nouveau à payer ce qui était dû et j'ai profité de cet événement pour m'excuser auprès de Lorna. Je suis allé la voir et je lui ai dit qu'il fallait que je pense tout de suite à gagner ma vie. Il me restait encore environ cinq cents dollars, mais je voulais être à l'avance en cas de besoin : en plus, cela me donnait une bonne excuse pour ne pas lui rendre visite, même chaque semaine. "Je dois travailler!" Je n'arrêtais pas de le répéter , même si j'avais honte du mensonge.

"Ne me fouette pas, chérie!" elle a plaidé; « Mon impuissance à vous aider est déjà assez douloureuse ; donne-moi le temps de réfléchir. Je sais que Mayhew est plutôt aisé : donnez-moi un jour ou deux, mais venez me voir quand vous le pourrez. Vous voyez, je n'ai aucune fierté à votre égard : je demande juste comme un chien qu'on vous traite bien pour l'amour de mon amour. Je n'aurais pas cru pouvoir être à ce point transformé. J'ai toujours été si fière : mon mari me traite de « fière et froide », moi froide ! C'est vrai que je frissonne quand j'entends ta voix, mais c'est le frisson de la fièvre. Quand tu es entré tout à l'heure à l'improviste et que tu m'as embrassé, des vagues de chaleur m'ont envahi : mon ventre a bougé en moi. Je n'ai jamais ressenti cela avant de t'avoir aimé et maintenant, bien sûr, mon sexe brûle - j'aimerais avoir froid : une femme froide pourrait gouverner le monde -

"Mais non! Je ne changerais pas. Tout comme je n'ai jamais souhaité être un homme, jamais ; bien que d'autres filles disaient qu'elles aimeraient changer de sexe ; Jamais je! Et depuis que je suis mariée, moins que jamais. Qu'est-ce qu'un homme ? Son amour est terminé avant que le nôtre ne commence... »

"Vraiment?" Je m'interrompis en souriant.

"Pas toi, ma bien-aimée!" elle a crié : « oh, pas toi ; mais alors tu es plus qu'un homme ! Allons, ne perdons pas de temps en bavardages. Maintenant que je t'ai, emmène-moi dans notre paradis. Je suis prêt, « mûr » est ton mot : je vais à notre lit comme à un autel. Si je dois t'avoir seulement moins d'une fois par semaine, ne reviens pas avant dix jours : je serai alors rétabli et tu peux sûrement venir me voir quelques jours de suite : je veux atteindre les sommets et faire un câlin l'illusion, bourrant une chaude semaine de bonheur, puis de mort pendant quinze jours. Quelles haillons nous, les femmes ! Viens, chérie, je serai ton fourreau et tu seras l'épée et tu enfonceras droit en moi... Mais je t'aiderai, s'écria-t-elle soudain : Est-ce que cette fille t'a dit que tu devais de l'argent pour la nourriture ? (J'ai hoché la tête et elle a brillé.) Oh, je vais vous aider, n'ayez crainte ! Je n'ai jamais aimé cette fille : elle est effrontée et vaniteuse et... Oh ! Pourquoi as-tu marché avec elle ?

"Elle voulait voir l'Université", dis-je, "et je ne pouvais pas la refuser." « Oh, payez-la », s'écria-t-elle, « mais ne marchez pas avec elle. C'est une chose courante, imaginez qu'elle vous parle d'argent, ma chère !

Le soir même, j'ai reçu un mot de Lorna disant que son mari voulait me voir.

J'ai rencontré le petit homme dans le salon et il m'a proposé de venir chez lui tous les soirs après le dîner et de m'asseoir sur une chaise près de la porte pour lire ; mais avec un revolver Colt à portée de main pour que personne ne puisse le voler et s'en tirer avec le pillage.

« Je me sentirais plus en sécurité », conclut-il, « et ma femme me dit que tu es un tireur d'élite et habitué à une vie sauvage : qu'en dis-tu ? Je te donnerais soixante dollars par mois et plus de la moitié du temps, tu serais libre avant minuit.

"C'est très gentil de votre part", m'exclamai-je les joues brûlantes, "et très gentil de la part de Mme Mayhew aussi : je le ferai et je vous supplie de croire que personne ne vous dérangera et de vous en sortir avec une peau entière", et ainsi cela fut réglé.

Les femmes ne sont-elles pas merveilleuses ! En une demi-journée, elle avait résolu mon problème et j'ai découvert que les heures passées dans les salles de jeux de Mayhew étaient plus précieuses que je ne l'avais imaginé. L'homme moyen se révèle plus dans le jeu que dans l'amour ou la boisson et j'ai été étonné de découvrir que beaucoup des soi-disant meilleurs citoyens avaient de temps en temps des ennuis avec Mayhew. Je ne pense pas qu'ils aient eu un accord équitable, il gagnait trop constamment pour cela ; mais cela ne me regardait pas tant que les clients acceptaient les résultats : et il faisait souvent preuve de gentillesse en rendant quelques dollars après avoir dépouillé un homme de tout ce qu'il possédait.

Naturellement, le fait de travailler avec son mari me plongeait davantage dans la société de Mme Mayhew : deux fois par semaine environ, je devais passer l'après-midi avec elle, et cette contrainte me contrariait. Kate aussi s'opposait à mes visites : elle était trop fière pour parler ouvertement mais un jour elle m'avait vu entrer chez Mme Mayhew et je pense avoir deviné le reste ; car d'abord elle fut froide avec moi et s'éloigna même de mes baisers : « tu m'as refroidie », s'écria-t-elle, « je ne crois pas que je t'aimerai plus jamais entièrement. Mais quand je suis entré en elle et que je l'ai vraiment excitée, elle m'a soudainement embrassé avec ferveur et ses yeux glorieux étaient remplis de larmes. "Pourquoi pleures-tu, chérie?" J'ai demandé. "Parce que je ne peux pas te faire mienne puisque je suis tout à toi!" elle a pleuré. "Oh!" continua-t-elle en me serrant contre elle, "Je pense que le plaisir est augmenté par la peur terrible... et la haine... oh, aime-moi et moi seulement, aime le mien !" Bien sûr, j'ai promis fidélité ; mais j'ai été surpris de sentir que mon désir pour Kate commençait également à se calmer.

L'accord avec les Mayhew a pris fin de manière inattendue et prématurée. Mayhew se disputait de temps en temps avec un autre joueur et après que j'ai été avec lui environ trois mois, un joueur de Denver a eu une grande compétition avec lui et a ensuite proposé qu'ils unissent leurs forces et que Mayhew vienne à Denver. « On peut y gagner plus d'argent en une semaine », déclara-t-il, « qu'à Lawrence en un mois ». Finalement, il persuada Mayhew, qui fut assez sage de ne rien dire à sa femme jusqu'à ce que tout l'arrangement soit réglé. Elle a déliré mais n'a rien pu faire d'autre que céder, et nous avons donc dû nous séparer. Mayhew m'a donné cent dollars en prime, et Lorna un après-midi inoubliable et étonnant que je dois maintenant essayer de décrire.

Je ne me suis pas approché des Mayhew le lendemain de son cadeau, laissant Lorna supposer que je considérais tout comme terminé. Mais le lendemain, j'ai reçu d'elle un mot, impérieux :

"Viens tout de suite, je dois te voir!"

Bien sûr, j'y suis allé à contrecœur.

Dès que je suis entrée dans la pièce, elle s'est levée du canapé et est venue vers moi : « si je te trouve du travail à Denver, tu sortiras ?

"Comment pourrais-je?" J'ai demandé avec un étonnement absolu : « Vous savez, je suis lié ici à l'université et ensuite je veux aussi entrer dans un cabinet d'avocats : d'ailleurs, je ne pouvais pas quitter Smith : je n'ai jamais connu un tel professeur : je ne le fais pas. Je ne crois pas que son égal puisse être trouvé n'importe où.

Elle hocha la tête : « Je vois », soupira-t-elle, « je suppose que c'est impossible ; mais il faut que je vous voie, s'écria-t-elle, si je n'ai pas l'espoir, que dis-je ! la certitude de te revoir, je n'irai pas. Je préfère me suicider ! Je serai une servante, je resterai avec toi, ma chérie, et je prendrai soin de toi ! Peu importe ce que je fais tant que nous sommes ensemble : je suis presque fou de peur de te perdre.

« Tout est une question d'argent », dis-je doucement, car l'idée qu'elle reste ici me faisait très peur : « si je peux gagner de l'argent, j'adorerais aller à Denver pendant mes vacances. Il doit y faire beau en été, à six mille pieds au-dessus du niveau de la mer : j'en serais ravi.

"Si je t'envoie de l'argent, tu viendras ?" » demanda-t-elle brièvement.

J'ai fait la grimace : « Je ne peux pas prendre d'argent à... un amour » (j'ai dit « amour » au lieu de « femme » : ce n'était pas si laid). J'ai continué : « mais

Smith dit qu'il peut me trouver du travail et Il m'en reste encore un peu : je viendrai pendant les vacances.»

"Les jours saints seront pour moi!" » dit-elle solennellement, puis avec un changement d'humeur rapide, « Je vais faire une belle chambre pour notre amour à Denver ; mais tu dois venir pour Noël, je ne pouvais pas attendre jusqu'au milieu de l'été : oh, comme je souffrirai pour toi... mal !

« Monte », je l'ai cajolé et elle est venue, et nous nous sommes couchés : je l'ai trouvée folle de désir ; mais après l'avoir amenée en une heure à l'hystérie et qu'elle se soit couchée dans mes bras en pleurant, elle a dit tout à coup : « il a promis de rentrer tôt cet après-midi et j'ai dit que j'aurais une surprise pour lui. Quand il nous trouvera ensemble comme ça, ce sera une surprise, n'est-ce pas ?

"Mais tu es fou!" J'ai pleuré en me levant du lit en un éclair : "Je ne pourrai jamais te rendre visite à Denver si nous nous disputons ici !"

« C'est vrai », dit-elle comme dans un rêve, « c'est vrai : c'est dommage : j'aurais aimé voir son visage idiot tendu vers l'émerveillement ; mais tu as raison. Dépêchez-vous!" elle a pleuré et a quitté la pièce en un clin d'œil.

Quand elle est revenue, j'étais habillé.

« Descendez et attendez-moi », ordonna-t-elle, « sur notre canapé. S'il frappe, ouvrez-lui la porte ; ce sera une surprise, mais pas aussi grande que je l'avais prévu », ajouta-t-elle en riant d'une voix stridente.

"Tu pars sans m'embrasser?" elle a pleuré quand j'étais à la porte : « Eh bien, vas-y, tout va bien, vas-y ! car si je sentais encore tes lèvres, je pourrais te garder.

Je suis descendu et en quelques instants, elle m'a suivi. "Je ne peux pas supporter que tu partes!" s'écria-t-elle, comme les séparations font mal ! elle a chuchoté. "Pourquoi devrions-nous nous séparer à nouveau, j'aime le mien?" et elle m'a regardé avec des yeux ravis.

« Cette vie ne vaut rien d'autre que l'amour ; faisons l'amour sans mort, toi et moi, allant ensemble vers la mort. Qu'est-ce qu'on perd ? Rien! Ce monde est une coquille vide ! Viens avec moi, mon amour, et nous rencontrerons la Mort ensemble !

« Oh, je veux d'abord faire tellement de choses », m'écriai-je, « l'empire de la mort est éternel ; mais ce bref avant-goût de la vie, son aventure, son changement, ses immenses possibilités m'attirent – je ne peux pas le quitter. "Le changement!" a-t-elle crié avec les narines dilatées tandis que ses yeux s'assombrissaient, "le changement !"

"Vous êtes déterminé à me mal comprendre", m'écriai-je, "n'est-ce pas chaque jour un changement ?"

« Je suis fatiguée, s'écria-t-elle, et battue : je ne peux que vous prier de ne pas oublier votre promesse de venir, ah ! et elle m'a attrapé et m'a embrassé sur la bouche : « Je mourrai avec ton nom sur les lèvres », a-t-elle dit, et elle s'est retournée pour enfouir son visage dans le coussin du canapé. J'y suis allé : qu'y avait-il d'autre à faire ?

Je les ai accompagnés à la gare : Lorna m'avait fait promettre d'écrire souvent, et avait juré qu'elle écrirait tous les jours et elle m'envoyait de courtes notes quotidiennement pendant quinze jours : puis vinrent des intervalles de plus en plus longs : « La société de Denver était agréable et un M. " Wilson, étudiant, était assidu : il vient tous les jours", écrit-elle. Des excuses enfin, des petites notes hâtives, et en deux mois ses lettres furent formelles, froides ; en trois mois, ils avaient complètement cessé.

Cette rupture ne m'a pas surpris : je lui avais appris que la jeunesse était la première condition d'un amant pour une femme de son type : elle avait sans doute mis mes préceptes en pratique : M. Wilson était probablement aussi proche de l'idéal que moi et très beaucoup plus proche.

Les passions des sens exigent proximité et satisfaction et rien n'est plus oubliant que les plaisirs de la chair. Si Mme Mayhew m'avait donné peu, je lui avais donné encore moins de mon meilleur moi-même.

TEMPS DIFFICILES ET NOUVEAUX AMOURS

Chapitre XII.

Jusqu'à présent, j'avais eu plus de chance que la plupart des jeunes gens qui débutent dans la vie ; maintenant je devais goûter à la malchance et être éprouvé comme par le feu. J'étais tellement absorbé par mes propres soucis que je n'avais guère pensé aux affaires publiques ; maintenant, j'étais obligé d'adopter une vision plus large.

Un jour, Kate m'a dit que Willie avait de gros arriérés : il était retourné chez le diacre Conkling pour vivre de l'autre côté de la rivière Kaw et j'avais naturellement supposé qu'il avait tout payé avant de partir. Maintenant, j'ai découvert qu'il devait aux Gregory soixante dollars pour son propre compte et plus que cela pour le mien.

Je suis allé vers lui vraiment en colère. S'il m'avait prévenu, cela ne m'aurait pas trop dérangé ; mais laisser les Grégoire me le dire me faisait vraiment ne pas l'aimer et je ne connaissais pas alors toute l'étendue de son égoïsme. Des années plus tard, ma sœur m'a raconté qu'il avait écrit à maintes reprises à mon père et reçu de lui de l'argent, alléguant que c'était pour moi et que j'étudiais et que je ne pouvais rien gagner : « Willie nous a rendus pauvres, Frank », a-t-elle déclaré. » dit, et je ne pus que baisser la tête ; mais si j'avais su ce fait à l'époque, cela aurait changé toutes mes relations avec Willie.

En fait, je l'ai trouvé dans les profondeurs. Emporté par son optimisme, il avait acheté des biens immobiliers en 1871 et 1872, les avait hypothéqués pour un montant supérieur à ce qu'il avait donné et, à mesure que le boom se poursuivait, il avait répété ce jeu encore et encore jusqu'à ce que sur le papier, et sur le papier, il estimait avoir gagné cent dollars. mille dollars. C'est ce qu'il m'avait dit et j'en étais heureux pour lui, sincèrement heureux.

Il était facile de voir que la période de boom et d'inflation reposait d'abord sur la croissance extraordinaire du pays grâce à l'immigration et au commerce qui avaient suivi la guerre civile. Mais la guerre franco-allemande avait prodigieusement dilapidé les richesses, perturbé également le commerce et détourné le commerce vers de nouvelles voies. La France, puis l'Angleterre, furent les premières à ressentir le choc : Londres dut faire appel aux fonds prêtés aux chemins de fer américains et à d'autres entreprises. Petit à petit, même l'optimisme américain fut vaincu quant à l'immigration en 1871 et 1872, et les appels de fonds étrangers épuisèrent nos banques. Le krach survint en 1873 ; rien de tel ne s'est produit dans ces États jusqu'à la crise de 1907 qui a conduit à la fondation de la Banque de Réserve Fédérale.

La fortune de Willie fondit presque en un instant : cette hypothèque et celle-là devaient être satisfaites et ne pouvaient l'être que par des ventes forcées sans acheteurs, sauf à des valeurs minimales. Quand je lui parlais, il était presque désespéré ; pas d'argent : pas de propriété : tout est perdu ; le produit de trois années de travail acharné et de spéculations réussies a été balayé. Puis-je l'aider ? Sinon, il était ruiné. Il me dit alors qu'il avait tiré tout ce qu'il pouvait de mon père : naturellement je lui promis de l'aider ; mais j'ai d'abord dû payer les Gregory et, à mon grand étonnement, il m'a supplié de lui laisser l'argent à la place. "Mme. Gregory et tous les autres comme vous », a-t-il plaidé, « ils peuvent attendre, je ne peux pas ; Je connais un achat qui pourrait me rendre à nouveau riche ! »

J'ai alors réalisé qu'il était égoïste de bout en bout, sans conscience et avide égoïste. J'ai renoncé à mon faible espoir qu'il me récompenserait un jour : il m'était désormais étranger et que je ne respectais même pas, bien qu'il ait de belles qualités insipides.

Je l'ai laissé traverser la rivière à pied et, quelques pâtés de maisons, j'ai rencontré Rose. Elle était plus jolie que jamais et je me suis retourné et j'ai marché avec elle, louant sa beauté jusqu'aux cieux et en effet, elle le méritait ; des manches courtes vertes, je me souviens, mettaient en valeur ses bras blancs, dodus et exquis. Je lui ai promis quelques livres et je lui ai fait dire qu'elle les lirait ; en effet, j'ai été étonné par la chaleur de sa gratitude : elle m'a dit que c'était gentil de ma part, m'a regardé et nous nous sommes séparés comme les meilleurs amis du monde, avec juste un soupçon de relation plus chaleureuse à l'avenir.

Ce soir-là, j'ai payé les dettes des Gregory , de Willie et la mienne et je ne lui ai pas envoyé le solde de ce que je possédais comme je l'avais promis ; mais à la place, une lettre lui disant que j'avais préféré annuler sa dette envers les Gregory .

Le lendemain, il est venu et m'a assuré qu'il avait promis de l'argent sur la base de ma promesse, qu'il avait également acheté une centaine de caisses de poulets à expédier à Denver et qu'il avait déjà reçu une offre du maire de Denver au double de ce qu'il avait donné. J'ai lu les lettres et les télégrammes qu'il m'a montrés et je lui ai laissé quatre cents dollars, ce qui m'a épuisé et m'a maintenu pauvre pendant des mois ; en effet, jusqu'à ce que je conclue l'accord avec Dingwall que je suis sur le point de raconter et qui m'a remis sur pied dans le confort.

Je dois maintenant raconter la mésaventure de Willie avec sa voiture pleine de poulets : il suffit ici de dire qu'il a été trompé par son acheteur et que je n'ai jamais vu un dollar de tout ce que je lui avais prêté.

Avec le recul, je comprends que c'est probablement la crise de 1873 qui a incité les Mayhew à se rendre à Denver ; mais après leur départ, j'ai été désemparé pendant quelques mois. Je n'ai pas réussi à trouver de travail, même si j'ai tout essayé : on m'a rencontré partout avec l'excuse : « des temps difficiles : des temps difficiles ! » Finalement, je pris une place de serveur à Eldridge House, le seul emploi que je pus trouver qui laissait la majeure partie de la matinée libre pour l'Université. Smith n'aimait pas mon nouveau départ et m'a dit qu'il me trouverait bientôt un meilleur poste, et Mme Gregory était dégoûtée et irritée – en partie par snobisme, je pense. À partir de ce moment-là, je la sentis contre moi et, peu à peu, elle mina mon influence auprès de Kate : je compris bientôt que j'étais moi aussi tombé dans l'estime du public, mais pas pour longtemps.

Un jour de l'automne, Smith me présenta à un certain M. Rankin, le caissier de la First National Bank, qui me confia aussitôt la location du Liberty Hall, la seule salle de la ville assez grande pour accueillir un millier de personnes : elle avait également une scène et pouvait donc être utilisée pour des représentations théâtrales. J'ai abandonné mon travail à Eldridge House et, à la place, j'avais l'habitude de m'asseoir à la billetterie du Hall de deux heures de l'après-midi à sept heures, et j'ai fait de mon mieux pour le confier avantageusement aux agents avancés des divers spectacles ou conférenciers itinérants. Je recevais soixante dollars par mois pour ce travail et un jour j'ai vécu une expérience qui a modifié toute ma vie, car elle m'a appris comment l'argent se gagne dans ce monde et peut être gagné par tout homme intelligent.

Un après-midi, l'agent avancé des Hatherly Minstrels est entré dans ma chambre et a jeté sa carte.

« Ce vieux propriétaire d' une ville, s'écria-t-il, devrait porter des vêtements funéraires.

"Quel est le problème! " J'ai demandé. "Matière!" répéta-t-il avec mépris : « Je ne crois pas qu'il y ait un endroit dans la coque, bon Dieu, ville assez grande pour montrer nos billets à double couronne ! Pas un : pas un endroit. Et j'avais l'intention de dépenser dix mille dollars ici pour faire la publicité des grands Hatherly Minstrels, le meilleur spectacle du monde : ils seront là pendant une quinzaine de jours et, par Dieu, vous ne prendrez pas mon argent : vous ne voulez pas d'argent en poche. ce trou mort et vivant !

Ce type m'a amusé : il était tellement convaincu et franc que je l'ai aimé. Par chance, j'étais resté à l'université jusque tard dans la journée et je n'étais pas allé dîner chez Gregory. J'avais une saine faim : j'ai demandé à M. Dingwall s'il avait dîné ?

"Non, Monsieur", fut sa réponse, "Peut-on dîner dans cet endroit?"

"Je suppose", ai-je répondu, "si vous me faites l'honneur d'être mon invité, je vous emmènerai au moins manger un bon steak de porterhouse" et je l'ai emmené à Eldridge House, à une courte distance de là. , laissant à ma place un jeune ami, Will Thomson, fils d'un médecin que j'ai connu.

J'ai offert à Dingwall le meilleur dîner possible et je l'ai fait sortir : il était en effet « un fil sous tension » comme il le disait et soudain, inspiré par son optimisme, l'idée m'est venue que s'il déposait les dix mille dollars, il avait parlé de, je pourrais installer des panneaux publicitaires sur tous les terrains vacants de Massachusetts Street et gagner une bonne chose en exposant les affiches des différents spectacles itinérants qui visitaient Lawrence. Ce n'était pas la première fois qu'on me demandait d'aider à promouvoir tel ou tel divertissement. J'ai timidement avancé mon idée, mais Dingwall l'a immédiatement reprise : « si vous pouvez trouver une bonne garantie, ou une bonne caution », dit-il, « je vous laisserai cinq mille dollars : je n'en ai pas le droit, mais je t'aime bien et je vais le risquer.

Je l'ai emmené chez M. Rankin, le banquier, qui m'a écouté avec bienveillance et a finalement dit :

"Oui", il m'aurait assuré que j'exposerais mille billets pendant quinze jours dans toute la rue principale sur des panneaux à ériger immédiatement, à condition que M. Dingwall paie cinq mille dollars à l'avance, et il a donné à M. . Dingwall une lettre à cet effet et m'a ensuite dit gentiment qu'il détenait cinq mille dollars à mon service.

Dingwall a pris le train suivant vers l'ouest, me laissant installer des panneaux publicitaires en un mois, après avoir d'abord obtenu la permission des propriétaires des lots. Pour faire court, j'ai obtenu la permission d'une centaine de propriétaires en une semaine par l'intermédiaire de mon frère Willie, qui, en tant qu'agent immobilier, les connaissait tous. Ensuite, j'ai passé un contrat avec un petit menuisier anglais, j'ai installé les palissades et j'ai fait poster les factures trois jours avant la date convenue. Les Hatherly's Minstrels ont passé une excellente quinzaine et tout le monde était content. À partir de ce moment-là, je tirai une cinquantaine de dollars par semaine de profit en louant les palissades, malgré la crise.

Soudain, Smith a attrapé un gros rhume : Lawrence se trouve à près de mille pieds au-dessus du niveau de la mer et, en hiver, il peut être aussi glacial que le pôle. Il se mit à tousser, une vilaine petite toux sèche et sèche : je le persuadai d'aller voir un médecin puis d'avoir une consultation, le résultat fut que les spécialistes diagnostiquèrent tous la tuberculose et recommandèrent un passage immédiat à l'est plus doux. Pour une raison ou une autre, je crois parce qu'on lui avait proposé un poste éditorial dans la « Presse » de Philadelphie, il quitta Lawrence précipitamment et s'installa à Quaker City.

Son départ a eu pour moi des conséquences notables. Tout d'abord, l'effet spirituel m'a étonné. Dès son départ, j'ai commencé à revoir tout ce qu'il m'avait appris, notamment en économie et en métaphysique : petit à petit, j'en suis arrivé à la conclusion que son communisme marxiste n'était qu'à moitié la vérité et probablement la moitié la moins importante : son hégélianisme aussi. , dont j'ai à peine parlé, était à mon avis un pur clair de lune : extrêmement beau par moments, comme la lune l'est quand les nuages violets argentés : « l'histoire est le développement de l'Esprit dans le temps : la nature est la projection de l'idée dans l'espace », ça a l'air merveilleux; mais c'est clair de lune et pas très éclairant.

Au cours des trois premiers mois d'absence de Smith, ma propre individualité s'est redressée, comme un jeune arbre qui a longtemps été courbé jusqu'à se briser, pour ainsi dire, par un poids surmontant et j'ai commencé à grandir avec une sorte de jeunesse renouvelée. Pour la première fois, vers l'âge de dix-neuf ans, j'ai repris conscience de moi-même en tant que Frank Harris et j'ai commencé à gérer la vie à ma manière et sous ce nom de Frank.

Dès que je revins d'Eldridge House pour loger à nouveau chez les Gregory , Kate se montra toujours aussi gentille avec moi ; elle venait dans ma chambre deux ou trois fois par semaine et était toujours la bienvenue ; mais je sentais à maintes reprises que sa mère avait l'intention de nous séparer autant que possible et elle finit par faire en sorte que Kate rende visite à des amis anglais installés à Kansas City. Kate a ajourné la visite à plusieurs reprises ; mais elle a finalement dû céder aux supplications et aux conseils de sa mère. À ce moment-là, mes trésors me rapportaient beaucoup et je proposai donc d'accompagner Kate et de passer toute la nuit avec elle dans un hôtel de Kansas City.

Nous sommes arrivés à l'hôtel vers dix heures et, audacieux comme des cuivres, je me suis enregistré comme M. et Mme William Wallace et je suis monté dans notre chambre avec les bagages de Kate, mon cœur battant dans ma gorge : Kate aussi était « toute tremblante » alors que elle me l'a avoué un peu plus tard ; mais quelle nuit nous avons passée ! Kate résolut de me montrer tout son amour et se donna à moi avec passion ; mais elle n'a jamais pris l'initiative, ai-je remarqué, comme le faisait Mme Mayhew.

Au début, je l'ai embrassée et j'ai parlé un peu ; mais dès qu'elle eut rangé ses affaires, je commençai à la déshabiller : quand sa chemise tomba, toute rougeoyante de mes caresses, elle me demanda : « Tu aimes vraiment ça ? et elle passa la main sur son sexe, debout, nue, comme une Vénus grecque. "Naturellement", m'exclamai-je, "et ceux-là aussi" et j'embrassai et suçai ses mamelons jusqu'à ce qu'ils deviennent rouge rosé.

« Est-il possible de le faire debout ? » demanda-t-elle avec une certaine confusion. « Bien sûr », répondis-je, « essayons ! Mais qu'est-ce qui t'a mis ça en tête ?

« Une fois, j'ai vu un homme et une fille derrière l'église, près de notre maison ! murmura-t-elle, "et je me demandais comment..." et elle rougit rosement. En entrant en elle, j'ai ressenti des difficultés : sa chatte était vraiment petite et cette fois semblait chaude et sèche : je l'ai sentie grimacer et je me suis immédiatement retirée : « est-ce que ça fait encore mal, Kate ? J'ai demandé.

« Un peu au début, » répondit-elle ; "mais ça ne me dérange pas", s'empresse-t-elle d'ajouter, "j'aime la douleur !"

En guise de réponse, j'ai glissé mes bras autour d'elle sous ses fesses et je l'ai portée jusqu'au lit : « Je ne te ferai pas de mal ce soir », lui ai-je dit, « je vais d'abord te faire donner ton jus d'amour et ensuite il y aura ne souffrez pas. Quelques baisers et elle soupira : « Je suis mouillée maintenant », et je me mis au lit et posai mon sexe contre le sien. "Je vais tout vous laisser", dis-je, "mais s'il vous plaît, ne vous faites pas de mal." Elle posa sa main sur mon sexe et la guida en soupirant un peu de satisfaction alors que petit à petit il rentrait chez lui.

Après la première extase, je lui ai fait utiliser la seringue pendant que je l'observais avec curiosité. Quand elle est revenue au lit, "Pas de danger maintenant", j'ai crié, "pas de danger, mon amour est reine !"

"Espèce d'amant chéri!" cria-t-elle, les yeux écarquillés comme émerveillés, "mon sexe palpite et me démange et oh ! Je sens des piqûres à l'intérieur de mes cuisses : je te veux terriblement, Frank », et elle s'étendit tout en parlant, remontant les genoux.

Je me suis mis sur elle et j'ai doucement, lentement laissé mon sexe glisser en elle, puis j'ai commencé le jeu d'amour. Lorsque mon deuxième orgasme est arrivé, je me suis laissé aller à des mouvements rapides et courts, même si je savais qu'elle préférait les mouvements longs et lents, car j'étais résolu à lui donner toutes les sensations cette nuit dorée. Lorsqu'elle me sentit recommencer le long mouvement lent qu'elle aimait, elle soupira deux ou trois fois et posant ses mains sur mes fesses m'attira plus près ; mais par ailleurs, il n'a fait que peu de signes d'émotion pendant peut-être une demi-heure. J'ai continué : le mouvement lent ne me procurait plus que peu de plaisir : c'était plutôt un travail qu'une joie ; mais j'étais résolu à lui offrir un festin. Je ne sais pas combien de temps a duré le combat : mais une fois que je me suis retiré et que j'ai commencé à frotter son clitoris et le devant de son sexe, et haletante, elle a hoché la tête et s'est frottée avec extase contre mon sexe, et après que j'aie recommencé le mouvement lent. : « s'il te plaît, Frank ! » » haleta-t-elle, « Je n'en peux plus : je deviens folle, je m'étouffe !

Bizarre à dire, ses paroles m'excitaient plus que l'acte : je sentais mon spasme arriver et brutalement, sauvagement j'enfonçais mon sexe en même temps en m'agenouillant entre ses jambes pour pouvoir jouer aussi sur son chatouilleur. . "Je vais te ravir!" J'ai pleuré et je me suis livré au vif plaisir. Tandis que ma semence jaillissait, elle ne parlait pas, mais restait là, immobile et blanche ; J'ai sauté du lit, j'ai pris une éponge d'eau froide et je l'ai utilisée sur son front. Aussitôt, à ma grande joie, elle ouvrit les yeux : « Je suis désolée », haleta-t-elle et but un verre d'eau, « mais j'étais si fatiguée, j'ai dû dormir. Mon cher cœur ! Quand j'ai posé l'éponge et le verre, je me suis glissé à nouveau en elle et peu de temps après, elle est devenue hystérique : « Je ne peux m'empêcher de pleurer, Frank love », a-t-elle soupiré, « Je suis si heureuse, chérie ! Tu m'aimeras toujours ? N'est-ce pas ? doux !" Naturellement, je la rassurais avec des promesses d'affection durable et de nombreux baisers ; Finalement, je passai mon bras gauche autour de son cou et je m'endormis ainsi, la tête posée sur son doux sein.

Le matin, nous avons suivi un autre cours, même si, à vrai dire, Kate était plus curieuse que passionnée.

"Je veux t'étudier!" dit-elle en prenant mon sexe dans ses mains puis mes couilles : "A quoi ça sert ?" » elle a demandé et j'ai dû expliquer que c'était là que ma semence était sécrétée : elle a fait la grimace, alors j'ai ajouté : « Vous avez une manufacture semblable, ma chère ; mais c'est à l'intérieur de toi, les ovaires qu'on appelle, et il leur faut un mois pour faire un œuf alors que mes couilles font des millions de têtards en une heure. Je me demande souvent pourquoi ?

Après avoir offert à Kate un excellent petit-déjeuner, je l'ai mise dans un taxi et elle est arrivée chez son amie juste au bon moment ; mais la petite amie n'a jamais pu comprendre à quel point ils s'étaient manqués à la gare.

Je suis retourné à Lawrence le même jour, me demandant ce que la Fortune me réservait ! J'ai vite découvert que la vie pouvait être désagréable.

L'Université du Kansas avait été créée par les premiers errants occidentaux et, comme la plupart des pionniers, ils avaient de l'intelligence et du courage et, en conséquence, ils ont inscrit dans les statuts qu'il ne devrait y avoir aucun enseignement religieux d'aucune sorte dans l'Université, et encore moins que la religion devrait jamais être exaltée. un test ou une qualification.

Mais au fil du temps, les Yankees de la Nouvelle-Angleterre ont afflué pour empêcher que le Kansas ne devienne un État esclavagiste et ces Yankees étaient tous de soi-disant chrétiens fanatiques appartenant à toutes les sectes connues ; mais tous distingués ou plutôt déformés par une bigoterie intolérante en matière de religion et de sexe. Leur honnêteté n'était pas du tout aussi prononcée : chaque secte devait avoir son propre professeur ; ainsi l'histoire eut un ecclésiastique épiscopalien qui ne connaissait pas l'histoire, et le latin un baptiste qui, lorsque Smith le salua en latin, ne put que rougir et le supplier de ne pas révéler sa honteuse ignorance ; la dame qui enseignait le français était une plaisanterie mais une bonne méthodiste, je crois, et ainsi de suite : éducation dégradée par les jalousies sectaires.

Dès que le professeur Smith a quitté l'université, la faculté a adopté une résolution créant une « chapelle du collège », à l'imitation d'une coutume universitaire anglaise. J'écrivis aussitôt à la Faculté pour protester et citer les Statuts des Fondateurs. La Faculté n'a pas répondu à ma lettre ; mais ils ont institué l'appel nominal au lieu de la chapelle et quand ils ont rassemblé tous les étudiants pour l'appel nominal, ils ont verrouillé les portes et ont commencé les prières, se terminant par un hymne.

Après l'appel, je me suis levé, j'ai marché jusqu'à la porte et j'ai essayé en vain de l'ouvrir. Heureusement, la porte de ce côté du hall n'était qu'une structure de fortune faite de fines planches de bois. Je reculai d'un pas ou deux et fis de nouveau appel aux professeurs assis sur l'estrade : comme ils n'y prêtaient pas attention, je courus et sautai le pied contre la serrure ; il jaillit et la porte s'ouvrit avec fracas.

Le lendemain, par un vote unanime de la Faculté, j'étais expulsé de l'Université et j'étais libre de consacrer toute mon attention au droit. Le juge Stevens m'a dit qu'il intenterait une action en mon nom contre la Faculté si je le souhaitais et qu'il était sûr qu'il obtiendrait des dommages-intérêts et me réintégrerait. Mais l'Université sans Smith ne signifiait rien pour moi et pourquoi devrais-je perdre du temps à combattre des fanatiques sans cervelle ? Je ne savais pas alors que ce serait l'œuvre principale de ma vie ; mais cette première fois, j'ai laissé à mes ennemis la victoire et le champ de bataille, comme je le ferai probablement enfin.

J'ai décidé d'étudier le droit et, pour commencer, j'ai incité Barker de Barker & Sommerfeld à me laisser étudier dans son cabinet d'avocats. Je ne me souviens pas comment j'ai fait leur connaissance ; mais Barker, un homme immensément gros, était un avocat célèbre et très gentil avec moi sans raison apparente. Sommerfeld était un grand Juif blond, d'allure allemande, particulièrement inarticulé, presque muet, en fait, en anglais ; mais c'était un excellent avocat et un homme honnête et bon qui suscitait le respect de tous les Allemands et Juifs du comté de Douglas, en partie parce que son gros petit père avait été l'un des premiers colons de Lawrence et l'un des commerçants les plus prospères. Il tenait un magasin de provisions générales et avait été gentil avec tous ses compatriotes au début de leurs difficultés.

Ce fut un partenariat admirable : Sommerfeld avait les clients et préparait les briefs ; tandis que Barker parlait au tribunal avec une sorte de bonne humeur invincible que je n'ai jamais vue égalée sauf chez le célèbre Anglais Bottomley.

Barker devant un jury respirait la bonhomie et le bon sens et gagnait ainsi même les mauvais cas. Sommerfeld , j'en parlerai plus en temps voulu.

Un peu plus tard, j'ai reçu de Smith des nouvelles déprimantes : sa toux n'avait pas diminué et notre compagnie lui manquait : il y avait dans la lettre un désespoir qui me faisait mal au cœur : mais que pouvais-je faire ? Je ne pouvais que continuer à travailler dur dans le domaine juridique, tout en utilisant chaque instant libre pour augmenter mes revenus en augmentant mes réserves dans deux sens.

Un soir, j'ai failli croiser Lily. Kate était toujours à Kansas City, alors je me suis arrêté avec suffisamment d'impatience pour discuter, car Lily m'avait toujours intéressé. Après les premiers salutations, elle m'a dit qu'elle rentrait chez elle : « ils sont tous sortis, je crois », a-t-elle ajouté. Aussitôt je lui proposai de l'accompagner et elle consentit. C'était le début de l'été mais il faisait déjà chaud, et lorsque nous sommes entrés dans le salon et que Lily s'est assise sur le canapé, sa fine robe blanche définissait sa silhouette élancée de manière séduisante.

"Que fais-tu?" » demanda-t-elle malicieusement, « maintenant que la chère Mme Mayhew est partie ? Elle doit te manquer ! » ajouta-t-elle de manière suggestive.

«Oui», ai-je avoué hardiment; "Je me demande si tu aurais assez de courage pour me dire la vérité ?" J'ai continué.

"Cueillir?" Elle fronça le front et pinça sa grande bouche ; "Courage, je veux dire", dis-je.

"Oh, j'ai du courage!" a-t-elle répondu.

"Etes-vous déjà monté dans la chambre de Mme Mayhew", ai-je demandé, "quand j'étais monté chercher un livre ?" Les yeux noirs dansèrent et elle rit en connaissance de cause.

"Mme. Mayhew a dit qu'elle t'avait emmené à l'étage pour te laver la pauvre tête après avoir dansé, rétorqua-t-elle avec dédain, mais je m'en fiche : ce que tu fais n'a rien à voir avec moi !

«C'est aussi le cas», ai-je poursuivi, portant la guerre dans son pays. "Comment?" elle a demandé.

"Eh bien, le premier jour tu es parti et tu m'as quitté alors que j'étais vraiment malade", dis-je, " alors j'ai naturellement cru que tu ne m'aimais pas même si je te trouvais adorable!"

"Je ne suis pas adorable", dit-elle, "ma bouche est trop grande et je suis trop légère."

"Ne vous calomniez pas", répondis-je avec sérieux, "c'est juste pour cela que vous êtes séduisant et excitez un homme."

"Vraiment?" » a-t-elle pleuré, et ainsi la conversation a continué pendant que je cherchais une opportunité mais n'en trouvais aucune et pendant tout ce temps j'avais peur que son père et sa mère ne reviennent. Enfin, en colère contre moi-même, je me levai pour partir sous un prétexte quelconque et elle m'accompagna jusqu'au perron. J'ai dit « Au revoir » sur la plus haute marche, puis j'ai sauté sur le côté avec une prière dans mon cœur pour qu'elle descende d'une marche ou deux et elle l'a fait. Elle se tenait là, ses hanches au niveau de ma bouche ; en un instant mes mains remontèrent sa robe, la droite vers son sexe, la gauche vers ses fesses derrière pour la retenir : le frisson lorsque je touchais son sexe à moitié plein était d'une intensité presque douloureuse. Son premier mouvement l'a amenée à s'asseoir sur la marche au-dessus de moi et aussitôt mon doigt s'est occupé dans sa fente.

"Comment oses-tu !" s'écria-t-elle, mais sans colère, "enlève ta main !"

"Oh, comme ton sexe est beau !" Je me suis exclamé comme si j'étais étonné : "Oh, je dois le voir et t'avoir, toi, miracle de beauté !" et ma main gauche abaissa sa tête pour un long baiser tandis que mon majeur continuait sa caresse. Soudain, ses lèvres devinrent chaudes et aussitôt je murmurai.

« Ne m'aimeras-tu pas, chérie ? Je te veux tellement : je brûle et me démange de désir (je savais qu'elle l'était !) S'il te plaît, je ne te ferai pas de mal et je ferai attention ; s'il te plaît, mon amour, personne ne le saura", et à la fin, là, sur le porche, je l'ai attirée vers moi et j'ai mis mon sexe contre le sien et j'ai commencé à frotter son chatouilleur et la partie avant de son sexe que je savais que ce serait le cas. l'exciter. En un instant, elle est venue et sa rosée d'amour a mouillé mon sexe et m'a terriblement excité ; mais j'ai continué à la branler avec ma manroot tout en m'empêchant de jouir en pensant à autre chose, jusqu'à ce qu'elle m'embrasse d'elle-même et qu'en avançant soudain, elle pousse ma bite directement dans sa chatte.

À mon grand étonnement, il n'y avait aucun obstacle, aucune vierge à franchir, même si son sexe lui-même était étonnamment petit et serré. Je n'ai alors pas hésité à laisser venir ma semence, me retirant seulement vers les lèvres et frottant son clitoris pendant ce temps, et dès que mes giclées ont cessé, ma racine a glissé de nouveau en elle et a continué le lent mouvement de va-et-vient jusqu'à ce qu'elle haletait avec sa tête sur mon épaule et m'a demandé d'arrêter. J'ai fait ce qu'elle voulait, car je savais que j'avais gagné une autre merveilleuse maîtresse.

Nous sommes rentrés dans la maison car elle a insisté pour que je rencontre son père et sa mère, et pendant que nous attendions, elle m'a montré ses jolis petits seins, à peine plus gros que des petites pommes, et j'ai pris conscience

de quelque chose d'enfantin dans son esprit qui correspondait à l'enfantin.
les contours de ses jolies hanches et de sa chatte à moitié formées.

« Je pensais que vous étiez amoureux de Mme Mayhew », a-t-elle avoué, « et
je n'arrivais pas à comprendre pourquoi elle faisait des bruits si drôles ; mais
maintenant je sais, ajouta-t-elle, espèce de coquine chérie ; car je sentais tout
à l'heure mon cœur palpiter et j'étais presque en train de m'étouffer…

Je ne sais pas pourquoi ; mais ce ravissement de Lily me la rendit chère : je
résolus de la voir nue et de la faire frémir jusqu'à l'extase le plus tôt possible,
et alors et là nous nous fixâmes un lieu de rendez-vous de l'autre côté de
l'église, d'où je savais Je pouvais l'emmener dans ma chambre chez Gregory
en une minute, puis je rentrais chez moi, car il était tard et je n'avais pas
particulièrement envie de rencontrer ses parents.

La nuit suivante, j'ai rencontré Lily près de l'église et je l'ai emmenée dans ma
chambre : elle a ri de joie lorsque nous sommes entrés ; car en effet, elle
ressemblait presque à un garçon à l'esprit audacieux et aventureux. Elle m'a
avoué que mon défi de son courage lui avait intimement plu :

«Je n'ai jamais pris de défi!» cria-t-elle dans son argot américain en secouant
la tête.

"Je vais t'en donner deux," murmurai-je, "tout de suite : la première est, je te
mets au défi de te déshabiller comme je vais le faire, et je te dirai l'autre quand
nous serons au lit." Elle secoua à nouveau sa petite tête bleu-noir : « caca !
elle a crié : « Je vais d'abord me déshabiller », et elle l'a été. Sa beauté faisait
battre mon pouls et desséchait ma bouche. Personne ne pouvait s'empêcher
de l'admirer : elle était très mince, avec des seins minuscules, comme je l'ai
dit, un ventre plat et des flancs et des hanches droits ; son triangle n'était,
pour ainsi dire, brossé que par des poils doux et duveteux, et pendant que je
la tenais corps nu contre le mien, son apparence et sa sensation exaspéraient
mon désir. J'admirais toujours les contours plus mûrs, plus riches et plus
succulents de Kate ; sa silhouette était plus proche de mon idéal d'enfant ;
mais Lily représentait un type d'adolescence destiné à grandir puissamment
en moi. En fait, à mesure que ma virilité juvénile diminuait, mon amour pour
les charmes féminins opulents diminuait et j'ai commencé à aimer de plus en
plus les silhouettes élancées et juvéniles avec les signes sexuels plutôt indiqués
que prononcés. Quel appétit dévorant Rubens avoue avec les gros seins
pendants et les fesses roses et grossières de ses Vénus !

J'ai soulevé Lily sur le lit et j'ai séparé ses jambes pour étudier sa chatte. Elle
m'a fait une grimace; mais alors que je frottais mon sexe chaud contre son
petit bouton que je pouvais à peine voir, elle sourit et s'allongea avec
contentement. Au bout d'une minute ou deux, son jus d'amour est arrivé et
je me suis couché sur elle et j'ai glissé ma racine dans sa petite chatte : même

lorsque les lèvres étaient grandes ouvertes, elle était fermée à l' œil et cela et sa mince nudité m'excitaient de manière incontrôlable. J'ai continué les mouvements lents pendant quelques minutes ; mais une fois elle a fait descendre rapidement son sexe sur le mien alors que je l'attirais jusqu'aux lèvres, et m'a donné un frisson intense : j'ai senti ma semence venir et je me suis laissé aller par des poussées courtes et rapides qui ont vite provoqué mon spasme de plaisir et j'ai elle soulevait son petit corps contre le mien et écrasait mes lèvres sur les siennes : elle était étrangement alléchante, excitante comme une boisson forte.

Je l'ai sortie du lit et j'ai utilisé la seringue en lui expliquant son but, puis je me suis recouchée et je lui ai offert un moment de sa vie ! Allongée entre ses jambes mais côte à côte une heure plus tard, je l'ai mise au défi de me raconter comment elle avait perdu son virginité. Je devais d'abord lui dire ce que c'était. Elle affirmait catégoriquement qu'aucun « abatteur » ne l'avait jamais touchée à part moi et je la croyais, car elle avouait s'être caressée depuis l'âge de dix ans : au début, elle ne pouvait même pas mettre son index dans sa chatte, m'a-t-elle dit. "Qu'est-ce que tu es maintenant?" J'ai demandé. « J'aurai seize ans en avril prochain », fut sa réponse.

Vers onze heures, elle s'habilla et rentra chez elle, après avoir pris un autre rendez-vous avec moi.

La précipitation de ce récit présente de nombreux inconvénients imprévus : elle donne l'impression que j'ai eu conquête sur conquête et peu ou pas de difficulté dans mes efforts pour gagner l'amour. En réalité, ma demi-douzaine de victoires se sont étalées sur presque autant d'années, et à maintes reprises j'ai rencontré des rebuffades et des refus tout à fait suffisants pour maintenir même ma vanité dans des limites décentes. Mais je tiens à souligner le fait que le succès en amour, comme le succès dans tous les domaines de la vie, revient généralement à l'homme dur et inlassable dans sa quête. Chaucer avait raison quand il fait avouer à son Old Wyfe of Bath :

Et par une présence et une attention étroites

Sommes-nous pris, plus ou moins la vérité à mentionner.

Ce n'est pas l'homme le plus beau ou le plus viril qui a le plus de succès auprès des femmes, bien que ces deux qualités facilitent la voie ; mais celui qui les poursuit le plus assidûment, les flatte le plus constamment et le plus intelligemment, et s'obstine toujours à prendre le « non » de la jeune fille pour un consentement, ses reproches pour des tendresses et même un peu de colère pour un charme nouveau.

Il faut surtout aller de l'avant après chaque refus, car dès qu'une fille refuse, elle a tendance à regretter et peut alors accorder ce qu'elle a expressément nié l'instant précédent. Pourtant, je pourrais citer des dizaines d'exemples où l'assiduité et la flatterie, les regards amoureux et les paroles étaient tous inefficaces, à tel point que je ne devrais jamais dire avec Shakespeare : « ce n'est pas un homme qui ne peut pas conquérir une femme ». J'ai généralement constaté aussi que les plus faciles à gagner étaient les plus dignes d'être gagnés pour moi, car les femmes ont un sens plus fin que n'importe quel homme pour déterminer leur aptitude en amour.

Maintenant, un exemple d'un de mes nombreux échecs qui ont eu lieu alors que j'étais encore étudiant et que j'avais de bonnes chances de réussir.

C'était une coutume à l'Université que chaque professeur fasse un cours de quarante-cinq minutes, laissant ainsi à chaque étudiant au moins quinze minutes libres pour retourner dans sa salle de classe privée et préparer le cours suivant. Tous les élèves utilisaient à tour de rôle ces salles de classe pour leur plaisir privé. Par exemple, de 11 h 45 à midi chaque jour, j'étais censé travailler dans la salle de classe junior et aucun élève ne me dérangerait ou ne me molesterait de quelque manière que ce soit.

Un jour, une fille de Fresher, du nom de Grace Weldon, fille du propriétaire du plus grand magasin de Lawrence, est venue voir Smith alors que Miss Stevens et moi étions avec lui, au sujet de la traduction d'une phrase ou deux en Xénophon.

« Expliquez-le à Miss Weldon, Frank ! » dit Smith et en quelques instants je lui avais expliqué le passage. Elle m'a remercié gentiment et j'ai dit : « Si jamais vous voulez quelque chose que je puisse faire, je serai heureux de vous le dire clairement, Miss Weldon ; Je suis toujours dans la classe Junior de 11h45 à midi.

Elle m'a remercié et un jour ou deux plus tard est venue me voir dans la salle de classe avec un autre puzzle et ainsi notre connaissance a mûri. Presque aussitôt, elle me laissa l'embrasser ; mais dès que j'ai essayé de mettre la main sous ses vêtements, elle m'a arrêté. Nous étions amis depuis près d'un an, amis proches, et je me souviens avoir essayé tout ce que je savais un samedi où j'ai passé toute la journée avec elle dans notre salle de classe, jusqu'à ce que le crépuscule arrive et que je ne puisse pas la faire céder.

Ce qui était curieux, c'est que je ne parvenais même pas à apaiser l'intelligent dans ma vanité en lui faisant croire qu'elle était physiquement froide : au contraire, elle était très passionnée ; mais elle avait simplement pris sa décision et ne changerait pas.

Ce samedi-là, en classe, elle m'a dit que si elle cédait, elle me détesterait : je ne voyais aucun sens à cela, même si je devais découvrir plus tard à quel point le confessionnal était une arme terrible utilisée par les prêtres catholiques irlandais. Commettre un péché est facile ; le confesser à votre prêtre est pour beaucoup de femmes un moyen de dissuasion absolu.

Quelques jours plus tard, je crois, j'ai reçu une lettre de Smith qui me déterminait à me rendre à Philadelphie dès que mes thésaurisations me fourniraient suffisamment d'argent. Je lui ai écrit et je lui ai dit que je viendrais lui remonter le moral : je n'ai pas eu longtemps à attendre.

Au début de l'automne, Bradlaugh est venu donner une conférence au Liberty Hall sur la Révolution française – un homme géant avec une grosse tête, des traits rugueux et irréguliers et une voix de stentor : aucune meilleure figure de rebelle ne pouvait être imaginée. Je savais qu'il était soldat anglais depuis une douzaine d'années ; mais j'ai vite découvert qu'en dépit de sa révolte passionnée contre la religion chrétienne et toutes ses conventions moralisatrices bon marché , il était un individualiste convaincu et ne voyait rien de mal dans le despotisme de l'argent qui s'était déjà établi en Grande-Bretagne, bien que condamné par Carlyle à l'époque. la fin de sa « Révolution française » comme la plus vile de toutes les tyrannies.

de Bradlaugh m'a appris qu'un homme notoire et populaire, sérieux et doué aussi, et intellectuellement honnête, pouvait être cinquante ans en avance sur son temps dans un domaine et cinquante ans en retard sur la meilleure opinion de son époque dans un autre domaine de pensée. Dans le grand conflit de notre époque entre les « nantis » et les « démunis », Bradlaugh n'a joué aucun rôle : il a gaspillé ses grandes forces dans une vaine attaque contre les branches pourries de l'arbre chrétien, alors qu'il aurait dû assimiler les l'esprit de Jésus et l'a utilisé pour dorer sa fidélité à la vérité.

Vers cette époque, Kate écrivit qu'elle ne reviendrait pas avant quelques semaines : elle déclara qu'elle se sentait une autre femme ; J'ai été tenté d'écrire : « Moi aussi, reste aussi longtemps qu'il te plaira » ; mais à la place j'écrivis une lettre affectueuse et tentante ; car j'avais une réelle affection pour elle, ai-je découvert.

Lorsqu'elle est revenue quelques semaines plus tard, j'ai eu l'impression qu'elle était nouvelle et inconnue et qu'il fallait que je la reconquière ; mais dès que ma main toucha son sexe, l'étrangeté disparut et elle se donna à moi avec un enthousiasme renouvelé.

Je l'ai taquinée pour qu'elle me dise exactement ce qu'elle ressentait et elle a finalement consenti. "Commencez par la première fois", suppliai-je, "et racontez ensuite ce que vous avez ressenti à Kansas City."

"Ce sera très dur", dit-elle, "je préfère l'écrire pour toi." "Ça fera aussi bien l'affaire", répondis-je, et voici le récit qu'elle m'envoya le lendemain.

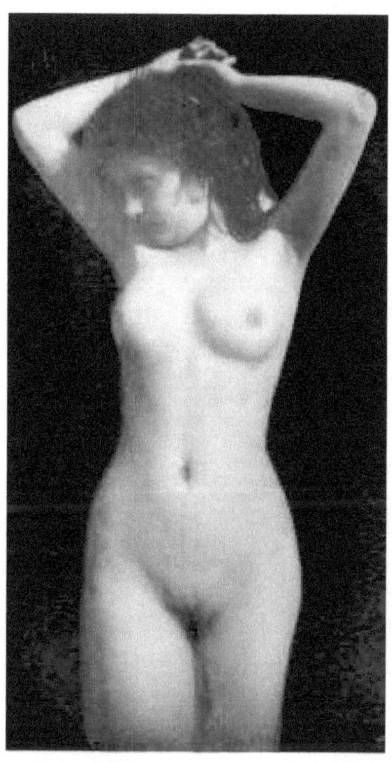

«Je pense que la première fois que tu m'as eu», commença-t-elle, «j'ai ressenti plus de curiosité que de désir: j'avais si souvent essayé de m'imaginer tout cela. Quand j'ai vu ton sexe, j'ai été étonné, car il me paraissait très gros et je me demandais si tu pouvais vraiment l'introduire dans mon sexe qui, je le savais, était juste assez gros pour que mon doigt puisse y entrer. Pourtant, je voulais sentir ton sexe. le sexe poussant en moi, et tes baisers et le contact de ta main sur mon sexe m'ont rendu encore plus impatient. Quand tu glissais la tête de ton sexe dans le mien, ça me faisait terriblement mal ; c'était presque comme si un couteau me coupait, mais la douleur, pour une raison quelconque, semblait m'exciter et j'ai poussé en avant pour t'enfoncer plus loin en moi ; Je pense que c'est ce qui a brisé mon virginité. Au début, j'étais déçu car je ne ressentais aucun frisson, seulement de la douleur ; mais lorsque mon sexe est devenu tout mouillé et ouvert et que le vôtre a pu entrer et sortir facilement, j'ai commencé à ressentir un réel plaisir. J'ai préféré le mouvement lent; ça m'a excité de sentir la tête de ton sexe toucher juste les lèvres du mien et quand tu as poussé lentement jusqu'au bout, cela m'a donné un halètement de plaisir essoufflé ; quand tu as sorti ton sexe, j'ai eu envie de le retenir en moi. Et plus tu tenais, plus tu me faisais plaisir. Pendant des heures, mon sexe était sensible ; si je le frottais très doucement, il commencerait à démanger et à brûler.

"Mais cette nuit-là à l'hôtel de Kansas City, je te voulais vraiment et le plaisir que tu m'as donné alors était bien plus vif que la première fois. Tu m'as embrassé et caressé pendant quelques minutes et j'ai vite senti ma rosée d'amour venir et le bouton de mon sexe s'est mis à palpiter. Tandis que vous enfonciez et retiriez votre tige en moi, j'ai ressenti une sorte de plaisir si étrange : chaque petit nerf à l'intérieur de mes cuisses et de mon ventre semblait vibrer et frémir : c'était presque une sensation de douleur. Au début, la sensation n'était pas si intense, mais lorsque vous vous êtes arrêté et que vous m'avez fait me laver, j'ai été secoué par des spasmes rapides et brefs dans les cuisses et mon sexe était brûlant et palpitant ; Je te voulais plus que jamais.

"Quand tu as recommencé le mouvement lent, j'ai ressenti les mêmes sensations dans mes cuisses et mon ventre, mais avec plus d'acuité, et à mesure que tu continuais, le plaisir est devenu si intense que je pouvais à peine le supporter. Soudain tu as frotté ton sexe contre le mien et mon bouton s'est mis à palpiter : je le sentais presque bouger. Puis tu as commencé à faire entrer et sortir rapidement ton sexe de moi ; en un instant, j'étais essoufflé d'émotion et je me sentais si faible et épuisé que je suppose que je me suis endormi pendant quelques minutes, car je ne savais plus rien jusqu'à ce que je sente l'eau froide couler sur mon visage. Quand tu as recommencé, tu m'as fait pleurer ; peut-être parce que j'étais tout dissous dans mes sentiments et aussi, trop heureux. Ah, l'amour est divin, n'est-ce pas ?

Kate était vraiment du type de femme le plus élevé, mère et maîtresse à la fois. Elle venait plus souvent que jamais passer la nuit avec moi et à une de ces occasions, elle a trouvé un nouveau mot pour sa passion : elle a déclaré qu'elle sentait son ventre bouger en désir pour moi lorsque je lui parlais de mon mieux ou que je lui récitais de la poésie. dans ce que je l'avais baptisé Semaine Sainte. C'est Kate qui m'a appris la première que les femmes pouvaient être encore plus émues et excitées par les paroles que par les actes : une fois, je me souviens, alors que j'avais parlé sentimentalement, elle m'a embrassé d'elle-même et nous nous sommes rencontrés les yeux mouillés. .

Un autre effet de l'absence de Smith fut important ; car cela m'a coûté une bonne affaire avec Miss Stevens. J'ai vite découvert qu'elle avait hérité du meilleur de l'intelligence de son père et d'une grande partie de sa force de caractère. Si elle avait épousé Smith, elle aurait pu faire quelque chose de remarquable : en l'état, elle était une fille très attirante et instruite et aurait fait de Smith, j'en suis sûr, une excellente épouse.

Une fois et une seule fois, j'ai essayé de lui faire comprendre que sa douceur envers Smith pourrait lui faire du mal physiquement ; mais le soupçon d'un reproche la mettait en colère et elle ne pouvait ou ne voulait évidemment pas comprendre ce que je voulais dire sans une explication physique, ce qui lui aurait certainement irrité. J'ai dû la laisser à ce qu'elle aurait appelé son démon ; car elle était aussi joliment pédante que la princesse de Tennyson ou toute autre héroïne du milieu de l'époque victorienne.

Son frère Ned aussi, je l'ai assez bien connu. C'était un grand et beau garçon aux beaux yeux gris : un bon athlète, mais d'esprit commun.

Le père était le plus intéressant de toute la famille, ne serait-ce que par sa vanité prodigieuse. Il était d'apparence noble : une grande et belle tête avec des cheveux gris argentés mettant en valeur une silhouette corpulente bien au-dessus de la taille moyenne. Malgré sa présomption de supériorité, je le sentais enfermé dans ses pensées ; car il acceptait toutes les conventions américaines familières, croyant ou plutôt sachant que le peuple américain, « la bonne vieille souche de la Nouvelle-Angleterre en particulier, était le sel de la terre, la meilleure race que l'on puisse voir partout... »

Cela montra à son cerveau qu'il essayait de trouver une raison à cette croyance. « Le chêne anglais est bon, remarqua-t-il un jour sentencieusement, mais le caryer américain est plus dur encore. Raisonnable aussi, ma croyance, ajouta-t-il, car la dernière période glaciaire a dépouillé toute la bonne terre de la Nouvelle-Angleterre et a rendu extrêmement difficile de gagner sa vie et les Anglais qui sont sortis pour des raisons de conscience ont été le choix des le Vieux Pays et ils ont été contraints pendant des générations de gagner leur vie sur le type de sol le plus pauvre avec le pire climat du monde, et des Indiens hostiles tout autour d'aiguiser leur combativité et d'éliminer les faibles et les gaspilleurs.

Il y avait une certaine part de vérité dans son affirmation ; mais c'était ce qui se rapprochait le plus d'une pensée originale que je l'ai jamais entendu exprimer et sa ferveur patriotique intense m'a amené à douter de son intelligence.

J'ai été ravi de constater que Smith l'évaluait exactement comme moi : « un avocat de premier ordre, je crois », selon son jugement, « un homme sensé et gentil ».

"Un peu au-dessus de la taille moyenne", ai-je interprété et Smith a ajouté en souriant, "et un poids considérablement supérieur à la moyenne : il n'aurait jamais rien fait de notable en littérature ou en pensée."

A mesure que l'année avançait, les lettres de Smith m'appelaient de plus en plus avec insistance et je finis par aller le rejoindre à Philadelphie.

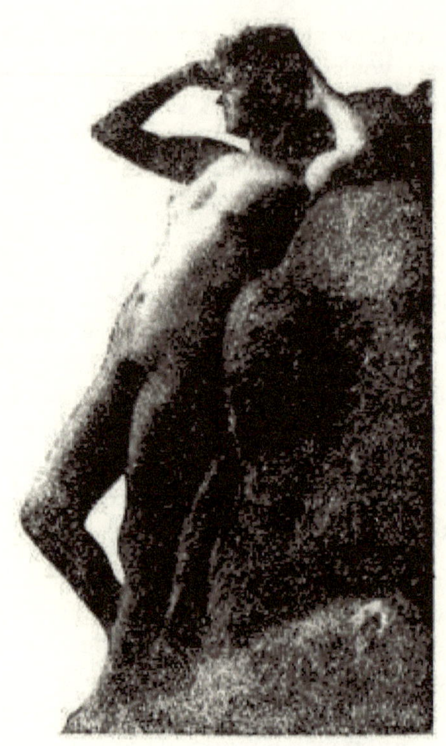

NOUVELLES EXPÉRIENCES.

Emerson, Walt Whitman, Bret Harte.

Chapitre XIII.

Smith m'a rencontré à la gare : il était plus maigre que jamais et la misérable petite toux le secouait très souvent malgré quelques pastilles que le médecin lui avait donné à sucer : j'ai commencé à m'inquiéter pour lui et j'ai vite cru que le climat humide de Quaker City était pire pour lui que l'air raréfié et sec du Kansas. Mais il croyait en ses médecins !

Il logea chez une agréable famille puritaine chez laquelle il m'avait également trouvé une chambre et nous reprenâmes aussitôt notre ancienne vie. Mais maintenant, je le surveillais constamment et insistais sur une retenue rigoureuse, attachant chaque nuit soigneusement son organe indiscipliné avec du fil, ce qui était encore plus efficace (et douloureux) que le fouet. J'ai également mis un morceau de glace près de son lit pour qu'il puisse mettre fin immédiatement à tout frisson sexuel. Mais maintenant, son état ne s'est pas amélioré rapidement : il a fallu un mois avant que je puisse retrouver en lui son ancienne vigueur ; mais peu de temps après, la toux diminua et il recommença à être lui-même brillant.

L'un de nos premiers soirs, je lui ai décrit la conférence de Bradlaugh dans les mêmes termes que ceux que j'ai utilisés dans ce récit. Smith a dit : « Pourquoi ne l'écrivez-vous pas ? Vous devriez le faire : la « Presse » s'en chargerait. Vous m'avez offert un portrait extraordinaire et réaliste d'un grand homme, pour ainsi dire aveugle d'un œil, une sorte de cyclope. S'il avait été communiste, il aurait été encore plus grand. »

J'ai osé être en désaccord et nous y sommes vite allés, marteau et pinces. Je voulais voir se réaliser dans la vie les deux principes, l'individualisme et le socialisme, la force centrifuge aussi bien que la force centripète, et j'étais convaincu que le problème était de savoir comment amener ces opposés à un équilibre qui assurerait un rapprochement avec la justice et contribuerait au bonheur de tous. tous.

Smith, de son côté, s'est d'abord présenté comme un communiste pur et simple et un adepte de Marx ; mais il était trop impartial pour fermer longtemps les yeux sur l'évidence. Bientôt, il a commencé à me féliciter pour ma perspicacité, déclarant que j'avais écrit un nouveau chapitre d'économie.

Sa conversion m'a fait sentir que j'étais enfin son égal en tant que penseur, dans tous les domaines où son érudition ne lui donnait pas un trop grand avantage : je n'étais plus un élève mais un égal et sa prise de conscience rapide a augmenté , je crois, notre affection mutuelle. Quoique infiniment meilleur, il me présenta dans toutes les sociétés avec une générosité rare, affirmant que j'avais découvert de nouvelles lois en sociologie. Pendant des mois, nous avons vécu très heureux ensemble, mais son hégélianisme a résisté à toutes mes attaques : il correspondait trop intimement à l'idéalisme profond de son propre caractère.

Dès que j'eus écrit l' histoire de Bradlaugh , Smith m'emmena au bureau de « Presse » et me présenta au rédacteur en chef, un certain capitaine Forney : en effet, le journal s'appelait alors généralement « Forney's Press », même si certains en parlaient déjà. sous le nom de « The Philadelphia Press ». Forney a aimé mon portrait de Bradlaugh et m'a engagé comme journaliste et rédacteur descriptif occasionnel pour cinquante dollars par semaine, ce qui m'a permis d'économiser tout l'argent qui me venait de Lawrence.

Un jour, Smith me parla d'Emerson et m'avoua qu'il l'avait présenté et qu'il l'avait envoyé au philosophe en lui demandant un entretien. Il souhaita que je l'accompagne à Concord : j'y consentis, mais sans aucun enthousiasme : Emerson était alors un nom inconnu pour moi ; Smith m'a lu une partie de sa poésie et en a fait l'éloge, même si je n'en ai tiré que peu ou rien. Lorsque des jeunes hommes me témoignent désormais une indifférence similaire, ma propre expérience me permet de les excuser facilement. Ils ne savent pas ce qu'ils font! est l'explication et l'excuse pour nous tous.

Par une belle journée d'automne, Smith et moi sommes allés à Concord et avons rendu visite à Emerson le lendemain. Il nous reçut de la manière la plus agréable et la plus courtoise : il nous fit asseoir et se ressaisit pour écouter. Smith s'en est pris au score, lui racontant combien il avait influencé sa vie et l'avait aidé avec de courageux encouragements : le vieil homme souriait avec bienveillance et hochait la tête, éjaculant de temps en temps : « Oui, oui ! Peu à peu, Smith s'est intéressé à son travail et a voulu savoir pourquoi Emerson n'avait jamais exprimé ses vues sur la sociologie ou sur les relations entre le capital et le travail. Une ou deux fois, le vieux gentleman lui prit l'oreille avec la main ; mais tout ce qu'il dit c'est : « Oui, oui ! ou je le pense » avec le même sourire bienveillant.

J'ai tout de suite deviné qu'il était sourd ; mais Smith n'en avait aucune idée car il continuait à enquêter, à enquêter pendant qu'Emerson répondait à des questions agréables et tout à fait hors de propos. J'ai étudié le grand homme d'aussi près que possible. Il mesurait environ cinq pieds neuf ou dix, très maigre, atténué même, et très scrupuleusement habillé : sa tête était étroite quoique longue, son visage osseux ; un nez long, haut, quelque peu pointu était le trait caractéristique de son visage : — une bonne vanité de lui-même, concluai-je, et une volonté considérable, car le menton était bien défini et large ; mais je n'ai rien eu de plus que cela et de ses yeux gris clairs et inébranlables, une intense impression de gentillesse et de bonne volonté, et pourquoi ne devrais-je pas le dire ? de douceur même, comme d'une âme élevée au-dessus des soucis et des difficultés de la terre .

« Un gentil vieux garçon, me disais-je, mais sourd comme un poteau. »

Bien des années plus tard, sa surdité devint pour moi le symbole et l'explication de son génie. Il avait toujours vécu « une vie éloignée » et s'était gardé des souillures du monde : cela explique à la fois son étroitesse de sympathie et la hauteur à laquelle il a grandi ! Son visage étroit et agréablement souriant me revient chaque fois que j'entends prononcer son nom.

Mais à l'époque, j'étais indigné par sa surdité et en colère contre Smith parce qu'il ne s'en rendait pas compte et semblait en quelque sorte se rabaisser. Quand nous sommes partis, j'ai crié : « Le vieux fou est sourd comme un poteau ! "Ah, c'était alors l'explication de son sourire stéréotypé et de ses réponses particulières", s'écria Smith, " comment l'avez-vous deviné ?"

"Il a mis sa main à son oreille plus d'une fois", répondis-je.

"C'est ce qu'il a fait", s'est exclamé Smith, "comme c'est stupide de ma part de ne pas avoir tiré la conclusion évidente !"

C'est cet automne, je crois, que les Gregory sont partis pour le Colorado. Au début, j'ai beaucoup ressenti la perte de Kate ; mais elle ne m'avait pas profondément impressionné et la nouvelle vie à Philadelphie et mon travail journalistique ne me laissaient que peu de temps pour les regrets et comme elle ne m'écrivait jamais, suivant sans doute les conseils de sa mère, elle sortit bientôt de ma mémoire. De plus, Lily était une amante tout aussi intéressante et Lily aussi commençait à me peser. La vérité est que la fièvre du désir chez la jeunesse est une maladie passagère que l'intimité guérit rapidement. D'ailleurs, j'étais déjà à la poursuite d'une fille à Philadelphie qui m'a tenu longtemps à distance, et lorsqu'elle a cédé, j'ai trouvé sa taille banale et son sexe si ample et si ample qu'elle ne mérite aucune place dans cette chronique. Elle était modeste, s'il vous plaît, et ce n'est pas étonnant. Depuis, j'ai toujours pensé que la modestie était la véritable feuille de vigne de la laideur.

Au printemps de cette année 1875, je dus retourner à Lawrence pour affaires liées à mes panneaux publicitaires. Dans plusieurs cas, les propriétaires des lots ont refusé de me permettre d'entretenir les panneaux publicitaires à moins d'avoir une part raisonnable aux bénéfices. Finalement, je les ai tous réunis et je suis parvenu à un accord à l'amiable pour partager entre eux vingt-cinq pour cent de mes bénéfices, année par année.

J'ai également dû passer mon examen et être admis au Barreau. J'avais déjà obtenu mes premiers papiers de naturalisation et le juge Bassett du tribunal de district a désigné les avocats Barker et Hutchings pour m'interroger.

L'examen n'était qu'une simple forme : ils me posèrent chacun trois questions simples : j'y répondis et nous nous rendîmes à Eldridge House pour le dîner et ils burent ma santé au champagne. Le juge Bassett m'a informé que j'avais réussi l'examen et m'a dit de me présenter à l'admission le 15 juin 1875, je crois.

À ma grande surprise, le terrain était à moitié plein . Le juge Stevens était même présent, que je n'avais jamais vu au tribunal auparavant. Vers onze heures, le juge informa l'audience que j'avais passé un examen satisfaisant, que j'avais présenté mes premiers papiers en bonne et due forme et qu'à moins qu'un avocat ne veuille d'abord me poser des questions pour tester ma capacité, il me proposa de m'appeler au barreau. À mon grand étonnement, le juge Stevens se leva :

"Avec la permission du Tribunal", a-t-il déclaré, "je voudrais poser quelques questions à ce candidat qui nous arrive avec les éloges de l'Université". (Personne n'avait entendu parler de mon expulsion, même s'il en était au courant.) Il a alors commencé une série de questions qui ont rapidement sondé les profondeurs de mon ignorance abyssale. Je ne savais pas ce qu'était une action de compte dans l'ancienne common law anglaise : je ne le sais pas maintenant, et je ne veux pas le savoir. J'avais lu attentivement Blackstone et un livre sur le droit romain ; Chitty sur les preuves aussi, et quelqu'un sur les contrats — une demi-douzaine de livres et c'est tout. Pendant les deux premières heures, le juge Stevens a simplement exposé mon ignorance : c'était une matinée très chaude et mon orgueil a été mis à rude épreuve lorsque le juge Bassett a proposé un ajournement pour le dîner. Stevens a consenti et nous nous sommes tous levés. À ma grande surprise, Barker, Hutchings et une demi-douzaine d'autres avocats sont venus m'encourager : « Stevens ne fait que frimer », a déclaré Hutchings, « moi-même, je n'aurais pas pu répondre à la moitié de ses questions ! Même le juge Bassett m'a fait venir dans sa chambre et m'a pratiquement dit que je n'avais rien à craindre, alors je suis revenu à deux heures, résolu à faire de mon mieux et à tout prix à garder le sourire.

L'interrogatoire s'est poursuivi dans un tribunal bondé jusqu'à quatre heures, puis le juge Stevens s'est assis. J'avais fait mieux dans cette séance; mais mon examinateur m'avait pris au piège sur un point controversé du droit de la preuve et j'aurais pu me donner des coups de pied. Mais Hutchings est devenu le doyen de mes deux examinateurs nommés par la Cour et a simplement déclaré que maintenant il réitérait l'opinion qu'il avait déjà eu l'honneur de transmettre au juge Bassett, à savoir que j'étais une personne apte et appropriée pour pratiquer le droit. dans l'État du Kansas.

« Le juge Stevens », a-t-il ajouté, « nous a montré à quel point il connaît bien la common law anglaise ; mais certains d'entre nous savaient qu'avant et en tout cas son érudition ne devait pas être un purgatoire pour les candidats : on dirait, poursuivit-il, comme s'il voulait punir M. Harris pour sa supériorité sur tous ses camarades de classe à l'Université. .

« Les personnes impartiales présentes dans cette audience admettront », a-t-il conclu, « que M. Harris s'est brillamment sorti d'une épreuve extrêmement sévère et j'ai l'agréable tâche de proposer, Votre Honneur, qu'il soit maintenant admis au barreau, bien qu'il il ne pourra peut-être pas exercer avant de devenir citoyen à part entière dans deux ans.

Tout le monde s'attendait à ce que Barker appuie cette proposition ; mais pendant qu'il se levait, le juge Stevens commença à parler.

« Je désire, dit-il, appuyer cette proposition ; et je pense que je devrais expliquer pourquoi j'ai soumis M. Harris à un interrogatoire sévère en audience publique. Depuis que je suis arrivé au Kansas en provenance de l'État de New York, il y a vingt-cinq ans, on m'a demandé à maintes reprises d'examiner tel ou tel candidat. J'ai toujours refusé : je ne souhaitais pas punir les candidats occidentaux en les opposant à nos standards orientaux. Mais ici apparaît enfin un candidat qui a gagné l'honneur à l'Université pour lequel, par conséquent, un examen rigoureux en audience publique ne peut être qu'une justification, et en conséquence j'ai examiné M. Harris comme s'il avait été dans l'État de New York. ; car le Kansas est sûrement lui aussi devenu majeur et ses habitants ne peuvent pas souhaiter être traités comme des inférieurs.

« Toute cette affaire, poursuivit-il, me rappelle une histoire racontée dans l'Est par un amateur de chiens. Le père vivait de l'élevage et du dressage de bouledogues. Un jour, il a eu un chiot extraordinairement prometteur et le père et le fils se sont accroupis, lui ont serré les bras et l'ont ainsi encouragé à saisir les manches de leur manteau et à s'accrocher. Alors qu'il se livrait une fois à ce jeu, le jeune taureau, enhardi par les éloges constants, se leva et saisit le père par le nez. Instinctivement, le vieil homme commença à l'étouffer mais le fils s'écria :

« Ne le faites pas, père, ne le faites pas, pour l'amour de Dieu ! cela sera peut-être dur pour vous, mais ce sera la naissance du chiot. Ainsi, mon examen, pensai-je, pourrait être dur pour M. Harris ; mais ce serait sa création.

La Cour rugit et j'applaudis joyeusement. Le juge Stevens a poursuivi : « Je désire cependant me montrer non pas un ennemi mais un ami de M. Harris que je connais depuis quelques années. M. Hutchings pense évidemment que M. Harris doit attendre deux ans pour devenir citoyen des États-Unis. Je suis heureux, après avoir lu les lois de mon pays, de pouvoir l'assurer que M. Harris n'a pas besoin d'attendre un jour. La loi dit que si un mineur a vécu trois ans dans un État, il peut, à sa majorité, choisir de devenir citoyen des

États-Unis, et si M. Harris choisit d'être l'un d'entre nous, il peut être immédiatement admis comme citoyen des États-Unis. un citoyen et, si Votre Honneur l'approuve, soyez également autorisé à exercer le droit demain.

Il s'assit au milieu d'applaudissements nourris, auxquels je me joignis de tout cœur. Ce jour-là, j'ai donc été admis à exercer le droit en tant que citoyen à part entière. Malheureusement pour moi, lorsque j'ai demandé mes papiers complets au greffier du tribunal, il m'a remis le certificat d'admission à exercer le droit à Lawrence, en me disant que comme celui-ci ne pouvait être remis qu'à un citoyen, cela suffisait à lui seul.

Quarante années plus tard, le gouvernement de Woodrow Wilson a refusé d'accepter cette simple preuve de ma citoyenneté et m'a ainsi causé beaucoup de problèmes en me forçant à me faire naturaliser à nouveau !

Mais à ce moment-là, à Lawrence, j'étais tout excité et j'ai immédiatement pris une chambre au premier étage où Barker & Sommerfeld avaient leurs bureaux et j'ai posé mes bardeaux.

J'ai longuement raconté l'histoire de mon examen parce que je pense qu'elle montre comme dans un verre les agréments et la profonde gentillesse du caractère américain.

Quelques jours plus tard, j'étais de nouveau à Philadelphie.

Vers la fin de cette année 1875, je crois, ou au début de 1876, Smith attira mon attention sur une annonce selon laquelle Walt Whitman, le poète, allait parler à Philadelphie de Thomas Paine, l'infidèle notoire, qui, selon Washington, avait fait plus que tout autre homme pour garantir l'indépendance des États-Unis. Smith était déterminé à se rendre à la réunion et si Whitman pouvait réhabiliter Paine contre les attaques venimeuses des ecclésiastiques chrétiens qui avaient affirmé sans contradiction que Paine était un ivrogne notoire et d'un caractère des plus lâches, il inciterait Forney à le laisser écrire une défense exhaustive et énergique. de Paine dans « The Press ».

J'étais presque sûr qu'un tel article ne paraîtrait jamais, mais je ne mettrais pas d'eau froide sur l'enthousiasme de Smith. Le jour arriva, un de ces jours crapuleux assez courants à Philadelphie chaque hiver : la température était proche de zéro et la neige tombait chaque fois que le vent poussant le permettait. Dans l'après-midi, Smith décida finalement qu'il ne devait pas prendre de risques et me demanda d'y aller à sa place. J'y ai consenti volontiers et il a passé quelques heures à me lire le meilleur de la poésie de Whitman, en mettant un accent particulier, je me souviens, sur «Quand les lilas ont fleuri pour la dernière fois dans la cour de la porte». Il m'a assuré à maintes reprises que Whitman et Poe étaient les deux plus grands poètes que ces États aient jamais produits et il espérait que je serais très gentil avec ce grand homme.

Rien de plus déprimant que l'aspect de la salle ce soir-là : mal éclairée et à moitié chauffée, avec peut-être une trentaine de personnes dispersées dans un espace qui en aurait accueilli un millier. Tel fut l'accueil que l'Amérique accorda à l'un de ses plus grands esprits, même si cette vision de la question ne m'a pas frappé pendant de nombreuses années.

Je me suis assis au milieu de la première rangée, j'ai sorti mon cahier et je me suis préparé. Quelques minutes plus tard, Whitman arriva sur la plate-forme par la gauche : il marchait lentement, avec raideur, ce qui me fit sourire car je ne savais pas alors qu'il avait eu une attaque de paralysie et je pensais que sa démarche particulière n'était qu'une simple pose. De plus, ses vêtements étaient étonnamment mal ajustés et mal adaptés à sa silhouette. Il devait mesurer près de six pieds et être solidement bâti, mais il portait une veste courte qui se dressait derrière de la manière la plus joyeuse. Vu de face, son col blanc était grand ouvert et découvrait une touffe de poils gris, tandis que son pantalon qui s'enroulait autour de ses jambes s'était séparé de sa veste et révélait une marge de chemise blanche crasseuse. Son apparence me remplissait de mépris, moi, pauvre petit snob anglais que j'étais : il me rappelait irrésistiblement un vieux coq de Cochinchine que j'avais vu quand j'étais enfant ; il traversait la cour de la ferme avec la même démarche lente et raide et portait une queue courte dressée derrière lui.

Pourtant, un deuxième regard m'a montré Whitman comme une belle figure d'homme avec quelque chose d'appréciant dans la parfaite simplicité et la sincérité de la voix et des manières. Il arrangea ses notes dans un silence complet et commença à parler très lentement, s'arrêtant souvent pour trouver un meilleur mot ou pour consulter ses papiers, hésitant parfois et se répétant — manifestement un orateur inexpérimenté qui dédaignait tout semblant d'oratoire. Il nous raconta simplement que dans sa jeunesse il avait rencontré et très bien connu un certain colonel de l'armée qui avait connu intimement Thomas Paine. Ce colonel lui avait assuré plus d'une fois que toutes les accusations contre les habitudes et le caractère de Paine étaient fausses — le simple résultat de l'intolérance chrétienne. Paine buvait un verre ou deux de vin au dîner, comme tous les hommes bien élevés de cette époque ; mais il était très modéré et, au cours des dix dernières années de sa vie, le colonel affirmait que Paine n'avait jamais bu avec excès. Le colonel débarrassa également Paine de son relâchement moral de la même manière décisive et finit par parler de lui comme d'un homme invariablement bien conduit, doté d'un discours plein d'esprit et d'un vaste fonds d'informations, d'un compagnon des plus intéressants et des plus agréables. Et le colonel était un témoin irréprochable, nous a assuré Whitman, un homme du plus grand honneur et de la plus scrupuleuse véracité.

Whitman parlait avec une lenteur si rare que j'ai pu facilement noter les principales phrases à la main : il était manifestement déterminé à dire exactement ce qu'il avait à dire, ni plus ni moins, ce qui donnait une impression de sincérité et de véracité singulières.

Quand il eut fini, je montai sur l'estrade pour le voir de près ; et faites-le sortir si possible. Je lui ai montré ma carte de la « Presse » et lui ai demandé s'il voudrait bien signer et authentifier ainsi les phrases sur Paine qu'il avait utilisées dans son discours.

"Aye Aye!" C'est tout ce qu'il a dit ; mais il lut attentivement la demi-douzaine de phrases, corrigeant ici et là un mot.

Je l'ai remercié et lui ai dit que le professeur Smith, rédacteur en chef de la « Presse », m'avait envoyé chercher un rapport mot pour mot de son discours car il avait l'intention d'écrire un article dans la « Presse » sur Paine, qu'il admirait beaucoup.

"Aye Aye!" » écrivait Whitman de temps en temps tandis que ses yeux gris clairs absorbaient tout ce que je disais. Je lui ai ensuite assuré que Smith avait une profonde admiration pour lui (Whitman), qu'il le considérait comme le plus grand poète américain et qu'il regrettait profondément qu'il n'était pas assez bien pour sortir ce soir-là et faire sa connaissance personnelle.

"Je suis désolé aussi", dit lentement Whitman, "car votre ami Smith doit avoir quelque chose de grand en lui pour s'intéresser autant à Paine et à moi." Walt Whitman, parfaitement simple et honnête, m'est apparu, même dans son estime de soi : un authentique grand homme !

Je n'avais plus rien à dire, alors je me suis précipité chez moi pour montrer la signature enfantine de Smith Whitman et lui donner une description de l'homme. L'impression que Whitman m'a laissée était celle d'une simplicité et d'une sincérité transparentes : pas un maniérisme chez lui, pas une trace d'affectation, un homme simplement sûr de lui, très prudent dans son discours ; mais insouciant des apparences et curieusement, sensiblement libre de toute arrière-pensée ou regret : un nouveau type de personnalité qui, curieusement, s'est développé en moi de plus en plus au fil des années et me semble maintenant représenter ce qu'il y a de mieux en Amérique. , la grande âme sereine de ce grand peuple manifestement appelé et choisi pour exercer une influence toujours plus importante sur les destinées de l'humanité. Je mourrais heureux si je pouvais croire que l'influence de l'Amérique serait aussi virile, vraie et lucide que celle de Whitman pour guider l'humanité ; mais hélas!-

Il serait difficile de transmettre aux lecteurs européens une idée juste de l'horreur et du dégoût avec lesquels Walt Whitman était considéré à cette époque aux États-Unis à cause simplement des poèmes sexuels de « Leaves of Grass ». Les poèmes auxquels on pourrait s'opposer ne constituent pas cinq pour cent du livre et mon objection à leur égard est que chez tout homme normal, l'amour et le désir occupent une proportion de vie bien plus grande que cinq pour cent. De plus, l'expression de la passion est extrêmement douce : rien dans les « Feuilles d'herbe » ne peut se comparer à une demi-douzaine de passages du Cantique des Cantiques : pensez au verset suivant :

« Je dors mais mon cœur s'éveille : c'est la voix de

mon bien-aimé qui frappe en disant : Ouvre-moi, mon

sœur , mon amour, ma colombe, ma pure : pour mon

la tête est remplie de rosée et mes mèches de gouttes

de la nuit....

« Mon bien-aimé a mis sa main par le trou de

la porte et mes entrailles ont été déplacées pour lui.

Et puis les phrases : « ses lèvres sont comme un fil écarlate »... « son amour comme une armée avec des bannières » ; mais le puritanisme américain est encore plus timide que ses professeurs aveugles.

On disait communément à l'époque que Whitman avait mené une vie d'auto-indulgence extraordinaire : la rumeur lui attribuait une demi-douzaine d'enfants illégitimes et des goûts pervers par-dessus le marché. Je pense que de telles déclarations sont exagérées ou pire : elles ne sont pas plus dignes de confiance que les histoires d'ivresse de Paine. Quoi qu'il en soit, Horace Traubel m'a déclaré plus tard que la vie de Whitman était singulièrement propre et que sa propre lettre à John Addington Symonds devait être considérée comme ayant réfuté l'accusation d'homosexualité. Mais j'ose jurer qu'il a aimé plus d'une fois, pas sagement mais trop bien, sinon il n'aurait pas risqué la réprobation de l'« unco ». guide . En tout cas, c'est tout à son honneur qu'il ait osé écrire sans détour en Amérique sur les joies des rapports sexuels. Emerson, comme Whitman lui-même nous le raconte, a fait tout son possible pendant un long après-midi pour le dissuader de publier les poèmes sexuels ; mais heureusement, tous ses arguments n'ont servi qu'à confirmer Whitman dans son objectif. D'après certaines plaintes querelleuses ultérieures, il ressort clairement que Whitman était trop ignorant pour évaluer les résultats atroces pour lui-même et sa réputation d'audace ; mais la même ignorance qui lui a permis d'utiliser des dizaines de néologismes ignobles, dans ce cas précis, lui a été d'une grande utilité. Il avait raison de parler clairement de sexe ; il exposa donc les principaux faits, dédaigneux de la meilleure opinion de son temps. Et il était justifié; à la longue, il sera clair pour tous qu'il a ainsi mis le sceau du Très-Haut sur son jugement. Que penser et que pensera l'avenir de la condamnation par Emerson de Rabelais, qu'il a osé comparer à un sale petit garçon qui griffonne des indécences dans les lieux publics puis s'enfuit, et de son évaluation méprisante de Shakespeare comme d'un dramaturge grivois, alors qu'il est en bonne santé ? il était « le réconciliateur » qu'Emerson voulait acclamer et n'avait pas l'intelligence de le reconnaître.

Whitman fut le premier des grands hommes à écrire franchement sur le sexe et, dans cinq cents ans, ce sera sa distinction singulière et suprême.

Smith semblait définitivement mieux, bien sûr, pour le moment déçu parce que son éloge minutieux de Paine n'était jamais apparu dans la "Presse", alors un jour je lui ai dit que je devrais retourner à Lawrence pour continuer mon travail de droit, cependant Thompson, le fils du médecin, tenait toutes mes affaires personnelles en bon ordre et m'informait de tout ce qui se passait. Smith à ce moment-là semblait être d'accord avec moi, mais pas avec enthousiasme, et j'étais sur le point de commencer quand je reçus une lettre de Willie, m'informant que mon frère aîné Vernon était dans un hôpital de New York, après avoir tenté de se suicider. et je devrais aller le voir.

J'y suis allé aussitôt et j'ai trouvé Vernon dans un lit : le chirurgien m'a dit qu'il avait essayé de se tirer une balle et que la balle avait frappé la mâchoire avec un tel angle qu'elle a fait tout le tour de sa tête et a été retirée juste après. au-dessus de son oreille gauche : « ça l'a abasourdi et c'est tout ; il peut sortir presque n'importe quel jour maintenant. Le premier regard me montra le vieux Vernon : il cria :

"C'est toujours un échec, tu vois, Joe : je n'ai même pas pu me suicider même si j'ai essayé !" Je lui ai dit que je m'étais renommé Frank ; il hocha la tête amicalement en souriant.

Je l'ai réconforté du mieux que j'ai pu, je lui ai trouvé un logement, je l'ai sorti de l'hôpital, je lui ai trouvé du travail et, au bout de quinze jours, j'ai vu que je pouvais le quitter en toute sécurité. Il m'a dit qu'il regrettait d'avoir pris tant d'argent à mon père, « ta part, j'en ai peur, et celle de Nita ; mais pourquoi me l'a-t-il donné ? Il aurait tout aussi bien pu me refuser il y a des années plutôt que de me laisser le déshabiller ; mais j'étais un imbécile et je serai toujours une question d'argent : heureux, chanceux, je ne peux pas penser au lendemain.

Cette quinzaine m'a montré que Vernon n'avait qu'une apparence de gentleman ; au fond, il était aussi égoïste que Willie mais sans la puissance de travail de Willie. Je l'avais énormément surestimé quand j'étais enfant, je le trouvais noble et instruit ; mais la véritable noblesse, la culture et l'idéalisme de Smith m'ont montré que Vernon n'était pas vraiment brillant. Il avait de belles manières et un bon caractère et c'était à peu près tout.

Je me suis arrêté à Philadelphie en route vers Lawrence, juste pour dire à Smith tout ce que je lui devais, ce que l'association avec Vernon m'avait clairement fait comprendre. Nous avons passé une excellente nuit et puis pour la première fois il m'a conseillé d'aller en Europe pour étudier et devenir professeur et guide d'hommes. Je lui ai assuré qu'il m'avait surestimé, car j'avais une excellente mémoire verbale ; mais il déclara que j'avais une originalité incontestable et une singulière équité de jugement, et surtout une force de volonté qu'il n'avait jamais vue égalée : « Quoi que vous décidiez de faire », concluait-il, « vous l'accomplirez assurément, car vous avez tendance à vous sous-estimer. À ce moment-là, j'ai ri en disant qu'il ne devinait même pas ma vanité illimitée, mais ses paroles et ses conseils sont entrés dans mon esprit et ont exercé, le moment venu, une influence décisive et déterminante sur ma vie.

Je suis retourné à Lawrence, j'ai installé un canapé-lit dans mon cabinet de droit et je suis allé à Eldridge House à proximité pour prendre mes repas. J'ai lu le droit assidûment et j'ai rapidement reçu quelques clients, des « cas difficiles » pour la plupart, qui m'ont été envoyés, ai-je découvert, par les juges Stevens et Barker, désireux d'imposer des nuisances à un débutant.

Une vieille mulâtresse gardait nos bureaux bien rangés et propres pour quelques dollars par mois de chacun de nous, et une nuit je fus réveillé par ses gémissements et ses cris : elle vivait dans une mansarde au deuxième étage et souffrait manifestement d'indigestion et de très très effrayés, comme les gens de couleur ont tendance à l'être quand quelque chose les afflige : « Je vais mourir ! » elle me l'a dit une douzaine de fois. Je l'ai soignée avec du whisky et de l'eau tiède, chauffée sur mon petit radiateur à gaz et je suis restée assise avec elle jusqu'à ce qu'elle s'endorme enfin. Elle a déclaré le lendemain que je lui avais sauvé la vie et qu'elle ne l'oublierait jamais " Nebber , bien sûr ! " Je me suis moqué d'elle et j'ai tout oublié.

Chaque après-midi, je me rendais au Liberty Hall pendant environ une heure pour rester au courant des événements, même si je laissais le travail principal à Will Thompson. Un jour, j'ai été ravi d'apprendre que Bret Harte venait nous donner une conférence sur son sujet « Les Argonautes de 49 » : j'ai acheté certains de ses livres dans la librairie tenue par un boiteux nommé Crew, je crois, dans Massachusetts Street. , et lisez-le attentivement. Sa poésie ne m'a pas fait beaucoup d'impression, de simples vers, je le pensais ; mais "Les Parias du Poker Flat" et d'autres histoires me semblaient presque des chefs-d'œuvre en dépit de leur coloration romantique et de leur teinte mélodrame. Surtout, la description d'Oakhurst, le joueur, m'est restée à l'esprit : on se souvient qu'en franchissant la « fracture », Oakhurst a conseillé au groupe des parias de continuer à voyager jusqu'à ce qu'ils atteignent un lieu sûr. Mais il n'a pas insisté sur son point : il a décidé que c'était sans espoir, puis est venu l'extraordinaire phrase picturale de Bret Harte : « La vie à Oakhurst était au mieux une sorte de jeu incertain et il reconnaissait le pourcentage habituel en faveur du croupier. » Il y a plus d'humour et de perspicacité dans une seule phrase que dans toutes les œuvres ridiculement surévaluées de Mark Twain.

Un après-midi, j'étais seul au box-office du Liberty Hall quand Rose entra, toujours aussi jolie. J'étais ravi de renouer avec notre connaissance et plus ravi encore de constater qu'elle souhaitait des billets pour la conférence de Bret Harte. "Je ne savais pas que tu aimais lire, Rose?" Dis-je, un peu surpris.

"Le professeur Smith et vous feriez lire à n'importe qui", s'écria-t-elle, "en tout cas, c'est vous qui m'avez lancé." Je lui ai donné les billets et je me suis engagé à l'emmener faire un tour en buggy le lendemain. J'étais sûr que Rose m'aimait bien ; mais elle me surprit bientôt en me montrant une vertu plus forte que celle que je rencontrais habituellement.

Elle m'a embrassé quand je lui ai demandé dans le buggy mais m'a dit en même temps qu'elle n'aimait pas beaucoup embrasser : « tous les hommes, dit-elle, courent après une fille pour la même chose ; c'est écoeurant; ils veulent tous des baisers et essaient de te toucher et de te dire qu'ils t'aiment ; mais ils ne peuvent pas aimer et je ne veux pas de leurs baisers.

"Rose, Rose," dis-je, "il ne faut pas être trop dur avec nous : nous sommes différentes de vous les filles et c'est tout."

"Comment veux-tu dire?" elle a demandé. «Je veux dire que le simple désir», dis-je, «le simple désir de t'embrasser et de profiter de toi, frappe l'homme en premier; mais derrière cette convoitise se cache souvent beaucoup d'affection, et parfois une tendresse profonde et sacrée fleurit ; tandis que la fille commence par le goût et l'affection et apprend ensuite à apprécier les baisers et les caresses.

"Je vois", répondit-elle doucement, "je pense que je comprends : je suis heureuse de le croire."

Sa profondeur inattendue et sa sincérité m'ont impressionné et j'ai continué :

« Nous, les hommes, pouvons avoir tellement faim que nous mangerons avidement des fruits très pauvres parce qu'ils sont à portée de main ; mais cela ne prouve pas que nous n'aimons pas la nourriture bonne, sucrée et nourrissante quand nous pouvons l'obtenir. Elle laissa ses yeux se poser sur les miens : « Je vois », dit-elle, « je vois !

Et puis j'ai continué à lui dire combien elle était charmante et combien elle m'avait fait une impression immortelle et j'ai osé espérer qu'elle m'aimait un peu et qu'elle serait pourtant bonne avec moi et viendrait prendre soin de moi, et j'étais infiniment heureux. J'ai découvert que c'était le bon genre de discours et j'ai fait de mon mieux dans la nouvelle souche. Trois ou quatre fois par semaine, je l'emmenais en poussette et en peu de temps je lui avais appris à embrasser et je lui avais fait avouer qu'elle tenait à moi, qu'elle m'aimait vraiment et que petit à petit elle m'a permis les petites familiarités de amour.

Un jour, je l'ai emmenée tôt pour un pique-nique et je lui ai dit : « Je vais jouer au Turc et tu dois me soigner » et je me suis allongé sur un tapis sous un arbre. Elle entra dans l'esprit du jeu avec entrain, m'apporta à manger et finalement, alors qu'elle se tenait tout près de moi, je ne parvenais plus à me contrôler ; J'ai posé ma main sur sa robe, sur ses jambes fermes et son sexe. L'instant d'après, j'étais à genoux à côté d'elle : « Aime-moi, Rose », suppliai-je, « Je te veux tellement : j'ai faim de toi, chérie !

Elle me regarda gravement, les yeux grands ouverts : « Moi aussi, je t'aime », dit-elle, « mais oh ! J'ai peur : sois patient avec moi ! » ajouta-t-elle comme une petite fille. J'ai été patient mais persistant et j'ai continué à la caresser jusqu'à ce que ses lèvres chaudes me disent que je l'avais vraiment excitée.

Mes doigts m'ont informé qu'elle avait un sexe parfait et que ses jambes étaient merveilleusement fermes et tentantes, et dans sa soumission il y avait le frisson d'une soumission consciente par affection pour moi, que j'ai du mal à exprimer. Je l'ai vite persuadée de venir le lendemain à mon bureau. Elle est arrivée vers quatre heures et je l'ai embrassée et caressée et enfin, au crépuscule, je l'ai fait se déshabiller. Elle avait la meilleure silhouette que j'aie jamais vue et cela me faisait l'aimer plus que je n'aurais cru possible ; mais j'ai vite découvert, quand je suis entré en elle, qu'elle n'était même pas aussi passionnée que Kate, sans parler de Lily. C'était une maîtresse cool, mais elle aurait fait une épouse merveilleuse, pleine d'abnégation et d'affection tendre et réfléchie : j'ai encore un coin très chaleureux dans mon cœur pour cette charmante enfant-femme et j'ai plutôt honte de l'avoir séduite, car elle n'a jamais été destinée à être un jouet ou un passe-temps.

Mais incurablement changeant, j'ai eu Lily un jour ou deux après et j'ai envoyé à Rose une collection de livres au lieu de lui rendre visite. Pourtant, je l'ai emmenée chaque semaine jusqu'à ce que je quitte Lawrence et j'ai commencé à l'estimer de plus en plus.

Lily, quant à elle, était née « fille du jeu » pour reprendre l'expression de Shakespeare et essayait de devenir de plus en plus compétente dans ce domaine : elle voulait savoir quand et comment elle me donnait le plus de plaisir et faisait vraiment de son mieux pour m'exciter. moi. En outre, elle a rapidement pris goût aux chapeaux et aux robes et lorsque je payais pour une nouvelle tenue, elle dansait avec délice. C'était aussi une compagne amusante et légère et elle trouvait souvent de petites phrases coquines et bizarres qui m'amusaient. Son animal de compagnie était Mme Mayhew : elle l'appelait toujours « la Pirate », parce qu'elle disait que Lorna n'aimait que les « biens volés » et voulait que chaque homme « marche sur la planche jusqu'à sa chambre ». Lily insistait sur le fait que Lorna pouvait pleurer quand elle le souhaitait ; mais n'avait en elle aucune véritable affection et son mari remplissait Lily de mépris : « un couple bien assorti », s'écria-t-elle un jour, « une jument et une mule, et la jument, comme disent les hommes, en chaleur — toute mouillée », et elle fronça son petit nez de dégoût.

Lors de la conférence de Bret Harte, Rose et Lily étaient toutes deux assises et elles comprirent toutes les deux que j'irais ensuite parler avec le grand homme.

Je m'attendais à tirer beaucoup de profit de cette conférence et l'agent avancé de Harte avait fait en sorte que le héros de la soirée me reçoive à Eldridge House après le discours.

Je devais l'appeler à l'hôtel et l'emmener jusqu'au hall. Lorsque j'ai appelé, un homme de taille moyenne est venu à ma rencontre avec un sourire plutôt beau et agréable et des yeux introspectifs et rêveurs. Harte portait une tenue de soirée qui convenait à sa silhouette élancée et comme il ne semblait pas enclin à parler, je l'ai immédiatement emmené dans la salle et me suis précipité vers l'avant pour noter son entrée. Il se dirigea tout simplement vers le bureau, arrangea méthodiquement ses notes et commença sur un ton simple et conversationnel : « Les Argonautes » et il répéta : « Les Argonautes de 49 ».

J'ai remarqué qu'il n'y avait aucun accent nasal américain dans son accent ; mais, avec la meilleure volonté possible, je ne peux donner aucun compte rendu de la conférence, tout comme je ne peux donner aucun portrait de cet homme. Je me souviens d'une seule phrase mais je pense que c'est probablement la meilleure : se référant aux anciens traversant les Grandes Plaines, il a dit : « Je vais vous parler d'une nouvelle croisade, une croisade sans croix, un exode sans prophète ! »

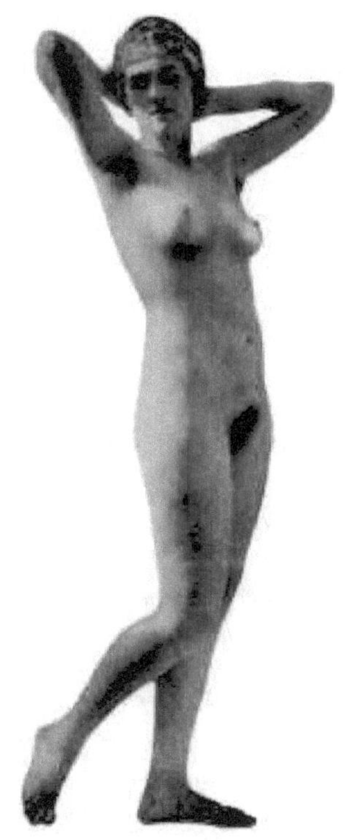

Je l'ai rencontré dix ans plus tard à Londres, alors que j'avais plus confiance en moi et une compréhension beaucoup plus profonde du talent et du génie ; mais je n'ai jamais pu tirer quoi que ce soit de valeur de Bret Harte, même si j'avais alors et garde encore une grande admiration pour son talent incontestable. Plus tard, à Londres, j'ai fait de mon mieux pour le faire sortir, pour lui faire dire ce qu'il pensait de la vie, de la mort et des pays inconnus ; mais soit il murmurait des lieux communs, soit il se retirait dans sa coquille de silence complet mais apparemment pensif.

Le travail monotone et les intermèdes passionnés de ma vie furent soudain arrêtés par un événement totalement inattendu. Un jour, Barker entra dans mon petit bureau et resta là à hoqueter de temps en temps : « Est-ce que je connaissais un remède contre le hoquet ? Je savais seulement qu'un verre d'eau froide l'arrêtait généralement.

« J'ai bu toutes sortes de choses, dit-il, mais je pense que je vais faire de mon mieux et rentrer chez moi et si ça continue, j'appellerai le médecin ! Je n'ai pu qu'acquiescer : le lendemain, j'ai appris qu'il allait pire et qu'il était au lit. Une semaine plus tard, Sommerfeld lui dit que je devrais rendre visite au pauvre Barker car il était gravement malade.

Le même après-midi, j'ai appelé et j'ai été horrifié par le changement : le hoquet constant avait secoué toute la masse encombrante de chair de ses os ; la peau de son visage était flasque, les contours osseux apparaissant sous les plis fins. J'ai fait semblant de penser qu'il allait mieux et j'ai essayé de le féliciter ; mais il n'essayait même pas de se tromper. "S'ils ne peuvent pas l'arrêter, ça m'arrêtera", dit-il, "mais personne n'a jamais entendu parler d'un homme mourant du hoquet et je n'ai pas encore quarante ans."

Quelques jours plus tard, on apprit qu'il était mort, ce grand gros homme !

Sa mort a changé toute ma vie, même si je ne pensais pas à l'époque que cela pourrait avoir un quelconque effet sur moi. Un jour, j'étais au tribunal pour plaider une affaire devant le juge Bassett. Même si j'aimais cet homme, il m'a exaspéré ce jour-là en adoptant ce que je pensais être une vision erronée. J'ai exposé mon point de vue sous tous les angles possibles ; mais il n'a pas voulu revenir et a finalement porté plainte contre moi. Quand j'eus récupéré mes papiers et levé les yeux, il souriait :

«Je porterai cette affaire à mes frais devant la Cour suprême», expliquai-je avec amertume, «et je ferai annuler votre décision.»

"Si vous voulez perdre votre temps et votre argent", remarqua-t-il agréablement, "je ne peux pas vous gêner."

Je sortis du terrain et trouvai soudain Sommerfeld à côté de moi :

« Vous avez très bien combattu cette affaire », a-t-il dit, « et vous la gagnerez devant la Cour suprême, mais vous n'auriez pas dû le dire à Bassett, dans son propre « domaine » », ai-je suggéré, et il a hoché la tête.

Lorsque nous sommes arrivés à notre étage et que je me suis tourné vers mon bureau, il m'a dit : « Ne veux-tu pas entrer et fumer un cigare, j'aimerais discuter... »

de Sommerfeld étaient toujours excellents et je le suivis très volontiers dans son grand bureau calme à l'arrière qui donnait sur des terrains vides. Je n'étais pas du tout curieux; car une conversation avec Sommerfeld signifiait généralement une fumée plutôt silencieuse. Cette fois, cependant, il avait quelque chose à dire et il le dit très brusquement :

« Barker est parti », remarqua-t-il dans les airs, puis : « Pourquoi ne devriez-vous pas venir ici et prendre sa place ?

"En tant que partenaire?" M'écriai-je. « Bien sûr », a-t-il répondu, « je rédigerai les mémoires dans les affaires comme je l'ai fait pour Barker et vous les argumenterez devant le tribunal. Par exemple, ajouta-t-il lentement, il y a une décision de la Cour suprême de l'État de l'Ohio qui tranche aujourd'hui votre cas presque avec vos propres mots, et si vous l'aviez citée, vous auriez convaincu Bassett. et il se retourna et lut le rapport.

« L'État de l'Ohio, poursuivit-il, est, comme vous le savez, (je ne le savais pas) l'un des quatre États qui ont adopté le Code de New York : New York, l'Ohio, le Kansas et la Californie. » poursuivit, « les quatre États alignés à travers le continent ; aucune de ces hautes cours ne contredira l'autre. Ainsi, vous pouvez être sûr de votre verdict. Eh bien, qu'en dites-vous ? » a-t-il conclu.

«Je serai ravi», répondis-je aussitôt, «en effet, je suis fier de travailler avec vous: je n'aurais pas pu souhaiter une meilleure fortune.»

Il tendit la main en silence et l'affaire fut réglée.

Sommerfeld fuma un moment en silence, puis remarqua avec désinvolture : « J'avais l'habitude de donner à Barker cent dollars par semaine pour les dépenses de son ménage : est-ce que cela vous conviendra ?

« Parfaitement, parfaitement », m'écriai-je, « j'espère seulement que je le mériterai et justifierai votre bonne opinion… »

« Même maintenant, vous êtes un meilleur avocat que Barker », dit-il, « mais vous avez un inconvénient » – il hésita.

"S'il vous plaît, continuez", m'écriai-je, "n'ayez pas peur, je peux supporter n'importe quelle critique et en profiter, j'espère."

« Votre accent est un peu anglais, n'est-ce pas ? » dit-il, « et cela porte préjudice au juge et au jury contre vous, en particulier contre le jury : si vous aviez l'accent de Barker, vous seriez le meilleur plaideur de l'État… »

« Je vais chercher l'accent, m'écriai-je, tu as tout à fait raison : j'en avais déjà ressenti le besoin ; mais j'étais obstiné, maintenant je vais l'avoir : vous pouvez parier là-dessus, vous l'aurez dans une semaine » et je l'ai fait.

Il y avait dans la ville un avocat nommé Hoysradt qui avait eu une violente dispute avec mon frère Willie. Il avait l'accent occidental américain le plus prononcé que j'aie jamais entendu et je me fixais pour tâche chaque matin et chaque soir d'imiter l'accent et la manière de parler de Hoysradt . Je me suis également donné pour règle d'utiliser la lente énonciation occidentale dans le discours ordinaire et, en une semaine, personne ne m'aurait pris pour quelqu'un d'autre qu'un Américain.

Sommerfeld était ravi et me dit qu'il avait plus que jamais confiance en moi et qu'à partir de ce moment notre accord fut parfait, car mieux je le connaissais, plus je l'estimais : il était en effet capable, travailleur, honnête et honnête - un compact de toutes les vertus, mais si modeste et inarticulé qu'il était souvent son pire ennemi.

TRAVAIL ET SOPHY.

Chapitre XIV.

Alors commença pour moi un moment des plus délicieux. Sommerfeld m'a déchargé de presque tout le travail de bureau : je n'avais qu'à rédiger les discours, car il préparait les dossiers pour moi. Mes revenus étaient si importants que je ne dormais dans mon bureau que par commodité, ou plutôt par plaisir.

Je gardais un buggy et un cheval dans une écurie et je conduisais Lily ou Rose presque tous les jours. Comme Rose vivait de l'autre côté de la rivière, il était facile de les séparer et en effet, aucun d'eux n'a jamais rêvé de l'existence de l'autre. J'avais un faible pour Rose dans mon cœur : la beauté de son visage et de ses formes m'excitait et me plaisait toujours, et son esprit aussi s'est rapidement développé grâce à nos discussions et aux livres que je lui ai donnés. Je n'oublierai jamais sa joie lorsque j'ai acheté pour la première fois une petite bibliothèque et que je l'ai envoyée chez elle un matin, pleine de livres que je pensais qu'elle aimerait et devrait lire.

Le soir, elle est venue directement à mon bureau, m'a dit que c'était exactement ce qu'elle désirait le plus et elle m'a laissé étudier ses beautés une à une ; mais quand je l'ai retournée et que je lui ai embrassé les fesses, elle a voulu que j'arrête : « Vous ne pouvez pas aimer ou admirer ça », fut son verdict.

"En effet, je le fais", m'écriai-je; mais je m'avouai qu'elle avait raison ; ses fesses étaient adorablement fossettes ; mais il était un peu trop gros et la ligne en dessous n'était pas parfaite. L'un de ses seins était également plus joli que l'autre, bien que les deux fussent petits et saillaient hardiment ; mon sens critique ne trouvait rien à redire à son triangle ni à son sexe ; ses lèvres étaient parfaites, très petites et rose-rouge et son clitoris était comme un tout petit bouton. J'ai souvent souhaité qu'il fasse un demi-pouce de long comme celui de Mme Mayhew. Une seule fois, au cours de nos rapports, j'ai essayé de la mettre en extase et je n'y suis parvenu qu'à moitié ; par conséquent, j'avais l'habitude de l'avoir simplement, juste pour m'amuser et seulement de temps en temps j'avais un deuxième orgasme pour vraiment la réchauffer au jeu d'amour ; Rose était tout sauf sensuelle, même si elle était invariablement douce et une excellente compagne. Comment pouvait-elle être si affectueuse bien que sexuellement froide a toujours été un casse-tête pour moi.

Lily, comme je l'ai dit, était totalement différente : une joyeuse petite fille , née de Vénus : de temps en temps, elle me procurait une sensation vraiment poignante. Elle se moquait toujours de Mme Mayhew ; mais curieusement, elle lui ressemblait beaucoup par bien des aspects intimes : une sorte de doublure de la femme plus âgée et plus passionnée, avec en plus une gaieté espiègle d'enfant et une joie de vivre enfantine.

Mais une sensation grande et nouvelle allait maintenant entrer dans ma vie. Un soir, une fille sans chapeau et sans frapper est entrée dans mon bureau. Sommerfeld était rentré chez lui pour la nuit et j'étais justement en train de ranger mes affaires avant de sortir ; elle m'a coupé le souffle ; elle était incroyablement belle, très brune, avec de grands yeux noirs et une silhouette légère et féminine : « Je m'appelle Topsy », annonça-t-elle et resta là en souriant, comme si le simple nom en disait assez.

« Entrez, dis-je, et asseyez-vous : j'ai entendu parler de vous ! et j'avais.

C'était un personnage privilégié de la ville : elle prenait aussi les tramways et les chemins de fer sans payer ; ceux qui la défiaient étaient tous des « déchets blancs », disait-elle, et un homme était toujours prêt à payer pour elle : elle n'hésitait jamais à s'approcher d'un homme et à lui demander un dollar ou même cinq dollars - et obtenait invariablement ce qu'elle voulait. elle le voulait : sa beauté était aussi convaincante pour les hommes que sa distance méprisante. J'avais souvent entendu parler d'elle comme de "cette jolie nègre !" mais je ne voyais aucune trace d'un caractère nègre dans sa pure beauté.

Elle s'est assise et a dit avec un léger accent du Sud que j'ai trouvé agréable : « Vous vous appelez Harris ?

"C'est mon nom", répondis-je en souriant: "Tu es là à la place de Barker ?" elle a poursuivi : « il méritait certainement de mourir le hoquet » : poubelle blanche aux pores !

"Quel est votre vrai nom?" J'ai demandé.

"On m'appelle ' Topsy '", répondit-elle, "mais mon vrai vrai nom est Sophy , Sophy Beveridge : tu as été très gentille avec ma mère qui habite à l'étage : oui", poursuivit-elle d'un ton de défi, "c'est ma mère et une très bonne mère aussi et ne vous inquiétez pas ! ajouta-t-elle en secouant la tête, au mépris de mon étonnement.

"Ton père devait être blanc!" Je n'ai pas pu m'empêcher de le remarquer car je ne pouvais pas coupler Topsy avec le vieil octaron , faire ce que je voulais. Elle hocha la tête : "Il était bien blanc : c'est-à-dire que sa peau l'était !" et elle se leva et se promena dans le bureau comme s'il lui appartenait. «Je t'appellerai ' Sophie '», dis-je; car je ressentais en elle une révolte passionnée d'orgueil blessé. Elle m'a souri avec plaisir.

Je ne savais pas quoi faire. Je ne dois pas y aller avec une fille de couleur : même si je ne voyais aucun signe de sang noir chez Sophy et qu'elle était certainement étonnamment belle, même dans sa simple robe à volants.

Tandis qu'elle se déplaçait, je ne pouvais que remarquer sa grâce souple, semblable à celle d'une panthère, et ses petits seins dépassaient contre le mince vêtement de coton avec une allure des plus provocatrices : ma bouche était desséchée lorsqu'elle se retournait sur moi ; "Tu m'habilles ", dit-elle en souriant, "et je suis contente, parce que ma mère t'aime bien et je l'aime, bien sûr papa!"

Il y avait quelque chose d'enfantin, de direct, d'innocent même dans sa franchise qui me fascinait et sa beauté faisait briller la pièce qui s'assombrissait.

«Je t'aime bien, Sophy », dis-je, «mais n'importe qui aurait fait autant que moi pour ta mère. Elle était malade!"

« Hou ! » » renifla-t-elle avec indignation, « la plupart des Blancs l'auraient laissée mourir là, dans les escaliers : je les connais : ils lui en auraient voulu parce qu'elle gémissait : je les déteste ! et ses grands yeux brillaient.

Elle est venue vers moi en un éclair :

« Si vous aviez été Américain, je n'aurais jamais pu venir vers vous, jamais ! J'aurais préféré mourir, ou vous sauver, vous voler et vous payer… » Le mépris dans sa voix était amer de haine : de toute évidence, la question nègre avait un côté que je n'avais jamais réalisé .

"Mais tu es différent", a-t-elle poursuivi, "et je viens juste d'arriver..." et elle s'est arrêtée, levant ses grands yeux vers les miens, avec une offre tacite dans leur regard persistant.

"Je suis content", dis-je boiteusement, repoussant la tentation, "et j'espère que tu reviendras bientôt et que nous serons de grands amis, hein, Sophy ?" et j'ai tendu la main en souriant; mais elle fit la moue et me regarda avec des yeux de reproche, d'appel ou de déception. Je n'ai pas pu résister : je lui ai pris la main, je l'ai attirée vers moi et je l'ai embrassée sur les lèvres, glissant ma main droite jusqu'à son sein gauche : il était ferme comme du caoutchouc : aussitôt j'ai senti mon sexe se dresser et battement : la résolution et le désir se battaient en moi, mais j'avais l'habitude de rendre ma volonté suprême :

"Tu es la plus jolie fille de Lawrence", dis-je, "mais je dois vraiment y aller maintenant : j'ai un rendez-vous et je suis en retard."

Elle sourit énigmatiquement alors que je saisissais mon chapeau et partais, sans même m'arrêter pour fermer ou verrouiller la porte du bureau.

Alors que je marchais dans la rue, mes pensées et mes sentiments étaient tous en tourbillon : « Est-ce que je la voulais ? Dois-je l'avoir ? Reviendrait-elle ?

« Oh putain ! les femmes sont le vrai diable et il n'est pas si noir qu'il est peint ! Noir?"

Cette nuit-là, j'ai été réveillé par des coups bruyants à la porte de mon bureau ; Je me levai et ouvris sans réfléchir et aussitôt Sophie entra en riant.

"Qu'est-ce que c'est?" J'ai pleuré encore à moitié endormi.

" Je suis fatiguée d'attendre", répondit-elle avec insolence, "et de toute façon, je viens juste d'arriver." J'étais sur le point de lui faire des remontrances lorsqu'elle m'a crié : « Va te coucher directement » et elle m'a pris la tête dans ses mains et m'a embrassé. Mon envie de résister s'est éteinte. "Venir vite!" Dis-je en me mettant au lit et en la regardant pendant qu'elle se déshabillait. En un tour de main, elle s'était déshabillée jusqu'à sa chemise : « Je pense que ça fera l'affaire », dit-elle coquettement.

"S'il te plaît, enlève-le", ai-je crié et l'instant d'après, elle était nue dans mes bras. Tandis que je touchais son sexe, elle enroula ses bras autour de mon cou et m'embrassa goulûment de ses lèvres brûlantes. À mon grand étonnement, son sexe était bien formé et très petit : j'avais toujours entendu dire que les nègres avaient des organes génitaux bien plus gros que les Blancs ; mais les lèvres du sexe de Sophie étaient épaisses et fermes. "Est-ce qu'on t'a déjà eu, Sophy ?" J'ai demandé.

"Non monsieur!" elle a répondu: "Je t'ai aimé parce que tu ne m'as jamais poursuivi et que tu étais si gentil et je pensais que je serais sûr de le faire un jour, alors je préfère te laisser m'avoir que n'importe qui d'autre: je n'aime pas les hommes de couleur", a-t-elle ajouté, "et les hommes blancs me méprisent tous et moi, je t'aime", murmura-t-elle en enfouissant son visage dans mon cou.

« Ça va te faire mal au début, Sophie , j'en ai peur » ; mais elle a apaisé tous les scrupules avec "Putain, je m'en fiche : si je te fais plaisir, je suis satisfaite" et elle a ouvert les jambes en s'étirant pendant que je montais sur elle. L'instant suivant, mon sexe caressait son clitoris et d'elle-même, elle releva ses genoux et soudain, d'un seul mouvement, amena mon sexe dans le sien et contre la barrière vierge. Sophie n'a pas hésité : elle a bougé son corps avec souplesse contre moi et l'instant d'après j'avais forcé le passage et j'étais en elle. J'ai attendu un peu puis j'ai commencé le jeu de l'amour. Sophy suivit aussitôt mes mouvements, soulevant son sexe vers moi alors que je poussais et l'abaissant pour me retenir lorsque je me retirais. Même lorsque j'accélérais, elle gardait le rythme et me procurait ainsi le plaisir le plus intense, frisson après frisson, et alors que je jouissais et que ma semence jaillissait en elle, le muscle à l'intérieur de son vagin agrippa mon sexe, augmentant la sensation jusqu'à un pincement aigu ; elle m'a même embrassé plus passionnément que n'importe quelle autre fille, léchant l'intérieur de mes lèvres avec sa langue chaude. Quand j'ai repris les lents mouvements de va-et-vient, elle a suivi au rythme parfait et son astuce consistant à plier son sexe sur le mien pendant que je me retirais et à le saisir en même temps m'excitait follement : bientôt, d'elle-même , accéléra-t-elle tout en me saisissant et en me faisant vibrer jusqu'à ce que nous passions à nouveau tous les deux ensemble dans une extase.

"Tu es une merveille parfaite!" lui criai-je alors, haletant à mon tour, mais comment as-tu appris si vite ?

"Je t'aime", dit-elle, "donc je fais tout ce que je pense que tu veux et puis j'aime ça aussi, tu vois ?" Et son joli visage brillait contre le mien.

Je me suis levé pour lui montrer l'utilisation de la seringue et j'ai découvert que nous étions dans un bain de sang. En un instant, elle avait enlevé le drap : « Je le laverai demain matin » dit-elle en riant en le mettant en boule et en le jetant dans un coin. J'ai mis les gaz à fond : jamais il n'y a eu de silhouette plus séduisante. Sa peau était plutôt foncée, il est vrai ; mais pas plus foncée que celle d'une jeune fille italienne ou espagnole ordinaire, et sa forme avait pour moi un attrait curieux : ses seins, petits et fermes comme élastiques, ressortaient de manière provocante ; ses hanches, cependant, étaient plus étroites que celles de Lily même si les joues de ses fesses étaient pleines ; ses jambes aussi étaient bien rondes, pas la moindre trace des bâtons du nègre ; ses pieds étaient même fins et très cambrés.

"Tu es la fille la plus charmante que j'ai jamais vue!" J'ai pleuré en l'aidant à mettre la seringue et à laver son sexe.

"Tu es mon mec!" » dit-elle fièrement, « et je veux vous montrer que je peux aimer mieux que n'importe quel déchet blanc ; ils ne se donnent que des airs !

"Tu es blanc", m'écriai-je, "ne sois pas absurde !" Elle secoua sa petite tête : « si tu savais ! » dit-elle, "quand j'étais petite, une enfant, les vieux hommes blancs, les meilleurs de la ville, me disaient des gros mots dans la rue et essayaient de me toucher, les bêtes !" J'ai haleté : je n'avais aucune idée d'un tel mépris et d'une telle persécution.

Quand nous nous sommes couchés ensemble: "dis-moi, Sophie chérie, comment tu as appris à évoluer avec moi dans le temps comme tu le fais et à me donner de telles sensations!"

« Hou ! » s'écria-t-elle en gargouillant de joie heureuse, c'est facile à dire. J'avais peur que tu ne m'aimes pas, alors cet après-midi je suis allé voir une vieille négro sage et je lui ai demandé comment faire en sorte que l'homme t'aime vraiment ! Elle m'a dit d'aller directement au lit avec toi et de faire ça", et elle a souri.

"Rien de plus?" J'ai demandé : ses yeux se sont ouverts brillamment, "Shu !" cria-t-elle, " si tu veux refaire l'amour, je te le montre!". L'instant d'après, j'étais en elle et maintenant elle gardait un rythme encore meilleur qu'au début et d'une manière ou d'une autre, les lèvres épaisses et fermes de son sexe semblaient m'exciter plus que quiconque ne m'avait jamais excité. Instinctivement, le désir a grandi en moi et je me suis accéléré et alors que j'arrivais aux coups courts et durs, elle a soudainement glissé ses jambes ensemble sous moi et les a fermées, a fermement tenu mon sexe comme dans une prise ferme, puis a commencé à me « traire » - pas d'autre. le mot transmet le sens - avec une habileté et une rapidité extraordinaires, de sorte qu'en un instant j'étais haletant et étouffé par l'intensité de la sensation et ma semence arrivait en jets chauds pendant qu'elle poursuivait le mouvement de traite, infatigable, infatigable !

"Quelle merveille tu es!" M'exclamai-je dès que j'eus assez de souffle pour parler, "le meilleur compagnon de lit que j'ai jamais eu, merveilleux, ma chérie, toi !"

Toute rayonnante de mes éloges, elle a enroulé ses bras autour de mon cou et m'a monté comme Lorna Mayhew l'avait fait une fois ; mais maintenant quelle différence ! Lorna était si déterminée à satisfaire son propre désir qu'elle oubliait souvent complètement mes sentiments et ses mouvements étaient extrêmement maladroits ; mais Sophy ne pensait qu'à moi et, alors que Lorna sortait toujours mon sexe de son fourreau, Sophy s'assit en quelque sorte sur moi puis commença à balancer son corps d'avant en arrière en le soulevant un peu à chaque mouvement de barattement, pour que mon le sexe, serré dans ses lèvres fermes et épaisses, avait une sorte de double mouvement. Lorsqu'elle m'a senti jouir, comme je l'ai bientôt fait, elle a tournoyé à demi sur mon organe une demi-douzaine de fois avec un nouveau mouvement, puis a recommencé à se balancer, de sorte que ma semence a été arrachée de moi, pour ainsi dire, me donnant une sensation aiguë indescriptible. , sensations presque douloureuses. J'étais à bout de souffle, ravi de chacun de ses mouvements.

"As-tu eu du plaisir, Sophie ?" Ai-je demandé dès que nous étions à nouveau allongés côte à côte.

« Shua ! » " dit-elle en souriant, " tu es très forte, et tu... " demanda-t-elle, " étais-tu content ?

"Bon dieu!" J'ai pleuré : « J'avais l'impression que tous les cheveux de ma tête descendaient le long de ma colonne vertébrale comme une armée ! Tu es extraordinaire, ma chérie !

« Garde-moi avec toi, Frank », murmura-t-elle, « si tu me veux, je ferai tout, tout pour toi : je n'ai jamais espéré avoir un amant comme toi. Oh, cette enfant est vraiment heureuse que ses seins et son sexe te plaisent. Vous m'avez appris ce mot, au lieu du mot méchant que tous les Blancs utilisent ; "sexe" est un bon mot, très bien ! et elle chantait de joie. « Comment les gens de couleur l'appellent-ils ? J'ai demandé : « Coozie », a-t-elle répondu en souriant, Coozie ! bon mot aussi, très bien !

De longues années plus tard, j'ai entendu une histoire américaine qui rappelait avec vivacité la performance de Sophie .

Un ingénieur avec une jolie fille avait un assistant qui faisait preuve d'extraordinaires qualités de machiniste et qui était en plus calme et bien élevé. Le père présenta son assistant à sa fille et le mariage fut bientôt arrangé. Mais après le mariage, le gendre s'éloigna et c'est en vain que le beau-père essaya de deviner la raison de la séparation. Enfin, il en demanda hardiment la raison à son gendre : « Je voulais dire vrai, Bill », commença-t-il avec sérieux, « mais si j'ai commis une erreur, je le regretterai : les marchandises n'étaient pas conformes à spécification? Et elle n'est pas vierge ?

"Ça n'a pas d'importance ! " répondit Bill en fronçant les sourcils.

"Traitez-moi équitablement, Bill", s'écria le père, "est-ce qu'elle est vierge ?"

"Comment puis-je le savoir?" s'exclama Bill, "tout ce que je peux dire, c'est que je n'ai jamais connu de vierge auparavant qui avait ce mouvement de changement de cendre."

Sophy a été la première à me montrer le mouvement de « changement de cendre » et elle était sûrement vierge !

En tant que maîtresse, Sophy était perfectionnée et les longues lignes et les légères courbes de son joli corps sont devenues une attirance particulière pour moi en tant que type le plus élevé du type qui donne du plaisir.

Lily d'abord, puis Rose furent étonnées et peut-être un peu blessées du refroidissement soudain de ma passion pour elles. De temps en temps, j'emmenais Rose ou lui envoyais des livres et j'avais Lily n'importe où, n'importe quand ; mais aucun d'eux ne pouvait se comparer à Sophie comme compagnon de lit et son discours me fascinait d'autant plus que je la connaissais mieux. Elle avait appris la vie dans la rue, du côté animal d'abord ; mais il était étonnant de voir avec quelle rapidité elle grandissait dans sa compréhension : l'amour est le seul professeur magique ! En quinze jours, son discours était meilleur que celui de Lily ; en un mois, elle parlait aussi bien que toutes les filles américaines que j'avais eues ; son désir de connaissance et sa facilité d'acquisition comme une éponge m'ont toujours surpris. Elle avait une silhouette plus belle que celle de Rose et dix fois plus de séduction que celle de Lily : elle n'hésitait jamais à prendre mon sexe dans sa main et à le caresser ; c'était une enfant de la nature, audacieuse d'une audace animale et qui avait en outre mille familiarités attachantes. Il me suffisait de lui faire part d'un souhait pour le satisfaire. Sophy était la perle de toutes les filles que j'ai rencontrées au cours de cette première étape de mon développement et j'aimerais seulement pouvoir transmettre au lecteur une suggestion même de ses caresses pittoresques et passionnantes. Mon admiration pour Sophie m'a purifié de tout dédain possible que j'aurais autrement pu avoir à l'égard du peuple nègre , et j'en suis heureux ; sinon j'aurais pu fermer mon cœur aux hindous et ainsi rater la meilleure partie des expériences de ma vie.

J'ai fait faire par un grand artiste le croquis de son dos que je reproduis à la fin de ce chapitre : il traduit quelque chose de l'étrange vigueur et de la force nerveuse de son beau corps ferme.

Mais il était écrit que dès que je serais à l'aise et satisfait, le Destin rebattrait les cartes et me donnerait une autre main.

Tout d'abord, j'ai reçu une lettre de Smith, me racontant qu'il avait eu une mauvaise mouillage une nuit et qu'il avait attrapé un grave rhume. La toux était alors revenue et il perdait du poids et du cœur. Il était également parvenu à la conclusion à laquelle j'étais parvenu, que l'air humide de Philadelphie lui faisait du mal et les médecins commençaient maintenant à le pousser à se rendre à Denver, au Colorado : tous les spécialistes les plus éminents s'accordaient sur le fait que l'air des montagnes était le meilleur moyen de le faire. mieux pour sa faiblesse pulmonaire. Si je ne pouvais pas venir le voir, je devais lui télégraphier et il s'arrêterait à Lawrence pour me voir en route vers l'Ouest , il avait beaucoup à dire...

Quelques jours plus tard, il était à Eldridge House et je suis allé le voir. Son apparence me choquait : il avait maigri comme un spectre et ses grands yeux semblaient brûler comme des lampes dans son visage blanc. J'ai su tout de suite qu'il était condamné et je pouvais à peine contrôler mes larmes.

Nous avons passé toute la journée ensemble et quand il a appris que je passais mes journées à lire occasionnellement, à parler occasionnellement et à mes nuits à l'envers , il m'a exhorté à abandonner le droit et à aller en Europe pour devenir un véritable érudit et penseur. Mais je ne pouvais pas renoncer à Sophie et à ma vie ultra-agréable. Alors j'ai résisté, je lui ai dit qu'il me surestimait : je serais facilement le meilleur avocat de l'État, dis-je, et je gagnerais beaucoup d'argent, puis je retournerais faire l'Europe et étudierais aussi.

Il m'a prévenu que je devais choisir entre Dieu et Mammon ; Je rétorquai légèrement que Mammon et mes sens m'avaient donné beaucoup de choses que Dieu niait : « Je servirai les deux », m'écriai-je, mais il secoua la tête.

"J'ai fini, Frank", déclara-t-il longuement, "mais je regretterais moins la vie si je savais que tu reprendrais le travail que j'espérais autrefois accomplir, n'est-ce pas ?"

Je n'ai pas pu résister à son appel : « Très bien, dis-je après avoir étouffé mes larmes, donnez-moi quelques mois et je ferai le tour du monde d'abord, puis en Allemagne pour étudier. »

Il m'attira à lui et m'embrassa sur le front : je ressentis cela comme une sorte de consécration.

Environ un jour plus tard, il a pris le train pour Denver et j'ai eu l'impression que le soleil avait disparu de ma vie.

À cette époque, je n'avais pas grand-chose à faire à Lawrence, à part lire en général et j'ai commencé à passer quelques heures chaque jour à la bibliothèque municipale. Mme Trask, la bibliothécaire, était la veuve de l'un des premiers colons qui avait été brutalement assassiné lors du raid de Quantrell lorsque des bandits du Missouri avaient « tiré » sur la petite ville de Lawrence dans une dernière tentative de transformer le Kansas en un État esclavagiste. .

Mme Trask était une plutôt jolie petite femme qui avait été nommée bibliothécaire pour la dédommager en quelque sorte de la perte de son mari. Elle connaissait bien la littérature américaine et je suivais souvent ses conseils quant à mon choix de livres. Je pense qu'elle m'aimait bien, car elle était toujours gentille avec moi et je lui dois de nombreuses heures agréables et quelques instructions.

Après que Smith soit parti vers l'Ouest, j'ai passé de plus en plus de temps à la bibliothèque car mon travail juridique me devenait de plus en plus facile d'heure en heure. Un jour, environ un mois après le départ de Smith, je suis entré dans la bibliothèque et je n'ai rien trouvé d'intéressant à lire. Mme Trask passait par hasard et je lui ai demandé : « Que dois-je lire ?

"Avez-vous lu tout cela?" » répondit-elle en désignant l'édition d'Emerson par Bohn en deux volumes. "Il est bon!"

«Je l'ai vu à Concord, dis-je, mais il était sourd et ne m'a pas fait grande impression.»

« C'est le plus grand penseur américain », rétorqua-t-elle, « et vous devriez le lire. »

Automatiquement, j'ai décroché le volume et il s'est ouvert de lui-même à la dernière page des conseils d'Emerson aux universitaires du Dartmouth College. Chaque mot est encore imprimé dans ma mémoire : je vois la page de gauche et relis ce message divin : je ne trouve aucune excuse pour le citer presque mot pour mot :

« Messieurs, j'ai osé vous faire part de ces considérations sur la place et l'espoir du savant, parce que je pensais que, debout, comme beaucoup d'entre vous le font maintenant, sur le seuil de ce Collège, ceints et prêts à aller assumer des tâches, publiques et privées, Dans votre pays, vous ne seriez pas fâché d'être averti de ces premiers devoirs de l'intellect dont vous entendrez rarement parler de la bouche de vos nouveaux compagnons. Vous entendrez chaque jour les maximes d'une basse prudence. Vous entendrez que le premier devoir est d'obtenir des terres et de l'argent, un lieu et un nom. « Quelle est cette Vérité que vous recherchez ? Quelle est cette beauté!' demanderont les hommes avec dérision. Si néanmoins Dieu a appelé l'un d'entre vous à explorer la vérité et la beauté, soyez audacieux, soyez ferme, soyez vrai. Quand vous direz : « Comme les autres, moi aussi : je renonce, j'en suis désolé, à mes premières visions ; Je dois manger les biens de la terre et abandonner l'apprentissage et les attentes romantiques, jusqu'à une saison plus opportune » ; — alors l'homme meurt en vous ; puis périssent à nouveau les bourgeons de l'art, de la poésie et de la science, comme ils sont déjà morts chez mille mille hommes. L'heure de ce choix est la crise de votre histoire, et veillez à vous retenir par l'intellect. C'est ce tempérament dominateur du monde sensuel qui crée le besoin extrême des prêtres de la science... Contentez-vous d'un peu de lumière, qu'elle soit la vôtre. Explorez et explorez. Ne soyez ni réprimandé ni flatté en dehors de votre position d'enquête perpétuelle. Ni dogmatiser, ni accepter le dogmatisme d'autrui. Pourquoi devriez-vous renoncer à votre droit de traverser les déserts étoilés de la vérité, pour le confort prématuré d'un acre, d'une maison et d'une grange ? La vérité a aussi son toit, son lit et sa planche. Rendez-vous nécessaire au monde, et l'humanité vous donnera du pain, et s'il n'en a pas une réserve, du moins celui qui ne vous enlèvera pas votre propriété dans les affections de tous les hommes, dans l'art, dans la nature et dans l'espérance.

La vérité m'a choqué : « Alors périssez en vous les bourgeons de l'art, de la poésie et de la science comme ils ont déjà péri chez mille, mille hommes ! Cela expliquait pourquoi il n'y avait pas de Shakespeare, pas de Bacon, pas de Swinburne en Amérique alors que, selon la population et la richesse, il devrait y en avoir des dizaines.

J'ai soudain pris conscience de la vérité : justement parce que la richesse était facile à obtenir ici, elle exerçait une attraction incomparable et, dans sa poursuite, « périrent mille, mille » esprits doués qui auraient pu diriger l'humanité vers de nouveaux et plus nobles accomplissements.

La question s'imposait : « Est-ce que moi aussi je sombrerais dans l'embonpoint ? me vautrer dans la sensualité, me dégrader pour un frisson nerveux ?

"Non!" Je me suis dit : « dix mille fois, non ! Non! J'irai à la recherche des déserts étoilés de la Vérité ou je mourrai en chemin !

J'ai fermé le livre et avec lui, le deuxième volume que j'avais en main est allé à Mme Trask.

« Je veux acheter ce livre », dis-je, « il a un message pour moi que je ne dois jamais oublier ! »

"Je suis contente", dit la petite dame en souriant, "qu'est-ce qu'il y a ?"

Je lui ai lu une partie du passage : « Je vois », s'est-elle exclamée, « mais pourquoi veux-tu les livres ?

«Je veux les emmener avec moi», dis-je, «je veux quitter Lawrence immédiatement et aller étudier en Allemagne!»

"Bonne grace!" elle a pleuré, " comment peux-tu faire ça ? " Je pensais que vous étiez un associé de Sommerfeld ; tu ne peux pas y aller tout de suite !

« Il le faut », dis-je, « le sol brûle sous mes pieds : si je n'y vais pas maintenant, je n'irai jamais : je quitterai Lawrence demain !

Mme Trask a levé les mains et m'a fait des remontrances : des décisions aussi rapides étaient dangereuses ; "Pourquoi devrais-je être si pressé?"

Je répétais sans cesse : « Si je n'y vais pas tout de suite, je n'irai jamais : les « plaisirs ignobles » me deviendront de plus en plus doux et je sombrerai peu à peu et me noierai dans la boue-miel de la vie.

Finalement, voyant que j'étais catégorique et mon esprit fixé : elle m'a vendu les livres au prix fort avec une certaine réticence, puis elle a ajouté :

"J'aurais presque aimé ne jamais vous avoir recommandé Emerson!" et la chère dame avait l'air affligée, presque au bord des larmes.

"Ne le regrette jamais!" J'ai pleuré : « Je me souviendrai de toi aussi longtemps que je vivrai à cause de cela et je te serai toujours reconnaissant. Le professeur Smith m'a dit que je devrais y aller ; mais il fallait la parole d'Emerson pour me donner le dernier coup de pouce ! Les bourgeons de la poésie, de la science et de l'art ne périront pas en moi comme ils ont « déjà péri chez mille, mille hommes ! Merci à toi!" J'ajoutai chaleureusement : « De tout mon cœur, merci : vous avez été pour moi le messager d'une grande fortune. »

Je lui ai serré les mains, j'ai voulu l'embrasser, mais j'avais bêtement peur de lui faire du mal et je me suis donc contenté d'un long baiser sur sa main et je suis sorti aussitôt pour trouver Sommerfeld .

Il était dans le bureau et je lui ai immédiatement raconté toute l'histoire, comment Smith avait essayé de me persuader et comment j'avais résisté jusqu'à ce que cette page d'Emerson me convainque : « Je suis désolé de vous laisser dans l'erreur, » expliquai-je ; mais « je dois y aller et partir immédiatement ».

Il m'a dit que c'était de la folie : je pourrais étudier l'allemand sur place, à Lawrence ; il m'aiderait avec plaisir. "Il ne faut pas gâcher un gagne-pain juste pour un mot", s'est-il exclamé, "c'est de la folie, je n'ai jamais entendu une décision plus insensée !"

Nous discutâmes pendant des heures : je ne parvenais pas plus à le convaincre qu'il ne pouvait me persuader ; il a fait de son mieux pour que je reste au moins deux ans et que je parte ensuite les poches pleines : « tu peux facilement gagner deux ans », s'écria-t-il, mais je lui ai rétorqué : « même pas deux jours : j'ai peur de moi-même. »

Lorsqu'il a compris que je voulais d'abord que l'argent fasse le tour du monde, il a vu une chance de retard et a dit que je devais lui donner un peu de temps pour découvrir ce qui m'arrivait ; Je lui ai dit que je lui faisais entièrement confiance (et c'était d'ailleurs mon cas) et que je ne pouvais lui donner que le samedi et le dimanche, car j'irais le lundi au plus tard. Il a fini par céder et s'est montré très gentil.

J'ai acheté une robe et un petit chapeau pour Lily et beaucoup de livres à côté d'une cape de chinchilla pour Rose et j'ai annoncé la nouvelle à Lily le lendemain matin, gardant l'après-midi pour Rose. À mon grand étonnement, c'est avec Lily que j'ai eu le plus de problèmes : elle n'entendait aucune raison : « Il n'y a aucune raison là-dedans », criait-elle encore et encore, puis elle s'effondrait dans une tempête de larmes : « Que vais-je devenir ? » elle a sangloté, "J'ai toujours espéré que tu m'épouserais!" a-t-elle finalement avoué, "et maintenant tu pars pour rien, rien - à la chasse à l'oie sauvage - pour étudier", ajouta-t-elle d'un ton de dédain absolu, "comme si tu ne pouvais pas étudier ici !"

« Je suis trop jeune pour me marier, Lily, » dis-je, « et… »

«Tu n'étais pas trop jeune pour que je t'aime», interrompit-elle, «et maintenant, que dois-je faire? Même maman a dit que nous devrions être fiancés et je le veux tellement, — oh ! Oh !" et encore une fois les larmes coulèrent sous une douche.

Je ne pouvais pas m'empêcher de dire enfin que j'allais y réfléchir et lui faire savoir et je suis parti voir Rose. Rose m'a écouté dans un silence complet puis, avec ses yeux rivés sur les miens avec une affection persistante, elle a dit :

« Savez-vous que j'ai souvent eu peur d'une décision comme celle-ci. Je me suis dit une douzaine de fois : «pourquoi devrait-il rester ici ? le monde entier l'appelle » et si j'ai tendance à haïr mon travail parce qu'il m'empêche d'étudier, que doit-il être pour lui dans cette horrible cour, qui se bat jour après jour ? J'ai toujours su que je devrais te perdre, chérie ! » ajouta-t-elle, mais vous avez été le premier à m'aider à penser et à lire, je ne dois donc pas me plaindre. Tu pars bientôt ?

"Lundi", répondis-je, et ses chers yeux devinrent sombres et ses lèvres frémirent. "Tu vas écrire?" elle a demandé : « s'il te plaît, fais-le, Frank ! Quoi qu'il arrive, je ne t'oublierai jamais : tu m'as aidé, encouragé plus que je ne peux le dire. Je te l'ai dit, j'ai une place dans la librairie Crew ? Quand j'ai dit que j'avais appris à aimer les livres grâce à vous, il était heureux et a dit : « Si vous les connaissez aussi bien que lui, ou à moitié aussi bien, vous serez d'une valeur inestimable » ; vous voyez donc, je suis vos traces, comme vous suivez celles de Smith.

"Si tu savais à quel point je suis heureuse de t'avoir vraiment aidé et de ne pas t'avoir blessé, Rose ?" Dis-je tristement, car la voix accusatrice de Lily était toujours dans mes oreilles.

"Tu ne pouvais blesser personne", s'est-elle exclamée, presque comme si elle devinait mes remords, "tu es si doux, si gentil et si compréhensif."

Ses paroles m'ont été du baume et elle m'a accompagné jusqu'au pont où je lui ai dit qu'elle aurait de mes nouvelles demain. Je voulais savoir ce qu'elle penserait des livres et de la cape. La dernière chose que j'ai vue d'elle, c'est sa main levée comme pour la bénir.

J'ai réservé le dimanche matin pour Sommerfeld et mon ami Will Thompson et le reste de la journée pour Sophy .

Sommerfeld est venu au bureau avant neuf heures et m'a dit que la société me devait trois mille dollars : je ne voulais pas les prendre ; Je n'arrivais pas à croire qu'il avait eu l'intention de faire un compromis avec moi, mais il a insisté et m'a payé.

« Je ne suis pas d'accord avec votre détermination soudaine, dit-il, peut-être parce qu'elle a été soudaine ; mais je suis convaincu que vous réussirez dans tout ce que vous entreprendrez. Laisse-moi de tes nouvelles de temps en temps et si jamais tu as besoin d'un ami, tu sais où me trouver ! »

En nous serrant la main, j'ai réalisé que se séparer pouvait être aussi douloureux que déchirer la chair.

Will Thompson, ai-je découvert, était impatient de reprendre les panneaux publicitaires et mon poste à Liberty Hall ; il avait amené son père avec lui et après de longues négociations, je lui ai donné tout ce que je pouvais, pour trois mille cinq cents dollars, et ainsi, après quatre ans de travail, j'avais juste l'argent que j'avais eu à Chicago quatre ans plus tôt !

J'ai dîné à Eldridge House puis je suis retourné au bureau pour rencontrer Sophy qui était destinée à me surprendre encore plus que Lily ou Rose : « Je viens avec toi, annonça-t-elle froidement, si tu n'as pas honte de le faire. emmenez-moi avec vous ; tu vas à Frisco, jusqu'ici en tout cas, » plaida-t-elle, devinant ma surprise et mon manque de volonté.

"Bien sûr, je serai ravi", dis-je, "mais..." Je ne pouvais tout simplement pas lui refuser.

Elle gargouilla de joie et sortit son sac à main : « J'ai quatre cents dollars », dit-elle fièrement, « et cela emmènera cet enfant loin. »

Je lui ai fait mettre de l'argent de côté et m'a promis qu'elle ne dépenserait pas un centime de son argent pendant que nous étions ensemble, puis je lui ai dit comment je souhaitais l'habiller quand nous arriverions à Denver, car je voulais m'arrêter là pour quelques jours. de jours pour voir Smith qui avait écrit approuvant tout ce que je faisais et ajoutant, à la joie de mon cœur, qu'il allait beaucoup mieux.

Le lundi matin, Sophy et moi partîmes vers l'ouest : elle avait eu le tact de se rendre en premier au dépôt afin que personne à Lawrence n'associe jamais nos noms. Sommerfeld et le juge Bassett m'ont accompagné au dépôt et m'ont souhaité « bonne chance ! » C'est ainsi que s'est terminée la deuxième étape de ma vie.

Sophie était une douce et vive compagne ; après avoir quitté Topeka, elle entra hardiment dans mon compartiment et ne me quitta plus. Puis-je l'avouer ? J'aurais préféré qu'elle reste à Lawrence ; Je voulais vivre l'aventure d'être seul et il y avait une fille dans le train dont les longs yeux fixaient les miens lorsque je passais devant son siège, et je passais souvent devant : je lui aurais parlé si Sophie n'avait pas été avec moi.

Quand nous sommes arrivés à Denver, j'ai appelé Smith, laissant Sophy à l'hôtel. Je le trouvai mieux, mais devinai que la maudite maladie ne faisait que reprendre souffle, pour ainsi dire, avant l'assaut final. Il est revenu avec moi à mon hôtel et dès qu'il a vu Sophy , il a déclaré que je devais rentrer avec lui, il avait oublié de me donner quelque chose que je devais avoir. J'ai souri à Sophy envers qui Smith était très courtois et je l'ai accompagné. Dès que nous fûmes dans la rue, Smith commença avec horreur :

"Frank, c'est une fille de couleur : tu dois la quitter tout de suite, sinon tu te créeras de terribles ennuis plus tard." "Comment saviez-vous qu'elle était colorée?" J'ai demandé. "Regardez ses ongles!" s'écria-t-il, « et ses yeux : aucun Sudiste ne douterait un instant. Vous devez la quitter immédiatement, s'il vous plaît !

«Nous allons nous séparer à Frisco», dis-je. Et lorsqu'il m'a pressé de la renvoyer immédiatement, j'ai refusé. Je ne lui ferais pas honte autant et même maintenant, je suis sûr que j'avais raison dans cette résolution.

Smith était désolé mais gentil avec moi et nous nous sommes donc séparés pour toujours.

Il avait fait plus pour moi que n'importe quel autre homme et maintenant, après cinquante ans, je ne peux que lui avouer ma dette incommensurable envers lui et les larmes brûlantes me montent aux yeux maintenant comme elles sont venues lorsque nos mains se sont rencontrées pour la dernière fois : il était le plus cher, l'esprit le plus doux et le plus noble d'un homme que j'ai rencontré au cours de ce pèlerinage terrestre. *Ave Atque Vale.*

Alors que le jour du départ du bateau approchait, Sophie devint pensive. Je lui ai acheté une jolie robe couleur maïs qui mettait en valeur sa beauté comme le soleil doré d'une belle forêt, et quand elle m'a remercié et m'a serré dans ses bras, j'ai eu envie de mettre ma main sous ses vêtements car elle avait fait une remarque espiègle et coquine qui m'a amusé. et m'a rappelé que nous avions roulé toute la journée précédente et que je ne l'avais pas eue. À ma grande surprise, elle m'a arrêté : « Je ne me suis pas lavée depuis notre arrivée », m'a-t-elle expliqué.

« Est-ce que vous vous lavez si souvent ? " Shuah , " répondit-elle en me réparant.

"Pourquoi?" Ai-je demandé en cherchant son regard.

« Parce que j'ai peur de l'odeur de nègre », lança-t-elle avec passion :

"Quelle absurdité!" M'écriai-je.

« Ce n'est pas non plus le cas », me contredit-elle avec colère, « ma mère m'a emmené une fois dans une église nègre et j'ai failli m'étouffer : je n'y suis plus jamais retournée ; Je ne pouvais pas : quand ils ont chaud, ils puent... pah ! et elle secoua la tête et fit une grimace de dégoût et de mépris total.

« C'est pour ça que tu vas me quitter », ajouta-t-elle après une longue pause, les larmes dans la voix ; « S'il n'y avait pas ce foutu sang de nègre en moi, je ne te quitterais jamais : je continuerais juste avec toi comme serviteur ou quoi que ce soit : ah mon Dieu, comme je t'aime et comme ce Topsy sera seul ! » et les larmes coulaient sur son visage frémissant. "Si seulement j'étais toute blanche ou toute noire", sanglotait-elle : "Je suis si malheureuse !" Mon cœur saignait pour elle.

Sans le souvenir du dédain de Smith, j'aurais cédé et je l'aurais emmenée avec moi. En fait, je ne pouvais que faire de mon mieux pour la consoler en lui disant : « Dans quelques années, Sophie , et je reviendrai ; ils passeront vite : je t'écrirai souvent, ma chérie !

Mais Sophie savait mieux et quand la dernière nuit arriva, elle se surpassa. Il faisait chaud et nous nous sommes couchés tôt : « c'est mon soir ! » elle a dit : « laisse-moi juste te montrer, ma chérie ! Je ne veux pas que tu t'en prennes à une fille blanchâtre dans ces îles avant d'arriver en Chine et tu n'iras pas avec ces filles jaunes aux yeux bridés - c'est pourquoi je t'aime tant, parce que tu te gardes pour ceux que tu aimes. :—mais tu es méchant d'aimer autant de personnes, mon homme !' et elle m'a embrassé avec passion : elle m'a laissé l'avoir presque sans réponse, mais après le premier orgasme, elle a saisi mon sexe et m'a traire, et ensuite me monter m'a fait vibrer encore et encore jusqu'à ce que je sois sans voix et que nous nous endormions comme des enfants les bras l'un de l'autre, pleurant la séparation du lendemain.

J'ai dit au revoir!" Je suis arrivé à l'hôtel et je suis monté seul à bord du bateau à vapeur : mes yeux se sont posés sur le Golden Gate qui mène au grand Pacifique et sur les espoirs et les dangers de la nouvelle vie. Enfin, je devais voir le monde : qu'y trouverais-je ? Je n'avais aucune idée alors que je trouverais peu ou grand chose en mesure exacte de ce que j'avais apporté et c'est maintenant la partie la plus triste de ces Confessions que lors de ce premier voyage autour du monde, j'ai été si inculte, si irréfléchi que je n'ai pratiquement rien reçu. de mon long voyage.

Comme Ulysse, j'ai vu de nombreuses villes humaines ; mais les scènes enrichissent rarement l'esprit : pourtant un ou deux endroits m'ont fait une impression distincte, aussi jeune et dur que j'étais : Sidney Bay et Heights, Hong Kong aussi ; mais surtout l'ancienne porte chinoise qui mène à la ville chinoise de Shanghai, si proche de la ville européenne et si étonnamment différente. Kioto s'est également imprimé dans ma mémoire et dans les hommes et les filles japonais qui sortaient nus de leurs bains chauds pour voir si j'étais vraiment blanc de partout.

Mais je n'ai rien appris qui mérite d'être rappelé jusqu'à ce que j'arrive à Table Bay et que je voie la longue ligne de Table Mountain quatre mille pieds au-dessus de moi, une falaise coupant le ciel avec un effet incomparable de dignité et de grandeur. Je suis resté au Cap environ un mois et, par chance, j'y ai fait la connaissance de Jan Hofmeyr qui m'a appris à quel point les Boers étaient de bons gars et à quel point le premier ministre anglais Gladstone était estimé pour leur avoir donné la liberté après Majuba : « nous considérez-le avec révérence, dit mon ami Hofmeyr , comme la conscience incarnée de l'Angleterre ; mais hélas! L'Angleterre n'a pas pu supporter Majuba et a dû dépenser du sang et des trésors plus tard pour démontrer au monde la virilité des Boers. Mais Dieu merci, l'Angleterre a ensuite redonné la liberté et l'autonomie gouvernementale à l'Afrique du Sud et a ainsi expié ses honteux « camps de concentration ». Grâce à Jan Hofmeyr, j'ai appris à connaître et à apprécier les Boers sud-africains dès cette première courte rencontre.

Vingt ans plus tard, lors de mon deuxième tour du monde, j'essayais de retrouver les Hofmeyr de chaque pays et j'appris ainsi toutes sortes de choses intéressantes et étranges dont je parlerai, je l'espère, à la fin de mon prochain volume. Car le seul raccourci vers la connaissance passe par les relations sexuelles avec des hommes sages et doués.

Maintenant, je dois avouer quelque chose de mes six premiers mois de folie et de plaisir à Paris, puis parler à nouveau de l'Angleterre et de Thomas Carlyle et de son influence incomparable sur moi et ainsi vous conduire, doux rendu, à mes dernières années d'apprentissage en Allemagne et en Grèce.

Là, à Athènes, j'ai appris de nouveaux secrets sexuels qui peuvent intéresser même les Philistins, bien qu'ils puissent aussi être appris à Paris, et qui seront exposés simplement dans le deuxième volume de ces « Confessions », qui racontera tout « l'art de la sexualité ». "l'amour" tel qu'on l'entend en Europe et contiennent peut-être mon deuxième voyage autour du monde et l'instruction complémentaire dans le grand art que j'ai reçue des Adeptes de l'Orient - raffinements inimaginables, car ils ont étudié le corps aussi profondément que l'âme.

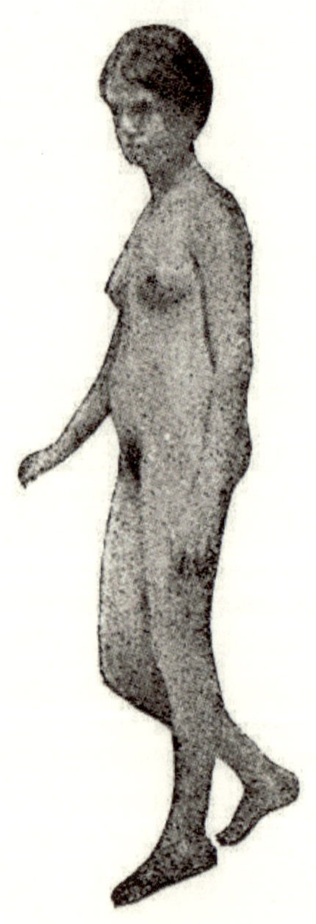

EU ET LES CARLYLES.

Chapitre XV.

Je suis retourné en Europe en touchant Bombay et en respirant juste une bouffée du parfum enivrant de ce pays des merveilles avec son enseignement spirituel noble, quoique triste, qui commence maintenant à travers le Rig Veda pour informer la meilleure pensée européenne.

Je m'arrêtai aussi à Alexandrie et courus pendant une semaine au Caire pour voir les grandes mosquées : j'admirai leur splendide rhétorique ; mais tombe amoureux du désert et de ses Pyramides et surtout du Sphinx et de son éternel questionnement sur les sens et les choses extérieures. Ainsi, par des étapes faciles et mémorables qui comprenaient Gênes et Florence et leurs palais, églises et galeries historiques, je suis enfin arrivé à Paris.

Je me méfie des premières impressions de grands lieux, d'événements ou d'hommes. Qui pourrait décrire la fascination immortelle du simple nom et de la première vue de Paris au jeune étudiant ou à l'artiste d'une autre race ! S'il a lu et réfléchi, il aura de la fièvre ; les larmes aux yeux, le cœur palpitant d'attente joyeuse, il va errer dans ce monde de merveilles !

J'arrivai à la gare tôt un matin d'été et envoyai aussitôt mes bagages par fiacre à l'hôtel Meurice , rue Rivoli ; le même vieil hôtel dont Lever le romancier avait fait l'éloge, puis je montai dans une petite Victoria et me rendis à la place de la Bastille. La vie évidente de café des gens ne m'a pas séduit ; mais quand j'ai vu la Gloire jaillir de la colonne de Juillet, les larmes ont inondé mes yeux, car je me suis rappelé la description que Carlyle avait faite de la prise de la prison.

J'ai payé le cocher et remonté la rue Rivoli , devant le Louvre, devant les murs noircis aux fenêtres aveugles du palais des Tuileries, un regret dans leur attrait désolé, et ainsi jusqu'à la place de la Grève avec ses souvenirs de guillotine et la grande révolution, désormais fusionnée place de la Concorde. Juste en face, je distinguais la coupole dorée de l'église des Invalides où repose le corps de Napoléon comme il le désirait : « Sur les bords de la Seine, au milieu de ce peuple français que j'ai tant aimé ! »

Et il y avait les chevaux de Marly rampant à l'entrée des Champs Elysées et au fond de la longue colline, l'Arche ! Les mots me sont venus aux lèvres :

Sur la longue route sombre où tonnait

L'armée d'Italie en avant

Près de la grande arche pâle de l'Étoile.

C'est le sens historique profond de ce grand peuple qui m'a d'abord conquis, ainsi que son admiration amoureuse pour ses poètes, ses artistes et ses guides. Je ne pourrai jamais décrire le frisson que j'ai ressenti en trouvant sur une petite maison une plaque de marbre indiquant que le pauvre de Musset y avait autrefois vécu, et une autre sur la maison où il est mort. Oh, comme les Français ont raison d'avoir une place Malherbe, et une avenue Victor Hugo, une avenue de la Grande Armée aussi, et une avenue de l'Impératrice aussi, bien qu'elle ait depuis été transformée prosaïquement en avenue du Bois de Boulogne. .

De la place de la Concorde, je traversai la Seine, descendis les quais à gauche et passai bientôt devant la Conciergerie et Ste Chapelle avec ses magnifiques verrières peintes d'il y a mille ans et là devant moi sur l'Ile de la Cité , les tours jumelles de Notre Dame ont attiré mon regard et mon souffle et finalement, en début d'après-midi j'ai débarqué au Boul'Mich . j'ai passé la Sorbonne et puis je me suis perdu tant bien que mal dans la vieille rue Saint-Jacques que Dumas père et d'autres romanciers m'avaient mille fois décrite.

Un peu fatigué enfin, ayant laissé loin derrière moi les jardins du Luxembourg avec leurs statues que je me promettais d'étudier bientôt de plus près, je me dirigeai vers un petit restaurant-caviste tenu par une dame corpulente et agréable dont j'appris bientôt qu'il s'appelait Marguerite. Après un excellent repas, je louai une grande chambre au premier étage, donnant sur la rue, pour quarante francs par mois, et si une amie venait habiter avec moi, pourquoi Marguerite promit-elle avec un grand sourire de mettre un autre lit pour un supplément. dix francs par mois et nous approvisionnons en outre en café du matin et en repas de notre choix à des prix très raisonnables : j'y ai vécu des journées criardes et dorées pendant trois semaines paradisiaques.

Je me suis jeté sur le français comme un glouton et c'était ma méthode, que je ne recommande pas mais simplement d'enregistrer, même si elle m'a amené à comprendre tout ce qui se disait dès la fin de la première semaine. J'ai d'abord passé cinq jours entiers à la grammaire, apprenant par cœur tous les verbes, en particulier les verbes auxiliaires et irréguliers, jusqu'à ce que je les connaisse comme je connaissais mon alphabet. J'ai ensuite lu Hernani de Hugo avec un dictionnaire dans une autre longue journée de dix-huit heures et le lendemain soir je suis allé à la galerie de la Comédie. Française pour voir la pièce interprétée par Sarah Bernhardt dans le rôle de Doña Sol et Mounet Sully dans le rôle d'Hernani. Pendant un moment, le discours rapide et l'accent étrange m'ont intrigué ; mais après le premier acte, j'ai commencé à comprendre ce qui se disait sur scène et après le deuxième acte, j'ai saisi chaque mot et, à ma grande joie, lorsque je suis sorti dans la rue, j'ai compris tout ce qu'on me disait. Après cette nuit dorée avec la voix grave et *traînante de Sarah* dans mes oreilles, j'ai fait des progrès rapides car inconscients.

Le lendemain, au restaurant, je ramassai un exemplaire sale et déchiré de Madame Bovary, auquel il manquait les quatre-vingts premières pages. Je l'ai emporté dans ma chambre et je l'ai avalé en quelques heures à bout de souffle, réalisant aussitôt que c'était un chef-d'œuvre ; mais en marquant cent cinquante nouveaux mots pour les retrouver ensuite dans mon dictionnaire de poche. J'ai soigneusement appris ces mots par cœur et depuis, je ne me suis jamais donné aucun problème avec le français.

Ce que j'en sais, et je le sais assez bien maintenant, vient de ce que je l'ai lu et parlé pendant une trentaine d'années. J'y fais encore des erreurs principalement de genre, je regrette de le dire, et mon accent est celui d'un étranger, mais dans l'ensemble, je le connais ainsi que sa littérature et je le parle mieux que la plupart des étrangers et cela me suffit.

Après environ trois semaines, Ned Bancroft est venu des États-Unis pour vivre avec moi. Il n'a jamais été particulièrement sympathique à mon égard et je ne peux expliquer notre camaraderie que par le fait que j'étais particulièrement insouciant et plein de gentillesse humaine et irréfléchie. J'ai peu parlé de Ned Bancroft qui était amoureux de Kate Stevens avant qu'elle ne tombe amoureuse du professeur Smith ; mais je viens de noter la manière désintéressée avec laquelle il s'est retiré tout en gardant intacte son amitié pour Smith et pour la jeune fille : j'ai trouvé cela très bien de sa part.

Il a quitté Lawrence et l'université peu de temps après notre première rencontre et, par « traction », a obtenu un bon poste sur le chemin de fer à Columbus, Ohio.

Il m'écrivait toujours pour venir lui rendre visite et à mon retour de Philadelphie, en 1875 je crois, je m'arrêtai à Columbus et passai quelques jours avec lui. Dès qu'il a appris que j'étais parti en Europe et que j'étais arrivé à Paris, il m'a écrit qu'il aurait aimé que je lui demande de venir avec moi et j'ai donc écrit pour lui exposer mon projet et il a immédiatement annoncé ses bonnes perspectives de richesse. et d'honneur et est venu me voir à Paris. Nous vivâmes ensemble environ six mois : c'était un garçon grand et fort, au visage pâle et aux yeux gris ; un bon élève, un homme honorable, gentil et très intelligent ; mais nous envisagions la vie sous des angles totalement différents et plus nous restions ensemble longtemps, moins nous nous comprenions.

En tout nous étions aux antipodes ; il aurait dû être Anglais car il était un aristocrate né avec des goûts impérieux et coûteux, alors que j'étais en réalité devenu un Américain de l'Ouest, insouciant de l'habillement, de la nourriture ou de la position, résolu uniquement à acquérir des connaissances et, si possible, de la sagesse afin d'atteindre grandeur.

Le premier soir, nous avons dîné chez Marguerite et avons passé la nuit à discuter et à échanger des nouvelles. Le lendemain après-midi, Ned se rendait à Paris et nous dînions dans un restaurant chic du Grand Boulevard. A quelques tables plus loin, une grande et splendide brune d'une trentaine d'années dînait avec deux hommes : je vis bientôt que Ned et elle échangeaient des regards et faisaient des signes. Il m'a dit qu'il avait l'intention de rentrer avec elle : j'ai remonté mais il était aussi obstiné que Charlie, et quand je lui ai parlé des risques, il a dit qu'il ne recommencerait plus ; mais cette fois, il ne pouvait pas s'en sortir. "Je paierai la facture tout de suite", dis-je, "et c'est parti !" mais il ne le voulait pas, le désir était allumé en lui et un sentiment de fausse honte l'empêchait de suivre mon conseil. Une demi-heure plus tard, la dame lui fit signe et il sortit avec le groupe et lorsqu'elle entra dans son Victoria, il monta avec elle ; le couple sur le trottoir, dit-il en éclatant de rire alors que lui et la femme partaient ensemble.

Le lendemain matin, il est revenu avec moi tôt, me disant seulement qu'il s'était énormément amusé et qu'il n'avait même pas peur. Ses chambres étaient charmantes, déclara-t-il ; il dut lui donner cent francs : les dispositions du bain et de la toilette étaient celles d'une reine : il n'y avait aucun danger. Et il m'a fait une théorie aussi farfelue que celle que Charlie avait chérie : il m'a dit que les grandes *cocottes* qui gagnent beaucoup d'argent prenaient autant soin d'elles que des gentlemen. « Allez avec une vulgaire prostituée et vous attraperez quelque chose ; allez avec une vraie topnotcher et elle ira certainement bien ! » Et parfaitement à l'aise, il se met au travail avec volonté.

La manière de Bancroft d'apprendre le français était même totalement différente de la mienne : il s'est penché sur la grammaire et la syntaxe et les a maîtrisées : il pouvait écrire un excellent français au bout de quatre mois ; mais il le parlait d'une manière très hésitante et avec un accent américain féroce. Quand je lui ai dit que j'allais entendre Taine donner une conférence sur la philosophie de l'art et l'idéal dans l'art, il s'est moqué de moi ; mais je crois que j'ai reçu plus de Taine que lui de sa connaissance plus exacte du français. Lorsque j'ai connu Taine et que j'ai pu lui rendre visite et lui parler, Bancroft a également voulu le connaître. Je les ai réunis; mais visiblement Taine n'était pas impressionné, car Ned, par fausse honte, ouvrait à peine la bouche. Mais j'ai beaucoup appris de Taine et une illustration de lui reste en moi comme donnant une conception vraie et vivante de l'art et de son idéal. Lors d'une conférence, il a fait remarquer à ses étudiants qu'un lion n'était pas une bête qui court ; mais une grande mâchoire posée sur quatre ressorts puissants de pattes courtes et massives. L'artiste, poursuivit-il, saisissant l' *idée* de l'animal peut exagérer un peu la taille et la force de la mâchoire, souligner également la puissance élastique de ses reins et de ses pattes et la force de déchirure de ses pattes avant et de ses griffes ; mais s'il allongeait les jambes ou diminuait la mâchoire, il dénaturaliserait la véritable *idée* de la bête et provoquerait un avortement. Mais l'idéal ne doit être qu'indiqué. Les discours de Taine également sur la littérature et l'importance de l'environnement, même pour les grands hommes, m'ont tous profondément marqué. Après l'avoir écouté pendant un certain temps, j'ai commencé à voir plus clairement mon chemin vers le haut. Je n'oublierai jamais non plus certaines de ses paroles inspirantes. Parlant un jour du couvent de Monte Casino, où cent générations d'étudiants, libérés de tous les soucis sordides de l'existence, avaient consacré jour et nuit à étudier et à réfléchir et avaient conservé en outre les manuscrits inestimables des siècles passés et ainsi pavé le voie à une renaissance du savoir et de la pensée, il ajouta gravement :

« Je me demande si la science fera un jour autant pour ses adeptes que la religion l'a fait pour les siens : en d'autres termes, je me demande s'il y aura un jour un Monte Casino laïc ! »

Taine était un grand pédagogue et je lui dois bien des encouragements et même des éclaircissements.

J'ajoute ce dernier mot, car sa liberté d'expression française est venue comme de l'eau de source pure à mon âme assoiffée. Un jour, une douzaine d'entre nous étions regroupés autour de lui, discutant lorsqu'un étudiant doté d'un don remarquable pour la pensée vague et la rhétorique hautaine voulait savoir ce que Taine pensait de l'idée que tous les mondes, planètes et systèmes solaires tournaient autour d'un seul axe. et passer à un certain accomplissement divin (accomplissement). Taine, qui a toujours détesté la rhétorique venteuse, remarqua tranquillement : « Le seul axe dans ma connaissance autour duquel tout évolue vers un accomplissement est le con d'une femme . » Ils rirent, mais pas comme si ce mot audacieux les avait étonnés. Il l'utilisait quand il le fallait, comme j'ai souvent entendu Anatole France l'utiliser depuis, et personne n'y prêtait attention.

Malgré la magnifique installation de sa brune, Ned a découvert au bout d'une semaine combien bénis sont ceux décrits dans les Saintes Écritures, qui ont pêché toute la nuit et n'ont rien attrapé. Il avait attrapé une terrible gonorrhée et on lui avait interdit de prendre des spiritueux, du vin ou du café jusqu'à ce qu'il se rétablisse. L'exercice aussi ne devait se faire qu'à petites doses, de sorte que lorsque je sortais, il devait rester à la maison et la vue sur la rue Saint-Jacques était tout sauf exaltante. Cela augmentait naturellement son désir de se déplacer et de voir, et dès qu'il commençait à comprendre le français parlé et à le parler un peu, il s'irritait contre l'enfermement et une chambre sans bain ; il avait envie du centre , de l'opéra et des boulevards, et rien ne suffirait si ce n'était de prendre des chambres au cœur de Paris : il emprunterait de l'argent à ses parents, disait-il.

Comme un imbécile, j'étais prêt et nous avons donc pris un jour une chambre dans une rue calme juste derrière la Madeleine, à dix fois le prix que nous payions à Marguerite. J'ai vite constaté que mon argent fondait ; mais la vie était très agréable. Nous nous promenions souvent dans le Bois, allions fréquemment à l'Opéra, aux théâtres et aux music-halls et évaluions aussi les grands restaurants, le Café Anglais et les Trois Frères comme si nous avions été millionnaires.

Par chance, la maladie vénérienne de Ned et les médecins sont devenus une lourde dépense supplémentaire que je pouvais difficilement me permettre. Soudain, un jour, je me suis rendu compte que je n'avais que six cents dollars en banque : j'ai immédiatement décidé de m'arrêter et de repartir à zéro. J'ai fait part de ma résolution à Bancroft : il m'a demandé d'attendre : « il avait écrit à son peuple pour de l'argent », dit-il, « il me paierait bientôt sa dette » ; mais ce n'était pas ce que je voulais : je sentais que j'avais dévié du bon chemin à cause de lui et je m'en voulais d'avoir gaspillé mes biens dans une vie dissolue et, pire encore, dans un luxe idiot et une frimerie stupide.

Je déclarai que j'étais malade et que je partais immédiatement pour l'Angleterre ; Je dois prendre un nouveau départ et accumuler encore un peu d'argent et quelques matins plus tard, j'ai dit au revoir à Bancroft, j'ai traversé la Manche et je suis allé rejoindre ma sœur et mon père à Tenby, où j'étais arrivé là-bas dans un grave tremblement de terre avec une mauvaise santé. mal de tête et tous les symptômes de la fièvre.

J'étais effectivement malade et joué : j'avais pris des doubles doses de vie et de littérature, j'avais avalé tous les grands écrivains français depuis Rabelais et Montaigne jusqu'à Flaubert, Zola et Balzac, en passant par Pascal et Vauvenargues , Renan et Hugo, un festin de gourmand pour six mois. Et puis aussi, j'avais fouillé tel atelier d'artiste et tel autre ; J'avais passé des heures à regarder Rodin travailler et encore des heures à comparer ce modèle de peintre avec celui-là : ces seins et ces hanches avec ceux-là.

Mon amour pour la beauté plastique a failli m'amener au chagrin au moins une fois et je ferais peut-être mieux de consigner l'incident, même si cela a plutôt blessé ma vanité à l'époque. Un jour, je me rendis à l'ancien atelier de Manet , actuellement loué par un peintre américain nommé Alexander. Il avait une réelle puissance d'artisan mais seulement un cerveau modéré et cherchait toujours par la beauté ou quelque chose de remarquable dans son modèle à compenser son propre manque d'originalité. Lors de cette visite, j'ai remarqué un croquis extraordinaire d'une jeune fille se tenant là où l'enfance et la féminité se rencontrent : elle avait coupé ses cheveux courts et ses yeux châtains lui donnaient une distinction surprenante.

"Vous l'aimez?" demanda Alexandre. "Elle a la silhouette la plus parfaite que j'ai jamais vue !"

«J'aime ça», ai-je répondu; « Je me demande si la magie est dans le modèle ou dans votre pinceau ? « Vous verrez bientôt », rétorqua-t-il, un peu piqué, « elle doit déjà arriver » et presque au moment où il parlait, elle entra d'un pas rapide et alerte. Elle était de taille inférieure à la moyenne ; mais visiblement déjà une femme. Sans un mot, elle alla se déshabiller derrière les paravents, quand Alexandre dit : « Eh bien ? J'ai dû réfléchir un moment ou deux avant de répondre.

« Dieu et vous avez conspiré ensemble ! » m'écriai-je, et en effet son pinceau s'était surpassé. Il avait capté et rendu une innocence enfantine dans une expression que je n'avais pas remarquée et il avait bloqué les traits avec un superbe *brio* :

"C'est votre meilleure œuvre à ce jour", poursuivis-je, "et presque tout le monde l'aurait signé."

A ce moment le mannequin sortit avec une feuille à son sujet et probablement grâce à mes éloges Alexandre me présenta à Mlle. Jeanne et j'ai dit que j'étais un écrivain américain distingué. Elle m'a fait un signe de tête impertinent, me montrant des dents blanches, est montée sur l' estrade , a jeté le drap et a pris sa pose - le tout en un instant. J'ai été emporté; plus je regardais, plus je découvrais de perfections. Pour la première fois, j'ai vu un personnage auquel je ne trouvais aucun défaut. Inutile de dire que je le lui ai dit dans mon meilleur français avec cent comparaisons. Alexandre aussi, je me suis réconcilié en le suppliant de ne plus faire le croquis mais de me le vendre et d'en faire un autre. Finalement, il en prit quatre cent cinquante francs et, en une heure, il fit un autre croquis.

Mon achat avait convaincu Mlle. Jeanne que j'étais un jeune millionnaire et quand je lui ai demandé si je pouvais l'accompagner chez elle, elle a accepté plus que volontiers. En effet, je l'ai emmenée faire un tour au Bois de Boulogne et de là dîner dans un salon particulier du Café Anglais . Pendant le repas, j'avais fini par l'apprécier : elle vivait avec sa mère, m'avait dit Alexandre ; quoique nullement prude, encore moins virginale, elle n'était pas une *coureuse* . Je pensais que je pourrais risquer la connexion ; mais quand je lui ai fait se déshabiller et que j'ai commencé à lui caresser le sexe, elle s'est éloignée et m'a dit tout naturellement : « Pourquoi ne pas *faire minette* ?

Quand je lui ai demandé ce qu'elle voulait dire, elle m'a répondu franchement : « Nous, les femmes, ne nous énervons pas en un instant comme vous les hommes ; pourquoi ne pas m'embrasser et me parler pendant quelques minutes, alors je me serai bien amusé et je serai prêt... »

J'ai bien peur d'avoir fait une grimace car elle remarqua froidement : « Comme tu veux, tu sais. Je préfère dans un repas les *hors-d'œuvre* à la *pièce de résistance* comme bien d'autres femmes : en effet je me contente souvent des *hors-d'œuvre* et n'en prends plus. Vous comprenez sûrement qu'une femme continue à s'exciter de plus en plus pendant une heure ou deux et qu'aucun homme n'est capable de l'amener au plus haut degré de jouissance tout en se faisant plaisir.

"Je suis capable", dis-je obstinément, "je peux continuer toute la nuit si tu me plais, alors nous devrions sauter les apéritifs."

"Non non!" répondit-elle en riant, faisons donc un banquet, mais commençons par les lèvres et la langue !

Le retard, les échanges de disputes et surtout l'idée d'embrasser et de lui languer le sexe m'avaient ramené au sang-froid et à la raison. N'étais-je pas aussi stupide que Bancroft si je cédais à... une inconnue .

Je répondis enfin : « Non, petite dame, tes charmes ne sont pas pour moi », et je repris ma place à table et me versai du vin. J'avais la répugnance de la jeunesse américaine ou anglaise ordinaire pour ce qui semblait être une dégradation, ne devinant jamais que Jeanne me donnait la deuxième leçon du noble art de la séduction, dont ma sœur m'avait enseigné depuis longtemps les rudiments.

La fois suivante qu'on me proposa *de la minette* , j'étais devenu plus sage et je n'avais aucun scrupule ; mais c'est une autre histoire. Le fait est que lors de ma première visite à Paris, je suis resté parfaitement chaste, en partie grâce à l'exemple de la bévue de Ned ; grâce aussi à mon aversion pour les relations sexuelles avec une fille dont je n'aimais pas vraiment, et je n'aimais pas Jeanne : elle était trop impérieuse et l'impériosité chez une fille est la qualité que je déteste le plus, peut-être parce que je souffrent d'une overdose d'humour. En tout cas, ce n'est pas l'indulgence sexuelle qui a brisé ma santé à Paris ; mais mon désir passionné d'apprendre qui avait réduit mes heures de sommeil et exaspéré mes nerfs : j'ai pris froid et j'ai eu une terrible récidive de paludisme. Je voulais du repos et du temps pour reprendre mon souffle et réfléchir.

La petite maison située dans une petite rue de la charmante station d'eau galloise était exactement le havre de repos dont j'avais besoin. Je me suis vite rétabli et fortifié et j'ai pour la première fois appris à connaître mon père. Il venait faire de longues promenades avec moi, bien qu'il ait plus de soixante ans. Après son terrible accident sept ans auparavant (il a glissé et est tombé trente pieds dans une cale sèche alors que son navire était en réparation), un côté de ses cheveux et de sa moustache était devenu blanc tandis que l'autre restait noir de jais. Je fus d'abord étonné par sa vigueur : il n'aimait pas une marche de dix milles et, lors d'une de nos excursions, je lui demandai pourquoi il ne m'avait pas donné la nomination que je souhaitais comme aspirant.

Il resta curieusement silencieux et écarta le sujet en disant : « La Marine pour vous ? Non!" et il secoua la tête. Mais quelques jours après, il revint de lui-même sur le sujet.

« Vous m'avez demandé, commença-t-il, pourquoi je ne vous ai pas envoyé la candidature à l'examen d'aspirant. Maintenant, je vais vous le dire. Pour entrer dans la marine britannique et y faire carrière, il faut être soit bien né, soit aisé : vous n'êtes ni l'un ni l'autre. Pour un jeune sans situation ni argent, il n'y a que deux voies possibles : la servilité ou le silence, et vous étiez incapable des deux.

"Oh, Gouverneur, comme c'est vrai et comme c'est sage de votre part !" J'ai pleuré : « mais pourquoi, pourquoi ne me l'as-tu pas dit ? J'aurais compris alors aussi bien qu'aujourd'hui et j'aurais encore plus pensé à vous pour m'avoir contrarié.

« Vous oubliez, poursuivit-il, que je m'étais entraîné dans l'autre voie du silence : il m'est encore difficile de m'exprimer maintenant », et il poursuivit avec amertume dans la voix et l'accent :

« Ils m'ont poussé au silence : si vous saviez ce que j'ai enduré avant de faire mes premiers pas de lieutenant. Si je n'avais pas été déterminé à épouser votre mère, je n'aurais jamais pu avaler les innombrables humiliations de mes supérieurs stupides ! Ce qui vous serait arrivé, je l'ai vu comme dans un verre. Vous étiez extraordinairement rapide, impulsif et colérique : ne savez-vous pas que les cerveaux, l'énergie et la volonté sont détestés par tous les gaspilleurs et que dans ce monde ils sont partout dans la grande majorité. Un lieutenant ou un capitaine aurait pris instantanément à votre égard une aversion qui aurait grandi à chaque manifestation de votre supériorité : il vous aurait tendu des pièges d'insubordination et d'insolence probablement pendant des mois et puis, dans un port où il était puissant, il vous aurait tendu des pièges d'insubordination et d'insolence. vous aurait traduit devant une cour martiale et vous auriez été renvoyé de la Marine en disgrâce et peut-être toute votre vie serait ruinée. La marine britannique est le pire endroit au monde pour le génie. »

Cette scène a commencé ma réconciliation avec mon père ; une expérience de plus l'a complété.

J'ai été mouillé lors d'une de nos promenades et le lendemain j'ai eu un lumbago ; Je suis allé voir un agréable médecin gallois que j'avais connu et il m'a donné un flacon de mélange de belladone à usage externe : « Je n'ai pas de flacon de poison approprié », a-t-il ajouté, « et je n'ai pas à vous donner ce produit. » (il est interdit de distribuer des poisons en Grande-Bretagne sauf dans des flacons octogonaux grossiers qui trahissent au toucher la nature de leur contenu). «Je ne le boirai pas», dis-je en riant. "Eh bien, si c'est le cas", dit-il, "ne m'envoyez pas chercher, car il y en a plus qu'assez ici pour tuer une douzaine d'hommes !" J'ai pris le flacon et curieusement, nous avons parlé de belladone et de ses effets pendant quelques minutes. Richards, (c'était son nom) promit de m'envoyer une potion noire le soir même et il m'assura que mon lumbago serait bientôt guéri et il avait raison : mais la guérison ne s'effectua pas comme il le pensait.

Ma sœur avait une fille de tous les travaux à cette époque qui s'appelait Eliza, Eliza Gibby , si je me souviens bien. Lizzie, comme nous l'appelions, était une petite fille rousse d'environ dix-huit ans, avec de très grands yeux châtains, un nez effronté et des taches de rousseur sur le cou et les bras. Je ne sais vraiment pas ce qui m'a poussé à me rattraper en premier ; mais bientôt je l'embrassai ; cependant, lorsque j'ai voulu toucher son sexe, elle s'est éloignée en me confiant qu'elle avait peur des conséquences possibles. Je lui ai expliqué immédiatement que je me retirerais après le premier spasme et qu'il n'y aurait alors plus de risque. Elle m'a fait confiance et un soir elle est venue dans ma chambre en chemise de nuit. Je l'ai enlevé avec de nombreux baisers et j'ai été vraiment étonné par sa peau blanc ivoire et ses formes de fille presque parfaites. Je l'ai allongée sur le bord de mon lit, j'ai mis confortablement ses genoux sous mes aisselles et j'ai commencé à lui frotter le clitoris : en un instant les yeux marrons se sont relevés et j'ai osé me glisser dans la tête de mon sexe ; à ma grande surprise, il n'y avait pas de vierge à percer et bientôt mon sexe s'est glissé dans la chatte la plus serrée que j'aie jamais rencontrée. Très vite, j'ai joué Onan et, comme ce héros biblique, j'ai « répandu ma semence sur le sol » – qui dans mon cas était un tapis.

Je me suis alors couché avec elle et j'ai pratiqué tout l'art de l'amour tel que je le comprenais à cette époque. Quelques heures m'ont apporté quatre ou cinq orgasmes et Lizzie deux douzaines, à en juger par les respirations précipitées, les cris inarticulés et les longs baisers qui sont rapidement devenus des paroles .

Lizzie était ce que la plupart des hommes auraient considéré comme une parfaite compagne de lit ; mais la science de Sophy et sa détermination passionnée à me procurer le plus grand frisson imaginable me manquaient . Pourtant, au cours d'une douzaine de nuits agréables, nous sommes devenus de grands amis et j'ai commencé à remarquer qu'en travaillant très lentement, je pouvais continuer indéfiniment après le premier orgasme sans dépenser à nouveau. Hélas! Je ne savais pas à l'époque que ce contrôle marquait simplement la première diminution de ma puissance sexuelle. Si seulement j'avais su, j'aurais éliminé toutes les Lizzies qui infestaient ma vie et me serais réservé à l'amour qui allait bientôt évincer la simple pulsion sexuelle.

À côté de nous vivait la veuve d'un médecin avec deux filles, l'aînée étant une fille de taille moyenne avec une grosse tête et de bons yeux gris, difficilement digne d'être qualifiée de jolie, même si toutes les filles étaient assez jolies pour m'exciter pendant les dix années suivantes ou plus. Cette fille aînée s'appelait Molly – un surnom pour Maria. Sa sœur Kathleen était beaucoup plus attirante physiquement : elle était plutôt grande et mince, avec une silhouette souple et intensément provocante. Pourtant, même si j'avais remarqué toute la sorcellerie féline de Kathleen, je suis tombé amoureux de Molly. Elle me paraissait à la fois intelligente et pleine d'esprit : elle aussi avait beaucoup lu et connaissait le français et l'allemand ; elle était aussi bien au-dessus de toutes les filles américaines que j'avais rencontrées en termes de connaissance des livres et de l'art qu'elle était inférieure aux meilleures d'entre elles en termes de beauté corporelle. Pour la première fois, mon esprit était excité et intéressé et je pensais que j'étais amoureux et un après-midi ou en début de soirée à Castle Hill, je lui ai dit que je l'aimais et nous nous sommes fiancés. Oh, la douce folie de tout cela ! Lorsqu'elle me demanda comment nous devions vivre, ce que j'avais l'intention de faire, je n'avais d'autre réponse que la parfaite confiance en soi de l'homme qui avait déjà fait ses preuves dans la lutte de la vie. Heureusement pour moi, cela ne lui a pas semblé très convaincant : elle a avoué qu'elle avait trois ans de plus que moi et si elle avait dit quatre, elle aurait été plus proche de la vérité, et elle était certaine que je ne la trouverais pas. si facile de gagner en Angleterre comme en Amérique : il a sous-estimé mon cerveau et ma force de volonté. Elle m'a confié qu'elle en avait cent par an : mais cela, bien sûr, était tout à fait insuffisant. Ainsi, même si elle m'embrassait librement et me permettait une vingtaine de petites intimités, elle était résolue à ne pas se livrer complètement. Sa méfiance à l'égard de mes capacités et sa réserve délicieusement piquante ont accru ma passion et une fois j'ai obtenu son consentement à un mariage immédiat. À son meilleur, Molly était étonnamment intelligente et franche. Une nuit, seul ensemble dans notre salon que mon père et ma sœur nous avaient laissé, j'ai fait de mon mieux pour qu'elle se donne à moi. Mais elle secoua la tête : « ce ne serait pas bien, ma chérie, tant que nous ne serons pas mariés », insista-t-elle.

« Supposons que nous soyons sur une île déserte, dis-je, et qu'aucun mariage ne soit possible ? » "Mon chéri!" dit-elle en m'embrassant sur la bouche et en riant à haute voix, "tu ne sais pas, je devrais alors céder sans que tu me presses : ma chérie !". Je vous veux, Monsieur, peut-être plus que vous ne me voulez. Mais elle portait des tiroirs fermés et je ne savais pas comment les déboutonner sur les côtés et même si elle devenait intensément et rapidement excitée, je ne pouvais pas briser la dernière barrière. Quoi qu'il en soit, avant que je puisse gagner, le Destin a utilisé ses cisailles de manière décisive.

Un matin, j'ai reproché à Lizzie de ne pas m'avoir présenté une ébauche noire que le docteur Richards avait promis de m'envoyer. "C'est sur la cheminée de la salle à manger", dis-je, "mais ne vous inquiétez pas, je vais le chercher moi-même", et j'ai couru comme j'étais. Un soir ou deux plus tard, j'ai laissé le mélange de belladone que le médecin m'avait préparé sur la cheminée ! Comme le projet noir, il était de couleur brun foncé et dans une bouteille similaire.

Le lendemain matin, Lizzie m'a réveillé et m'a offert un verre de liquide foncé : « Ton médicament » a-t-elle dit et encore à moitié endormie, je lui ai dit de laisser le plateau du petit-déjeuner sur la table près de mon lit puis j'ai vidé le verre qu'elle m'avait offert. Le goût m'a réveillé : la boisson m'avait asséché toute la bouche et la gorge : j'ai bondi du lit et je me suis dirigé vers le miroir, oui ! Oui ! mes pupilles étaient anormalement distendues : m'avait-elle donné toute la potion de belladone au lieu d'une potion noire ? Je l'entendais encore dans les escaliers mais pourquoi perdre du temps à lui demander. Je me dirigeai vers la table, versai tasse après tasse de thé et les vidai : puis je courus vers la salle à manger où ma sœur et mon père déjeunaient. J'ai servi leur thé et j'en ai bu des tasses pleines en silence : j'ai ensuite demandé à ma sœur de me procurer de la moutarde et de l'eau tiède et j'ai répondu à la question de mon père par une brève explication et une brève demande. « Allez voir le docteur Richards et dites-lui de venir immédiatement : j'ai bu le mélange de belladone par erreur ; il n'y a pas de temps à perdre. Mon père était déjà sorti de la maison ! Ma sœur m'a apporté de la moutarde et j'en ai mélangé une forte dose avec de l'eau chaude et je l'ai prise comme émétique ; mais ça n'a pas marché. Je suis remonté dans ma chambre et j'ai mis mes doigts dans ma gorge au-dessus du bain : j'ai eu des haut-le-cœur et des haut-le-cœur mais rien n'est venu : visiblement l'estomac était paralysé . Ma sœur est entrée en pleurant. « J'ai bien peur qu'il n'y ait aucun espoir, Nita », dis-je, « le Docteur m'a dit qu'il y en avait assez pour tuer une douzaine d'hommes et j'ai tout bu à jeun ; mais tu as toujours été bonne et gentille avec moi, ma chérie, et la mort n'est rien.

Elle sanglotait terriblement, alors pour lui donner quelque chose à faire, je lui ai demandé de me chercher une bouilloire pleine d'eau chaude ; elle a disparu en bas pour le récupérer et je me suis tenu devant la vitre pour faire mes comptes avec ma propre âme. Je savais maintenant que c'était la belladone que j'avais prise, le tout à jeun : aucune chance ; dans dix minutes je serais insensible, dans quelques heures mort : mort ! avais -je peur ? J'ai reconnu avec fierté que je n'avais ni peur ni doute. La mort n'est qu'un sommeil éternel, rien ! Pourtant, j'aurais aimé avoir le temps de faire mes preuves et de montrer ce qu'il y avait en moi ! Smith avait-il raison ? Aurais-je effectivement pu devenir l'un des meilleurs têtes du monde ? Si j'avais vécu, aurais-je pu être avec les plus grands ? Personne ne pouvait le dire maintenant, mais j'ai décidé, comme au moment de la morsure du serpent à sonnette, de faire de mon mieux pour vivre. Pendant tout ce temps, je buvais de l'eau froide : maintenant, ma sœur m'apportait la carafe d'eau tiède en disant : « Ça risque de te faire vomir, ma chérie » et j'ai commencé à la boire à longues gorgées. Petit à petit, j'avais de plus en plus de mal à réfléchir, alors j'ai embrassé ma sœur en lui disant : « Je ferais mieux de me coucher pendant que je peux marcher, car je suis plutôt lourde ! Et puis, en me mettant au lit, j'ai dit : « Je me demande si je serai transporté les pieds devant pendant qu'ils chantent le Miserere ! Qu'à cela ne tienne, j'ai eu un bon bol de vie et je suis prêt à y aller s'il le faut !

À ce moment-là, le Dr Richards entra : « Maintenant, comment, comment, au nom de Dieu, mec, après notre conversation et tout, comment en êtes-vous arrivé à le prendre ? Son agitation et son fort accent gallois m'ont fait rire : « donnez-moi la pompe gastrique, docteur, car je suis plein de liquide jusqu'à l'œsophage », j'ai pleuré. J'ai pris le tube et je l'ai poussé vers le bas, je me suis assis dans le lit, et il l'a enfoncé ; mais seul un filet brunâtre arrivait : j'avais absorbé la majeure partie de la belladone. C'était presque ma dernière pensée consciente, mais en moi-même, j'étais déterminé à continuer à réfléchir aussi longtemps que je le pouvais. J'ai entendu le Docteur dire : « Je vais lui donner de l'opium, à forte dose », et j'ai souri intérieurement à l'idée que l'opium narcotique et la belladone stimulante provoqueraient également une perte de conscience, l'un en excitant l'action du cœur, l'autre en excitant l'action du cœur. en le relâchant....

Plusieurs heures après, je me suis réveillé : il faisait nuit, des bougies brûlaient et le Dr Richards se penchait sur moi : « me connaissez-vous ? » m'a-t-il demandé et j'ai immédiatement répondu : « Bien sûr que je te connais, Richards », et j'ai continué en jubilant : « Je suis sauvé : j'ai vaincu. Si j'avais dû mourir, je n'aurais jamais repris conscience. À mon grand étonnement, son front s'est plissé et il a dit : « bois ceci et puis rendors-toi tranquillement : tout va bien », et il a porté un verre de liquide blanchâtre à mes lèvres. J'ai vidé le verre et j'ai dit joyeusement : « Du lait ! comme c'est drôle que tu me donnes du lait ; cela n'est prescrit dans aucun de vos livres. Il m'a dit plus tard que c'était de l'huile de ricin qu'il m'avait donnée et que je l'avais confondue avec du lait. J'ai senti d'une manière ou d'une autre que ma langue s'enfuyait avec moi avant même qu'il ne pose sa main sur mon front pour me calmer en disant : « Là s'il te plaît ! ne parle pas, repose-toi ! s'il te plaît !" et j'ai fait semblant de lui obéir; mais je n'arrivais pas à comprendre pourquoi il m'avait fait taire ! Je ne me souvenais pas non plus de mes paroles – pourquoi ?

Une pensée terrible me secoua soudain : avais-je dit des bêtises ? Le visage de mon père semblait également terriblement perturbé pendant que je parlais.

« Peut-on penser sainement et pourtant parler comme un fou ? Quel sort épouvantable ! Je résolus alors d'utiliser mon revolver contre moi dès que je savais que mon état était désespéré : cette pensée me rassura et je me retournai aussitôt pour me ressaisir. Quelques minutes plus tard, je m'endormais profondément.

La prochaine fois que je me suis réveillé, c'était encore la nuit et encore une fois le Docteur était à côté de moi et de ma sœur : « Me connaissez-vous ? il a demandé à nouveau, et j'ai encore répondu: "Bien sûr, je vous connais, vous et ma sœur ici aussi."

"C'est super", s'écria-t-il joyeusement, "maintenant tu seras bientôt rétabli."

« Bien sûr que je le ferai », m'écriai-je joyeusement, « je te l'ai déjà dit : mais tu avais l'air blessé ; est-ce que j'ai erré dans mon esprit ?

"Là, là", s'écria-t-il, "ne t'excite pas et tu seras bientôt rétabli !"

"Est-ce que c'était presque un grincement?" J'ai demandé.

"Vous devez savoir que c'est le cas", répondit-il, "vous avez pris soixante grains de belladone à jeun et les livres donnent au plus un quart de grain pour une dose et déclarent qu'un grain est généralement mortel. Je ne pourrai jamais me vanter de votre cas dans les revues médicales, continua-t-il en souriant, car personne ne croirait jamais qu'un cœur puisse continuer à galoper beaucoup trop vite pour pouvoir compter, mais certainement deux cents fois par minute. trente heures impaires sans éclater. Vous avez été testés », a-t-il conclu, « comme personne n'a jamais été testé auparavant et vous êtes revenus sains et saufs ! Mais maintenant, dormez à nouveau », dit-il, « le sommeil est le réparateur de la nature. »

Le lendemain matin, je me réveillai reposé mais très faible : le Docteur entra, m'épongea à l'eau tiède et changea mon linge : ma chemise de nuit et une grande partie du drap étaient tout marron. "Pouvez-vous faire de l'eau?" demanda-t-il en me tendant un plat de lit : j'essayai et j'y parvins aussitôt.

"La merveille est complète !!" il a crié : « Je parie que tu as guéri ton lumbago aussi », et en effet, j'étais complètement indemne de douleur.

Ce soir-là ou le lendemain, mon père et moi avons eu une grande conversation à cœur ouvert. Je lui ai fait part de toutes mes ambitions et il a essayé de me persuader de lui prendre cent livres par an pour continuer mes études. Je lui ai dit que je ne pouvais pas, même si j'étais tout aussi reconnaissant. « Je trouverai du travail dès que je serai fort », dis-je ; mais son affection désintéressée a ébranlé mon âme et quand il m'a dit que ma sœur aussi avait accepté qu'il me fasse cette allocation, je n'ai pu que secouer la tête et le remercier. Ce soir-là, je me suis couché tôt et il est venu dormir avec moi : il m'a dit que le médecin m'avait conseillé de me reposer longtemps. Des lumières colorées étranges balayaient mon regard à chaque fois que je fermais les yeux : alors je lui ai demandé de s'allonger à côté de moi et de me tenir la main. Aussitôt il s'est allongé à côté de moi et, avec sa main dans la mienne, je me suis vite endormi et j'ai dormi comme une bûche jusqu'à sept heures du matin. Je me suis réveillé parfaitement bien et rafraîchi et j'ai été choqué de voir que le visage de mon père était étrangement tiré et blanc et quand il a essayé de descendre du lit, il a failli tomber. Je vis alors qu'il était resté allongé toute la nuit sur le rebord en cuivre du lit plutôt que de risquer de me déranger pour lui laisser plus de place. De cette époque jusqu'à la fin de sa vie noble et altruiste, quelque vingt-cinq ans plus tard, je n'ai eu pour lui que des éloges et de l'admiration.

Dès que j'ai commencé à prendre note des choses, j'ai remarqué que Lizzie ne s'approchait plus de ma chambre. Un jour, j'ai demandé à ma sœur ce qu'elle était devenue. À mon grand étonnement, ma sœur s'est montrée passionnée par son dégoût : « pendant que tu étais inconsciente », s'écria-t-elle, « et le médecin prenait ton pouls toutes les quelques minutes, visiblement effrayé : il m'a demandé s'il pouvait lui faire faire une ordonnance à une fois : il a voulu vous injecter de la morphine , dit-il, pour arrêter ou freiner les battements de votre cœur. Il a rédigé l'ordonnance et j'ai envoyé Lizzie avec et lui ai dit d'être aussi rapide que possible car votre vie pourrait en dépendre. Comme elle n'est pas revenue au bout de dix minutes, j'ai demandé au docteur de l'écrire à nouveau et j'ai envoyé mon père avec. Il l'a ramené en un temps record. Les heures passèrent et Lizzie ne revint pas : elle était sortie avant dix heures et ne revint que vers une heure. Je lui ai demandé où elle était ? Pourquoi n'était-elle pas revenue plus tôt ? Elle a répondu froidement qu'elle avait écouté le groupe. J'étais tellement choqué et en colère que je ne voulais pas la garder un instant de plus. Je l'ai renvoyée immédiatement. Penses-y! Je n'ai aucune patience avec des brutes aussi sans cœur ! »

L'insensibilité de Lizzie me paraissait encore plus étrange qu'elle ne le paraissait à ma sœur. J'ai souvent remarqué que les filles sont moins attentionnées envers les autres que même les garçons, à moins que leurs affections ne soient engagées, mais je pensais certainement avoir au moins à moitié gagné Lizzie ! Cependant, le fait est si particulier que je l'insère ici pour ce qu'il peut valoir.

Pendant ma convalescence qui a duré trois mois, Molly est allée rendre visite à des amis : sur le moment je l'ai regretté ; Maintenant, en regardant en arrière, je n'ai aucun doute qu'elle est partie pour se libérer d'un engagement qu'elle jugeait peu judicieux. Elle me manquait, je me promenais avec sa sœur cadette et plus jolie, Kathleen, qui était plus sensuelle et plus affectueuse que Molly.

Un peu plus tard, Molly est allée à Dresde pour rester chez une sœur aînée mariée : de là, elle m'a écrit pour la libérer et j'y ai naturellement consenti très volontiers. En fait, j'avais déjà plus d'affection réelle pour Kathleen que Molly n'en avait jamais suscité en moi.

Au fur et à mesure que je redevenais fort, j'ai fait la connaissance d'un jeune homme d'Oxford qui se disait étonné de ma connaissance de la littérature et un jour, il est venu me voir pour m'annoncer que Grant Allen, l'écrivain, avait abandonné son poste de professeur de littérature à l'université. Brighton College : « Pourquoi ne devriez-vous pas en faire la demande : cela coûte environ deux cents livres par an et ils ne peuvent pas faire pire que de vous refuser. »

J'écrivis aussitôt à Taine pour lui parler de mon poste et de ma maladie et lui demander de m'envoyer une lettre de recommandation s'il me jugeait apte.

Par retour de courrier, j'ai reçu une lettre de sa part me recommandant de la manière la plus chaleureuse. Cette lettre que j'ai envoyée au Dr Bigge , le directeur, ainsi qu'une lettre du professeur Smith de Lawrence et du Dr Bigge ont répondu en me demandant de venir à Brighton pour le voir. Au bout de vingt-quatre heures, j'y suis allé et j'ai été immédiatement accepté, même s'il pensait que j'avais l'air trop jeune pour maintenir la discipline. Il s'est vite rendu compte que ses craintes n'étaient qu'imaginaires : j'aurais pu maintenir l'ordre dans une cage de hyènes.

Un long livre n'épuiserait pas mon année de Master au Brighton College ; mais seuls deux ou trois événements méritent d'être signalés ici comme affectant mon caractère et son développement. Tout d'abord, j'ai trouvé dans chaque classe trente garçons, cinq ou six de réelles capacités, et dans toute l'école trois ou quatre d'esprits étonnants, bien gracieux aussi dans les manières et l'esprit. Mais six sur dix étaient à la fois stupides et obstinés et je les laissai entièrement à eux-mêmes.

Le Dr Bigge m'a prévenu par un rapport de mon travail affiché sur le tableau d'affichage de la sixième année que si certains de mes étudiants ont montré de grandes améliorations, la grande majorité n'en a montré aucune. Je suis allé le voir immédiatement et lui ai remis ma démission écrite pour qu'elle intervienne à tout moment qui lui conviendra. "Je ne peux pas m'embêter avec les imbéciles qui ne veulent même pas apprendre", dis-je, "mais je ferai n'importe quoi pour les autres."

La plupart des garçons les plus capables m'aimaient, je crois, et un petit incident caractéristique est venu m'aider. Il y avait un maître de forme nommé Wolverton , un homme d'Oxford et fils d'un archidiacre bien connu, qui sortait parfois avec moi au théâtre ou à la patinoire de West Street. Un soir, à la patinoire, il a attiré mon attention sur un jeune portant un chapeau de paille qui sortait accompagné d'une femme.

« Regardez ça », dit Wolverton , « voilà untel qui porte nos couleurs et avec une femme ! L'avez-vous vu?"

"Je n'y ai pas prêté beaucoup d'attention", répondis-je, "mais il n'y a sûrement rien d'inhabituel qu'un garçon de sixième année essaie ses ailes à l'extérieur du nid."

Lors de la réunion suivante des Maîtres, à ma grande horreur, Wolverton raconta la circonstance et finit par déclarer qu'à moins que le garçon ne puisse donner le nom de la femme, il devrait être expulsé. Il m'a appelé comme témoin du fait.

Je me suis levé immédiatement et j'ai dit que j'étais beaucoup trop myope pour distinguer le garçon à mi-distance et j'ai refusé d'être utilisé de quelque manière que ce soit dans cette affaire.

Le Dr Bigge considérait l'offense comme très grave : « la morale d'un garçon, déclara-t-il, était la partie la plus importante de son éducation : la question devait être approfondie : il pensait qu'après réflexion, je ne nierais pas que je J'avais vu ce soir-là un collégien en couleurs et en compagnie suspecte.

Alors je me levai et libérai mon âme ; tout l'équipage ne me paraissait que des hypocrites.

« Dans la maison du docteur, dis-je, où je fais mes cours de préparation du soir, je pourrais lui donner une liste de garçons connus comme amants, notoires même, et tant que ce vice sera souligné dans toute l'école, je le ferai. ne soyez pas partie prenante à la persécution de quiconque cédant à une passion légitime et naturelle. A peine avais-je prononcé les derniers mots que Cotteril , le fils de l'évêque d'Edimbourg, se leva et me demanda de libérer sa maison de tout soupçon aussi odieux et insupportable.

J'ai immédiatement rétorqué qu'il y avait dans sa maison un couple connu sous le nom de "Les Inséparables" et j'ai poursuivi en déclarant que ma querelle concernait l'ensemble du système des pensions et non des maîtres individuels qui, j'étais convaincu, faisaient de leur mieux.

Le directeur adjoint, le Dr Newton, a été le seul à reconnaître mes bonnes motivations : il est sorti de la réunion avec moi et m'a conseillé de consulter sa femme. Après cela, je fus pratiquement boycotté par les maîtres : j'avais osé dire en public ce que Wolverton et d'autres m'avaient avoué en privé une douzaine de fois.

Mme Newton, l'épouse du directeur adjoint, était l'une des figures dirigeantes de la société de Brighton : elle était ce que les Français appellent une maîtresse femme et leader né dans n'importe quelle société. Elle m'a conseillé de former des classes de littérature pour filles pendant les demi-vacances chaque semaine ; J'ai eu la bonté d'envoyer les circulaires et de me prêter son salon pour mes premières leçons. En une semaine, j'ai eu cinquante élèves qui me payaient une demi-couronne par leçon et je me suis vite retrouvé à toucher dix livres par semaine en plus de mon salaire. J'ai économisé chaque centime et suis ainsi parvenu en un an à la liberté monétaire.

À chaque crise de ma vie, j'ai été aidé par de bons amis qui m'ont aidé par pure gentillesse au prix du temps et des ennuis pour eux-mêmes. Smith m'a aidé chez Lawrence et Mme Newton à Brighton par sympathie humaine généreuse.

Avant cela, j'avais fait la connaissance d'un homme nommé Harold Hamilton, directeur de la London & County Bank, je crois, à Brighton. Cela l'amusait de voir avec quelle rapidité et régularité mon équilibre s'accroissait : bientôt je lui confiai mes projets et mon dessein : il n'était que sympathie. Je lui prêtais des livres et sa fille Ada était assidue à tous mes cours.

Juste à temps, la guerre a éclaté entre le Chili et le Pérou : les obligations chiliennes sont tombées de 90 à 60 : j'ai vu Hamilton et je lui ai assuré que le Chili, s'il était laissé seul, pourrait battre toute l'Amérique du Sud : il m'a conseillé d'attendre et de voir. Un peu plus tard, la Bolivie s'est ralliée au Pérou et les obligations chiliennes sont tombées à 43 ou 44. Je suis immédiatement allé à Hamilton et lui ai demandé d'acheter des Chiliens pour tout ce que je possédais avec une marge de trois ou quatre. Après de longues discussions, il a fait ce que je souhaitais avec une marge de dix : quinze jours plus tard est arrivée la nouvelle de la première victoire chilienne et les Chiliens sont passés à 60 et ont continué à grimper régulièrement : j'ai vendu à plus de 80 et j'ai ainsi récupéré mes cinq cents premiers livres de plus de deux mille livres et, à Noël, il était de nouveau libre d'étudier l'esprit tranquille. Hamilton m'a dit qu'il avait suivi mon exemple un peu plus tard, mais qu'il avait tiré davantage profit d'un investissement plus important.

L'événement le plus important à Brighton que je dois maintenant raconter. J'ai déjà raconté dans un portrait à la plume de Carlyle publié par Austin Harrison dans l'« English Review » il y a environ douze ans comment je suis allé un dimanche matin rendre visite à mon héros, Thomas Carlyle, à Chelsea. J'y ai raconté aussi comment, plus d'un dimanche, je le rencontrais lors de sa promenade matinale le long du quai de Chelsea, et comment au moins une fois il me parlait de sa femme et m'avouait son impuissance.

Je n'ai fait que résumer quelques entretiens dans mon portrait de lui ; car les traits n'appelaient pas à être renforcés par la répétition ; mais ici, je suis enclin à ajouter quelques détails, car tout ce qui concerne Carlyle, à son meilleur, est d'un intérêt durable !

Lorsque je lui ai raconté à quel point j'avais été affecté par la lecture du discours d'Emerson devant les étudiants du Dartmouth College et comment cela m'avait en quelque sorte forcé à abandonner ma pratique du droit et à partir étudier en Europe, il est intervenu avec enthousiasme :

« Je me souviens très bien d'avoir lu cette même page à ma femme et d'avoir dit que rien de pareil pour la pure noblesse n'avait été entendu depuis que Schiller s'était tu. Cela avait un grand pouvoir... Et donc cela vous a lancé et a changé votre façon de vivre ?... Je ne m'étonne pas... c'était un grand Appel.

Après cela, Carlyle a semblé m'apprécier. Lors de notre dernière séparation aussi, alors que j'allais étudier en Allemagne et qu'il m'a souhaité « God speed and Goodspeed ! sur le chemin qui s'ouvre devant vous », il parla à nouveau d'Emerson et du chagrin qu'il avait ressenti en se séparant de lui, un chagrin et un regret profonds, profonds, et il ajouta, posant ses mains sur mes épaules, « triste surtout de ce qu'ils je ne devrais plus voir son visage pour toujours. Je me suis souvenu du passage et j'ai pleuré :

"Oh, Monsieur, j'aurais dû dire cela, car c'est à moi que revient la perte, à moi le malheur indescriptible maintenant", et à travers mes larmes, j'ai vu que ses yeux aussi étaient pleins.

Il venait de me remettre une lettre à Froude, « bon, aimable Froude », qui, il en était sûr, m'aiderait de quelque manière que ce soit en me félicitant d'accéder à quelque poste littéraire « si j'y suis allé, comme c'est le plus probable », et en temps voulu. Froude m'a aidé à plusieurs reprises, comme je le dirai au bon endroit.

Mon portrait à la plume de Carlyle a été férocement attaqué par un parent, Alexander Carlyle, qui croyait manifestement que j'avais eu connaissance de la faiblesse de Carlyle grâce aux révélations de Froude en 1904. Mais heureusement pour moi, Sir Charles Jessel se souvenait d'un dîner au Garrick Club donné par lui en 1886 ou 1887, à laquelle Sir Richard Quain et moi-même étions présents. Jessel se rappelait distinctement que j'avais raconté ce soir-là l'histoire de l'impuissance de Carlyle comme expliquant la tristesse de sa vie conjugale et que j'avais ensuite affirmé que l'aveu me venait de Carlyle lui-même.

Lors de ce dîner, Sir Richard Quain a déclaré qu'il avait été le médecin de Mme Carlyle et qu'il me dirait plus tard exactement ce que Mme Carlyle lui avait avoué. Voici le récit de Quain tel qu'il me l'a fait ce soir-là dans une chambre privée du Garrick. Il a dit:

« J'étais un ami des Carlyle depuis des années : il était un héros pour moi, l'un des hommes les plus sages et les meilleurs : elle était singulièrement spirituelle et mondaine et me plaisait encore plus que le sage. Un soir, je l'ai trouvée très souffrante sur le canapé : quand je lui ai demandé où était la douleur, elle m'a indiqué son bas-ventre et j'ai tout de suite deviné qu'il devait s'agir d'un trouble lié au changement de vie.

« Je l'ai suppliée de monter dans sa chambre et je viendrais dans un quart d'heure l'examiner, en lui assurant pendant ce temps que j'étais sûr de pouvoir lui apporter un soulagement presque immédiat. Elle est montée à l'étage. Au bout d'une dizaine de minutes, j'ai demandé à son mari s'il viendrait avec moi ? Il répondit avec son plus large accent écossais, toujours signe d'émotion chez lui :

«Je n'aurai rien à voir avec ça. Vous devez simplement arranger cela vous-mêmes .

« Sur ce, je suis monté à l'étage et j'ai frappé à la porte de la chambre de Mme Carlyle : pas de réponse : j'ai essayé d'entrer : la porte était verrouillée et, incapable d'obtenir une réponse, je suis descendu en colère et je me suis précipité hors de la maison.

«Je suis resté absent pendant quinze jours, mais quand je suis revenu un soir, j'ai été horrifié de voir à quel point Mme Carlyle avait l'air malade, allongée sur le canapé et aussi pâle que la mort. « Tu es pire ? » J'ai demandé.

« Bien pire et plus faible ! elle répondit.

« Espèce de vilaine créature obstinée ! J'ai pleuré.

« Je suis ton ami et ton médecin et tout sauf un imbécile : je suis sûr que je peux te guérir en un temps record et tu préfères souffrir. C'est stupide de votre part et pire encore... Montez tout de suite et ne me considérez que comme votre médecin', et je l'ai à moitié soulevée, à moitié aidée jusqu'à la porte : je l'ai soutenue dans l'escalier et jusqu'à la porte de sa chambre, dit-elle. :

« Donnez-moi dix minutes, docteur, et je serai prêt. Je vous promets que je ne verrouillerai plus la porte.

« Avec cette assurance, j'ai attendu et dix minutes plus tard j'ai frappé et je suis entré.

"Mme. Carlyle était allongée sur le lit avec un châle blanc et laineux autour de la tête et du visage. Je pensais que c'était une affectation absurde chez une vieille femme mariée, alors j'ai décidé de prendre des mesures drastiques : j'ai allumé la lumière à fond, puis j'ai mis ma main sous sa robe et d'un seul coup je l'ai jetée au-dessus de sa tête. J'ai écarté ses jambes, je l'ai traînée jusqu'au bord du lit et j'ai commencé à insérer le spéculum dans sa vulve : j'ai rencontré un obstacle : j'ai regardé - et j'ai immédiatement bondi : "Eh bien, tu es une vierge" . intacta ' (une vierge intacte !) m'écriai-je.

Elle retira le châle de sa tête et dit : « À quoi t'attendais-tu ?

« Tout sauf ça, m'écriai-je, chez une femme mariée depuis vingt-cinq ans !

« J'ai vite trouvé la cause de son mal et je l'ai guéri ou plutôt je l'ai fait disparaître : cette nuit-là, elle s'est bien reposée et était son ancienne gaieté et mutinerie lorsque je l'ai appelé le lendemain.

« Un peu plus tard, elle m'a raconté son histoire.

«Après le mariage», dit-elle, «Carlyle était étrange et de mauvaise humeur, très nerveux, semblait-il, et irritable. Quand nous sommes arrivés à la maison, nous avons dîné et vers onze heures, j'ai dit que j'allais me coucher, étant plutôt fatigué : il a hoché la tête et a grogné quelque chose. J'ai posé mes mains sur ses épaules en le dépassant et j'ai dit : "Cher, sais-tu que tu ne m'as pas embrassé une seule fois, de toute la journée, ce jour-là !" et je me suis penché et j'ai posé ma joue contre la sienne. Il m'a embrassé; mais il dit : « Vous, les femmes, vous vous embrassez toujours, je serai bientôt debout ! Forcé de m'en contenter, je montai, me déshabillai et me mis au lit : il ne m'avait même pas embrassé de son plein gré, de toute la journée !

« Un peu plus tard, il est arrivé, s'est déshabillé et s'est couché à côté de moi. Je m'attendais à ce qu'il me prenne dans ses bras, m'embrasse et me caresse.

« 'Rien de tout ça, il était allongé là, se tortillant comme', (« J'ai deviné ce qu'elle voulait dire », dit Quain , « le pauvre diable en funk bleu se branlait pour avoir un stand de bite. ») 'Je pensais pendant un certain temps, poursuivit Mme Carlyle, un instant j'ai eu envie de l'embrasser et de le caresser ; l'instant d'après, je me suis senti indigné. Soudain, je me suis rendu compte que dans tous mes espoirs et imaginations d'une première nuit, je ne m'étais jamais approché de la réalité : silencieux, l'homme gisait là, s'agitant, s'agitant. Soudain, j'éclatai de rire : c'était trop misérable ! trop absurde !

« 'Immédiatement, il sortit du lit avec le seul mot méprisant 'Wo man !' et je passai dans la chambre voisine : il n'est jamais revenu dans mon lit.

« Pourtant, il est l'un des hommes les meilleurs et les plus nobles du monde et s'il avait été plus expansif et m'avait dit plus souvent qu'il m'aimait, j'aurais facilement pu lui pardonner toute faiblesse physique ; le silence est le pire ennemi de l'amour et après tout, il ne m'a jamais vraiment rendu jaloux, sauf pendant un court moment avec Lady Ashburnham. Je suppose que j'ai été aussi heureuse avec lui que j'aurais pu l'être avec n'importe qui… »

« Voilà mon histoire », dit Quain en conclusion, « et je vous en fais cadeau : même aux Champs-Élysées, je serai content d'être en compagnie des Carlyle . Ils formaient un super couple !

Juste une scène de plus. Quand j'ai raconté à Carlyle que j'avais gagné environ deux mille cinq cents livres par an et que je lui ai dit en outre qu'un banquier m'offrait presque la certitude d'une grande fortune si j'achetais avec lui un certain quai à charbon à Tunbridge Wells (c'était Hamilton), il fut très étonné. « Je veux savoir, poursuivis-je, si vous pensez que je serai capable de faire du bon travail en littérature ; si c'est le cas, je ferai de mon mieux. Sinon, je devrais gagner de l'argent et ne pas perdre de temps à me faire un autre écrivain de second ordre.

"Personne ne peut vous le dire", dit lentement Carlyle, "Vous aurez de la chance si vous en parvenez vous-même avant de mourir ! Je pensais que mon Frédéric était un excellent travail ; pourtant, l'autre jour, vous avez dit que je l'avais enterré sous la douzaine de volumes et vous avez peut-être raison ; mais ai-je déjà fait quelque chose qui puisse vivre ?… »

"Bien sûr", interrompis-je, navré par ma plaisanterie, "Bien sûr, votre Révolution française doit vivre et les "Héros et le culte des héros", et les "Pamphlets des derniers jours" et, et…"

"Assez", cria-t-il, "Tu es sûr ?"

« Tout à fait, bien sûr », répétai-je. Puis il dit : « Vous pouvez également être sûr de votre propre place ; car nous pouvons tous atteindre les hauteurs que nous sommes capables de superviser.

APRÈS-MOT DU PREMIER
VOLUME DE L'HISTOIRE DE MA VIE.

A peine avais-je écrit « Finis » à la fin de ce livre que les fautes qu'il contenait, fautes à la fois d'omission et de commission, se sont multipliées et m'ont volé ma joie de travailler.

Il me faudra au moins six ou sept ans avant de savoir si le livre est bon et digne de la vie ou non, et pourtant le besoin me pousse à le publier immédiatement.

Horace n'a-t-il pas mis neuf ans pour juger son œuvre ?

Je veux donc que le lecteur connaisse mon intention ; Je veux lui donner la clé, pour ainsi dire, de cette chambre de mon âme.

Je voulais d'abord détruire ou, du moins, nuancer l'opinion universelle selon laquelle l'amour dans la jeunesse n'est que romantisme et idéalisme. Les maîtres le peignent tous couronné de roses d'illusion : Juliette n'a que quatorze ans : Roméo, ayant perdu son amour, refuse la vie : Goethe suit Shakespeare dans son Mignon et Marguerite : même le grand humoriste Heine et le soi-disant réaliste Balzac l'adoptent. la même convention. Pourtant, pour moi, c'est absolument faux en ce qui concerne l'homme dans son enfance et sa première jeunesse, disons entre treize et vingt ans : l'impulsion sexuelle, la convoitise de la chair étaient si envahissantes en moi que je n'avais conscience que du désir. Lorsque le sac à venin du serpent à sonnette est plein, il frappe tout ce qui bouge, même les brins d'herbe ; la pauvre brute est aveuglée et souffre du surplus . Dans ma jeunesse, j'étais aussi aveugle à cause d'un excès de sperme.

Je dis souvent que j'avais trente-cinq ans avant de voir une femme laide, c'est-à-dire une femme que je ne désirais pas. Au début de la puberté, toutes les femmes me tentaient ; et toutes les filles, de façon encore plus poignante.

De vingt à vingt-trois ans, j'ai commencé à distinguer les qualités de l'esprit, du cœur et de l'âme ; à mon grand étonnement, je préférais Kate à Lily, même si Lily me procurait des sensations plus vives : Rose m'excitait très peu et pourtant je savais qu'elle était d'une qualité plus rare et plus fine que Sophy même qui me paraissait une compagne de lit sans égal.

A partir de ce moment, les charmes de l'esprit, du cœur et de l'âme m'attirèrent avec un magnétisme toujours croissant, maîtrisant les plaisirs des sens, bien que la beauté plastique exerce sur moi autant de fascination aujourd'hui qu'il y a cinquante ans. Je n'ai jamais connu l'illusion de l'amour, la brume rose de la passion avant l'âge de vingt-sept ans et j'en ai été enivré pendant des années ; mais cette histoire sera pour mon deuxième volume.

Il est étrange de dire que mes amours jusqu'à mon départ de l'Amérique m'ont appris autant de raffinements de la passion qu'on le sait communément dans ces États.

La France et la Grèce m'ont rendu conscient de tout ce que l'Europe a à enseigner ; cette connaissance plus profonde est également pour le deuxième volume dans lequel je raconterai comment une jeune Française a surpassé l'art de Sophie dans la mesure où Sophie a surpassé l'ingénuité de Rose.

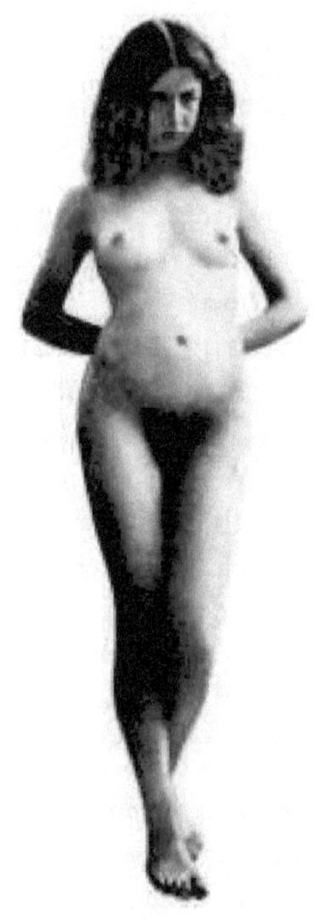

Mais ce n'est que lorsque j'eus plus de quarante ans et que j'eus fait mon deuxième voyage autour du monde que j'appris, en Inde et en Birmanie , tous les grands mystères des sens et l'art le plus profond de l'Orient immémorial. J'espère tout raconter dans un troisième volume, ainsi que ma vision de la politique européenne et mondiale. Ensuite, je pourrai raconter dans un quatrième volume ma santé dégradée et comment je l'ai reconquise et comment j'ai trouvé une perle de femmes et appris d'elle ce que signifie réellement l'affection, les trésors de tendresse, de douce pensée , de sagesse et de soi. l'abnégation qui constitue l'âme de la femme. Virgile peut conduire

Dante à travers l'Enfer et le Purgatoire : c'est Béatrice seule qui peut lui montrer le Paradis et le guider vers le Divin. Ayant appris la sagesse des femmes – absorber et non raisonner – ayant fait l'expérience de la puissance irrésistible de la douceur et de la pitié qui subjugue l'âme, je peux raconter mes débuts dans la littérature et l'art et comment j'ai gagné au front et travaillé avec mes pairs et je me réjouissais de leurs réalisations, croyant toujours que les miennes étaient meilleures. Sans cette conviction bénie, comment aurais-je pu subir le travail ou endurer la honte ou affronter la solitude du Jardin, ou porter la croix de ma propre Crucifixion ; car la vie de chaque artiste commence dans la joie et l'espoir et se termine dans les ombres du doute, de la défaite et du froid de la nuit éternelle.

Dans ces livres comme dans ma vie, il devrait y avoir un crescendo d'intérêt et de compréhension : je gagnerai les oreilles des hommes d'abord et leurs sens, et plus tard leur esprit et leur cœur et enfin leur âme ; car je leur montrerai toutes les belles choses que j'ai découvertes au cours du pèlerinage de la vie, toutes les choses douces et aimables aussi et ainsi je les encouragerai et les encouragerai ainsi que ces prochains venus , mes pairs, dont il me semble déjà entendre les pas sonores, et je dirai comme peu de défaites, de chutes et de disgrâces, sauf à titre d'avertissement ; car c'est le courage dont les hommes ont le plus besoin dans la vie, le courage et la bienveillance.

N'est-il pas écrit dans le livre du Destin que celui qui donne le plus reçoit le plus et, si nous voulons dire la vérité, ne gagnons-nous pas tous plus d'amour que nous n'en donnons : ne sommes-nous pas tous redevables de la bonté débordante de Dieu ?

Frank Harris.

The Catskills Mts., ce 25 août 1922.

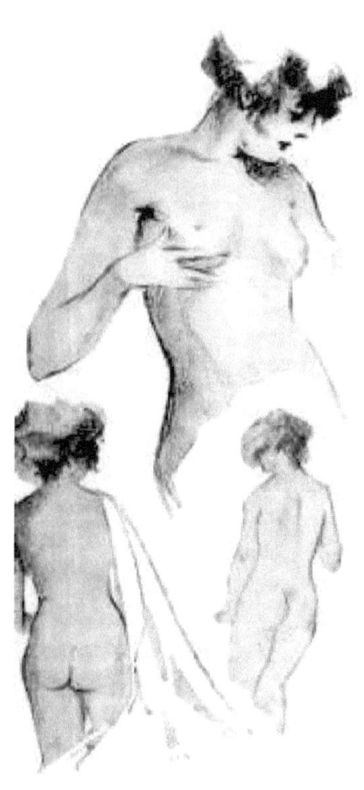